EL CAMINO A CASA

EL CAMINO

A CASA

Mi vida con los YANKEES

JORGE POSADA

con Gary Brozek

Para mi familia. Mi madre, mi padre, mi hermana,
Laura, Jorge Jr. y Paulina.
Todos ustedes me enseñaron muchas
cosas, especialmente a amar.

CONTENIDO

El montón

En 2009, unos días después de haber ganado la Serie Mundial, estaba fuera con mi familia disfrutando de una cena de celebración. Iríamos a casa a South Florida unos días después, y era un buen sentimiento que la temporada hubiera terminado y estar disfrutando de una cálida noche de finales de otoño. Tras haber terminado, Laura y yo permanecimos sentados mientras Jorge Jr. y Paulina comían unas cucharadas de helado. Yo vi la expresión de travesura en los ojos de mi hija, meneé mi cabeza y susurré: «Ni se te ocurra». Ella volvió a utilizar su cuchara como se debe, en lugar de usarla como lanzador.

Cuando nos pusimos de pie para salir del restaurante, un hombre se acercó a mí, llevando en su mano su gorra de los Yankees. Yo agradecí que él hubiera esperado a que termináramos antes de acercarse.

«Jorge, perdóneme, pero esperaba que pudiera...».

Me entregó la gorra y un marcador plateado.

«Claro que sí». Yo agarré la gorra y la firmé.

«Soy un gran aficionado», dijo, señalando con la cabeza hacia donde su familia estaba sentada. «Mi esposa hizo algo estupendo por mí este año. No sé cómo lo hizo, pero nos consiguió asientos para nuestro aniversario. Sección 20. Justamente detrás del plato. Los mejores asientos en el lugar. Yo podía verlo todo, igual que usted».

«Debió haber sido estupendo desde allí», dije yo, y le devolví su gorra.

«El campo entero se extendía delante de nosotros. Increíble. Gracias y felicidades».

Él tenía razón en que es increíble tener casi cada parte de un partido de béisbol jugándose delante de uno, la vista desde esa parte del estadio es notable; pero estaba equivocado en una cosa: yo tenía el mejor asiento en el lugar, aquella noche y cada noche en que me sentaba detrás del plato. Si él creía que aquellos asientos en la sección Legends del nuevo Estadio de los Yankees le hicieron sentir como si él fuera parte de la acción, imagínese lo que era para mí estar de cuclillas detrás del plato y participar en cada lanzamiento.

Yo siempre quise jugar en las Grandes Ligas. Era un deseo que mi padre plantó y cultivó en mí desde temprana edad. «Plantó y cultivó» puede que no sea la mejor expresión porque podría hacer pensar en alguien que trabaja en un bonito jardín cultivando flores. Lo que yo experimenté, comenzando cuando era pequeño, se parecía más a un agricultor que se levanta muy temprano cada día y se mata trabajando en el calor, bajo el sol y bajo la lluvia, y soporta cualquier otra cosa que la madre naturaleza lance a su camino.

Cuando pienso en mi carrera con los Yankees y recuerdo aquellos partidos desde detrás del plato, veo la bola rápida de Mariano astillando otro bate, a Derek corriendo a toda velocidad hasta el hueco, a Bernie siguiendo una bola bateada al aire al espacio hueco, a Clemens mirando por encima del borde de su guante, a Andy sonriendo mientras otra pelota de jugada doble consigue un *inning*, y al montón de jugadores cerca del montículo mientras celebramos otra victoria de la Serie Mundial. Lo que puede que no tenga sentido es que hay muchas veces en que esas imágenes quedan desplazadas por visiones de otro tipo de montón.

En 1983, yo tenía doce años. Me desperté una mañana de verano por un estridente sonido y pitidos regulares que provenían de delante de nuestra casa en Santurce, Puerto Rico. Miré por la ventana y observé mientras un camión volquete iba marcha atrás por el sendero de entrada de nuestra casa. Segundos después, su volquete se elevó en el aire y una avalancha de tierra, del color del azulejo terracota, cayó en nuestro sendero. Sentí cada terrón golpearme en la boca del estómago. Aquello no era bueno.

Me vestí rápidamente y fui a la cocina. Mi madre, Tamara, estaba ocupada en la estufa, y el sonido de algo chisporroteante hacía que le resultara difícil escuchar mi pregunta susurrante: «¿Qué pasó? ¿Dónde está Papí?».

Casi seguidamente, mi padre entró. Metió un papel en el bolsillo de su guayabera y después indicó con su cabeza hacia la puerta que llevaba desde la cocina al patio de atrás.

«¿Lo ves?». Extendió su brazo para indicar nuestro patio trasero, una extensión de hierba y arbustos que se extendía cuesta abajo desde la casa.

«Sí», le dije, sorprendido de que él me preguntaba si veía lo que era obvio.

Sin mediar más palabra, me condujo por el lateral de la casa hasta el camino. De nuevo nos detuvimos y él señaló: «¿Lo ves?».

Yo miré el montón de tierra que se elevaba por encima del nivel del tejado de nuestra casa de un solo piso.

Mi corazón desfalleció.

«Sí. Lo veo». Algo me decía que yo no estaba únicamente allí con mi padre para probar mi visión.

Él continuó: «Tienes que mover la tierra para la parte de atrás de la casa». Señaló al montón y después movió su cabeza indicando el patio trasero. «Para nivelar el terreno». Movió su mano paralela a la tierra para indicar cuál era mi tarea.

«Tienes dos meses». Levantó dos dedos, y entendí que estaría moviendo la tierra desde el sendero de entrada hasta el patio trasero esencialmente durante la mayor parte de mis vacaciones de verano.

«El trabajo será bueno para usted». Mi padre flexionó sus bíceps y asintió con su cabeza hacia mí.

Yo me quedé allí temblando por dentro, pensando que aquello era algún tipo de castigo y no una tarea. No me atrevía a indicar mi desagrado, mi incredulidad, mi sentimiento de que, si pudiera, usaría aquella tierra para enterrar a ese hombre y no para nivelar nuestro patio trasero. Mi padre se alejó rodeando el montón y desapareció por un momento. Yo aproveché la oportunidad para menear mi cabeza con indignación. ¿Qué iba a decirles a mis amigos cuando quisieran que fuera a la playa con ellos? ¿O al club? ¿O tan solo a montar en bicicleta?

Mi padre regresó, empujando una carretilla. Dentro había una pala. Yo comencé a tomar puñados de tierra. Sorprendido por lo fresca y pegajosa que estaba la tierra, dejé car cada puñado en la carretilla. Caía en la carretilla casi tanto como se quedaba pegado a mis manos. Di un vistazo rápido a mi padre, que estaba parado allí con una expresión en su cara de: «¿cómo puede este niño ser tan tonto?».

Agarré la herramienta y la metí en la tierra húmeda. Se resistía a mis esfuerzos. Volví a cavar otra vez. Levanté la pala llena y sentí que hacía presión contra los músculos de mis brazos y hombros. La elevé por encima de mi cabeza y la sacudí, viendo los terrones caer a la carretilla.

Mi padre regresó a la casa. Yo cerré los ojos y llevé las manos a mi cara para presionarlas contra mis ojos y así apartar la frustración y el enojo que brotaban en mi interior. Se lo iba a demostrar. Terminaría esa tarea en un abrir y cerrar de ojos. No iba a permitirle que me arrebatara la diversión del verano.

Durante las dos semanas siguientes, trabajé en aquel montón de tierra con saña. Con la excepción de descansos para el almuerzo y la cena, cavaba en aquel montón hora tras hora, maldiciendo y a la vez agradecido por las lluvias diarias. La lluvia se llevaba parte de la tierra en una corriente rojiza que bajaba por nuestro sendero. Después de la lluvia, el sol convertía aquel montón de masa endurecida en cierto tipo de vasija de arcilla puesta boca abajo que yo tenía que golpear.

Con doce años, yo era un niño delgado con brazos y piernas larguiruchos; mi constitución era como la de una araña con un torso no muy sustancial. Inicialmente, pensé que transportar la tierra sería la parte divertida. No lo era. La gravedad era un feroz oponente. Los mangos de la carretilla y de la pala arañaban y rasgaban mi piel.

Aunque me acostumbré a la rutina del trabajo, en ese momento, y durante mucho tiempo después, no aprecié que mi padre me encomendara esa tarea, y mucho menos entendí por qué me hizo realizarla. En mis peores días, regresaba a la casa jurando que nunca más volvería a tocar aquel montón de tierra; no me importaba lo que mi padre me hiciera.

Como siempre, mi madre estaba a mi lado. Ella curaba y vendaba mis heridas. Me aseguraba que yo estaría bien. En la noche, después de irme a la cama, la escuchaba defender mi caso por mí.

«Es un muchacho. Eso es muy difícil».

«Déjalo en paz. Sé lo que estoy haciendo».

Como yo, mi madre sabía que era mejor dejarlo así. Al igual que la tierra que se endurecía en el sendero, con el tiempo mi padre se convertiría en un objeto incluso más solidificado e inamovible. Su terquedad era legendaria.

Al final, terminé la tarea en unas pocas semanas, en lugar de tomarme todo el verano. (Mi terquedad era como la de mi padre.) Me gustaría decir que lo celebré y tuve un gran sentimiento de logro, pero lo único que sentí en aquel entonces fue alivio porque la dura situación había terminado y lamento porque había sido una pérdida de mi tiempo. Quería estar con mis amigos y olvidar que todo aquello había sucedido.

Ahora, aquí sentado, treinta y un años después, mis ojos se llenan de lágrimas cuando pienso en aquellos tiempos. Las lágrimas se deben a una mezcla de enojo y gratitud. Entiendo mejor lo que mi padre me estaba enseñando, porque fue en aquel patio trasero y en otros lugares en Puerto Rico donde mis sueños arraigaron. Ahora reconozco que el verano del año 1983 fue tan solo parte de mi educación como hombre y como jugador de béisbol.

Con el tiempo, mis manos dejaron de doler, y mi agarre (de los mangos y de lo que la vida es realmente) se fortaleció. Durante mis diecisiete años en las Grandes Ligas, nunca llevé puesto un guantín; después de aquel verano pasado con una pala de madera en mis manos, no quería que nada se interpusiera entre la sensación de aquel bate de madera y yo. Durante el curso de ese verano, acarrear la tierra se volvió más fácil. Desarrollé fuerza en mis brazos, hombros y espalda; mi equilibrio mejoró y mis piernas se fortalecieron. Yo estaba empezando la transición de ser un pequeño muchacho larguirucho a ser un joven. Más que eso, utilicé mi terquedad y mi pasión de una manera positiva para hacer algo.

¿Mi recompensa por mi duro trabajo? La mañana después de terminar, vi en el patio trasero un montón de latas de pintura, brochas, rascadores y hojas de papel de lija. Yo cerré los ojos y esperé, sabiendo que mi padre se me uniría en un momento para decirme cuál era la próxima tarea.

Desde el día en que nací y a lo largo de mi vida adulta, mi padre quería que yo fuera jugador de béisbol. Fui matriculado en un tipo de escuela muy especial dirigida por mi padre, Jorge Luis de Posada, un refugiado cubano que soportó más de lo que yo nunca conocí o experimenté de pequeño. Debido a las lecciones que él me enseñó, acerca del juego y acerca de cómo enfocar la vida, tuve el fundamento que necesitaba para tener éxito en lograr esa meta. Aprendí aquellas lecciones temprano, y después las apliqué como un modo de llegar a lo más alto de mi profesión.

Tengo el increíble privilegio de haber jugado para los Yankees de Nueva York en una época en que disfrutamos de tanto éxito. Tuve la fortuna de llegar a una ciudad de la que llegué a pensar como mi hogar lejos del hogar, y jugar delante de los aficionados más apasionados, expertos y leales del país. Vivir y jugar en Nueva York me permitió experimentar algunos momentos increíbles fuera del campo: la euforia de recorrer la calle Canyon of Heroes bajo una lluvia de confeti, al igual que la tristeza de estar presente cuando el país que había llegado a amar fue atacado.

Pero también fui afortunado por tener un padre que se interesaba tan apasionadamente por mi éxito y por mí. Él sabía mucho sobre el juego del béisbol; lo jugó en su juventud y cuando era un joven adulto en Cuba, y trabajó como ojeador en la liga mayor. El béisbol estaba en mi sangre y en mi casa. Aún sigue estando, y me siento privilegiado de trabajar con mi hijo, Jorge Jr., a medida que él refina sus habilidades.

También reconozco esto: no habría disfrutado de la vida que he vivido como un Yankee y como un hombre ahora si no fuese por mi madre y por mi padre. Aquel montón de tierra y arcilla era muy parecido a mí: fueron necesarios mis padres para hacer que se moviera, para hacerlo útil y para transformarlo. Eso es lo que mi madre y mi padre, y más adelante otros hombres como Joe Torre, hicieron por mí. Mi padre me enseñó especialmente lo siguiente: la vida en raras ocasiones te presenta un campo de juego nivelado. Si trabajas lo bastante duro, crees en ti mismo lo suficiente, y tienes suficiente pasión y terquedad, tú mismo puedes nivelar ese campo.

En las páginas que siguen, voy a llevarle conmigo, dándole el mejor asiento en el lugar para que pueda ver el mundo desde detrás de la máscara del receptor. Yo tuve una vista estupenda de una época increíble en la historia de los Yankees. Pudo haber sido más estupenda, y eso es también parte de la historia. No es ningún secreto que yo aborrecía perder. Mi papá me enseñó eso, pero también añadió: si lo aborreces tanto, haz todo lo posible para no perder. Siento que estamos perdiendo tiempo; vamos a jugar béisbol.

Capítulo 1

Muchachos malos

No creo que nadie nazca para desempeñar cierta posición, pero sí sé esto: cuando llegué a este mundo el día 17 de agosto de 1970, había al menos una persona que creía que yo debería ser jugador de béisbol. Esa persona era mi padre. Estaba muy emocionado por tener un hijo, y le dijo a mi mamá, Tamara, que él iba a convertirme en un jugador de béisbol. Estoy seguro de que muchos padres tienen grandes sueños para sus hijos, y que todos ellos quieren verlos tener éxito. Sin embargo, no estoy seguro de que todos ellos tengan un plan en mente, o estén dispuestos a dar los pasos que dio mi papá para asegurar que su visión se convirtiera en realidad. El mío lo estaba.

Cuando era niño, me preguntaba cómo podría vivir un sueño tan grande cuando era uno de los más bajitos en mi grado. También me preguntaba cómo podría llegar a ser alguna vez un deportista tan consumado como lo era mi padre. Mi padre no presumía, pero teníamos dos álbumes grandes de recortes llenos de páginas amarillentas de noticias que mostraban todas las cosas que mi padre había hecho como atleta mientras vivía en Cuba. Uno era para el «antes» y el otro para el «después». El gran evento en el medio que ayudaba a definir esas dos palabras fue el que Castro se apoderara de la nación que la familia de mi padre había amado y donde había disfrutado de vivir durante generaciones. Mi abuelo paterno había trabajado en ventas para una empresa farmacéutica. Se esforzó mucho para obtener una buena vida para su esposa, su hijo y sus tres hijas. No estaba mucho tiempo cerca debido a su dedicación a su trabajo, pero mi padre aprendió de su ejemplo. Nadie te va a regalar nada en esta vida; si sales adelante es porque querías estar orgullosos de ti mismo y de lo que eras capaz de hacer por tu familia. Mi abuelo era un buen corredor en su época, corriendo carreras de cinco mil y diez mil metros en las que la resistencia importaba tanto como la velocidad.

Al mirar el álbum de recortes del «antes», no entendía plenamente que a veces podían ocurrir circunstancias que te arrebatan cosas. Lo que veía era un relato de mi padre estableciendo un récord nacional en estilo braza, conduciendo a su equipo a una victoria en baloncesto, y labrándose un nombre para sí mismo en el béisbol hasta el punto de que un ojeador de la liga A de Filadelfia que fue a ver a otro jugador, observó el talento de mi padre y le ofreció un contrato. Por mucho tiempo, no entendí por qué fue que mi padre firmó ese contrato, pero nunca llegó a jugar. No pensaba demasiado en lo que eso decía sobre él. Principalmente estaba interesado en trazar el desarrollo físico de mi padre. Yo siempre fui el más bajito en mi grado, un niño muy delgado con brazos y piernas larguiruchos. Mi papá se veía igual en las primeras fotografías de él como nadador, pero a lo largo de los años llegó a ser más alto y más ancho, y yo esperaba poder seguir sus pasos. También esperaba que algún día pudiera ser capaz de llenar dos álbumes de recortes con mis logros.

Mucho antes de saber leer y poder pensar en el pasado de mi papá y el modo en que él estaba influenciando sobre mi presente y mi futuro, ya estaba enamorado del béisbol.

Me encantaba mover un bate y observar la pelota salir lanzada desde él al cielo de Puerto Rico. Yo estaba pasando tiempo con mi papá, y eso era bueno. Finalmente, hice algunas amistades en el barrio y también aprendí a lanzarme yo mismo la bola y batear versiones mini de batazos, pero casi todos mis primeros recuerdos de mi papá giran en torno a jugar al béisbol o ver béisbol juntos.

Mi papá no era muy expresivo en cuanto a decirme por qué me hacía hacer algunas de las cosas que me decía. Él era más parecido al muchacho callado en la casa club que decide dirigir mediante el ejemplo. Yo sabía que mi papá trabajaba duro, haciendo varios trabajos diferentes para sostenernos. Vivíamos en una casa bonita, mi papá conducía un auto, y se iba cada día temprano en la mañana y regresaba a la casa alrededor de la hora de la cena, y frecuentemente volvía a salir.

Durante los días, mi padre trabajaba para Richardson-Vicks, una empresa farmacéutica, y más adelante para Procter & Gamble. También era entrenador de béisbol y baloncesto, jugaba al *softball* un par de veces por semana, y parecía estar en constante movimiento. Además de su trabajo regular, vendía cigarros y guantes de béisbol para ganar más dinero. Algunas veces mencionaba brevemente que una vez tuvo que pasarse sin comida, pero yo nunca experimenté nada como eso. La Navidad era siempre una gran ocasión, y aún puedo ver mi primera bicicleta, una bicicleta Tyler, y mi auto a pedales Ford Mustang. Nuestro auto olía siempre a cuero y a cigarros, no de sillones o de tapicería, sino de guantes de béisbol. Hasta la fecha, si pudiera, no me importaría tener el aroma de guantes de béisbol en casa. Aún puedo recordar sentarme allí con algunos de aquellos guantes, intentando descifrar lo que significaban aquellas letras. H-E-A-R-T-O-F-T-H-E-H-I-D-E y E-D U C-A-T-E-D-H-E-E-L fueron mis primeras lecciones de deletreo en inglés.

A veces mi papá me llevaba con él a aquellas demandas de ventas después del trabajo, y yo iba sentado observando las palmeras y las colinas pasar mientras íbamos conduciendo. A veces me quedaba en el auto y le observaba alejarse rápidamente, guantes y cajas de cigarros bajo su brazo, y se parecía a un corredor haciendo un quiebro por un agujero en la línea. Él no era un hombre grande, pero sí muy musculoso.

Mi mamá estaba siempre en la casa conmigo; de hecho, ella no aprendió a conducir un auto hasta que yo estaba en la adolescencia. Finalmente, mi hermana, Michelle, llegó cuatro años después, en 1974. En la misma época en que ella nació, mi papá hizo trabajo de ojeador a tiempo parcial para los Astros de Houston, más adelante para los Yankees, y después para los Blue Jays. Él estaba ausente cuando hacía esos viajes, pero no por mucho tiempo. Cuando pienso en aquellos días ahora, era como si yo viviera en dos casas diferentes. La casa donde pasaba tiempo con mi mamá y mi hermana tenía mucha luz, aire y risas en ella. En cierto sentido, era como un salón de clases cuando la maestra no está presente. Cuando papá llegaba a la casa, no era que todo se volviera oscuro y sofocante, pero todos estábamos alerta, nos sentábamos más erguidos, y borrábamos esas sonrisas bobas de nuestras caras. Mi papá requería respeto, y con el tiempo también aprendí a temerle.

Si asocio a mi padre con los aromas del cuero y el tabaco, mi mamá me recuerda a los apetitosos aromas de cocinar arroz con frijoles negros, carne y platanitos. Mi papá trabajaba duro para sostenernos, y mi mamá trabajaba duro para mantenernos bien alimentados y bien vestidos. Ella era de la República Dominicana, y había traído consigo sus recetas favoritas. Las mejores cosas que trajo con ella fueron sus padres: mi abuela Lupe y mi abuelo Rafael. Para darle una idea de lo cerca que yo estaba de ellos y de lo diferente que era mi relación con ellos, le diré que a él le llamaba Papí Fello y a ella Mamí Upe.

Pasaba mucho tiempo con los dos, hasta que Papí Fello murió cuando yo tenía ocho años, pero Mamí Upe siguió siendo una parte importante de mi vida hasta bien entrada mi edad adulta. Yo amaba mucho a esa mujer. Cada verano cuando yo era pequeño viajábamos a Dominicana, Santo Domingo para ser preciso, a fin de pasar tiempo con ellos dos. También, antes y después de que muriera Papí Fello, Mamí Upe viajaba a Puerto Rico para pasar unas semanas y a veces un par de meses con nosotros.

Los latinoamericanos tienen la reputación de ser un apasionado grupo de personas, y a veces ruidoso, a quienes les encanta hablar unos por encima de los otros y comenzar a cantar y bailar en cualquier momento. Así era Mamí Upe, una abuela del Carnaval Ponceño que caminaba, hablaba, hacía ropa y cocinaba. Ella llegaba y hacía que la vida fuera divertida para nosotros; y cuando se iba, la Cuaresma del resto de nuestras vidas regresaba, y renunciábamos a gran parte de nuestra naturaleza festiva hasta que ella regresaba. Nos contaba estupendas historias sobre su vida y el resto de la familia Villeta, incluidas mis tías Madrinita, Leda, Mili, Nora (a quien yo llamaba Nona) y mi mamá. Me gustaban especialmente las historias que ella contaba sobre ir al Desfile Nacional en Santo Domingo, que es la celebración de Carnaval más antigua en las Américas. Sus ojos se iluminaban cuando nos hablaba sobre los Diablos Cojuelos: personas vestidas con elaborados disfraces que sugerían al diablo y sus ayudantes.

Ella se sentaba bebiendo sorbos de su ron con leche, con su voz aguda elevándose y cayendo mientras describía cómo era perseguida por el Malecón (la línea costera) por esos personajes demoniacos con sus inmensos dientes y bocas abiertas. Daba un gran sorbo de su bebida y se sentaba allí riendo, sus hombros se movían arriba y abajo, pateaba con su pierna, y yo me situaba en su regazo, con el dulce y agudo aroma del alcohol y la leche, y el sonido de su sibilante respiración formando una agradable nube alrededor de mi cabeza. Ella me acostaba en la noche, asegurándose de que hubiera hecho mis oraciones. Aún puedo verla deteniéndose en el marco de la puerta después que se apagaban las luces. Yo esperaba a que ella pronunciara las palabras «Te amo» para cerrar mis ojos.

Ella siempre me decía lo bien parecido que era, y era bueno escucharlo, ya que en la escuela se burlaban de mí constantemente con el sobrenombre de «Dumbo» debido a mis grandes y sobresalientes orejas. Si la vida con mi padre cuando regresaba a la casa era como un salón de clases que se queda en silencio cuando una maestra entra en la sala, entonces la vida cuando Mamí Upe se iba era una limpieza después de una fiesta: necesaria pero nada divertida. Entonces, unos días después o incluso semanas después, nos encontrábamos con algo que no habíamos recogido, y sonreíamos pensando en lo estupenda que fue aquella noche.

Al igual que mi papá, ella también era dura. Mi mamá no conducía, de modo que teníamos un solo auto. Para comprar provisiones, yo iba en mi bicicleta con una cesta unida a las barras del manillar, varias veces por semana y a veces varias veces al día. Pero cuando Mamí Upe estaba allí, todos íbamos caminando a la tienda, a veces hasta tres veces al día. Las millas para los niños son diferentes a las millas reales, pero no parecía que fuera un viaje tan largo. Recuerdo a Mamí Upe y a mí, tanto en casa y como en la República Dominicana, caminando juntos, ella con bolsas de provisiones bajo sus brazos y una mano sobre mi hombro para que caminase recto y asegurarse de que no me metiera en el tráfico.

Aquellos viajes a Santo Domingo no eran tan divertidos para mí. Me gustaba estar con ella, pero solamente tenía primas, de modo que mi obsesión por el béisbol tenía que quedar a un lado. Sin embargo, no por completo. Escuchaba partidos por la radio con Papí Fello. Él era un gran aficionado al béisbol, así que cuando él estaba con vida las cosas eran mejores en ese frente. Él me decía lo afortunado que yo era de que mi padre fuera cubano; después de todo, los exiliados cubanos que huyeron de la Guerra de los Diez Años, que duró desde 1868 hasta 1878, se llevaron con ellos el juego a la República Dominicana. Él era un gran seguidor de uno de los cuatro equipos profesionales originales que formaban la liga dominicana: Los Tigres del Licey. Ellos eran parecidos a los Yankees de su época (la década de 1920), y eran tan dominantes que los dueños de los otros tres equipos en la liga decidieron que para hacer que las cosas fueran más competitivas, crearían otro equipo formado con sus mejores jugadores. Ese equipo fue Los Leones del Escogido.

«Tigres» y «Leones» eran nombres estupendos para esos equipos, pero cuando escuché más sobre otro dictador y su papel en el béisbol, fue como si mi mente se cerrara. Yo sabía que Rafael Leónidas Trujillo era alguien importante, pero no estaba tan interesado en las lecciones de historia de mi abuelo sobre el béisbol en el Caribe. Me encantaba el juego, pero la política implicada simplemente no me importaba entonces. Más adelante apreciaría un poco más la historia del béisbol en mi región; pero mi joven mente estaba en el béisbol que se jugaba en un continente no muy lejano de donde yo vivía.

Cuando estaba de nuevo en Puerto Rico con mis dos mejores amigos, Manuel, que vivía al otro lado de la calle, y Ernesto, que vivía en la puerta contigua, jugábamos al béisbol con una pelota de plástico y un palo en cada ocasión que teníamos. No creo que lo entendiera en aquel momento, pero era afortunado de que Ernesto fuera dos años mayor y Manuel un año mayor que yo. Podía defenderme bien contra ellos, y jugar contra muchachos que eran más maduros físicamente que yo me ayudaba. También estableció un patrón que permaneció en su lugar durante casi toda mi carrera en el béisbol. Sin importar en el equipo que jugara, sin importar en qué liga, yo nunca fui la superestrella o el fenómeno que eran muchos de los jugadores de las Grandes Ligas. Junto con lo que mi padre me estaba enseñando sobre el trabajo duro, entendí que debido a que yo no estaba tan dotado como los demás, tenía que trabajar duro, pero también que mi pasión por el juego podría ayudarme a vencer algunas de mis deficiencias.

Yo era una especie de versión delgada de un muñeco de esos que mueven la cabeza, con un cuerpo diminuto y una cabeza de gran tamaño. Con el tiempo me pondría a la altura de todos los demás físicamente, pero no sería hasta bien avanzados mis días de secundaria.

Cuando estaba en el patio de atrás con Ernesto y Manuel, no pensaba en nada de eso. Tan solo pensaba en que era afortunado por poder reunir los materiales para hacer las líneas de las bases en la hierba con pintura de la casa, instalar un plato, una caja de lanzador, y bases que «tomé prestadas» de mi papá.

Teníamos algunas otras reglas inusuales en el estadio de mi casa. Una pelota que golpeaba el tejado de la casa era un *out,* porque la pelota se quedaba atascada en el tejado plano y teníamos que suspender la acción durante un rato mientras alguien subía hasta allí para recuperarla. Teníamos unas puertas de hierro que rodeaban la casa, y lanzar una pelota por encima de la puerta era un jonrón, golpearla con una elevada era un doble, y rebotar una en ella era un sencillo. Eso sí era tener que tener un buen control del bate. Un jonrón no requería mucha potencia, sino solo la suficiente.

A mí también me gustaba lanzar. Había instrucciones en la caja acerca de cómo agarrar la pelota de Wiffleball* en tu mano para hacer que se moviera de ciertas maneras, pero dominar el arte del juego Wiffleball no me interesaba. No obtenía la misma sensación de satisfacción cuando escuchaba el sonido de un bate moviéndose por el aire cuando no se establecía ningún contacto, que la que obtenía cuando oía el agudo golpe plástico de una pelota bien bateada. Eso no significaba que nunca lanzara una bola. Lo hacía constantemente, incluso en la casa, tumbado de espaldas en mi cama, lanzaba una bola de béisbol al techo para después dejarla caer en mi guante. Ese sonido sordo siempre era seguido por la voz de mi madre: «Ay, Jorge. Deja quieta la pelota». Mi madre apoyaba mis hábitos del béisbol tanto como lo hacía mi papá, pero cada uno tenía diferentes límites. Mi mamá no tenía problema con que yo me bajara del autobús y corriera hacia la casa, dejara a un lado mis libros y saliera a jugar. Ella tan solo no quería tener que oír ese constante sonido sordo y tener que limpiar las marcas de la pelota sobre el techo.

Incluso entonces, yo veía una gran diferencia entre lanzar algo y lanzar una pelota de béisbol. Si bien no amaba los lanzamientos, sí me encantaba lanzar una pelota o casi cualquier otra cosa. Podía pasarme horas en el patio trasero lanzando piedras a diversos objetivos. A medida que fui creciendo, disfruté juegos de *burnout* con mis compañeros de clase y mis amigos. El objetivo es lanzar la pelota tan duro como

---

* El Whiffleball es una variación del deporte del béisbol diseñado para jugar en el interior o en áreas limitadas al aire libre. Se juega usando una pelota de plástico perforada, ligera y resistente, y un bate largo de plástico, normalmente amarillo. (N.T.)

puedas para hacerle daño a la mano del muchacho contra el que juegas. A medida que creces y eres cada vez más preciso, se añade el elemento de dar en la diana que sostiene tu oponente. Si él tiene que mover el guante para agarrar la pelota, no se gana ningún punto. También podía marearme a mí mismo lanzando bolas elevadas al aire y corriendo para agarrarlas.

A veces, personas que no participaban directamente en nuestros juegos se convertían en mi oponente. Debido al modo en que mi campo estaba establecido en nuestra propiedad, teníamos nuestra propia versión de un inestable *Green Monster* [Monstruo verde]: golpear por encima de esa valla daba como resultado un *out* porque era el peor resultado posible, pues la valla bordeaba la casa de un malhumorado hombre que no quería que nadie entrara en su patio. Él era impredecible. Algunas veces era amable y nos lanzaba la pelota de regreso. Otras veces lanzaba la pelota al tejado de su casa y se quedaba allí con las manos sobre sus caderas, retándonos a acercarnos a su propiedad.

Una vez, cuando yo tenía ocho o nueve años, Mamí Upe estaba visitándonos y yo estaba fuera en el estadio Jorge Posada Jr. jugando con mis dos amigos. Lancé una desagradable bola rápida elevada a las manos de Manuel, y él la bateó de *foul* hacia atrás. Caí de rodillas mientras la bola aterrizaba en el patio del Sr. Loco. Le llamamos, y él abrió la puerta de su patio y se frotó los ojos con las palmas de sus manos. Su perro, un standard poodle que era casi tan alto como yo pero muy amigable, fue trotando al lado de mi vecino mientras nosotros nos acercábamos hacia donde había caído nuestra pelota de Wiffleball. Sin decirnos nada, él recogió la pelota y se la dio a su perro. En unos segundos, aquella pelota perfectamente redonda era un disco plano de babas de perro y plástico.

Yo no podía creerlo. Todos nos quedamos allí musitando «Dios mío» y otras cosas mucho peores entre dientes. El Sr. Loco volvió a entrar en su casa y cerró la puerta. Teníamos un par de pelotas más, pero estaban arañadas, y una estaba atada con cinta aislante. En mi mente, podía oír a mi papá diciendo algo respecto a que las pelotas de béisbol no crecen en los árboles. Jugamos un par de entradas más, y después Ernesto y Manuel tuvieron que irse a su casa para almorzar. Debido al horario de trabajo de mi papá, especialmente en el verano, nosotros almorzábamos un poco tarde: a las dos en punto exactamente. Yo tenía más o menos una hora que ocupar, y sin béisbol o la escuela que llenaran mi mente, se colaron algunos pensamientos no tan buenos.

Entré sigilosamente en la casa, con cuidado de no alertar a mi mamá ni a Mamí Upe de mi presencia. Fui a mi cuarto, puse mi pistola de balines debajo de mi camisa, y volví a salir. El aire del mediodía estaba espeso con nubes que se estaban reuniendo para una tormenta. Yo hice el gateo de los Marines hasta la valla trasera, y sin pensarlo mucho en verdad, abrí fuego sobre la puerta del patio del Sr. Loco. Oí unos cuantos tintineos agudos y después regresé gateando hacia la casa. Cuando entré en la casa, Mamí Upe estaba allí de pie. Cuando vio mi arma, primero cerró los ojos y después los elevó hacia el techo.

«Sé qué hiciste algo, Jorge», dijo ella. «Puedo verlo en tu cara».

Yo me encogí de hombros. Ella sabía que no me permitían utilizar el arma a menos que mi papá estuviera conmigo. Mi cuerpo temblaba por la culpabilidad y la adrenalina. No podía creer lo que había hecho. No sabía cómo habría respondido Mamí Upe, mucho menos mi papá, si supiera lo que yo había hecho, y no quería descubrirlo. Nunca antes había hecho nada parecido. Había sido desobediente, pero nunca tan destructivo o vengativo. Era como si el rencor del Sr. Loco me hubiera infectado, y la lección de que «dos maldades no constituyen un bien» resonaba en mis oídos y en mi mente a medida que las imágenes de mí mismo apretando ese gatillo hicieron que mis ojos se llenasen de lágrimas . Yo quería deshacer esos últimos minutos, pero no podía.

Entonces mi mamá entró en la cocina.

Mamí Upe levantó sus cejas, señaló mi arma, y dijo: «¡Mira lo que el diablo te ha hecho hacer!».

Yo le dije que el diablo no me había hecho hacer nada. Pero ver la expresión de su rostro me hizo sentir náuseas en el estómago. Yo la había decepcionado, y eso dolía más que ninguna otra cosa que pudiera pensar.

Las dos mujeres menearon sus cabezas y miraron el reloj. Faltaban cinco minutos para las dos, y mi padre llegaría a casa en cualquier momento. Él era muy estricto acerca de nuestro almuerzo a las dos en punto. Si no estabas allí exactamente a las dos, no comerías. Yo estaba allí a tiempo, pero me habían dicho que no podía usar el arma a menos que él estuviera conmigo. Si mi mamá y mi abuela hubieran sabido lo que en realidad había hecho...

«Apresúrate ahora», me dijo Mamí Upe. «Ve a tu cuarto. Cierra la puerta y ora. Pídele a Jesús que calme a tu padre. Haz que esté calmado, por favor. Di eso una y otra vez».

Hice lo que ella me dijo, hasta que mi corazón dio un vuelco cuando oí el auto de mi padre en el sendero. Me apresuré a regresar a la cocina y me senté a la mesa. Michelle ya estaba allí, y mi padre le dio un beso en la frente cuando pasó por su lado antes de ocupar su asiento.

Yo estaba allí sentado, de nuevo orando en silencio, pidiéndole a Dios que mantuviera calladas a esas dos mujeres. Todos estábamos sentados en silencio, escuchando los truenos y las grandes gotas de agua que repicaban afuera. Había relámpagos y las luces titilaban. Mi padre frunció el ceño y dijo: «Esto pasará pronto». Entonces señaló hacia mí y dijo: «Cuando regrese a casa más tarde, tenemos trabajo que hacer».

Yo asentí, tragué un bocado de arroz y frijoles por mi tensa garganta, y una lágrima llenó mi ojo.

«Sí», le dije. «Lo sé. Estaré listo».

Cuando mi padre terminó y se fue, todos nos quedamos en silencio en la mesa. Yo estaba a punto de darles gracias a las dos. Mi madre levantó su mano: «No nos des las gracias. Tan solo pórtate mejor».

«¿Puedo levantarme?», pregunté.

Mamí Upe extendió sus brazos hacia mí y yo caminé a encontrarme con su abrazo.

«Sé un buen muchacho», me dijo.

Además de todos sus otros trabajos, mi padre trabajó durante años como ojeador de béisbol; en 1983 comenzó a realizar ese trabajo a tiempo completo para los Toronto Blue Jays. Yo rápidamente llegué a saberme de memoria su alineación. Los Blue Jays de 1983 tenían algunos nombres que eran familiares para la mayoría de los aficionados: Dámaso García, Alfredo Griffin, Jesse Barfield y Cliff Johnson. Pero había también algunos tipos menos conocidos como Rance Mulliniks, Ernie Whitt, y otros cuyos nombres (Garth Iorg, Mickey Klutts) simplemente se te quedaban en la mente.

Para ser sincero, yo seguía la Liga Mayor de Béisbol en general, y a ningún equipo en particular. Esa era una ventaja de seguir el béisbol desde Puerto Rico; debido a que ninguno de los equipos tenía su base allí, yo no sentía la necesidad de ser un fan de ningún equipo en particular. No heredé de mi familia ningún tipo de historial de ser fan, así que yo era en cierto modo un agente libre. Supongo que de alguna manera era como los Yankees de la década de 1980, siempre mirando para adquirir a un hombre que me gustara para mi equipo mental (no puedo decir equipo «fantástico» debido a lo que eso ha llegado a significar). Me encantaban Don Mattingly y Dave Winfield; ellos eran dos de mis jugadores favoritos. Pero cuando llegaba el momento de pasar al plato en mi patio trasero, el hombre que siempre quería ser era George Brett. Durante mis años en la escuela primaria, los Royals de Kansas City estaban en la mitad y después cerca del final de una carrera que había comenzado en 1976 e incluía haber participado dos veces en la Serie Mundial. Después de eso, no consiguieron llegar a los *playoffs* desde 1986 hasta 2014. George Brett era el líder de ese primer equipo, y un bateador que yo en verdad admiraba.

Lo que me parecía que era bueno de Brett era su postura en el plato. Se acomodaba en la caja, se movía sobre sus tobillos, arqueaba su espalda de modo que su cabeza quedaba detrás de su trasero, y entonces rebotaba como un tipo que se levanta de la cama. Yo le observaba batear y pensaba que iba a quedarse dormido antes de que el lanzador le lanzara la pelota.

Pero el hombre al que de verdad me gustaba imitar y ver era Don Mattingly. Parecía que él utilizaba una postura diferente en cada juego. Cada vez que uno de sus partidos lo pasaban por televisión, yo lo veía y me preguntaba qué iba a hacer ese día. ¿Iba a girar su pie izquierdo (su pie atrasado) a los lados? ¿Cuántos grados lo iba a girar? Y no era solamente que en cada partido él hiciera algo diferente; durante el curso de un partido parecía que nunca llegaba hasta allí dos veces de la misma manera, y a veces incluso cambiaba las cosas un poco durante un turno de bateo.

Yo no era cierto tipo de genio infantil del béisbol que captaba todo eso de manera natural. Pasé algún tiempo viendo partidos con mi papá; mucho tiempo en realidad, especialmente cuando llegué a la adolescencia. Antes de eso, veíamos el partido y él señalaba algunas cosas, pero no creo que yo entendiera conscientemente todo lo que él decía. Aprendí tan solo al estar alrededor del juego casi constantemente. Vivir en Puerto Rico era estupendo porque básicamente jugábamos durante todo el año.

Antes de comenzar a jugar de modo competitivo, no era que mi papá me tuviera haciendo prácticas en el campo y bateando en una jaula de bateo cada día; eso llegaría más adelante. Pero él estaba siempre trabajando en las habilidades mentales necesarias para tener éxito, entiendo ahora, en cualquier cosa. Mi papá me inculcó dos puntos importantes que son parte de lo que se podría denominar tener una buena ética de trabajo: no abandonar y nunca llegar a estar cómodo con la derrota o el fracaso.

Yo me tomé aquellas lecciones en serio en los campos de juego cuando competía en todo tipo de deportes, pero en realidad no arraigaron en los salones de clases. Debido a que mi padre tenía algunas conexiones, pude asistir a la American Military Academy (AMA) en San Juan. Estaba situada cerca de los límites de dos de los distritos de San Juan, Guaynabo y Bayamón, que tenían esos nombres por los dos ríos que se cruzan cerca de ellos. Hasta la fecha, el sitio web de la AMA en San Juan relata la historia: menciona los elevados estándares académicos y los excelentes equipos deportivos de la academia. Yo no habría tenido problemas con la escuela, y la escuela puede que no hubiera tenido problemas conmigo, a la larga, si no hubiera sido por esos estándares académicos. Yo no era un estudiante horrible, pero tampoco era el estudiante más motivado. Me gustaba la historia, en particular la parte que tenía que ver con Puerto Rico, pero en realidad no me gustaba nada estudiar inglés. Saqué calificaciones para aprobar en casi todas las clases excepto en la de inglés.

Yo le decía a mi mamá que hacía todo lo que podía, y ella me creía. Le decía eso a mi papá, y él dudaba. Creo que en aquel entonces yo de verdad creía que estaba haciendo todo lo posible, pero ahora puedo ver que no era así. Todo lo posible habría significado pasar mucho más tiempo extra estudiando, acudir a maestros para obtener ayuda, y todo lo demás. Yo estaba acostumbrado a ser bastante bueno en hacer cosas, así que batallar tanto con una clase era frustrante. Cuando yo me frustraba, me enojaba o lloraba, y con frecuencia era una combinación de ambos sentimientos, ninguno de los cuales producía el tipo de resultados que mis padres querían ver.

No tener éxito a la hora de obtener buenas calificaciones complicaba mi vida de muchas otras maneras. En primer lugar, tenía que obtener cierto promedio de calificaciones para que me permitieran competir en los programas deportivos de los que la escuela estaba tan orgullosa. Yo no estaba tan motivado para mantenerme calificado para los programas deportivos de la AMA, porque también podía competir en otros deportes diferentes mediante los varios clubes sociales que eran una parte importante de la vida en San Juan y en otros lugares.

Por desgracia para mí, mi papá entendía muy bien la conexión entre calificaciones y deportes. Como dije, yo era un muchacho bastante bueno que no se metía en problemas con sus maestros por ser ruidoso o por descontrolarse. Tenía mucho respeto por mis maestros, aunque sí frustré a una de mis maestras de matemáticas de quinto grado cuando respondí a su pregunta sobre por qué mi libro no estaba abierto diciendo: «No importa. Voy a ser jugador de béisbol». ¿Cómo se podría estar molesto con un muchacho que decía la verdad de ese modo? En mi mente, yo no intentaba faltarle al respeto o ser arrogante; tan solo lo decía como lo veía. Ahora puedo ver cómo se entendían esas palabras, y también veo el error de ellas. Con el tiempo, aprendí que ser un jugador de béisbol profesional significaba rendir bien no solamente en el campo, sino también fuera de él. La experiencia sería una maestra más dura que ninguno de los que tuve en la escuela.

El que yo estuviera diciendo la verdad o no a mi maestra no le importaba tanto a mi padre como la verdad que mi tarjeta de calificaciones decía respecto a cómo estaba rindiendo. Unas semanas después de confesar la razón de mi falta de interés en mi clase de matemáticas, entré después de haber estado montando en bicicleta con Ernesto y Manuel. No íbamos a la misma escuela, pero nos juntábamos casi todos los días después que el autobús me dejara bajar tras media hora de viaje. Yo entré en la cocina y mi papá estaba allí de pie mirando un pedazo de papel. Estaba apoyado sobre la encimera, agarrando el papel con una mano y la otra la tenía sobre la frente. Levantó la vista por encima del papel, y yo reconocí aquella mirada. El instinto tomó el control, y salí de la casa corriendo hacia el patio trasero. Mi madre dio un grito, y mi padre me gritó que me detuviera. Yo no escuché. Podía oír sus pasos detrás de mí, pero todo lo demás estaba en blanco en mi mundo a excepción de un árbol de mango que estaba en una de las esquinas de nuestra propiedad. Sus raíces formaban un tronco que era como dedos que sobresalían de la tierra. Salté sobre uno de ellos y entonces comencé a subirme al árbol, pensando que estaría seguro allí.

No lo estaba.

Mi padre no subió hasta arriba del árbol, pero se las arregló para enfurecerse conmigo con su cinturón. Yo estaba de pie sobre una rama con mis manos por encima de la cabeza agarrándome a otra rama para tener equilibrio. Era como si los golpes del cinturón fueran llamas de fuego que se elevaban para agarrarme. Yo bailaba un poco de un lado a otro intentando librarme de ellas, pero no siempre pude evitarlas. Sabía que al haber salido corriendo y ocultarme en aquel árbol había hecho que mi papá se enojara aun más que antes, pero no pude evitarlo. Aquello no fue como más adelante cuando estaba aprendiendo a agarrar y tenía que ignorar todos los potenciales peligros y dolores de estar detrás del plato. Aquel era yo, un muchacho de quinto grado intentando hacer todo lo posible para evitar el dolor de recibir disciplina.

Por una parte, sabía que me habían advertido acerca de mantener buenas calificaciones. No lo había hecho, y merecía sufrir algunas consecuencias. También sabía que no debería haber huido corriendo de mi padre y haberlo desafiado así. Yo había añadido combustible a un fuego muy pequeño. Sabía hacer algo mejor que salir corriendo de la casa, pero algo en mi interior, algún impulso, tomaba el control y a menudo me hacía hacer cosas que yo no había planeado hacer. Por otro lado, nunca esperé que mi padre se enfureciera tanto que me perseguiría hasta lo alto de un árbol. Mi padre creía en el castigo físico; podría haberme dado tan solo unas nalgadas si yo no hubiera salido corriendo, y aquello habría sido el fin de toda la situación. A mí no me gustaba ningún tipo de castigo físico, pero así eran las cosas en mi casa y en los hogares de muchos de mis amigos. Mi papá estaba utilizando el cinturón como último recurso; literalmente no podía llegar hasta mí de ninguna otra manera.

En ese punto, los dos nos habíamos quedado sin palabras. Mi madre había intentado intervenir brevemente, pero él la había enviado a la casa. No sé por cuánto tiempo nos quedamos allí los dos. Yo subía más alto; él conseguía subir un poco más arriba. Finalmente, él bajó del árbol y se quedó allí. Hizo un gran espectáculo de volver a ponerse su cinturón y dijo, con un tono aún enojado pero su ira bajo control: «Baja aquí. Esta no es manera de comportarnos». Mi única respuesta fue bajar del árbol. Sabía que lo peor había pasado, al menos por aquella noche.

Cuando estuve de nuevo en terreno sólido, mi papá indicó con su cabeza hacia la casa, y yo le seguí detrás. En cierto momento, ralentizó el paso para mirarme. Una oleada de adrenalina recorrió mi cuerpo, y cubrí mi cabeza para protegerme. Cuando no sentí que nada me golpease, me puse más erguido y le miré. En lugar de ver vergüenza en su cara, vi tristeza cuando él meneó la cabeza, obviamente decepcionado por el modo en que yo había respondido. Entré en la casa y de inmediato corrí hacia mi madre, que estaba de pie en la cocina retorciendo un paño entre sus manos.

«¡No!», gritó mi padre, y señaló al pasillo hacia mi cuarto.

Yo pasé al lado de mi llorosa madre y entré en mi cuarto. Me pasé la siguiente hora tumbado de espaldas y mirando fijamente al techo, resistiendo el impulso de lanzar la pelota. Fuera de mi ventana zumbaban las cigarras y las polillas chocaban contra la rejilla, agitando la red de alambre. No me atrevía a mirar mis piernas desnudas. Algunos puntos me ardían, pero no iba a llorar; esta vez no. Debí haberme quedado dormido y tuve un sueño inquieto.

Me desperté y entrecerré los ojos ante la brillante luz. Tan solo podía ver la silueta de quien estaba en el cuarto. Era mi papá. Con la luz detrás de él, no podía ver su expresión. Él entró en el cuarto, y le oí hacer ruido. Vi que agarraba mi guante nuevo, y mi corazón desfalleció. Ese iba a ser mi castigo. Él me lo iba a quitar, quizá no me dejaría volver a jugar hasta que aprobara todas mis clases. Cerré los ojos.

Oí una silla raspar el piso y después un chirrido y un suspiro cuando mi padre se acomodó en ella. Un segundo después, oí algo familiar. Escuché un tipo de sonido rasposo, y lo entendí todo. Mi padre estaba frotando aceite de castor sobre la palma de mi guante. Le oí musitar algo entre dientes. Levantó el guante y lo inspeccionó, y después le dio un golpe con su puño.

«Está mejorando. Asegúrate de seguir haciendo esto, cada día, un poco cada vez. No te sobrepases con el aceite».

Agarró una pelota y la lanzó al guante.

Dio una vuelta para mirar por la habitación, entrecerrando los ojos. «¿Dónde están?».

Yo señale hacia mi mesa de noche. El sonido de las ligas de goma rodeando el guante era cierto tipo de música vibrante. Él me entregó el guante y dijo: «Tienes que ocuparte de las cosas. Sabes eso, ¿verdad?».

Yo asentí.

«Entonces haz a un lado eso».

Yo agarré el guante, un McGregor del color de un cigarro puro, con cuidado de evitar mirarle a los ojos. Entonces metí el guante atado entre el colchón y el somier. Volví a tumbarme, sintiendo el nudo en mi garganta y también el nudo en la cama, siendo uno de ellos una extraña comodidad.

«Y esto», dijo mi padre, agarrando mi reproductor portátil de casete y un puñado de cintas, «te lo devolveré la próxima semana cuando mejores tus calificaciones. Hablaré con tu maestra, y mejorarás. Sabes que eso va a suceder».

Él salió del cuarto, y yo le oí alejarse caminando. Volví a incorporarme y extendí mi brazo hacia mi escritorio. Saqué mi libro de trabajo de inglés. Muchas veces cuando estudiaba, me gustaba escuchar música pop estadounidense, diciéndome a mí mismo que las letras me ayudarían. Ahora, sin ningún reproductor de cintas, no podía hacer eso. Así que me senté allí, mirando fija y alternativamente las líneas de traducciones que tenía que hacer y la etiqueta que había en la cinta que yo había grabado. Estaba orgulloso de mí mismo por ser capaz de grabar de la radio los «America Top 40» de Casey Kasem. Había llegado al punto en que podía presionar el botón de *Stop* y después el de *Record* (para grabar) perfectamente, eliminando los comerciales.

Me había tomado cierto tiempo perfeccionar la técnica, pero lo había logrado. Así que allí estaba yo, al final de la primavera de 1986, mirando fijamente la etiqueta, leyendo las páginas del libro de trabajo, y girando el casete en uno de mis dedos. Me imaginaba que podía oír a Gloria Estefan y la banda Miami Sound Machine cantando «Bad Boy» [Muchacho malo]. Estaba tumbado chasqueando mis dedos y sonriendo mientras las palabras «Los chicos siempre serán chicos» flotaban en mi visión, como si fueran una bombita cayendo de modo seguro al *outfield*. Aterrizó, y me encontré a mí mismo pensando en lo que aquellas palabras significaban realmente, en inglés y en español. Volví a pensar en lo afortunado que era de que nadie supiera lo que le había hecho a la puerta del patio del vecino esas semanas antes.

Cuando terminó la canción en mi cabeza, también lo hizo cualquier placer que hubiera sentido de aquella inmadura venganza. Los tres (el Loco, mi padre y yo) parece que éramos capaces de ser atenazados por cierto tipo de enojo o frustración que nublaba nuestro mejor juicio durante un rato. Ninguno de nosotros era realmente un muchacho malo hasta la médula. Tan solo había algo en nosotros que no manteníamos bajo control todo el tiempo. Más adelante, descubrí por qué aquel enojo a veces me ayudaba y otras veces me hacía daño. En ese momento, estaba agradecido por no haberle hecho más daño a la casa del vecino, porque reconocía que haber hecho lo que hice estuvo mal, y también porque no quería tener que enfrentar plenamente las consecuencias. En cierto sentido, consideré el haber salido airoso de ese acto como algo que me merecía por haber sido castigado por mis malas calificaciones. Era una ecuación complicada intentar determinar lo merecido y lo inmerecido, la culpabilidad y la inocencia. El cálculo me agotaba, de modo que abandoné.

Metí el brazo bajo el colchón, y saqué mi guante y lo desenvolví. Puse a un lado mis libros y lancé la pelota al aire, con cuidado de no golpear ni las paredes ni el techo. La consoladora sensación de tener la pelota y el guante me hizo olvidar el hambre que tenía.

CAPÍTULO 2

Yo soy puertorriqueño

Muchos padres e hijos tienen una relación complicada; no siempre hablamos de ello, pero sabemos que puede ser confuso. Aun así, es difícil comunicar lo complicada que era la relación que yo tenía con mi padre, y lo que esa complejidad significó para mí cuando era pequeño y también en la actualidad. Tuvo más sentido para mí más adelante cuando trabajé con lanzadores. Ellos tenían diferentes mecánicas, puntos de lanzamiento, maneras de acercarse a los bateadores. Algunos eran buenos al comunicar su intención y sus deseos, y otros no. Algunos hablaban los mismos idiomas que yo; otros no lo hacían, o a veces parecían no hacerlo. Entender métodos y medios para un fin no siempre era fácil ni dentro ni fuera del campo.

Para ser sincero, sigo sin tener el rompecabezas de mi padre completamente resuelto (muéstreme a un hijo que lo tenga), pero volveré a decirlo: si no hubiera sido por mi padre y por todas las cosas que hizo por mí y para mí, no me habría convertido en un jugador de las Grandes Ligas. Disfruté de muchas ventajas al ser el hijo de Jorge Luis de Posada Sr. Había un método en la locura de mi padre, pero yo no lo veía en aquel momento. En parte, se debe a que él nunca me explicó por qué me hacía hacer algunas de las cosas que me decía. Era muy de la «vieja escuela» a ese respecto. Yo no tengo modo alguno de saberlo con seguridad, pero sospecho que incluso si le hubiera preguntado a mi padre sus razones para muchas de las cosas que me hacía hacer, él me habría dado la respuesta normal de «porque yo lo digo». Aun así, yo nunca le habría preguntado porque también heredé de él un poco de su vena de terquedad. Aunque no me rebelaba activa o directamente contra lo que él me pedía que hiciera, en particular cuando se trataba del béisbol, tampoco asumía la responsabilidad de mejorar la comunicación entre nosotros. Algunas cosas que él me hacía hacer eran lo suficientemente claras como para no requerir de una explicación: correr a toda velocidad, subir colinas, pasar incontables horas en la jaula de bateo o en el campo recibiendo batazos por el suelo. Pero otras eran más parecidas a pruebas mentales que él me hacía, y con frecuencia mi relativa inmadurez, físicamente, chocaba contra lo que él intentaba conseguir que yo hiciera mentalmente.

Hoy día puedo ver que la educación de mi papá representaba una diferencia generacional, la mentalidad de vieja escuela que he mencionado. Puede que también haya sido cultural en parte. El estereotipo de los hombres latinoamericanos, para mejor o para peor, sí tiene algo de cierto. Tenemos más probabilidad que otros hombres de expresar nuestras emociones y ser reactivos. Ya fuera yo mismo llevando conmigo una pistola de balines a la casa de un vecino, mi papá persiguiéndome hasta lo alto de un árbol, Manny Ramírez respondiendo a una bola rápida interior que de ninguna manera estaba cerca de golpearlo, Pedro Martínez fanfarroneando y después arrojando al suelo a un hombre de setenta años de edad; de una manera o de otra esas son el tipo de cosas que suceden cuando se tiene a hombres que son temperamentales. Yo no solo llevo el corazón a flor de piel: mis emociones son la ropa que cubre todo mi cuerpo. Lo que se ve es lo que hay.

Puede que sufra de una variedad única de esa pasión latinoamericana, ya que soy una combinación de cubano, dominicano y puertorriqueño. Al igual que la relación que tengo con mi padre es complicada, así lo es también mi herencia. Pero diré lo siguiente: mi relación con mi lugar de nacimiento es sencilla. Amo a Puerto Rico, y me considero puertorriqueño. Al escribir estas líneas, el presidente Barack Obama acaba de anunciar el restablecimiento de las relaciones entre los Estados Unidos y Cuba. Son los primeros días, y me resulta difícil saber qué sucederá, pero durante muchos años he estado afirmando que me gustaría visitar Cuba algún día. Eso no significa que sea desleal hacia Puerto Rico o los Estados Unidos. Me gusta viajar, y a medida que envejezco siento cada vez más curiosidad acerca del lugar donde mi padre se crio. Me gustaría que mis hijos vieran dónde pasó su juventud su abuelo.

A pesar de lo mucho que mi papá moldeó quién llegaría a ser yo, creo que Puerto Rico tuvo una influencia casi igual sobre mí. Debido al clima, yo tenía varias temporadas de béisbol en el mismo año calendario. Jugar en el exterior todo el año era estupendo.

La influencia de Puerto Rico sobre mí es mucho más profunda que tan solo ser el lugar donde pude jugar al béisbol durante todo el año. Me identifico a mí mismo como puertorriqueño, no tanto como un modo de rellenar un espacio en un formulario sino como una parte real de quién soy, incluso si Puerto Rico en el cuadro general, es un lugar realmente pequeño. Con solamente 3,6 millones de residentes, está empequeñecido por los más de 10 millones de habitantes de la República Dominicana y por los más de 11 millones de Cuba. Eso hace que Puerto Rico no sea uno de los favoritos, y me gusta la mentalidad de no ser favorito. Si miramos el boxeo, uno de los deportes favoritos de Puerto Rico, creo que entenderá lo que quiero decir acerca de identificarme como puertorriqueño. Estoy orgulloso de las contribuciones de Puerto Rico al béisbol, pero cuando pensamos en el hecho de que este diminuto territorio autónomo con su pequeña población está en el tercer lugar del mundo entre quienes tienen títulos de boxeo —en todas las divisiones y no solo en pesos pesados, que son los que obtienen casi toda la atención en los Estados Unidos—, eso dice algo.

El boxeo en Puerto Rico se remonta a cuando era aún una colonia española y los trabajadores en las plantaciones de azúcar y de café organizaban torneos clandestinos. Los Estados Unidos ayudaron a desarrollar el boxeo y convertirlo en una actividad más formal y legal dentro del ejército, aunque siempre se realizaban combates ilegales en varios lugares en el viejo San Juan. Durante la Primera Guerra Mundial, soldados estadounidenses y puertorriqueños estacionados en la isla participaron en el Campeonato Las Casas, pero los civiles no podían participar. Durante mucho tiempo, el boxeo en Puerto Rico estuvo controlado, al menos oficialmente, por el ejército. Pelear una guerra y boxear parecían ir de la mano. Finalmente eso cambió, y hombres como Wilfredo Benítez, Félix Trinidad y Héctor Camacho, junto con mujeres como Melissa Del Valle y Cindy y Amanda Serrano, siguieron la línea que estableció Sixto Escobar en 1934 y llegaron a ser campeones del mundo.

Yo no sabía esas cosas cuando era pequeño. Pensaba en mí como puertorriqueño porque era allí donde vivía. No iba por ahí preguntando a todos mis compañeros de clase sobre su procedencia. Yo tan solo era puertorriqueño. Me gustaba la historia de Puerto Rico. Pensaba que era bueno que a Cristóbal Colón se le acreditara haber descubierto Puerto Rico al igual que descubrió América. Como Puerto Rico disfrutaba de estatus de estado autónomo ante los Estados Unidos, yo también consideraba positivamente a mi hogar adoptivo. También lo veía como una fuente de entretenimiento, y no solo la música estadounidense captaba mi atención, sino también las películas y los programas de televisión y, obviamente, el béisbol.

No creo que entendiera por completo por qué, pero la historia del pueblo nativo de Puerto Rico, los taínos, realmente me importaba. Escuchar sobre su lucha por sobrevivir a enfermedades europeas y el duro trato que recibían por parte de los españoles me recordaba el espíritu combativo de los boxeadores y de quienes llevan las de perder. Aunque mis raíces en Puerto Rico no son tan profundas como las de muchas otras personas, he estado en un concierto de Marc Anthony y he sentido una pequeña emoción de placer y orgullo cuando él gritaba: «¡Yo soy boricua!», y la multitud se volvía loca. Cuando voy conduciendo solo, y muchas veces cuando mi familia va conmigo, subo el volumen para escuchar a Gilberto Santa Rosa y Víctor Manuelle. Soy un gran seguidor de la música de todo tipo, pero esos hombres son especiales para mí. Jugar en Nueva York era estupendo debido al gran número de puertorriqueños que hay en la ciudad, y debido a su trabajo con nuestra fundación, Laura pudo participar en el desfile del Día de Puerto Rico. Aquello fue un honor especial para ella, y me encantaría haber estado allí, pero los Yankees siempre jugaban el Día de Puerto Rico. Mi trabajo frecuentemente me mantenía alejado de eventos y personas que me importaban.

Nadie es más importante para mi identificación como puertorriqueño que Roberto Clemente. Uno de mis momentos de mayor orgullo se produjo hace algunos meses cuando mi sobrino de cuatro años, Miguelo, vio una fotografía de Roberto Clemente y dijo: «¡Ese es mi tío!». Para mí, Roberto Clemente es el hombre a quien todos deberíamos intentar modelar. Fue un jugador de béisbol increíblemente talentoso y jugaba el juego de la manera correcta, pero era también un ser humano increíble que perdió su vida en un accidente de avión al intentar llevar provisiones a personas que estaban sufriendo por los efectos de un terrible terremoto en Nicaragua. Él vivió de la manera correcta, y yo me crie oyendo acerca de él. Aún puedo verle girando en la segunda base y arrancando hacia tercera, quitándose el casco y volviéndoselo a poner al estar de pie para un triple.

Me puse un poco triste hacia el final de mi carrera cuando me di cuenta de que algunos de los jugadores jóvenes latinos con los que hablaba sabían solo vagamente quién fue Clemente y lo que había llegado a significar para el juego y para el mundo. Quizá se me pegó un poco de la frase de la vieja escuela de mi papá: «respeta a tus mayores», pero espero que Roberto Clemente sea recordado como algo más que tan solo un nombre para introducirlo en el teléfono cuando alguien está buscando la dirección para llegar al Coliseo o el Estadio que lleva su nombre en su honor. Clemente no fue solamente un jugador de béisbol; era un guerrero, un hombre que luchaba duro dentro y fuera del campo. Me encantaría haber recibido el premio que lleva su nombre y que la Liga Mayor del Béisbol entrega al jugador que mejor combina logros dentro y fuera del campo. No es que me importen tanto los honores personales, pero ser votado como «el jugador que mejor ejemplifica el juego del béisbol, la deportividad, la participación en la comunidad y la contribución del individuo a su equipo» habría sido un honor increíble incluso si no hubiera llevado el nombre de uno de mis héroes personales.

Contribuir al éxito de un equipo siempre fue importante para mí, pero lo cierto es que, a fin de hacer eso, uno tiene que tener éxito como individuo. Yo quería ser el mejor en el béisbol desde muy temprana edad. Lo que no podía entender era por qué mi padre parecía poner obstáculos para ralentizar o incluso bloquear mi progreso. En 1980, cuando yo tenía nueve años, mi papá me llevó hasta el Club Caparra Country, donde él ayudaba a entrenar al equipo de béisbol. Los clubes de campo como Caparra no eran lugares con bonitos campos de golf donde acudían personas ricas; eran lugares donde las familias en quienes yo pensaría hoy día como de clase media-baja como la mía pasaban tiempo juntas. Eran de propiedad privada, pero ciertamente eran más parecidos a las instalaciones que se encuentran en comunidades con parques y zonas recreativas.

El club de campo al que pertenecía mi familia se llamaba Casa Cuba, y estaba situado a lo largo de la playa; ninguno de los otros clubes estaba allí. Debido a que teníamos acceso a la playa, jugábamos a casi todos los deportes en la arena: fútbol americano, fútbol, e incluso una versión del béisbol cinco a cinco que a mí me encantaba. Yo hacía un bate con el mango de una pala para arena, y cubría una pelota de Wiffleball por completo con cinta aislante para que la brisa de la costa no la llevara de un lugar a otro con tanta fuerza. Practicábamos deportes toda la mañana, quedábamos sudorosos, nos metíamos en el agua, volvíamos a jugar, íbamos a la cafetería y decíamos cuál era nuestro número de miembro, y después llenábamos nuestras bandejas con todo tipo de alimentos. Aún puedo saborear y sentir el crujido de la arena que me tragaba junto con esas comidas. No puedo decir con seguridad que mi papá escogiera Casa Cuba porque estaba en la playa, pero jugar a todos aquellos deportes en la arena realmente ayudó a darles a mis piernas fortaleza y resistencia. Sin embargo, no puedo decir que comer un poco de ella ayudara a mis mandíbulas.

Aunque pertenecíamos a Casa Cuba, mi papá era entrenador en Caparra, nuestro mayor rival. ¿Por qué no entrenaba en donde tenía una membresía y donde yo jugaba? Esa era otra de esas cosas complicadas que yo nunca llegué realmente a preguntar. Además de todos los muchachos en el club que jugábamos juntos de modo informal, también organizábamos equipos deportivos y competíamos contra los otros clubes en la zona. Aquel fue el único béisbol organizado que jugué hasta que fui mayor y jugué en la Liga Menor y más adelante en la Liga de la Legión Americana.

Aunque yo jugaba para el equipo de béisbol de Casa Cuba, mi padre me llevó a Caparra un día en 1980, cuando tenía nueve años, para que practicara con sus muchachos. Yo entré en la caja para realizar mis cortadas en la práctica de bateo. Mi papá se bajó del montículo y dio un par de pasos hacia mí. Inclinó su cabeza hacia su izquierda. Yo miré hacia esa dirección, pensando que él quería que viera algo que estaba allí. Supongo que se podría decir que tuvimos un fallo de comunicación.

«¿Qué pasó?», me preguntó.

Yo me encogí de hombros.

Él levantó su dedo índice en el aire y lo movió haciendo giros.

Yo me di la vuelta en la caja del bateador para ver lo que había a mis espaldas. El receptor se subió la máscara y se volteó para hacer lo mismo.

«No», gritó mi padre. Yo le miré mientras se quitaba su guante, se lo ponía bajo el brazo y caminaba hacia mí, dando un pesado suspiro y meneando su cabeza.

A medida que se acercaba, podía oírle susurrar: «El otro lado, el otro lado», una y otra vez.

Me agarró por los hombros y me condujo a la parte izquierda de la caja del bateador.

«¿Entiendes?», me preguntó.

Yo entendía y no entendía. Sabía lo que él quería que hiciera, que bateara de izquierda, pero no entendía por qué. No era que yo no hubiera golpeado nunca antes desde el lado izquierdo. En nuestros bateos con las bolas de Wiffleball en el Estadio Jorge Posada, lo había hecho muchas veces. Después de todo, Don Mattingly bateaba de izquierda, y yo le había imitado con decenas de variaciones. Pero aquello no era el Wiffleball. Yo nunca había bateado de izquierda cuando realmente contaba para algo.

Mi papá regresó al montículo, yo me sitúe incómodamente en posición, mi corazón latía con fuerza, intentando pensar en cuál de las muchas variaciones del método Mattingly utilizaría. Llegó la bola, una rápida a la altura de la cadera y en la mitad superior. Yo abaniqué y sentí que mi pie resbalaba mientras yo me inclinaba y casi hice de sacacorchos con el suelo. Sentí tensión en la mandíbula, y en el siguiente lanzamiento hice otro bateo agresivo, fallando completamente otra vez. Podía sentir que mis ojos se llenaban de lágrimas, y el sabor salino de la sangre en la boca donde me había mordido la mejilla.

Esto está feo. Realmente feo.

No establecí contacto en los dos lanzamientos siguientes, así que me quedaba un *swing* más. Finalmente me las arreglé para sacar una débilmente con la punta del bate. La bola se quedó a la derecha de la caja del bateador como si intentara decirme que ahí era donde yo pertenecía. Con mi visión nublada por las lágrimas, troté hasta el banquillo, dejé mi bate, y pasé corriendo por mi posición normal en el campo corto hasta llegar al cuadro exterior. Me mantuve de espaldas al cuadro interior y me quedé allí rechinando mis dientes, con mis puños apretados, hasta que las lágrimas realmente comenzaron a brotar. Doblé mis brazos delante de mi pecho e intenté ahogarme a mí mismo para evitar llorar.

¿Por qué me está haciendo esto? No sé batear de izquierda. Soy un buen bateador. ¿De qué sirve?

Mi enojo fue interrumpido cuando uno de los otros muchachos golpeó una bola que pasó rodando por mi lado. La agarré y la lancé hacia el plato. Mi papá se quedó de pie en el montículo, manteniendo su guante arriba hacia mí. Yo me eché para atrás y lancé la bola alto y duro. Fue como si hubiera lanzado mi enojo y mi humillación, y sentí una pequeña emoción de placer y desafío cuando la bola avanzó trazando un arco por encima de la cabeza de mi papá, por encima del receptor y por encima de la malla de protección. Llegó a descansar en la hierba seca por detrás de las gradas cerca de un montón de pedazos de vasos desechables de plástico.

Sin pensarlo, salí corriendo (mi papá era fanático acerca de apresurarse siempre) para atrapar mi tiro desviado. Mis mejillas ardían cuando crucé la línea de primera base, y podía sentir los ojos mi papá clavados en mi espalda. Agarré la bola, troté un poco y se la lancé a él. Mientras tanto, todo el lugar se había quedado en silencio. Mi papá agarró la bola y entonces la dejó caer de su guante, como si yo le hubiera lanzado algo repugnante que no quería que manchara su guante. Comencé a hacer el camino de regreso hacia el campo exterior, pero él levantó la mano y me detuve. Señaló el banquillo, y yo fui y me senté. Durante el resto del entrenamiento me quedé sentado allí, escribiendo «Yo te odio» una y otra vez en la arena con mi zapatilla, borrándolo y comenzando otra vez, sabiendo que, en ese momento, me odiaba a mí mismo tanto como odiaba a mi papá.

Desde temprana edad, me tomaba muy mal el perder y fallar; perder era como una presencia física. Podía sentir el peso de esa presencia sobre mí, podía oír su voz en mi cabeza persiguiéndome. A medida que fui haciéndome mayor, menos me imaginaba perder como si fuera una persona, pero ese sentimiento que obtenía al perder, de que estaba siendo debilitado o retrasado, siempre estaba ahí. Tan solo tenía que redoblar esfuerzos, trabajar más duro, para vencer el peso de ello.

Yo no era el mejor jugador allí, lejos estaba de serlo, y tampoco era el peor; pero sin duda alguna lo parecía en aquella caja bateando de izquierda. El fracaso era horrible, pero el sentimiento de haber decepcionado a mi papá era aún peor. Era difícil desahogar mi enojo conmigo mismo o con la voz de quien fuese que yo oía en mi cabeza. Mi papá era la diana más fácil de golpear o, en este caso, de sobrepasar. Mientras estaba sentado en el banquillo y el entrenamiento seguía sin mí, intentaba entender lo que mi padre había hecho y por qué. Mi cerebro de nueve años de edad no podía pensar en un conjunto de respuestas muy sofisticadas. Principalmente se reducía a un intento de humillarme por alguna razón, de hacerme parecer malo delante de sus jugadores, quienes también resultaban ser mis rivales. Ahora veo que el verdadero culpable era mi incapacidad y el no poder controlar mis emociones. En aquel entonces culpé a mi papá.

¿Por qué me había hecho mi papá girar para batear de izquierda? Debió haber sido algo en mi interior que a él no le gustaba. Repasé todo lo que había hecho durante el curso de los últimos días, intentando descubrir de dónde provenía ese trato. A mi papá no le gustaba que yo agarrara las bolas más nuevas que él tenía en la bolsa de bolas que guardaba en el armario, y yo había agarrado una a hurtadillas y la lancé contra la casa, arañando tanto la bola como el estuco de la casa. Aunque volví a ponerla en la bolsa cuando terminé, quizá los arañazos y las débiles marcas de pintura que no pude eliminar por completo me habían delatado. Mientras estaba allí sentado, lamentaba no haber limpiado la bola con leche del modo en que mi papá me había mostrado para quitar toda las manchas de hierba y de tierra.

No tuve mucho tiempo para seguir pensando. El entrenamiento terminó, y llegó el silencioso viaje hasta nuestra casa sin explicación alguna por parte de mi padre respecto a por qué había escogido ese día para humillarme. Mis malos pensamientos aumentaron y se cocieron durante la noche. Al día siguiente tenía un partido con mi equipo de Casa Cuba contra Ponce, uno de los equipos más débiles de los cinco que había en nuestra liga. De nuevo mi papá me hizo batear de izquierda, y mi rendimiento fue el mismo que en el entrenamiento el día anterior: *strike* las tres veces. Después del último *strike*, no pude aguantar más: cuando llegué al banquillo, me senté allí y lloré. Mi entrenador, «El Flaco» (su verdadero nombre era Héctor Fuentes, pero todos le llamábamos por su apodo), se acercó a mí, puso su mano sobre mi espalda y me dijo que todo iba a salir bien. Fui hacia el campo corto, y el primer bateador me lanzó una arrastrada. Yo la recogí fácilmente, y por un instante pensé en lanzarla por encima del primera base y fuera del parque.

No lo hice. Íbamos solamente dos carreras arriba, gracias a que yo dejé a un puñado de muchachos en la base, y no quería dejar que la carrera del empate llegase al plato en la última entrada. La disparé a primera y oí a nuestros seguidores animarme. Miré a las gradas, y allí estaba mi mamá moviendo su puño y levantándose de su asiento. Busqué a mi papá, aunque sabía que él tenía entrenamiento aquel día con Caparra. Entonces, con el rabillo del ojo, lo vi. Estaba de pie con un par de otros entrenadores y padres, todos ellos con sus brazos cruzados sobre sus pechos, balanceándose sobre los talones. No pude evitar pensar que la sonrisa de mi papá significaba que estaba orgulloso de mí.

Después del partido, mientras caminábamos juntos hacia el auto, él me dijo que sabía que iba a ser difícil, pero que si seguía en ello, bateando desde ambos lados del plato, iba a cosechar beneficios algún día. Estaba bien batallar, pero era mejor que no abandonara.

«Llegaremos ahí. Trabajaremos en ello. Pero cada vez que te enfrentes a un lanzador diestro, vas a batear de izquierda. Así es como debe ser. No hay duda alguna. De izquierda. ¿Lo entendiste?».

Yo asentí. Mi papá fue fiel a su palabra, tanto a corto como a largo plazo. Sí, trabajamos en ello, y finalmente dio resultados de una manera en que ni siquiera él esperaba y que aún no estoy seguro de que le gustara. Mi racha consecutiva de ponchados llegaría a 13, pero finalmente fue mi papá quien no tuvo suerte.

Al final de la temporada, Casa Cuba y Caparra se enfrentaron en las finales de la liga. No los habíamos batido en toda la temporada, y era difícil regresar a casa en el auto después que ellos hubieran vuelto a ganar, sentado en el asiento trasero al lado de mi hermana, viendo esa mirada de satisfacción en la cara de mi papá reflejada en el espejo retrovisor. Parecía que independientemente de lo que nosotros hiciéramos, el equipo Caparra encontraba un modo de ganar. Perdimos de todas las maneras concebibles: por palizas, por pérdida de ventajas, por batazos, por bombitas y por bobadas. Aquello era malo, malo, malo. Yo no me atrevía a comportarme como un perdedor amargado delante de mi padre y de su equipo. No quería darles la satisfacción de saber que se habían metido en mi cerebro.

Había una buena razón por la cual Caparra nos pateaba el trasero todas las veces: mi papá. Él hacía que su equipo apareciera una hora antes del partido para entrenar. Él bateaba bolas arrastradas y lanzaba elevadas, trabajaban jugadas en el campo interior, principalmente toque de cobertura, y después hacían práctica de bateo. Casa Cuba aparecía quince minutos antes de un partido. Nos hacíamos lanzamientos unos a otros de bolas rodadas o elevadas, pero no era lo mismo. Yo tenía suerte de que mi papá me llevara al campo temprano para estar con él y su equipo. Participaba en su entrenamiento durante un rato, y después me sentaba y esperaba; era el único niño que había en el banquillo hasta que llegaban mis compañeros de equipo. Era en cierto modo extraño, pero me acostumbré a eso, y también se acostumbraron todos los demás.

En aquel partido final en 1980, yo salí en la quinta entrada. Íbamos perdiendo por dos. Cuando entré, había dos hombres dentro —uno en segunda y otro en tercera— dos hombres estaban fuera, y en el montículo estaba un lanzador diestro. Yo me sitúe en la caja del bateador de izquierda, me ajusté el casco, y equilibré el bate sobre el plato. Ese era un posible punto decisivo en el partido, y esperaba que mi papá estuviera mirando atentamente.

No lo estaba.

Estaba sentado allí, con sus piernas estiradas delante de él y sus manos encima de su cabeza como si le estuvieran reteniendo como prisionero. El primer lanzamiento llegó elevado, y yo lo dejé pasar, contento de ir por delante en el conteo. Solo que no fue así. El árbitro lo declaró *strike*, y yo me quedé allí parpadeando como si tuviera que sacarme algo de mi ojo. El siguiente lanzamiento fue igual de elevado, uno que yo normalmente habría agarrado, pero dado lo que acababa de suceder, no pude. Sabía que iba a tener que situarme por encima de él, así que me puse todo lo erguido que pude, y mientras me elevaba de puntillas y cambié mi peso hacia adelante, solté el golpe. Tuve ese sentimiento de satisfacción de establecer contacto sólido, cuando no se transmite ninguna vibración en absoluto a través de las manos. Observé mientras la bola viajaba en una trayectoria muy parecida a la que siguió la bola que había lanzado en aquel entrenamiento anterior. Se elevó hacia el cuadro exterior, y vi los números en la parte trasera de la camiseta del jardinero derecho, que levantó su guante rindiéndose mientras la bola rebotaba una vez y golpeaba el muro. Fui a segunda base y me quedé allí, sabiendo que el partido estaba ahora empatado. No tenía que mostrar mi entusiasmo, así que me incliné, me subí los calcetines y tiré de mis pantalones, alisándolo todo.

Miré a mi entrenador en la caja de la tercera base, y él subió su puño y me sonrió. Yo asentí con la cabeza y me sitúe en posición de carrera, con un pie en la almohadilla y el otro estirado por delante de mí como un corredor de velocidad. No anoté, pero en la parte de arriba de la sexta anotamos una carrera al aprovecharnos de un error crucial de Caparra para tomar la delantera. Tuvimos una tensa parte baja de la sexta, pero cuando su bateador número tres bateó débilmente hacia el montículo, se acabó.

Un enorme sentimiento de alivio y de alegría recorría mis venas. Tenía muchas ganas de hacer pipí. Levanté mis brazos al aire, lancé mi gorra y mi guante, y salí corriendo hacia el montículo. Me metí entre el montón de jugadores, gritando con todas mis fuerzas. Un gran golpe cuando realmente lo necesitábamos, ¡y de izquierda!

Puede que no crea esto, pero de todos los partidos que he jugado, aún me dan escalofríos al pensar en esa victoria. Aquel no fue mi primer golpe bateando de izquierda esa temporada, pero fue *con mucha diferencia* el más importante. Recuerdo correr las bases y no tener sensación alguna de que mis pies tocaran el suelo.

Durante todo el viaje de regreso a casa en el auto hablaba emocionadamente con mi madre, diciendo una y otra vez: «¿Puedes creerlo?».

Después de un rato, me dolían las mejillas de sonreír tanto. Mi padre no me había dicho ni siquiera una palabra después del partido cuando recorrimos la fila dándonos un apretón de manos. Tan solo habíamos chocado brevemente las palmas de nuestras manos, los dos mirando hacia otro lado. Me volví a Michelle y dije: «Esto es lo mejor. Pensé que sería bueno, pero es lo mejor. Especialmente haberles ganado. ¿Y viste cómo lanzaron fuera la bola?».

Michelle asintió.

«¡Eso no podía suceder! ¡Pero sucedió!».

Para mérito de él, mi papá no dijo ni una palabra. Estuvo allí sentado sin expresión alguna durante todo el viaje hasta casa. Cuando nos detuvimos en el sendero de nuestra casa, yo salí del auto, deseoso de llevar mis buenas noticias a Manuel y Ernesto. Antes de poder entrar corriendo en la casa, sentí la mano de mi papá sobre mi hombro. Pensé que estaba a punto de darme un sermón, pero tan solo me dio un firme y buen apretón que terminó en un segundo. Le miré durante un momento, esperando que pudiera decir algo, pero no dijo nada. No tenía que hacerlo. Yo podía ver que estaba orgulloso de mí.

No sé si la mayoría de los muchachos competían con sus padres de modo tan feroz como lo hacíamos mi papá y yo, pero los dos lo hacíamos con frecuencia, y ninguno de los dos habría cedido nunca o habría abandonado. Sentí que obtuve su aprobación después de la victoria sobre Caparra, pero hubo muchas otras veces en que sentí que mi papá me había arrancado el corazón del pecho.

En casa teníamos una mesa de ping-pong, y mi papá quería que yo jugara con tanta frecuencia como pudiera. Muchos jardineros medios desarrollan rapidez y suavidad en sus manos al jugar al tenis de mesa, y creo que eso también me ayudó finalmente como receptor, pero cuando era pequeño e incluso cuando era adolescente, batallaba contra mi padre.

Él tenía un servicio malvado, y me dominaba la mayor parte del tiempo. Yo nunca estuve realmente cerca de poder derrotarle, y él nunca me dejaba ir por delante. Una vez, cuando yo tendría quizá unos once años de edad, él iba ganando. Un par de veces golpeó al servicio bolas altas con mucho efecto que golpeaban en el borde mismo de la mesa y caían a mis pies. Tiros con suerte, en realidad. Esos golpes me enojaban. No solo iba perdiendo con alguien que era mejor que yo, sino que batallaba tan solo para poner la bola en juego. Muchas veces él ni siquiera decía nada; otras veces provocaba. «Mira eso. Así es como se juega el partido. Tiro perfecto. No tienes oportunidad contra mí». Perder contra él era difícil; que él te lo restregara de esa manera era aun más difícil.

Un día, cuando tenía once años, me frustré tanto que comencé a llorar. No eran sollozos, sino lágrimas de frustración las que corrían por mis mejillas. Di un golpe rápido con la raqueta sobre la mesa. Mi papá levantó las dos manos, con la raqueta en una y la bola en la otra, como si le hubieran interrumpido en medio de su servicio. Entonces comenzó a reír. Eso me puso muy furioso. Yo ya estaba muy frustrado, al ser incapaz de dejar de llorar tanto como oír esa voz en mi cabeza burlándose de mí por mi mal juego. Ahora tenía que tratar con mi papá riéndose, encima de todo aquello. Fue casi demasiado. Mi papá dejó la raqueta y fue a un estante del garaje.

Sacó un par de guantes de boxeo y me los entregó. Muy bien, aquello iba a ser bueno. Yo los tomé y los sostuve, y estiré mis manos hacia él para que pudiera atármelos. Él se arrodilló mientras los ataba, y pude ver visiones delante de mí golpeándolo y dejándolo fuera de combate. El garaje olía a gasolina, aceite de motor, trapos húmedos y cera de automóviles, un olor a macho que bloqueó mis lágrimas y me dio valentía. Mi papá se quedó de rodillas mientras se ponía sus guantes, y entonces, sosteniéndolos delante de su cara, hizo gestos hacia sí mismo, haciéndome saber que era momento de comenzar.

Habíamos boxeado desde que yo era muy pequeño, pero en cierto modo aquella vez fue diferente. Yo sabía que mi papá quería que encontrara una vía de escape más apropiada para mi frustración que las lágrimas, pero nuestro combate comenzó como muchos otros que habíamos realizado. Yo cargué, y nos enfrascamos en un cierto tipo de abrazo de oso, mezcla de lucha y boxeo, conmigo lanzando golpes ineficaces sobre su espalda, y mi cara enterrada contra su pecho y su hombro. Encontraba algo consolador en estar tan cerca de él. No era que mi padre no fuese afectivo físicamente hacia Michelle y a mí. Él nos daba abrazos, pero parecían fallarle las palabras.

No sé lo que se metió dentro de mí aquella tarde en el garaje, pero en cierto momento mi papá lanzó su puño hacia mi frente y lo mantuvo allí. Me mantuvo a distancia así, teniéndome conectado a él pero incapaz de alcanzarle con mis golpes. Me sentí un tonto, como si estuviera fallando una vez más. Intenté moverme hacia un lado, pero seguía estando allí ese guante que sentía como si estuviera pegado a mi cabeza. Furioso y frustrado, di un paso atrás, moví mi cuello y bajé mi cabeza, y entonces puse toda mi fuerza en un gancho bajo que llegó a la panza de mi padre. Oí el aire salir de él, y supe que o bien le había sorprendido o le había hecho daño, o ambas cosas. Él se echó hacia atrás y se recuperó en el piso con sus manos enguantadas detrás de él. Se quedó en esa posición, vulnerable y expuesto, pero yo sabía que era mejor no arremeter contra él. Mantuve arriba mis puños y comencé a bailar un poco, haciendo mi versión del movimiento de Muhammad Ali, cierto tipo de baile burlón de victoria. Segundos después, detuve ese espectáculo, entrecerré mis ojos y fruncí el entrecejo, aún en la posición adecuada de boxeo. Mi papá asintió con su cabeza y regresó a su posición.

Creo que los dos tan solo peleamos como espectáculo después de aquello. Volvimos a nuestra pelea y nuestros agarres, pero después de unos minutos él se las arregló para situar sus brazos por el interior de los míos y me alejó. Ese fue el final. Yo fui caminando hacia la pared más lejana para poner allí nuestros guantes, girando mi cabeza ligeramente para poder verle levantarse. Él me negó el placer de verle batallar y ofrecerle ayuda. Se quedó agachado, haciendo parecer como si hubiera algo en el piso que estaba buscando.

«Ve a prepararte para el almuerzo», me dijo, indicándome que me fuera.

Hice lo que me dijo, pero cuanto más me alejaba, más pequeña era la emoción de aquel puñetazo. A la hora del almuerzo mi padre volvió a ser el mismo. Aunque seguimos poniéndonos los guantes y peleando, no creo que yo lo volviera a hacer alguna vez con el mismo nivel de enojo.

Aquel fue un gran momento para mí, no porque le hiciera daño a mi papá, sino porque establecí una conexión que se quedó conmigo durante toda mi vida: siempre rendía al máximo cuando estaba enojado, y desarrollé una mentalidad que decía: «Te lo demostraré». Querer que mi papá se sintiera orgulloso y demostrar lo que sabía hacer a otros que dudaban de mí impulsó toda mi carrera; incluso en la cúspide de los tiempos en que jugué con los Yankees. Tomaría algún tiempo, pero finalmente supe que mi papá estaba completa y verdaderamente de mi lado.

La cosa es que mi papá y yo pasábamos juntos una cantidad enorme de tiempo. Los días en que no teníamos entrenamiento o un partido, y a veces incluso después de eso, me llevaba a agarrar bolas arrastradas que él me lanzaba. Tampoco sentí nunca que no tuviera las cosas que necesitaba o quería. Él era un estupendo proveedor para nuestra familia, y yo apreciaba eso. Yo sería mucho mayor antes de darme cuenta de que algunos papás no están mucho tiempo al lado de sus hijos. Incluso cuando mi papá era ojeador, seguía estando cerca de nosotros la mayor parte del tiempo. Quizá fuera cuando tuve mis propios hijos y tuve que estar lejos durante mucho tiempo cuando entendí aun más lo afortunado que fui de tener un papá que había desempeñado un papel tan importante en mi vida. No siempre me gustaban sus métodos, pero con el tiempo no pude argumentar respecto a los resultados que produjeron. Yo no siempre era el mejor en cualquier cosa que hacía en los deportes, pero trabajaba tan duro como cualquiera que conocía, y ciertamente aborrecía perder más que ninguna otra persona contra la que competía.

A pesar de la tensión que había entre nosotros, hubo una gran excepción: el ciclismo. Si la mayoría de las cosas que mi papá y yo hacíamos juntos eran una batalla competitiva con los dos chocando nuestras cabezas, el ciclismo era lo único que ambos hacíamos con gran alegría. Si el béisbol no hubiera sido el amor de mi vida, el ciclismo habría sido no solo un segundón, sino el deporte con el que felizmente habría establecido un tipo de vida diferente. A mi papá le encantaba ir en bicicleta, y desde el momento en que fui capaz de sortear con seguridad los caminos con él, fui a su lado en sus entrenamientos en la bicicleta, con frecuencia llegando a recorrer hasta 20 millas.

Hay que recordar que aquellos eran los tiempos anteriores a Lance Armstrong, cuando casi nadie en los Estados Unidos o Puerto Rico realmente prestaba mucha atención al deporte. Sí, había personas que montaban en bicicleta, pero no les importaba o ni siquiera conocían el lado competitivo. En 1981, cuando yo tenía diez años y pedaleaba por la zona con mi papá, Greg LeMond fue el primer estadounidense (y ahora el único) en ganar el Tour de Francia. Si les hubiera preguntado a mis amigos en aquel entonces si sabían quién era él, ellos se habrían encogido de hombros o quizá habrían pensado que yo estaba pronunciando mal el nombre de uno de los Hermanos Allman. Pero yo sí sabía quién era Greg LeMond porque mi papá era un gran seguidor de los llamados «Grandes Tours»: carreras como el Tour de Francia, la Vuelta a España, y otras. Él estaba interesado en ellas porque había sido ciclista en Cuba e incluso había participado en la versión cubana de un Gran Tour: la Vuelta a Cuba. Como las otras carreras, la Vuelta es una carrera por etapas de varios días en la que los ciclistas recorren cientos de millas por toda Cuba. La primera se realizó en 1964, y la carrera sigue realizándose en febrero cada año.

Junto con otros cien ciclistas, mi papá compitió en esa primera Vuelta. El primer día del evento tuvo lugar en Santiago de Cuba, en la parte sudeste de la isla. Comenzó con un feroz ascenso que ofrecía un premio al primero en llegar a la cumbre. El resto de la etapa de ese día llevaba entonces a los ciclistas por la parte central del país hasta Camagüey. En el curso de los cinco días siguientes, los ciclistas disfrutaron de las partes planas atravesando las plantaciones de azúcar y soportaron los dolorosos ascensos por las montañas del Escambray para llegar finalmente a La Habana. De los 100 ciclistas que comenzaron, solamente 45 terminaron la carrera; mi papá entre ellos. Al pasar por ciudades y aldeas, las multitudes les animaban, pero durante largos trechos iban solos, con la excepción de los vehículos de apoyo.

Mi padre no hizo ningún entrenamiento de verdad para aquel demandante evento. Iba en su bicicleta a todas partes, llegando a recorrer hasta unas 20 millas por día. Todos sus amigos pensaban que estaba loco, pero en realidad él no tenía muchas opciones. No podía permitirse un auto, y cualquier cantidad de dinero gastada en autobuses era dinero que no podría gastar en comida. Tenía veinticinco años y vivía independientemente sin tener ninguna esperanza real de que su situación económica fuera a mejorar repentinamente.

Mi papá estaba orgulloso de su carrera como ciclista. Su primo Leo también era ciclista, y los dos se sentaban y recordaban los viejos tiempos. Mi papá fue lo bastante bueno para ganar unas cuantas carreras, y su premio era con frecuencia una bicicleta. Él se las regalaba a mi tío y a otros amigos, y se sentía realmente bien por ser capaz de hacer eso por ellos. Incluso cuando era un niño, yo reconocía que mi padre era un hombre muy generoso, alguien que daba de su tiempo y su atención a otras personas. No es que yo no creyera lo que mi papá me contaba de él mismo y sus tiempos en Cuba, pero fue divertido más adelante cuando pasé más tiempo en Miami y llegué a conocer a algunos de los amigos de mi papá que vivían en la zona. Ellos me hablaban del tiempo en que mi padre era un gran atleta, que sobresalía en el ciclismo pero también en baloncesto, béisbol, natación y atletismo.

A mi padre y a mí, el ciclismo siempre podía unirnos. Los dos grandes amores de mi papá eran el béisbol y el ciclismo, y también se convirtieron en los míos. En un momento en que la mayoría de los niños están comenzando a alejarse de sus padres cuando entran en la adolescencia, mi relación con mi papá en realidad comenzó a mejorar. Yo estaba creciendo, desde luego, y veía las cosas de un modo diferente, y eso no es decir que no siguiera habiendo veces en que sentía que algunos de los métodos de mi papá eran exagerados, pero parecíamos disfrutar de estar juntos y hacer las mismas cosas.

Aún puedo recordar mi primera bicicleta de carreras, un torpedo todo blanco: el asiento, la cinta del manillar, las capuchas de las palancas de freno y la estructura eran todos del mismo color. Yo era el único por allí que tenía una bicicleta así. Las bicicletas de motocross, o de carreras BMX, habían hecho todo el camino hasta Puerto Rico desde sus raíces en California, y todos mis amigos tenían esas bicicletas pequeñas y con ruedas pequeñas, y hacían saltos y acrobacias. Yo no podía hacer ninguna de esas cosas, y a veces batallaba en mi bicicleta de ruedas tan delgadas cuando íbamos por la arena o por el barro, pero cuando llegábamos al pavimento yo iba tan por delante de ellos, que se veían como motitas en el horizonte a mis espaldas. Me encantaba el sentimiento de velocidad que sentía al ir en bici. De hecho, me gustaba tanto sentir el sol en mi cara y el viento soplando sobre mi piel, que ni siquiera me importaba la más mínima broma que mis amigos me hacían sobre llevar pantalones de ciclismo.

Estaba en la adolescencia cuando mi papá y yo comenzamos a ir en bicicleta regularmente, haciendo el viaje desde casa a Isla Verde y también llegando hasta el club casi todos los sábados y domingos. Ese fue un entrenamiento muy bueno para el béisbol y para otro evento que, al volver la vista atrás ahora, tuvo un gran efecto en mí y ayudó a formar mi vena competitiva.

Por tres años, desde 1983 hasta 1985, Casa Cuba realizó cierto tipo de Olimpíadas por edades para los jóvenes que había entre sus miembros. Participábamos en cinco pruebas, así que supongo que se podría llamar un pentatlón, pero no era como el evento oficial de las Olimpíadas. En cambio, competíamos en un mini maratón (una carrera de una milla), baloncesto uno contra uno, carrera de velocidad de 200 metros en la playa, *squash*, y 100 metros de natación. Ganábamos puntos según dónde termináramos en cada prueba, y entonces al final se decidía un campeón general.

El primer año no me molesté en entrenar para las Olimpíadas de Casa Cuba. Después de todo, éramos tan activos todo el tiempo que estábamos en bastante buena forma, y de todos modos practicábamos todos esos deportes. Me emocionaba competir en ellos, y esperaba con ilusión que llegara el evento, pero no me emocionaba demasiado. Los niños tienen su manera de establecer un orden de destreza entre ellos mismos, determinando quién es bueno en qué, y dónde encaja en una escala de los mejores atletas. Para nosotros, el muchacho número uno era Kike Hernández (actualmente su hijo Enrique juega para los Dodgers de Los Ángeles). Él era mi rival número uno como resultado. Kike y yo éramos amigos, principalmente porque los dos éramos bastante buenos en todos los deportes que practicábamos, y así era como se formaban la mayoría de las amistades; nos juntábamos con los muchachos que estaban en lo alto de la lista.

Kike pateó mi trasero ese primer año, y yo terminé en segundo lugar detrás de él. Tuvimos una pequeña ceremonia de entrega de premios, y mientras estábamos allí de pie, yo tuve que fingir que estaba contento, dándole la mano a Kike cuando le entregaron el trofeo.

No puedo decir que me obsesionara demasiado perder, y no volví a dedicar mi vida entera a entrenar para ese evento el verano siguiente, pero sí hice algunas cosas para prepararme.

En 1984, caminé hasta la línea de salida del mini maratón más decidido que nunca a vencer a Kike. Tras el pistoletazo de salida, salí corriendo todo lo rápido que pude. Podía sentir la arcilla caliente salir rebotada de mis zapatillas Nike, y eso parecía hacer que mis pies se movieran con mayor rapidez aun. Después de la primera vuelta de cuatro, yo tenía una ventaja de unas diez yardas. Me sentía bien, y aunque ralenticé la velocidad un poco después de esa primera ráfaga de adrenalina, seguía estando a la cabeza cuando concluyó la segunda vuelta. Cuando llegamos a la tercera vuelta, el hecho de que no podía sentir las piernas y sentía la boca como si estuviera chupando la suela de un zapato me hizo entender el error de lo que había hecho. Había salido con demasiada rapidez demasiado pronto, y cuando giramos para encarar la recta final, Kike me adelantó viéndose muy fresco comparado con mis zancadas que apenas parecían poder seguir. Sí, terminé segundo, y finalmente esa fue mi posición al final de la jornada. Le gané en velocidad, aunque eso no fue una consolación verdadera.

Al año siguiente no solo me entrené un poco más, sino que también pensé de manera más estratégica sobre cómo encarar cada prueba. Pensé que no iba a ganarle a Kike en el mini maratón, así que debería conservar algo de energía. Saldría al mismo ritmo que Kike y me quedaría a su lado, y entonces esperaba poder adelantarle al llegar a la meta.

Cuando la carrera comenzó, hice exactamente lo que había planeado. Yo era como la sombra de Kike a mediodía, me mantuve a su lado durante toda la carrera. Mi plan funcionó a la perfección, y llegamos a la última curva empatados. Yo era aún un muchacho bastante flacucho, pero todo el ciclismo que practiqué puso algo de músculo en mis piernas. Me las arreglé para adelantar a Kike y crucé la línea de meta en primer lugar. Él terminó por delante de mí en el baloncesto uno contra uno, así que estábamos prácticamente empatados después de dos pruebas. Me gustaban las posibilidades que tenía en la velocidad, y por tercer año consecutivo le gané. Con dos pruebas por realizar, yo tenía una pequeña ventaja sobre Kike.

No quería ilusionarme demasiado, pero sentía que tenía buenas posibilidades de ganar finalmente. Además, tenía un arma secreta que esperaba que funcionara.

No sé si Kike y yo mirábamos demasiado hacia el futuro, pero ninguno de los dos llegó a las finales de *squash*, y ambos perdimos inesperadamente en las semifinales. Recuerdo, mientras estaba estirado al máximo, ver la bola pasar al lado de mi raqueta y sentir ese vacío como una granada que explotaba en mi interior cuando perdí.

El campeonato del club se iba a decidir en la natación. Cuando pisé el taco de salida, miré a Kike, que estaba en el carril contiguo. Sentí un poco de lástima por él. Él no sabía lo que estaba a punto de vencerle. Muy bien, me estoy inventando eso. No sentí lástima por él, y no podía esperar a desatar mi arma secreta sobre él. Sonó el pistoletazo, y los dos entramos de cabeza en el agua. Yo me sentía cómodo nadando, y pasar mucho tiempo en la piscina y en aguas abiertas había contribuido a eso, así como estar con mi familia surfista en la República Dominicana. Cuando nos acercábamos al final de la piscina, Kike y yo íbamos a la par. Yo vi el marcador del carril pasar de ser una línea a una T, y revelé mi arma secreta: un giro en voltereta. En los años anteriores, yo llegaba a la pared, la tocaba con mi mano y después me impulsaba. ¡Esta vez no, perdedores!

Ese primer giro en voltereta me dio la delantera, y yo estaba entusiasmado. El segundo no fue tan bueno, pero seguía yendo a la cabeza. Lo único que tenía que hacer era mantenerme tranquilo y terminar las siguientes 40 yardas, y la victoria sería mía. Al aproximarme al último de los giros, hice lo que el legendario Satchel Paige decía que no hay que hacer. Miré atrás para ver quién se acercaba. Kike estaba a la distancia de un cuerpo de mí. Distraído, no calculé bien el giro, y cuando volví a estar en equilibrio, di la patada para impulsarme esperando encontrarme con la pared sólida, pero lo único que sentí fue agua.

Sentí pánico.

Di una patada tras otra, pero no lograba nada. Finalmente, lo dejé y retrocedí un poco, y entonces empujé el agua con una osadía que normalmente reservaba para las guerras de agua. Hice contacto con la pared y me impulsé, sabiendo que ya era inútil. Kike tenía una ventaja de un par de segundos sobre mí, y yo no podía compensar eso. Nadé el último tramo de la piscina con mis manos convertidas en puños, golpeando el agua, sintiendo como si el agua estuviera llena de mis lágrimas. Cuando finalmente llegué a la pared final, también le di un puñetazo, golpeándola de refilón. Apenas tenía energía para salir de la piscina. Mi pecho jadeaba, pero no por el esfuerzo sino por el enojo y la humillación. Lo había fastidiado todo.

Cuando comenzó la ceremonia de premios, yo no quería subir al podio. Me quedé envuelto en una toalla, mordiendo el borde, temblando de frustración. Cuando dijeron mi nombre como el subcampeón final, quería correr al auto. Sentí la mano de mi mamá en mi espalda dándome un empujoncito. Caminé hasta allí, con la cabeza agachada, mirando a todas las grandes y pequeñas formas de las huellas de nuestros pies, sintiéndome como un pescadito pequeño que estaba a punto de ser tragado por la vergüenza y la decepción. Agarré mi medalla en lugar de dejar que el presidente del club la pusiera por encima de mi cabeza. No quería llevar ese símbolo de fracaso.

No sé por qué el club no volvió a realizar esa competición. Secreta-
mente, sentí alivio porque ya no íbamos a tener una prueba que mos-
traría a qué nivel estábamos realmente. Kike y yo seguimos siendo
amigos, y lo somos hasta la fecha. Cada vez que regreso a San Juan y
paso por delante de Casa Cuba, agarro mi teléfono y voy recorriendo
con mi dedo mis contactos, pensando que debería pedirle a Kike que se
reuniera conmigo allí y llevase su traje de baño, sus zapatillas de correr
y su raqueta de *squash*. Desde que me retiré del béisbol, he tenido oportunidad de trabajar en algunas cosas. Me gustan las posibilidades que
tengo en la cancha y en la piscina.

La gente dice que se aprende más al perder que lo que se aprende
al ganar. A mí me encantaba ganar, pero desde una perspectiva, creo
que en aquel entonces necesitaba perder; no solo en las Olimpíadas
de Casa Cuba, sino también en el ping-pong y al batear desde ambos
lados del plato. Por doloroso que fuera, yo necesitaba entender lo que el
perder causaba en mí. Perder no fue divertido en absoluto, y no estoy
exactamente orgulloso de las batallas que tuve, pero no me rendí. Seguí
en ello, y con el tiempo llegué a ver que estaba mejorando. Si en aquel
entonces me hubiera tomado un descanso, dado que como preadoles-
cente yo era bastante pequeño para mi edad y no debería haber esperado demasiado de mí mismo, no creo que habría desarrollado la pasión
y el impulso que desarrollé.

Yo no era un gran estudiante en el salón de clases, pero fuera de él
estaba aprendiendo algunas lecciones valiosas. Es difícil ser paciente,
pero en aquel tiempo yo tenía pocas opciones. Aun así, algo en mi
interior me decía que llegaría. Tan solo tenía que redoblar esfuerzos y
seguir pedaleando fuerte.

Capítulo 3

Sin dolor no hay victoria

r en bicicleta con mi papá para llegar al club me hacía sentirme especial; pocos de los otros muchachos que yo conocía compartían ese tipo de experiencia con sus papás. Aun así, no era como si fuéramos pedaleando el uno al lado del otro y pasáramos tiempo estableciendo vínculos, con él dándome consejos acerca de la mejor manera de subir cuestas. Él iba por delante de mí, esperando que yo mantuviera el ritmo lo mejor que pudiera. Aunque para ser sincero, eso no me importaba. Yo conocía la ruta, y el ver su cuerpo inclinado sobre el manillar me daba una meta a la que apuntar.

Desde luego, esta actividad también tenía que llegar con una lección. Una mañana de fin de semana, se pinchó uno de mis neumáticos mientras mi papá iba bastante por delante de mí. Aún me quedaba una media milla para llegar a Casa Cuba. Para entonces, mi papá desaparecía rápidamente a medida que el camino giraba hacia la playa. No podía gritarle para que acudiera en mi ayuda. Levanté el tubo de la estructura de la bicicleta por encima de mi hombro, y fui caminando el resto del camino.

Más tarde, después del almuerzo, íbamos a ir a la casa de mis abuelos para pasar el resto de la tarde y para cenar. Cuando llegamos a las bicicletas, mi papá vio la situación. Sacó un pequeño paquete que llevaba debajo de su asiento y agarró un tubo nuevo y un par de palancas plásticas para desmontar neumáticos.

«Aquí tienes», me dijo, poniendo las cosas sobre el asiento de mi bicicleta. «Te veré cuando llegues allá».

«Espera. Nunca antes he hecho esto», le dije, quejándome más de lo que quería. «¿No vas a hacerlo o a ayudarme?».

«Tú me has visto hacerlo antes. Tengo que llegar allá. Tu abuela tiene algo que necesita que yo haga. No llegues tarde para la cena».

Con eso, se montó en su bicicleta y se fue pedaleando, dejándome allí para que lo solucionara yo solo y esperando que aun así llegara a la casa de mis abuelos.

Habría olvidado el incidente, excepto que recientemente me estaba preparando para salir a dar un paseo con mi hijo, Jorge. Las bicicletas de carreras que usamos tienen neumáticos muy estrechos y de muy bajo perfil, incluso más delgados que los que usábamos mi papá y yo. Yo los estaba llenando de aire para los dos. Más de 100 libras de presión es mucho, y no estaba preparado para lo que sucedió cuando uno de ellos explotó. Sonó como un disparo. Jorge y Laura llegaron corriendo al garaje para ver lo que había sucedido, y sus expresiones de preocupación me hicieron reír. No pude evitarlo. Señalé al neumático y dije: «Supongo que no sé la fuerza que tengo». Laura levantó sus cejas y meneó la cabeza, y entonces sonrió antes de regresar caminando a la casa.

Jorge se quedó por allí, así que le mostré cómo quitar el neumático para que pudiéramos sustituirlo o reparar el tubo. Admito que no soy la persona más paciente del mundo. Esperar en filas, estar atascado en el tráfico... todas las pequeñas molestias de la vida me impacientan. Pero al trabajar con Jorge, ya sea en su béisbol o al enseñarle a arreglar un pinchazo en el neumático de su bicicleta, realmente me esfuerzo por estar calmado, en especial cuando veo en él parte de esa misma impaciencia con la que siempre he batallado. Por esa razón, fue interesante estar sentado allí en el garaje con él y mostrarle cómo arreglar el neumático. Yo intentaba darle las instrucciones más claras que podía acerca de cómo sacar el neumático del armazón, pero pude ver que él se frustraba junto conmigo. Finalmente, con el tutorial incompleto, le dije: «Aquí tienes, inténtalo». Le dije que tenía que aprender a hacer eso él solo, especialmente por si sucedía en el camino cuando yo no estuviera cerca.

Yo observaba mientras las venas de sus sienes latían y su piel se enrojecía, hasta que parecía que quisiera lanzar la bicicleta al otro lado del garaje. Al sentir su frustración, comencé otra vez mi demostración. En lugar de permitir que Jorge terminara la tarea que yo había comenzado, volví a situar el neumático en el armazón y le dije: «Ahora hazlo tú. Volveré». Le dejé allí para que hiciera la tarea pensando que, sin que yo estuviera presente, parte de la presión también se iría. Antes de cerrar la puerta que llevaba a la casa, le dije: «Tómate tu tiempo. Nos iremos cuando hayas terminado».

Lo que no le dije a mi hijo en esa lección fue que esos tubos a alta presión eran parecidos a mi papá y a mí. Él tenía altas expectativas para mí. Era estricto y esperaba que yo me mantuviera dentro de una estrecha banda de conducta adecuada: mi modo de vestir, cómo jugaba el juego, cómo rendía en la escuela, cómo hablaba a mis mayores, y todo el resto que conllevaba vivir bajo las reglas de su régimen. «Mi casa, mis reglas» era algo que yo oía bastante cuando era pequeño. La presión de esas expectativas era tan alta que cuando necesitaba liberarme de ella, a veces explotaba, y no lo hacía lentamente sino de repente, como cuando disparé a la casa de aquel vecino. No sucedía con mucha frecuencia, pero debido a que yo por lo general me comportaba tan bien y estaba tan firmemente bajo el control de mi papá, era incluso más notable cuando explotaba. La parte que me resultaba difícil de tratar, tanto entonces y hasta cierto punto más adelante, era que cuando hacía algo para liberar la presión que sentía por sobresalir, parecía que las expectativas aumentaban mucho más e incluso más cosas salían mal, hasta que finalmente sentía que ya no podía seguir estando a la altura. Parecía como si cada vez que decidía arriesgarme y desafiar las reglas de mi papá, las cosas salían mal. No todas las veces, pero con bastante frecuencia.

Aunque no lo entendía en aquel momento, esa era otra manera en que mi papá me estaba preparando para ser un jugador de béisbol de las Grandes Ligas: todas esas expectativas que él tenía para mí me hacían sentir como si tuviera que comportarme como un adulto. Él quería que fuera maduro y quizá más avanzado para mi edad de lo que yo estaba listo para ser, como hacerme ser ambidextro en el bateo cuando yo sentía que no estaba preparado. No puedo evitar pensar en ese tiempo en que mi papá me hizo nivelar el patio trasero de nuestra casa a la luz de este tipo de expectativas. Claro, él estaba entrenando mis manos para que fueran lo bastante fuertes para agarrar la madera del bate, pero más que eso, me estaba mostrando lo que esperaba de mí como persona y las normas que esperaba que yo cumpliera. La mayoría de los padres que conozco, si querían que su patio trasero fuera transformado de esa manera, habrían llamado a un grupo de obreros para que hiciera el trabajo. Llegaría un grupo de adultos y lo haría. Pero esa no era la manera de hacer las cosas de mi papá; simplemente realizar el trabajo no era el objetivo.

Cada verano hasta que cumplí los trece años tuve que pintar el trabajo ornamental con hierro que rodeaba nuestra casa, una tarea que también aterrorizaba mis días fuera de la escuela. Debido a que el hierro y la humedad no funcionan bien con la pintura, constantemente se despellejaba. Nuestra acera frecuentemente se parecía a la Quinta Avenida después de un desfile de la victoria, llena de pedazos de pintura descascarillada. Mi tarea era limpiar la acera y volver a pintar los barrotes de hierro.

Yo aborrecía esa tarea.

No era tan demandante físicamente como acarrear tierra, pero seguía siendo una tarea desagradable. Tenía que sacar una hoja de papel de lija y un rallador de metal y aplicarlos a los barrotes de hierro para alisarlos. El polvo de la pintura y el óxido que se desprendían al hacerlo obstruían mi nariz y mi garganta; me arañaba mucho los nudillos al intentar llegar a cada pequeño rincón y curva de aquellos herrajes. Los que tenían forma de espiral como un sacacorchos eran los peores con mucho, una obra del mismo diablo que mis padres pensaban que a veces me empujaba a portarme mal. Creo que fue en lo más bajo de los fuegos del infierno donde el diablo forjó esas piezas de hierro. Pintarlas no era tampoco muy divertido. Una gran parte de lo que yo había lijado se quedaba pegado a la vieja pintura. Al principio no me molesté en quitarlo todo, y simplemente pintaba por encima con la pintura nueva, cubriendo el polvo y los pedazos de pintura vieja. Como parte de la pintura goteaba en el hierro y parte se quedaba en la brocha, incluso si pintaba una zona que no tenía desechos, la superficie pintada quedaba con bultos y dispareja.

En realidad no me importaba. Al menos las superficies estaban todas negras y no se veía nada de óxido. Que no hubiera lugares sin pintura era bueno, ¿verdad? Por desgracia, mi papá salía y realizaba una inspección diaria de mi trabajo, y señalaba todos los errores en lo que yo consideraba que eran partes terminadas.

«Lija eso otra vez. Lo quiero liiiiso», decía mi papá, alargando la palabra para establecer su punto y causando que yo quisiera poner la punta del rascador en mi cuello y ponerle fin a mi sufrimiento.

Aprendí la lección con bastante rapidez acerca de hacer el trabajo apresuradamente. Si yo pensaba que lijar la *vieja* pintura era difícil, intentar quitar la pintura *fresca* era otro tipo de tormento.

Una vez, cuando me estaba quejando con Manuel y Ernesto sobre las torturas de mi trabajo, Manuel sugirió que usara un decapante.

Tras un par de bromas sobre lo que hacía un decapante, entendí lo que era: dejar que productos químicos hagan el trabajo.

Cuando mi papá regresó a casa para el almuerzo, me sacó fuera para hacer un recorrido por mi trabajo. Frunció sus labios y asintió: «Mucho mejor».

Yo sabía que se veía mejor, pero estaba interesado en que se viera mejor *con más rapidez*.

Le dije todo lo que sabía sobre el decapante de pintura e intenté defender mi caso diciendo que la manera moderna era la mejor manera. Apenas había pronunciado unas cuantas palabras en mi discurso de venta cuando él me silenció. Levantó sus dos manos: «Tus manos. Que van a hacer el trabajo».

Así era. Mis manos tendrían que hacer el trabajo, y no ningún producto químico.

Y así fue que cada verano tuve que batallar contra los elementos, con mi papá aferrándose fanáticamente a la idea de que la vieja manera era la correcta. Lo único que sé es que las púas de metal de aquel rascador no podrían haberme irritado más o haberme hecho más daño del que me hacía apretando mis dientes y maldiciendo en un susurro, inhalando los subproductos de mis sudorosos esfuerzos. Hasta la fecha, no puedo entrar en una tienda de bricolaje y materiales de construcción y que no se me salten las lágrimas cuando veo una lata de pintura Sherwin-Williams. Es el logo de una lata de pintura que gotea sobre la tierra lo que me hace sentir náuseas. Sentía como si hubiera hecho eso mismo todos esos años: cubrí los 196,9 millones de millas cuadradas de la superficie de la tierra con mi lija y mi pintura, verano tras verano, hasta que la *a* de la palabra «pintura» ya no era visible.

Mis manos tendrían que hacer el trabajo de la vieja escuela de otra manera también. Cuando estaba aprendiendo por primera vez a batear y más adelante a batear tanto con la derecha como con la izquierda, utilizaba un bate de aluminio la mayor parte de las veces. Todo eso cambió en 1983, cuando yo tenía trece años. Seguía jugando principalmente béisbol en el club. Me vi obligado a cambiar de escuela porque no sacaba calificaciones lo bastante buenas en la American Military

Academy. En realidad no me importó. Llegar hasta allí era un viaje muy largo, y levantarme a las 6:00 cada mañana y llegar a casa a las 6:30 de la tarde después del entrenamiento me estaba agotando.

Es divertido pensarlo ahora, pero incluso en aquel entonces yo estaba más preocupado porque mi papá me hiciera cambiar de un bate de aluminio a un bate de madera de lo que estaba por cambiar de escuela. No pensaba que tener que dejar la AMA fuera un fracaso, aunque fue precisamente eso. No tenía calificaciones de suspenso, pero tampoco llegaba al nivel que todos querían que yo tuviera o que necesitaba.

Mirando en retrospectiva, tuve suerte de tener un padre que me reprendía severamente cuando mis calificaciones no llegaban a lo que tenían que ser para poder participar en los deportes, pero nunca me quitaron el privilegio de practicar deportes. Mi papá quería que me enfocara en hacer las cosas en las que era bueno. Jugaba un poco al fútbol y al baloncesto en la escuela y en el club —no era muy bueno en el fútbol, pero en verdad me gustaban los tiros y no se me daban mal—, pero finalmente él me dijo que los dejara totalmente para centrarme en el béisbol. En realidad, no me importó mucho.

Terminé asistiendo a una escuela católica, La Merced, para cursar del séptimo al noveno grado. La Merced estaba a la altura de su nombre español: fue un poco de misericordia para mí. Mi mamá había aprendido a conducir para entonces, de modo que no tenía que levantarme antes del amanecer para agarrar un autobús. También, las clases terminaban a la 1:30, dos horas antes que en la escuela militar. En comparación, asistir a La Merced era como ir de vacaciones; sin embargo, sí tuve que pagar un precio: mis privilegios con el bate de aluminio quedaron revocados.

Para cualquiera que haya jugado alguna vez un partido durante los últimos cuarenta años, un bate de aluminio es o bien una bendición o una maldición. Si se tiene oídos sensibles —y tenga en mente que me seguían llamando Dumbo en ocasiones en aquel entonces— el penetrante sonido metálico de un bate de aluminio Easton puede dar o bien escalofríos de placer u oleadas de dolor. Yo me crie con bates de aluminio, así que estaba acostumbrado al sonido y, más importante, a la sensación. La bola sencillamente salta de esas cosas, y yo los utilizaba en la época en que esos bates estaban en su punto álgido. Finalmente, debido a la rapidez con la que salía la bola con los bates de aluminio, organizaciones como la NCAA (Asociación Atlética Nacional Universitaria) hicieron que los fabricantes de bates los suavizaran por temor a que alguien pudiera resultar muerto por una bola bien bateada con uno de ellos.

Con eso en mente, creo que se puede entender por qué yo estaba molesto con mi papá por quitarme mis bates de aluminio y requerir que utilizara solamente bates de madera. Según mi modo de verlo, yo iba a estar en desventaja comparado con otros jugadores. Desde luego, había un método en su locura; el cual, una vez más, solamente puedo apreciar al volver la vista atrás.

Como ojeador, mi papá había oído muchas historias sobre muchachos que lograron grandes números en las filas amateur, pero no pudieron hacer la transición a utilizar bates de madera cuando se convirtieron en profesionales. Mi papá no entró en muchos detalles para explicarme por qué yo tenía que utilizar madera. Simplemente me dijo que los que jugaban en las Grandes Ligas los utilizaban. Yo quería ser un jugador de las Grandes Ligas, así que también debía hacerlo. Entendí eso, y en realidad no fue un hábito tan difícil de romper, pero si noté una diferencia en el modo en que la bola salía de mi bate. Parte de eso se debía al hecho de que el punto dulce en un bate de aluminio es más grande que en un bate de madera. Dependiendo de con quién se hable, la diferencia puede llegar hasta el ciento por ciento: seis pulgadas para un bate de aluminio y tres pulgadas para un bate de madera.

Lo que eso significaba en términos prácticos es que yo tenía que suavizar realmente mi *swing*, afinar mi vista, y desarrollar una mayor concentración a fin de cuadrar una bola y golpearla bien. No podía ser perezoso con mi *swing* o mi postura en el plato. Yo entendía todo eso intelectualmente, pero emocionalmente me resultaba difícil manejar el no producir el tipo de resultados que a veces veía que otros bateadores menos talentosos producían. Para algunos adultos esa transición era difícil; yo todavía era un niño y mi papá esperaba que lo lograra.

Yo entendía bien el juego, y desde el banquillo veía a mis compañeros de equipo, o a mis oponentes desde mi posición en el campo corto, batear bolas desde sus puños, desde el extremo del bate, y llevarlas hasta el campo exterior. Si yo golpeaba la bola desde esos mismos puntos con un bate de madera, conseguía una arrastrada débilmente o daba un batazo de línea que caía de repente y que no era lo bastante duro para hacer una marca en el guante de un jugador de campo.

No tengo acceso a mis estadísticas de bateo de aquel entonces para verificar este punto, pero sé que basándome en no ser nombrado nunca como jugador más valioso, más sobresaliente, que más mejoraba, o más ninguna otra cosa hasta más adelante en mi juventud, a excepción del que más probabilidad tenía de sangrar (yo nunca me ponía guantín y hacía tantos *swings* que me despellejaba la piel de mis manos), aquellos bates eran una bendición y una maldición para mí. Entendía la necesidad económica para los bates de aluminio. Eran más caros, pero no se rompían. Yo tenía la fortuna de que mi papá tuviera acceso a bates de madera, y en realidad nunca pensé mucho en ese acceso. Él me decía que los utilizara. Me los proporcionaba, y cuando yo rompía uno, siempre tenía al menos otros dos a mano para poder usarlos. Yo sabía que el dinero no crecía en los árboles, pero los bates sí.

Cuando viajaba a la República Dominicana para visitar a mi familia, o más adelante para jugar en algunos torneos, vi lo afortunado que era. Algunos de los equipos con los que jugábamos parecían tener tan solo uno o dos bates de madera o de aluminio, y todos los muchachos en el equipo los utilizaban. Mis bates eran míos. No era que yo no dejara que otro muchacho usara uno, y algunos sí los agarraban durante los entrenamientos de bateo, pero nadie quería tener la desventaja de un bate de madera, de modo que la mayoría de las veces dejaban tranquilos mis bates.

Al final, tener un bate de madera fue otra manera en que yo iba a sobresalir como diferente de los otros muchachos, otra señal de que yo era el hijo de un ojeador, un muchacho con expectativas acumuladas sobre él. Al principio me sentía privilegiado de tener un padre que trabajaba para un equipo de béisbol de una liga mayor. Podía conseguir camisetas, pantalones y chaquetas del uniforme de los Blue Jays. Me los ponía para el entrenamiento, pero en ningún otro lugar. Llevaba a la escuela el mismo tipo de uniforme color caqui que antes, y fuera del campo no llevaba puesta ropa con el logo de ningún equipo. Eso era especialmente cierto con las gorras. Aunque las gorras de béisbol se habían vuelto objeto popular de moda, en raras ocasiones las usaba en otro lugar que no fuera el campo.

Aunque estaba orgulloso de aquella ropa, también señalaban otra parte dolorosa de mi realidad: mi papá era ojeador mientras yo batallaba por ser un buen jugador de béisbol, a veces encontrándome atascado en el jardín derecho porque no podía hacer las jugadas en ningún lugar en el cuadro interior. Todo el mundo conocía a mi papá y sabía que yo era su hijo. Por lo tanto, cuando no me iba bien, siempre era «el hijo de Jorge Posada», «el hijo del ojeador», quien no rendía bien. Todos me miraban y suponían que, dado quién era mi papá, yo debería haber sido todo el tiempo un jugador estrella. No lo era. Estaba realmente frustrado gran parte del tiempo, y en verdad mi papá nunca me consolaba o me alentaba; en cambio, me decía que tenía que trabajar más duro. Ese es un estupendo consejo para darlo, pero en aquel entonces no siempre era lo que yo quería escuchar. Necesitaba oírlo, pero no me gustaba.

Solamente porque yo quisiera ser mejor en el juego no significaba que me gustara tener que trabajar más duro para mejorar. A nadie le gusta tener que trabajar tan duro; lo haces porque tienes que hacerlo, y cuando ves algunos cambios positivos, te gusta el hecho de que tu trabajo duro está dando su recompensa y hace que el trabajo sea más fácil. No puedo decir que cuando mi papá me decía que hiciera cien *swings* en la valla metálica para practicar el situar la parte más gruesa del bate delante y fortalecer mis manos y mis brazos, yo me estuviera riendo y moviendo la cabeza por lo agradable que iba a ser tener que hacer eso. Disfrutaba al poder desahogar algunas de mis frustraciones, pero no puedo decir que golpear sobre aquella valla fuera divertido. Era trabajo, y una parte de mí, una gran parte de mí, deseaba no tener que trabajar tan duro. Quería *jugar* mejor, y eso requería trabajo. Es estupendo cuando el trabajo del béisbol se combina con el placer de jugarlo, pero para mí, al menos hasta las últimas etapas de mi secundaria y mi carrera en la Liga de la Legión Americana, hubo mucho más trabajo que juego.

Mi papá no solo me mostraba la gran parte del juego que en realidad es trabajo, sino que también me beneficiaba de su participación en el béisbol en otro aspecto. Él ya no jugaba al béisbol, pero seguía jugando y entrenando en el *softball*. En el club, y contra los otros clubes, mi papá jugaba *softball* de nueve pulgadas en una liga con reglas modificadas en ciertos aspectos. No era de lanzamiento lento, donde el lanzador eleva la bola con un arco elevado; tampoco era de lanzamiento rápido, como se ve cuando las mujeres juegan en las Olimpíadas, donde lanzan duros elevados y ese tipo de cosas. En la liga de *softball* de mi papá, lanzaban por debajo del brazo, pero la mayoría de los muchachos lanzaban cierto tipo de bola de nudillos que se movía y no era estable. La bola nunca llegaba realmente muy por encima de la cabeza del bateador. Aun así, aquellos muchachos podían hacer que la bola se moviera bastante bien.

Mi papá era un buen lanzador, y mis primeras experiencias como receptor tuvieron lugar fuera de nuestra casa en la acera, donde él me usaba como su receptor de entrenamiento para las competiciones del club. Con el tiempo mi papá progresó hasta formar y jugar para un equipo que usaba las reglas del lanzamiento rápido: el gran *swing* de molino como el que Jennie Finch y otros usaban. Ese equipo competía por toda la isla, y estaba formado por algunos deportistas muy buenos, entre los que se incluían algunos exjugadores de béisbol profesionales. Nelson Pedraza era el parador en corto, y Eddie Santos bateaba de cuarto y jugaba en el jardín derecho. Así que aquello no era una liga cervecera para hombres con grandes estómagos que cuelgan sobre su vientre y que solo pueden hacer una sola cosa: llevar la bola muy lejos. En el lanzamiento rápido, aunque la bola es más grande, hay que jugar como con una pequeña: establecer contacto, golpear detrás de corredores, golpear sin abanicar, y ese tipo de cosas.

Cuando yo tenía quince años, mi papá me reclutó para jugar en su equipo del torneo. Necesitaban a un receptor porque su lanzador estrella, Esteban Ramallo, podría realmente lograrlo. En el *softball* de lanzamiento rápido, el montículo del lanzador está a 46 pies de distancia del plato. Eso son 14 pies y medio más cerca que en el béisbol. Con su movimiento de molino acercándole hacia el bateador, el lanzador lanza la bola cerca de unos 42 pies de distancia. Eso no le da a un bateador mucho tiempo para reaccionar.

Esteban Ramallo lanzaba entre la mitad y lo alto de las 80. Era difícil atrapar porque con ese lanzamiento por debajo del brazo, era como si la bola saliera de su torso. Salía de su mano baja y seguía baja sobre un plano liso en lugar de hacer ningún tipo de cambio a nivel de la vista. Eso hacía que fuera difícil de rastrear. Las primeras veces que lo agarré era más parecido a un portero de fútbol o de hockey: yo tan solo intentaba evitar que la bola me pasara. Además, una circunferencia mayor del *softball* de 6 pulgadas hacía difícil conseguir que la bola descansara en el guante.

Sin embargo, me gustaba el reto de agarrar lanzamientos rápidos, y era bueno estar jugando con adultos y contra ellos. Al hacerle frente a esos lanzadores, incluso con un bate de aluminio en mi mano, tenía que acortar mi golpe y de verdad enfocarme en establecer contacto sólido. Eso era especialmente importante porque cuando estábamos en partidos del torneo yo era primer bateador. Me las arreglé para tener algunos juegos buenos, al igual que el equipo, pero no llegamos a ganar el campeonato.

Aun así, la experiencia fue estupenda, y aprendí mucho. Es una inmensa ventaja para el desarrollo de los jugadores competir contra la mejor competición posible. Es difícil psicológicamente cuando luchas contra hombres mayores, pero cuando tienes éxito, consigues una dosis extra de confianza. También tus habilidades físicas mejoran inevitablemente cuando te las arreglas para enfrentarte a jugadores que son mayores, más grandes y más rápidos. He oído a muchos deportistas, jugadores de fútbol en especial, decir que la transición de la secundaria a la universidad, o de la universidad a la liga profesional, fue difícil porque el juego parecía ir mucho más rápido. Lo mismo es cierto de muchos jugadores de béisbol cuando avanzan: los lanzadores parecen lanzar más duro de un nivel al siguiente. Sin embargo, en cierto momento, lo que hace que sea más difícil batear no es tanto lo duro que lanzan los muchachos, sino su capacidad para lanzar con menos velocidad de lo normal y bolas en curva para lograr *strikes*.

Jugar esos partidos de *softball* y batear y atrapar para hombres como Esteban ayudó a agudizar mis habilidades. También me gustaba ver entrenar y jugar a mi papá. Había visto a mi papá reaccionar con alegría cuando me daba una paliza al jugar al ping-pong, pero cuando estaba en el campo compitiendo en el *softball*, y hasta cierto grado en la cancha de baloncesto, parecía transformado. Se lo tomaba en serio, pero había un placer en esa seriedad con el que yo podía identificarme. Se estaba divirtiendo; competir era divertido. Ganar era divertido. Todas las cosas que me decía que hiciera, como trabajar duro, apurarme, encontrar una vena competitiva, no eran cosas que solamente decía, sino que eran cosas que él podía hacer. Era como tener a tu maestro demostrando que no solo tenía cierto conocimiento de un tema, sino que también era hábil en ello.

Teníamos en casa esos álbumes de recortes llenos de historias sobre los esfuerzos deportivos de mi papá. Cuando yo era pequeño, los hojeaba, principalmente para ver las fotografías, pero cuando llegué a la adolescencia y comencé a trabajar con su equipo de *softball*, comencé a mirar un poco más detalladamente esas historias. Nunca dudé de que mi papá supiera de lo que hablaba cuando se trataba de béisbol, pero vi que su conocimiento provenía de sus propias experiencias, y no solamente de leer un libro o de averiguarlo por algún otro medio. Aquello fue muy importante para mí, y puedo verlo ahora, aunque en aquel momento seguía teniendo algunas preguntas sin responder acerca de por qué él me hacía hacer algunas de las cosas que me decía.

Finalmente, también le pedí a mi papá que me contara algunas de las experiencias que no estaban en esos álbumes de recortes; cómo llegó a Puerto Rico era algo que yo no entendía plenamente antes de ese momento.

Aunque él amaba el país y la vida había sido buena para ellos allí, mi abuelo sentía que Castro iba a cambiar las cosas para peor. Decidió llevar a su familia a Puerto Rico en 1962. En aquel momento, mi padre tenía veintitrés años. Eso significaba que encajaba en el rango de edad de varones (15-27) en el que Castro se había enfocado con una ley que les prohibía salir del país. Con su visa denegada, mi padre no tuvo otra opción sino quedarse. Trabajaba en el Ministerio del Comercio Exterior de Cuba (MINCEX) en los astilleros supervisando las exportaciones de productos como cigarros. Vivía en la casa que sus padres poseían, pero aun así tuvo que vender casi todos los muebles, incluido un piano, y otros objetos de la casa para poder sobrevivir. El que fuera retenido en Cuba también significaba que no podía cumplir con el contrato que había firmado con los A.

Le permitían jugar para equipos deportivos que su ministerio del gobierno patrocinaba. Las páginas del álbum de recortes del «después» detallaban sus aportaciones a su equipo de baloncesto en su posición de base. Fue designado para varios equipos de todos-estrellas y jugó para ellos en diferentes torneos. Finalmente viajó a lugares como la Unión Soviética, Bulgaria, Hungría y otros países comunistas. Su trabajo en el gobierno le daba la flexibilidad para hacer eso, ya que Castro creía que los deportes podían fomentar su agenda política. A mi padre no le gustaba Castro y lo que él le estaba haciendo al país, y quería irse. Al igual que en aquellos viajes de baloncesto donde les vigilaban para evitar que alguno huyera, también era vigilado en su casa.

Él nunca supo cómo, pero alguien debió haber informado a algún oficial del gobierno sobre su opinión de Castro. En 1965 fue arrestado, le quitaron su trabajo en el gobierno, y lo encarcelaron durante diez días. Cuando lo soltaron, fue enviado a campos de caña de azúcar para trabajar cortando la cosecha. El trabajo era agotador. Sin embargo, tenía algún incentivo. Dependiendo de cuántas filas de caña completara, podía ganar tiempo libre para visitar a otros familiares que siguieran estando en Cuba.

Él sabía que no podía permanecer bajo esas condiciones, así que pensó en un plan. Cada vez que se ganaba ese pase para visitar a sus familiares en La Habana, daba pasos para poner en acción ese plan. En uno de los viajes después de haberse ganado un pase, fue a los astilleros donde antes trabajaba. Encontró a un capitán griego con quien había sido amigable y le dijo al hombre que planeaba salir en barco y esperaba que él pudiera ayudarle. El capitán se compadeció y estuvo de acuerdo, con un par de condiciones. A mi papá le correspondía pensar en el resto de su escape. Después de seis meses de trabajar en los campos y realizar todos los demás arreglos, mi papá decidió que había llegado el momento. El barco del capitán griego estaría en el puerto de La Habana en unos pocos días. Mi papá se fue a escondidas del campo de caña y después recorrió a caballo muchas millas para llegar hasta donde su tío había ocultado un ataúd. Desde allí, recorrió muchas horas metido en un ataúd cerrado, con un agujero en él para poder respirar. Finalmente, llegó a La Habana. El día 2 de enero de 1967, mi padre se vistió con traje y corbata, llevó sus viejas credenciales de trabajo, y entró en los astilleros donde abordó en el barco. Viajó de polizón dentro de un cajón de madera lleno de cajas de cigarros, y solamente cuando supo que estaban al menos a dieciocho millas fuera de Cuba abrió el cajón y salió.

Unos días después, llegaron a Grecia. Debido a que el capitán griego estaba preocupado por meterse en problemas con las autoridades cubanas, tuvo que informar de mi padre el día que partieron. Las autoridades cubanas sabían adónde se dirigía el barco, y la policía griega le estaba esperando en el muelle. Las habilidades deportivas de mi padre dieron su recompensa. Bajó por las redes del barco y dejó atrás a la policía. Finalmente encontró un refugio en una iglesia ortodoxa griega que era conocida por ayudar a los refugiados. Ellos le enviaron a Madrid, donde encontró trabajo, jugaba al baloncesto, y parecía contento con vivir su vida. Pero los lazos familiares fueron demasiado fuertes al final, y en julio de 1968 estaba en Puerto Rico. Seis meses después conoció a mi madre, y luego llegué yo en 1970.

Claramente, yo no entendía en aquel entonces lo que en realidad eran el dolor y el sacrificio, en especial no en comparación con lo que mi padre soportó. Solo ahora, al ser yo mismo padre, entiendo totalmente lo que mi padre intentaba hacer por mí, por qué su terca insistencia en que hiciera las cosas a su manera era en verdad la manera correcta y me beneficiaría. Él dejó su país natal con literalmente nada más que la ropa que llevaba puesta, y unos meses después de llegar a Puerto Rico estaba trabajando duro para obtener una vida cómoda para él mismo y su familia. En cierto sentido, me siento un poco tonto por compartir historias de lo que yo veía entonces como sacrificios que tenía que hacer. No conocí la historia completa durante muchos años, pero oía a mi padre y a sus amigos cubanos hablar sobre montar en las patas de un elefante, agarrados a ellas, y otras locuras que ellos hacían en Cuba y lo mucho que extrañaban los viejos tiempos. En raras ocasiones hablaban de las dificultades. Y parecía que cuando practicaba deportes, mi papá era capaz de volver a captar parte del espíritu de lo que había sido la vida antes de que Castro tomara el mando.

Ser receptor para Esteban Ramallo no era fácil, y él sí me infligió un poco de dolor, pero era divertido porque no era fácil. Al igual que con el paso del tiempo mi capacidad de batear de izquierda pasó de sentirse poco natural a sentirse natural, también estaba aprendiendo que dominar algo difícil es satisfactorio. No sé si se debía a un extraño conjunto de circunstancias o qué, pero sentía como si por mucho tiempo yo no fuera un bateador ambidextro en absoluto: durante años seguidos, parecía que solo me enfrentaba a lanzadores diestros, así que batear de izquierda se convirtió en mi modo por defecto. De hecho, llegué a estar tan cómodo en el lado izquierdo del plato que cuando finalmente me enfrenté al primer zurdo cuando tenía unos quince años, sinceramente no supe qué hacer. Mi papá meneaba su cabeza con incredulidad y me decía que bateara de derecha. Yo había estado todo el tiempo haciendo prácticas de bateo de derecha, pero solo con unos cuantos golpes cada vez.

Situarme en esa caja de derecha lo sentía un poco extraño al principio, pero ese sentimiento desapareció con bastante rapidez. No podría haber dicho esto en aquel momento, pero aprender a ser adaptable —por ejemplo, pasar de enfrentarme a mis iguales en el béisbol a jugar con adultos en el *softball* de lanzamiento rápido— fue importante para mi desarrollo y madurez como jugador de béisbol. Finalmente, esta capacidad de cambiar —ya fuera de un lado del plato al otro, de un bate de aluminio a uno de madera, o de mis expectativas para mí mismo a las de otra persona— demostraría ser una ventaja increíble, y una que solamente mi padre pudo enseñarme.

Podría haber estado rodeado de expectativas, pero eso no significaba que yo me estuviera convirtiendo en un angelito perfecto; lejos estaba de serlo. Intentaba todo lo que podía cumplir con las normas de mi padre, a veces con demasiada fuerza, y cuando no podía ser tan adulto como él quería que fuera —como cuando agarré mi pistola de balines en lugar de simplemente pedir que me devolvieran la bola—, reaccionaba y me comportaba de modo muy inmaduro.

No siempre respetaba las reglas y las restricciones que me ponían, y con frecuencia me rebelaba contra la presión que ponían sobre mí sin entender totalmente por qué. De hecho, casi lancé por la borda todo el trabajo duro de mi papá, al igual que el mío propio, porque no pude resistir la tentación de acelerar.

Manuel tenía una motocicleta Yamaha, y yo también quería una. Por mucho que me gustaba el ciclismo, ser capaz de conducir por todas partes sin tener que pedalear era increíble. Manuel me llevaba en la parte de atrás de la suya, aunque mi madre me había dicho que no lo hiciera, y me encantaba la sensación de ser capaz de deslizarme. Finalmente, Manuel cedió y me dejó conducirla yo mismo, pero solamente delante de la casa.

Desde luego, yo no estaba satisfecho con hacer solo eso, así que comencé a suplicarle que me dejara conducirla por el barrio. «Solo alrededor de la manzana, vamos. Solo alrededor de la manzana». Conseguí doblegarle, y él dijo: «Muy bien. Pero ten cuidado». Odio esas palabras.

Tuve cuidado, pero también tuve y no tuve suerte.

Llegué a una curva cerrada, incliné la motocicleta bien, y lo siguiente que supe era que estaba dando vueltas por el suelo, sintiendo que la piel en mis manos y mis rodillas se arañaba. Me detuve sobre mi estómago, y pude sentir la arenilla y las piedras de grava que habían causado que derrapara. La motocicleta estaba tirada de lado cerca de la acera, con su motor aún funcionando y su rueda trasera dando vueltas. En una ráfaga de adrenalina, me levanté y corrí hacia la motocicleta, y apagué el motor. La levanté, volví a subirme sobre ella, encendí el motor, y regresé hacia la casa. Solamente entonces sentí dolor. Las raspaduras en mis rodillas y manos me ardían, aunque eran superficiales, pero cuando giraba el manillar sentía un agudo dolor en la muñeca. Bajé la vista para mirar, y pude ver que ya había comenzado a inflamarse.

Me detuve y Manuel llegó corriendo.

«Oí el motor revolucionando desde aquí. ¿Qué estabas...?». Se interrumpió a sí mismo y sus ojos se abrieron mucho más. Entonces los cerró otra vez. «¿Por qué...?».

«Lo siento. Lo siento. No sé lo que pasó».

A esas alturas, el dolor era cada vez mayor. Sentí un ligero mareo y náuseas. Puse la moto sobre la pata y fui a trompicones hasta la acera, donde me senté con la cabeza entre mis rodillas.

No sé cuánto tiempo estuve allí sentado, pensando todo el tiempo en lo estúpido que era y lo desafortunado que fui. La mamá de Manuel salió y se arrodilló a mi lado. Un momento después mi mamá, con su expresión siendo una mezcla de angustia y enojo, se puso a su lado.

Yo seguía musitando lo mucho que lo sentía, le dije una y otra vez que no era para tanto. Ella me dijo que me callara, que iba a asegurarse de que estuviera bien. Me metieron en el auto familiar de Manuel, y nos dirigimos a urgencias del hospital. Me sentía un poco atontado, y cada vez que pasábamos por un bache me retorcía de dolor. Intentaba no pensar en lo más doloroso de todo: cómo iba a reaccionar mi papá cuando se enterara. Yo sabía que me había dañado la muñeca, y no había manera alguna en que fuera capaz de ocultar de él el hecho de que me había hecho daño. Podía decirle que me había caído de la bicicleta, pero eso requeriría que mi mamá estuviera de acuerdo. Yo sabía que le había dolido que yo no la hubiera escuchado cuando me dijo que me mantuviera alejado de la motocicleta. La excusa de la bicicleta habría sido creíble, pues unos años antes me había caído de mi bici y me había dañado la otra muñeca. Sentí que me merecía esa herida porque había ido al centro comercial a conseguir una bola de Wiffle para nuestros partidos, aun cuando mi mamá me había dicho que no fuera en la bicicleta hasta allí; lo hice de todos modos, y en el camino me había caído.

Ahora, mientras me acompañaban a urgencias y me sentaban en una silla, seguía pensando en lo extraño que parecía que cada vez que mi mamá me decía que no hiciera algo y yo lo hacía de todos modos, de alguna manera terminaba resultando herido. Me dolía mucho la muñeca, tenía miedo a lo que mi papá fuera a hacerme, y estaba ansioso por lo que el médico fuera a descubrir, pero no derramé ninguna lágrima. ¿Quizá eso fuera una buena señal?

Resultó que fui muy afortunado, pues solamente me hice un esguince de muñeca. Llevé una escayola dura por un mes, y después otra removible hasta que se curó por completo. Todos mis arañazos, lo que llamábamos «ronchas de camino», fueron limpiados. La peor parte fue que el médico utilizó un par de pinzas largas para sacar pequeñas piedras de debajo de pedazos de piel. Solamente ahora entiendo lo que podría haber sucedido, lo mal que podrían haber ido las cosas.

Yo estaba sufriendo bastante debido a la lesión, pero la tortura psicológica de saber que mi papá iba a regresar a casa y yo iba a tener que confesarle lo que había hecho era incluso más dolorosa. Estaba tumbado en la cama, con mi muñeca en alto sobre una almohada, y mis dedos los sentía cada vez más gruesos mientras observaba las sombras moverse por el techo y bajar por la pared más lejana. Cuando tocaron el piso, oí el auto de mi padre detenerse en el sendero. Pensé que era mejor tan solo enfrentarme a la música, y esperaba que fuera mi música lo que él me quitara esta vez; aunque estaba seguro de que iba a ser mucho peor que eso.

Entré en la cocina y me quedé de pie al lado de la mesa, con mi muñeca reposando sobre el respaldo de la silla a plena vista de mi papá en cuanto él entrara en la casa. Él entró, se detuvo de repente, llevó a sus ojos las palmas de las manos y se frotó la cara, aparentemente manchándola de pintura de color rojo profundo.

Gritó: «¡Idiota! ¿En qué estabas pensando?».

Las palabras «no estaba pensando» casi se escaparon de mi boca, pero me las tragué y tan solo me quedé mirando al piso, notando por primera vez que la piel debajo del dedo gordo de mi pie se había puesto de color morado.

Mi papá siguió gritando, diciéndome lo que yo mismo ya había pensado, pero había descartado como preocupación innecesaria: «Nunca llegarás a las Grandes Ligas. La muñeca es una articulación complicada. Te haces daño, no puedes lanzar, no puedes batear. ¿Para qué sirves entonces?».

Ni siquiera me preguntó cómo había sucedido, y yo me alegré por eso. Pero cuando dijo: «Alguien necesita vigilarte más de cerca. No se puede confiar en ti», miró a mi madre y después a mí. Yo comencé a llorar, triste porque podría haberle causado a mi madre incluso más tristeza de la que ya sentía.

«Fue culpa mía...», comencé.

Él me interrumpió rápidamente. «¡Por supuesto!». Lo dijo con sus manos en las caderas e inclinado hacia adelante, con los ojos saltones, como si fuera un león de dibujos animados a punto de elevar su cabeza para devorarme. «¿A quién si no hay que culpar?».

La pregunta permaneció allí en silencio, junto con el olor a arroz que se quemaba. Mi madre dio un profundo suspiro y fue hasta la estufa.

Yo no necesitaba oír nada más, pero mi padre añadió: «Vete de aquí. No puedo mirarte ahora mismo».

Me fui a mi cuarto. Aproximadamente media hora después entró Michelle, de puntillas y llevando un plato de arroz y frijoles. Lo dejó en mi mesa de noche y se fue rápidamente. Me sonaba el estómago, pero no comí nada. Sabía que me merecía ese castigo, y no iba a hacer nada para suavizarlo.

Mi papá no me miró ni me habló durante algunos días después de aquello, pero cuando finalmente pude quitarme la escayola de la muñeca permanentemente, él la examinó cuando llegó a casa esa noche.

«Tómalo con calma. Tan solo algunos *swings* desde el soporte durante unos días. De veinticinco a treinta. Si te duele demasiado, para».

Yo tuve que retener una sonrisa. Mi bateo desde el soporte había pasado de ser otra de mis travesuras a ser una parte regular de mi rutina. Yo había «fabricado» el soporte con una manguera de la parte trasera de nuestra lavadora y un palo de escoba que había recortado en longitud. Cuando mi mamá se enteró de que la lavadora tenía repentinamente una gotera, gritó tan alto que pude oírla desde el otro extremo del patio, donde yo estaba ocupado cavando un hoyo para que el palo de la escoba se quedara derecho.

Comprensiblemente, a ella no le agradó, pero la manguera encajaba muy bien en el pedazo de madera y sostenía la bola de modo seguro. Desde luego, cuando mi mamá fue a buscar la escoba para barrer el agua, el conteo iba 0-2.

Había veces en que cualquiera que no nos conociera bien habría pensado que mi nombre era ¡J-O-R-G-E-A-Y! por el tono de irritación que mis padres tenían que añadir al final de la palabra. Mi mamá me encubrió en esa, sin mencionar nada acerca de la manguera de goma y el palo de la escoba que yo había tomado prestados. Ella hizo sustituir la manguera, la colada quedó limpia, y todo fue bien hasta que mi papá regresó a casa para encontrarme lanzando bolas desde el soporte a nuestra valla de metal. Al principio se quedó allí evaluando mi *swing*. Luego frunció el ceño y sus ojos se abrieron como platos. No quiso volver a mirarme esa tarde. Quizá porque aquello era un fracaso de béisbol positivo respecto a hacer lo correcto, él solamente pareció enojado durante unas horas después. Pero cada vez que me veía usando el soporte, meneaba su cabeza lentamente y decía: «El *swing* está bien. El soporte está mal».

Todo aquel incidente resultó mejor que mi intento de construir un muro con unos cuantos bloques de cemento que había por allí. A mi mamá no le gustaba que yo lanzara la bola contra la casa, de modo que pensé en hacer lo correcto y agarré esos bloques, menos de media docena, y los apilé en el patio. Funcionaba bien para evitar que la bola se fuera lejos, proporcionando buenas dianas para mis lanzamientos, y sin hacer ningún ruido que molestara a mi madre. Desde luego, había una desventaja: arañaban la cubierta de las bolas. Eso no me importaba, porque el armario de mi papá tenía una cesta de ropa llena de bolas de béisbol. Era como una de esas máquinas de *Star Trek* a las que podía acercarme, decirle lo que quería, y allí estaba. Yo quería bolas de béisbol, y cuando iba al armario de mi papá, allí estaban. Sin embargo, no prestaba mucha atención, y una de las bolas que tomé del armario... bueno, no estaba en la cesta de ropa sino en un pequeño estante, resultó que era una bola firmada por Roberto Clemente. A mi papá no le importó tanto que yo disminuyera el valor de la bola si él quería venderla; lo que le preocupaba era mi falta de respeto al tomar algo que él valoraba, y fue estúpido de mi parte ni siquiera haberme dado cuenta de la firma que había en ella.

Tuve una probada de mi propia medicina una tarde en 1984. Iba en bicicleta haciendo el recorrido regular por la zona circundante. Como no tenía que levantarme temprano para ir a la escuela, e inspirado por el ejemplo de mi papá, me levanté de la cama para recorrer veinte millas. En los días en que los entrenamientos o los partidos no lo evitaban, hacía lo mismo después de la escuela. Eso, y mi sueño de heroísmo en el ciclismo, terminaron cuando una pandilla de muchachos me atacó. Yo estaba en una parte pobre de nuestro barrio y vi a un grupo de muchachos que iban caminando. Llevaban cadenas y palos, pero en realidad no pensé que fueran a utilizarlos. Estaban gritando y riéndose, y entonces uno de ellos la emprendió con su cadena, golpeando el neumático de mi rueda delantera y tirándome al suelo. Un momento después, sentí que uno de esos palos me golpeaba. Yo llevaba un casco, uno de esos viejos cascos de bicicleta que se veía como con tubos interiores parcialmente inflados, y junto con el dolor del palo que me golpeaba sentí un agudo dolor. Un momento después, sentí la sangre corriendo por mi cabeza y entrando en mis ojos.

Estábamos en una zona muy transitada, y lo que más me dolió fue ver a personas en sus autos mirándome fijamente pero sin prestarme ayuda. Los muchachos se llevaron mi bicicleta, y tuve que arreglármelas para llegar a mi casa. Mis abuelos vivían cerca, así que me detuve en su casa. Pensé que mi abuela iba a desmayarse cuando vio a su sangriento nieto en su puerta. Me limpiaron, y mi papá y mi mamá llegaron a buscarme. Durante las siguientes semanas, mi papá llagaba a casa del trabajo y conducía por la zona, esperando detectar mi bicicleta para poder enfrentarse a cualquiera que me hubiera atacado. Nunca la encontró, pero yo agradecí sus esfuerzos. Por muchos años después de eso no monté en ninguna bicicleta, volviendo a esa actividad solamente cuando fui adulto. Aborrecía la idea de que algo que yo valoraba me convirtiera también en una diana.

A pesar de todo lo que hacía mal (desobedecer reglas, obtener malas calificaciones), tuve especialmente la fortuna de que mi papá nunca me quitó el único privilegio que en realidad me importaba más cuando era pequeño: asistir al entrenamiento de primavera en los Estados Unidos con cualquier equipo para el que él estuviera ojeando. Teníamos un acuerdo: si mis calificaciones era lo bastante buenas, lo cual significaba aprobar mis clases, y si no había clases en ese momento, entonces yo podría ir con él cuando se presentara para el entrenamiento de primavera.

El primer entrenamiento de primavera al que asistí fue en 1981 cuando él estaba con los Blue Jays. El jefe de los ojeadores latinoamericanos para el club, el jefe de mi papá, era Epy Guerrero. Para mí y para mi familia, él era sencillamente Epy, el hombre que trabajaba con mi papá y que era un hombre del béisbol informado y divertido y el hermano de Miguel Guerrero. También era el padre de cinco hijos, Miguel, Sandy, Frederick, Lawrence y Patrick, a quien le pusieron ese nombre por el mánager general de los Blue Jays: Pat Gillick. Yo estaba con esos muchachos cuando mi familia viajaba a la República Dominicana.

Más adelante fue cuando comprendí la figura tan importante que era Epifanio Obdulio Guerrero. Él consiguió que firmaran a más de cincuenta jugadores de béisbol latinos que finalmente jugaron en la Liga Mayor del Béisbol, incluidos hombres como Tony Fernández, Carlos Delgado, Dámaso García, Alfredo Griffin, José Mesa y Freddy García. Él era tan exitoso e influyente que fue nombrado miembro del Salón de la Fama de los Deportes de la República Dominicana, y ganó el premio Legend de Ojeadores de la Profesional Baseball Scouts Foundation. Tristemente, falleció en el año 2013 a los 71 años de edad. No sé con seguridad qué papel desempeñó él en que yo fuera finalmente seleccionado, pero sé que no hacía ningún daño tenerlos a él y a mi padre en la escena.

Él también fue reconocido por a ayudar a los Blue Jays a pasar de ser un equipo en expansión a convertirse en una potencia mediante el desarrollo de jugadores de béisbol latinos. Toronto llegó a la liga en 1977 y ganó el campeonato de la Serie Mundial en los años 1992 y 1993; fueron muy competitivos con mucha rapidez, especialmente en comparación con el otro equipo que entró en la liga ese mismo año: los Mariners de Seattle. Los Mariners ni siquiera tuvieron una temporada ganadora hasta 1991 y siguen sin haber ganado una Serie Mundial o ni siquiera han llegado a una. Cuando Epy falleció, gran parte de la gerencia de Toronto le dio a él, junto con muchos otros ojeadores en la organización, el mérito de haber construido ese equipo mediante los contratos y los intercambios. Nadie había oído jamás que muchos de los jóvenes jugadores estuvieron implicados en esos intercambios en la era de expansión, pero algunos de ellos llegaron a ser más adelante muy importantes para los equipos. Epy desempeñó un papel, por ejemplo, en que finalmente los Jays traspasaran a Fred McGriff. Los Jays entonces lo cambiaron por Robbie Alomar y Joe Carter, dos hombres que fueron importantes para conseguirles sus campeonatos.

En 1981, Epy estaba en la plantilla de entrenadores de los Jays, y ese fue el año en que yo asistí a mi primer campamento de entrenamiento de primavera, en Dunedin, Florida. Sin embargo, ese no fue mi primer viaje a los Estados Unidos. Unos años antes, mi papá había llevado a nuestra familia a visitar Disney World en Orlando. Michelle y yo estábamos emocionados. Habíamos visto anuncios en televisión del lugar, y después de hablar con otros niños que habían ido, desarrollamos un plan para subirnos a todas las atracciones. Volar significaba mucho para nosotros, pero estábamos tan emocionados que podríamos haber volado hasta allí sin el avión. Cuando llegamos al parque, los dos éramos como caballos de carreras en la puerta de salida. Sin embargo, con sus cabezas más calmadas, mi mamá y mi papá evitaron que saliéramos corriendo por el lugar.

Disney World era tal como lo anunciaban: la versión del cielo para un niño. Lo pasamos estupendamente allí, y ni siquiera me importó ver la atracción de Dumbo el Elefante Volador.

Estábamos tristes al ver que el día terminaba, pero sabíamos que lo único que teníamos que hacer era cenar, quedarnos dormidos, y entonces regresar al parque. En el béisbol, ir 2-para-3 es un día muy bueno. En términos de Disney World, no es un día bueno en absoluto. Y el énfasis aquí está en la palabra «día». Nos levantamos a la mañana siguiente y nos subimos al autobús. En lugar de ir desde el hotel al parque, el bus nos llevó hasta el aeropuerto. Michelle y yo nos miramos el uno al otro y después a mi mamá. Ella se encogió de hombros y dijo: «Ayer fue bueno, ¿no?». Nosotros asentimos. Entonces mi papá añadió: «¿Qué más hay que ver? Un día fue suficiente». Michelle apoyó su cabeza sobre mí, y podía sentir que sus hombros temblaban. Yo me quedé allí sentado sin poder decir palabra, pensando que teníamos que ser la única familia en la historia de Disney World que volaba hasta allí y solamente pasaba un día —y para ser preciso, no fue ni siquiera un día completo— en el lugar más mágico de la tierra. Todo fue mágico; y mi papá lo hizo desaparecer.

Cuando regresé a los Estados Unidos para el entrenamiento de primavera en 1981, sabía al llegar que mi papá no podía hacer desaparecer las instalaciones del entrenamiento de primavera de los Jays. Y para ser sincero, sin querer menospreciar a la gente de Disney, para mí, todos aquellos diamantes de béisbol, jaulas de bateo y jugadores de ligas mayores y menores hacían que Dunedin, Florida, fuera el lugar más feliz de la tierra.

Yo tenía tan solo once años, así que estaba más asombrado por el lugar de lo que estuve más adelante. Sin embargo, ver a todos los muchachos del equipo entrenar tuvo influencia sobre mí. No era que no se estuvieran divirtiendo, pero vi a aquellos muchachos a ese nivel haciendo algunas de las mismas cosas que mi papá me hacía hacer a mí. Ellos agarraban una bola arrastrada tras otra. Bateaban en las jaulas, hacían lanzamientos contra una barrera, y trabajaban en su *swing* golpeando contra neumáticos o una valla. Sin embargo, lo que más recuerdo es lo verdes que eran aquellos diamantes, lo roja que era la tierra, y lo brillantes que eran las líneas blancas y las bases. Por exuberante que fuera Puerto Rico, la mayoría de los campos donde yo jugaba eran polvorientos terrenos marrones de tierra y hierba. Cuando aquellas bolas totalmente blancas rodaban por el suelo —y parecía como si hubiera miles de esas perlas esparcidas por el suelo y siendo utilizadas por todas partes— destacaban al lado de los colores más oscuros de la tierra y del cielo.

Observar aquellos entrenamientos y finalmente algunos partidos entre ellos era como ver un espectáculo de fuegos artificiales. Todo parecía brillante y con un fuerte sonido, e incluso si yo no expresaba ningún sonido, estaba asombrado por todo lo que veía. Me sentí casi tan mal al tener que irme de allí después de cinco días como me había sentido al irme de Disney World.

No tuve la oportunidad de regresar en persona al entrenamiento de primavera durante algunos años más. Sin embargo, en mi mente estaba allí cada día. De cierta manera, el entrenamiento de primavera fue como ir al mejor zoo del mundo, una reserva natural donde los animales que se muestran estaban en su ambiente natural viviendo del modo en que vivían en libertad. No podía imaginarme nada mejor que eso. Es decir, no hasta que mi papá nos metió a todos en el vehículo y nos llevó al aeropuerto en 1983.

Íbamos a la ciudad de Nueva York, y mediante algunas conexiones que él tenía con otros ojeadores, íbamos a ir al Estadio de los Yankees para ver un partido. El lunes, 27 de junio, los Yankees jugaban un partido en la tarde contra los Orioles.

El viaje en autobús que nos llevó desde donde nos quedábamos con amigos de mi papá fue como otro espectáculo de fuegos artificiales. Estaba muy lleno de gente, y yo estaba de pie en el pasillo para dejarles los asientos a los adultos, surfeando las olas mientras el autobús rebotaba en la carretera, estirando y flexionando mis rodillas como si fuera uno de mis primos surfistas en la República Dominicana. Cuando bajamos del autobús delante del estadio, fue como el Carnaval Ponceño según Mamí Upe me lo describía. Los «Diablos Cojuelos» eran vendedores en las calles que vendían cualquier cosa, desde bolsas gigantescas de cacahuates hasta colgantes, camisetas y botellas de agua. Casi cualquier cosa que quisieras o necesitaras estaba a la venta fuera del estadio.

Cuando pasamos por el torniquete, mi corazón comenzó a latir con más rapidez. Cuando tuve a la vista el jardín exterior rayado, casi me suelto de la mano de mi madre. Me volví hacia ella, levanté mi vista, y le dije: «Algún día yo voy a estar ahí fuera». Señalé hacia el campo. Mi papá estaba con Michelle, pero me oyó.

«Eso depende de ti», me dijo él. «Si lo quieres, trabaja por ello».

Mi boca se quedó reseca. Esas palabras estuvieron todo lo cerca de ser palabras de elogio como nunca antes había recibido realmente de mi papá. Aquello sería cierto durante algunos años más también. No importaba.

Algo acerca de ver a la multitud y sentir la energía en el estadio fue casi demasiado para mí. Aunque yo estaba allí como parte de la organización de los Blue Jays, sabía sobre los Yankees y su amplia tradición. ¿Quién no? Ellos habían sido tan buenos durante tanto tiempo que uno no podía evitar saber sobre ellos, incluso en mi pequeño rincón de Puerto Rico. Cuando tomamos nuestros asientos, mi papá me entregó una tarjeta de anotaciones, y yo comencé a anotar los nombres de los jugadores. Para los Orioles, los nombres que destacaban eran Ripken, Murray y Singleton, pero también me gustaban Benny Ayala, que era de Yauco, Puerto Rico, y Aurelio Rodríguez, un tercera base de México que jugó en las Grandes Ligas durante diecisiete años.

Aún puedo sentir en mis pies la sensación del cemento del estadio que retumbaba cuando los Yankees empataron después el partido y entonces lo ganaron en la undécima.

¿Qué podría haber sido mejor que una victoria con un golpe ganador en una entrada extra para compensar los anteriores esfuerzos de mi papá por estropear ese viaje especial en Orlando? Fue como si los dioses del béisbol decidieran dejarme disfrutar incluso más de lo que estaba programado. Decidimos caminar de regreso a nuestro lugar después del partido. Normalmente, yo podría haberme quejado un poco, pero me mantuve en silencio, asimilando la escena. A medida que nos alejábamos del estadio, las multitudes en la acera disminuyeron y había menos autos en la carretera, pero el aire seguía oliendo a la gasolina y a las cenas que se cocinaban. Acabábamos de pasar el día más largo del verano, de modo que las sombras de la tarde iban detrás de nosotros a medida que recorríamos el camino al oeste y al norte hacia el río Hudson.

Aunque lo deseaba, no tenía manera de saber entonces que aquellos barrios algún día llegarían a ser mis barrios, que yo conduciría por aquellas calles del Bronx cuando fuera al trabajo. Finalmente pensaría en ser receptor para los Yankees como mi trabajo, y tendría que trabajar mucho para lograr llegar hasta allí, pero hay una razón por la que decimos que «jugamos» un deporte. Sentí una profunda satisfacción por la victoria de los Yankees ese día. Habían anotado la carrera de desempate gracias a un error de los Orioles y el trabajo luchador de Lou Piniella. Ellos habían aprovechado el error del otro equipo, y eso era bueno. Pero si me sentía tan bien con un resultado en el que yo no había participado, ni siquiera podía comenzar a imaginar lo que sería tener algo que ver en poner una letra G en esa importante columna de G-P.

Más que eso, estaba feliz por ir caminando por las calles del Bronx con mi familia. No dejaba de decirle a mi papá una y otra vez: «Gracias. Gracias». Quizá sea extraño que yo pudiera darle las gracias por haber organizado las cosas para que pudiéramos asistir a un partido, pero no por todo lo que había estado haciendo por mí durante muchos años. Con frecuencia damos por hecho las cosas que nuestros padres hacen por nosotros, y yo fui ciertamente culpable de eso cuando era niño y adolescente, e incluso más adelante. Pero en mi caso, siempre había alguien que me «daba por hecho» cosas. Yo no era un buen estudiante de inglés en mis primeros años, o incluso más adelante, pero cuando decidí buscar la palabra «hecho» descubrí que significa «dar», «acordar», «admitir» y «transferir». Ahora puedo ver que mi papá y yo estábamos involucrados en un complicado intercambio de concesiones.

Otro modo de verlo era que había mucho de dar y tomar. En ese momento, yo sentía que tenía que tomar mucho de lo que mi padre me daba: su disciplina, sus demandas, y sus deseos a veces inesperados e inexplicables. Pero también se me estaban dando muchas oportunidades. Hay que saber aprovechar las oportunidades, al igual que los errores en el campo, y con frecuencia uno no sabe cuándo van a llegar.

En 1986, cuando tenía quince años y entraba en mi segundo año en la escuela católica, mi papá trabajaba a tiempo parcial para la organización de los Braves. Tuve la oportunidad de asistir a su entrenamiento de primavera en West Palm Beach. Para entonces, yo era solamente un pequeño mocoso. Me ponía la vestimenta adecuada y entrenaba; no con el equipo, pero podía aprovechar las instalaciones. Al igual que había hecho en 1983, pude ver a los jugadores realizar sus entrenamientos.

Seguía teniendo algo de «aprovechador» en mí. Cuando encontraba bates rotos o descartados, los unía lo mejor que podía con esparadrapo que tenía conmigo y entonces usaba esos bates. Y me refiero a *usarlos*. Hacía prácticas de bateo con las máquinas hasta que mis manos sangraban. Me protegía la piel desgarrada y regresaba para seguir. Cuando uno de los entrenadores de los Braves, de la liga menor, me vio una tarde, señaló las manchas de sangre en mis pantalones. «Estás loco», se rio. «No sabes cuándo abandonar, ¿verdad?». Bien podría haberme dicho también que yo era la siguiente apuesta segura. Podría haberme hecho un gran elogio.

Aproximadamente un día después, estaba yo en la jaula de bateo cuando Dale Murphy, el golpeador de los Braves, se acercó a la jaula. Yo salí inmediatamente de la caja y comencé a recoger las bolas.

«No, quédate ahí. Quiero verte golpear».

«No, señor», le dije, casi ahogándome con mis palabras, sorprendido de que él siquiera hubiera reconocido que yo estaba ahí. «No puedo hacer eso. Usted la necesita. Pase». Me sentía como si estuviera hablando como un niño pequeño. Me ardían la cara y las orejas.

«Lo digo en serio. Sigue con ese *swing*».

Miré al suelo. Me pareció como si mi cama entera de casa pudiera caber en su sombra. Él medía seis pies y cuatro pulgadas, y pesaba más de 200 libras. Yo me sentía intimidado por quién era él, pero no por el modo en que me trataba. Era un hombre grande con una voz profunda pero amigable, y una sonrisa amplia y abierta. Él entró en la jaula y comenzó a recoger las bolas conmigo.

«Podrías haberte quedado ahí», me dijo. «Tienes un *swing* realmente bueno».

Yo musité algo que estaba tan roto y pegado como mi bate. Las bolas las lanzábamos al cubo grande, haciendo difícil para mí que pudiera oír o ser oído.

Salí de la jaula y luché contra el impulso de salir corriendo.

Le oí decir algo más, lo que sonó como: «Sigue bateando así». Al menos eso era lo que yo esperaba que hubiera dicho. Quizá me dijo: «Agarra tu bate», o quién sabe qué otra cosa.

Lo único que sabía con seguridad fue que me había dicho: «Buen *swing*». Mientras iba de camino hacia el diamante donde sabía que mi papá estaba observando a algunos de los jugadores, pensé en decirle lo que acababa de suceder. Cuando llegué allí y le vi sentado con un grupo de otros ojeadores, con una de sus manos en su barbilla y la otra agarrando su carpeta, y un cronómetro colgado de su cuello, decidí que sería mejor guardar ese regalo para mí mismo. Sabía que mi papá querría que yo siguiera llevando mi gorra puesta, que no dejara que mi cabeza se llenará de pájaros.

En lugar de sentarme con él, busqué otra jaula que estuviera vacía. Yo seguía estando allí cuando el sol se puso, igualando las manchas de sangre en mis pantalones y haciendo que la bola se fuera desdibujando. Me estaba divirtiendo demasiado para parar.

CAPÍTULO 4

Dolores crecientes

Si había un dolor que yo esperaba sentir, era el dolor fantástico del crecimiento. Yo siempre había sido uno de los niños más pequeños en mi clase, pero a los dieciséis años medía solamente cinco pies y seis pulgadas y pesaba 135 libras. Sé con seguridad cuál era mi altura y peso porque mi papá y yo estábamos lo bastante preocupados como para ir a visitar a un médico para comprobar si había algo en mí que estuviera obstaculizando mi crecimiento.

El médico que trataba a nuestra familia, el Dr. Areces, era un hombre mayor, de unos sesenta y tantos años. Llevaba gruesos lentes casi en la punta de la nariz y tenía el hábito de elevar su cabeza para mirar a través de ellos, entrecerrando los ojos hasta que su visión se enfocaba. Como resultado, tenía una expresión de sorpresa en su cara la mayor parte del tiempo. Cuando mi mamá le dijo por qué me había llevado a verle, él levantó la cabeza y dijo: «Puedo ver que estás realmente preocupada. Podemos hacer unos rayos X».

Mi papá ya nos había dicho que debíamos hacer todo lo que pudiéramos, así que estuvimos de acuerdo. Después que me tomaron los rayos X, fueron necesarios un par de días para tener los resultados, y yo pasé una buena parte de ese tiempo haciendo lo que había estado haciendo durante los dos últimos años: preocupándome y poniéndome de puntillas intentando estirar mi columna vertebral.

Cuando mi papá y yo regresamos para conocer los resultados de los rayos X, el Dr. Areces pasó la mayor parte del tiempo hablando. Lo que yo saqué de la conversación fue esto: había espacios entre los huesos de mis brazos y mis piernas, de mis codos y mis rodillas. Ese espacio permitiría que los huesos crecieran más, lo cual significaba que llegaría a ser más alto. Cuando ese espacio se cerrara, ya estaba; yo habría terminado de obtener más altura. Recuerdo mirar fijamente esas borrosas imágenes de mis huesos y ver todos aquellos pequeños espacios, y pensar: *Eso supone solamente media pulgada más o menos. Tengo que ser mucho más alto que eso.* Mi papá debió de haber estado pensando lo mismo, porque dio unos golpecitos a los rayos X y preguntó: «¿No más?».

El Dr. Areces explicó que los espacios no eran la medida de cuánto podría yo crecer, sino solamente un espacio relativo que se ajustaría, todos esperábamos y Dios mediante, a medida que mis huesos se fueran alargando.

Ni mi papá ni yo queríamos dejarlo en manos de Dios o de la madre naturaleza, o de quien quiera o cualquier cosa que fuera a determinar la altura que yo llegaría a tener. No nos gustaba dejar que otras personas, o seres, o fuerzas, tomaran el control de nuestras vidas. Por lo tanto, la solución fue la misma que habíamos aplicado a otros problemas: trabajo duro.

Finalmente, ver el mundo bocabajo se volvió casi normal para mí. Poco tiempo después de aquella reunión con el Dr. Areces, mi papá instaló un tubo de hierro en el marco de la puerta que salía de la cocina. Yo hacía una elevación, balanceaba mis piernas para subirlas a la barra y sostenerme sobre la parte de atrás de mis rodillas, y entonces dejaba caer la cabeza. Pasaba horas a la semana colgado bocabajo para asegurarme de que esos espacios no iban a cerrarse.

Al principio fue difícil acostumbrarme a la sensación de la sangre en mi cabeza. Mi hermana me decía que cuando mis grandes orejas se ponían rojas le recordaba fotografías que había visto de murciélagos en una cueva. A mí no me importaba cómo me viera.

Además de estar colgado bocabajo, también me sostenía a la barra con mis manos y colgaba, o hacía elevaciones para asegurarme de que el espacio no se cerrara en mis brazos. No tenía sentido ser más alto si mis brazos se quedaban de la misma longitud. Yo era especialmente religioso acerca de hacer esas elevaciones, sin perder casi nunca un día.

Ahora, después de años de trabajar con algunos de los mejores entrenadores en los deportes, y de haber sido tratado por algunos de los mejores médicos de medicina deportiva del juego, entiendo que todo el trabajo con la barra no tuvo ningún impacto en mi capacidad de crecer más. A pesar de ello, cuando Dale Murphy me vio en la caja de bateo un año después, yo había aumentado casi tres pulgadas y cerca de quince libras. Puede que no hubiera sido el trabajo que hacía con la barra, pero finalmente estaba creciendo.

Aun así, ser bajito cuando eres joven tiene cierta manera de permanecer contigo, incluso después de que literalmente hayas crecido. He oído a personas hablar sobre el «complejo de chico bajito»: el sentimiento de que hay que ser más duro y quizá un poco más mezquino o loco para conseguir respeto y reconocimiento dentro y fuera del campo. He conocido a algunos muchachos bajitos que eran así. Añadamos ese temperamento latino, y obtendremos a alguien que, escuché más adelante en mi carrera, tenía un poco de mal genio.

Eso sin duda se aplicaba a mí antes de comenzar a crecer. Estaba acostumbrado a que se burlaran de mí, pero las referencias a Dumbo y la gente movía mis orejas se quedaron anticuadas rápidamente. Al principio intentaba utilizar el humor para que la gente no me molestara. Cuando me llamaban Dumbo o hacían algún otro comentario sobre mis orejas, yo decía: «Bueno, si soy Dumbo, entonces deberían ver mi trompa». Conseguía algunas risas, pero eso no ponía fin a las burlas.

Por lo tanto, decidí que tenía que ser un poco guerrero, y comencé a dar puñetazos a algunas de las personas cuyas palabras no podía soportar. Aunque yo no era muy alto, tenía que defenderme.

Pelear era siempre arriesgado. Tenía la reputación de ser un poco impulsivo, y eso hacía que algunas personas quisieran ver cómo respondía. Les gustaba la idea de echar gasolina a un fuego. Ninguna de las peleas era muy seria, y no estoy seguro de si tenían algo que ver con el modo en que me veían los maestros, pero en realidad no me importaba; si me estaban acosando, yo no iba a aguantarme.

Es curioso, pero la única pelea realmente grande en la que me metí resultó de un malentendido, y no porque se burlaran de mí. Cuando estaba en octavo grado, iba caminando por el pasillo entre clases cuando un alumno mucho mayor llamado Ricardo me acorraló y dijo: «¿Estás tonteando con mi chica?».

«Ni siquiera sé quién es tu chica».

«He oído a personas decir que has estado hablando con ella. En tu clase de historia. No puedes estar haciendo esa mierda con Jeanine».

Jeanine estaba en una de mis clases, pero a mí no me gustaba; apenas la conocía o hablaba con ella, y de todos modos me gustaba otra chica en ese tiempo. Sabía que era una estupidez intentar hablar con ese chico, de modo que cuando me dijo que nos viéramos fuera de la escuela más tarde aquel día, yo le dije que estaría allí. Y también estaba mi papá. Él iba a recogerme para llevarme al entrenamiento de béisbol.

Como en una escena sacada de una película de muchachos que se hacen adultos, había gente a mis espaldas para observar cómo me pateaban el trasero. Salí de la escuela y fui al estacionamiento. Mi papá estaba sentado en el auto, leyendo algo. Yo caminé hacia él y le dije: «No puedo ir contigo en este momento».

«¿Qué has hecho? ¿Te han castigado después de clase? Jorge, esto es...».

«No», le dije, con mi voz más fuerte y más firme de lo que era mi intención. Eso tomó por sorpresa a mi papá, y me dejó continuar. «Ese chico», dije indicando hacia Ricardo, «quiere pelearse conmigo. Si no me peleo con él, entonces voy a ser un perdedor. Todo el mundo va a pensar que no tengo agallas».

Mi papá apagó el motor y abrió la puerta. Yo pensé con seguridad que iba a ir hasta allí y decirle algo al otro chico; en cambio, tiró de mi camisa.

«Quítate esto. No te la ensucies».

Yo me quité mi camisa de la escuela y después ajusté mi camiseta. Comencé a caminar hacia donde estaba Ricardo, que tenía una expresión de confusión en su cara. Me volteé y vi que mi papá iba unos cuantos pasos por detrás de mí. Se detuvo y entonces dijo: «Sigue adelante. Quiero asegurarme de que sea una pelea limpia». Retrocedió unos pasos y se cruzó de brazos, con la postura en la que yo le había visto tantas veces cuando estaba en misión de ojeador.

Ricardo cargó duro contra mí, y yo me mantuve agachado y lo enganché con mi hombro de su cinturón. Utilicé mis piernas y lo levanté del suelo, y después le empujé hacia adelante. Caí encima de él, pero él se zafó. Podía sentir que yo literal y mentalmente le había desequilibrado. Pensó que iba a poder pisotearme, pero yo no iba a permitir que eso sucediera.

Tras la pelea cuerpo a cuerpo, nos enfrentamos con nuestros puños en alto haciendo círculo. Pensé en todas las veces que mi papá y yo habíamos hecho antes ese tipo de baile. Ricardo no era un chico grande, pero era más alto que yo y tenía ventaja. Yo sabía que tenía que colarme por dentro de él, y agaché mi cuello y cargué contra él, con mis brazos y manos delante de mi cara. Él lanzó un par de grandes puñetazos circulares que no tenían esperanza alguna de conectar.

Le golpeé una vez en el estómago y después raspé su mejilla con un golpe corto. Yo estaba un poco desequilibrado, y él me golpeó en la boca. No fue un golpe directo, pero yo llevaba frenos en los dientes (desde luego), y el sabor cobrizo de mi sangre recorrió mi garganta. Sentí que iba a atragantarme con ello, así que escupí, y eso hizo que

toda la multitud se avivara cuando vio el color rojo. Ricardo cargó
contra mí, sin usar sus largos brazos para su ventaja, y yo saqué un par
de puñetazos rápidos hacia su cara y su cuello. Él estaba jadeando, y
yo no estaba jadeante en absoluto. Conseguí llegar por su interior, y le
hice una llave de cabeza. Él seguía abanicando y yo seguía estrujando,
sorprendiéndole y arrastrándole al suelo. Me puse encima de él y lancé
mis puños sobre su espalda varias veces, más por espectáculo que para
hacer ningún daño real. Me puse de pie y él se quedó en el suelo. Sabía
que no debía darle la espalda. Fui hacia atrás retirándome y choqué
con mi papá.

«Ya es suficiente», me dijo él. «Vamos».

Me metí en el auto y observaba mientras la multitud se dispersaba.
Algunos de los estudiantes novatos mostraron algunos puños y dedos
como muestra de aprobación. Mi papá me dio mi camisa, y yo la doblé
con cuidado y la puse en mi regazo. Mientras iba sentado mirándola,
vi que temblaba y me di cuenta de que mis piernas vibraban como
locas. Tuve que poner mis manos sobre los muslos para calmarlas. Me
sentía bastante bien conmigo mismo, pero no me atrevía a mirar a mi
papá. Él estiró el brazo, giró mi barbilla hacia él, y frunciendo el ceño
preguntó: «¿Estás listo?».

«Vamos», le dije, repitiendo conscientemente las palabras que él
había dicho antes. «Ya ha tenido suficiente».

Mi papá arrancó, y nos detuvimos en una gasolinera a pocas man-
zanas de la escuela. Yo comencé a abrir la puerta para salir y poner la
gasolina, pero mi papá dijo: «Quédate». Le observé entrar en la gasolinera. Con las manos en sus bolsillos, iba en cierto modo dando saltitos
hasta la acera que llevaba a la entrada. Puso su mano en la espalda de
otro hombre que mantenía abierta la puerta para que él entrara. Unos
momentos después, salió con una bolsa de hielo y un pequeño vaso de
plástico que procedió a llenar.

«Haz presión con esto», dijo, dándome el vaso e indicando hacia mi
labio inferior. «Tenemos que conseguir que baje la hinchazón».

Fuimos conduciendo en silencio al entrenamiento de béisbol, pero contrariamente a otros tiempos de silencio, yo no sentía ninguna tensión en el ambiente. Con una mano sujetando el vaso contra mi cara, saqué el otro brazo por la ventanilla. Dejando que mi mano se moviera con las corrientes de aire, la inclinaba hacia la derecha y la izquierda, y sentí que era empujada en la dirección que yo escogía, pero bajo control. Me sentía Wilfredo Gómez, el duro boxeador de peso gallo, solo que yo había estado peleando fuera de mi categoría de peso. Pero no iba a permitir que el orgullo me pesara demasiado. Disfruté la victoria, pero disfruté mucho más el ir caminando por los pasillos de la escuela con la gente sabiendo que yo no era alguien a quien molestar.

Mi mamá tampoco era alguien a quien molestar. Después del entrenamiento, intenté colarme por la puerta trasera sin que me vieran, pero ella entró en mi cuarto y se quedó de pie allí meneando la cabeza, con sus labios temblorosos, reteniendo las lágrimas. Me agarró por el brazo y me llevó hasta el espejo que había encima de mi cómoda.

«¿Era necesario pelear?».

Yo sabía que no tenía que decirle que la pelea *fue* necesaria, pero le dije lo que realmente sentía: «Sí. A veces».

«¿De veras?», dijo ella, y siguió apretando con fuerza mi brazo con cada palabra. «No. No. Nunca. Nunca. Nunca».

Pasó a decirme que las peleas ni siquiera eran una respuesta. Hablar era la respuesta, la solución. Tenía que aprender a comunicarme mejor en algún momento, o realmente iba a meterme en problemas.

«No tienes que ser un impulsivo como tu padre», añadió. «Necesitas ser humilde».

Salió del cuarto, y yo me sentí como si me hubieran dado un golpe bajo. Me senté en la cama, sintiendo una mezcla de orgullo, tristeza y dolor. Unos segundos después, mi mamá regresó. Me dio una toalla. En ella había puesto varios cubos de hielo que podía aplicar con más facilidad a mi boca.

«Para tu cabeza impulsiva», añadió. Yo la miré, esperando que fuera a sonreír para sacar de su afirmación el puyazo.

No lo hizo.

Al día siguiente, vi a Ricardo de pie cerca de su taquilla. Podía ver que le había hecho algún daño. Sus dos ojos estaban un poco hinchados. Nuestras miradas se encontraron brevemente, y entonces él dio la vuelta y se metió en su taquilla como si estuviera buscando algo. Yo había encontrado lo que necesitaba. Algunos de mis colegas y un par de compañeros de clase querían escuchar sobre la pelea, y me extendieron sus manos para felicitarme, pero yo les dije que aquello había terminado. Había establecido mi postura. Ya no tenía que dejar que mi boca o mis puños hablaran por mí, principalmente porque esa era la naturaleza de ir a la escuela. Cuando surgían algunos otros chismes, yo ya no era uno de los titulares. Eso me parecía bien. Lo que más quería era que me dejaran tranquilo, y lo conseguí.

Unos meses después, mi papá me hizo reunirme con él en el garaje, donde me lanzó mis guantes de boxeo. Por primera vez en bastante tiempo, yo me los puse y esperé a que él me los atara. Entonces, en lugar de ponerse de rodillas, se quedó de pie. Yo quedé confundido por un momento, y después sonreí. Debería haber sido más listo. Mi papá lanzó un duro golpe a mi bíceps derecho, haciéndome sentir como si hubiera perdido todo el control de ese brazo.

«Mantén alta la guardia», me dijo. Asintió y me guiñó un ojo. Yo me puse de puntillas y comencé a moverme, sabiendo que es más difícil golpear a una diana que se mueve, pero también más gratificante cuando se logra. Ahora puedo ver que yo había crecido ante los ojos de mi padre en más de un aspecto. Él no pudo seguir peleando de rodillas porque yo había comenzado a ser un poco más alto, pero más que eso, mi padre me respetaba de una manera nueva. Incluso si yo hubiera estado en el lado receptor de más puñetazos que el otro muchacho, creo que él me habría seguido mirando de modo un poco distinto después de la pelea. La lección puede que no hubiera venido directamente de él, pero yo me había defendido ante alguien y había hecho exactamente lo que él hubiera querido que hiciera.

Mucho tiempo después de que terminara aquella pelea, y bien entrada la secundaria, yo pasaba mi tiempo en el campo enfocándome en las cosas que podía controlar. En agosto de 1986, poco después de haber cumplido los dieciséis, mi papá me dijo: «Quiero que hagas una prueba para un equipo que estoy formando».

En ese momento, yo había terminado con la temporada de la Legión Americana, que era una de las ligas organizadas en las que jugaba.

Mi juego había estado mejorando, y me había convertido en un decente defensor en el cuadro medio. Me gustaba jugar como jardinero corto, y las miles de bolas arrastradas que mi papá me había lanzado, junto con mi brazo fuerte por naturaleza, me ayudaron a jugar bien en esa posición. Cada vez se hacía más claro para mí y también para mis compañeros de equipo y mis oponentes que yo no estaba allí solamente porque mi papá, el ojeador/entrenador, quería que yo estuviera allí. Me sentía bien con ese respeto, pero sabía que no iba a ser suficiente para cumplir mi sueño de lograr recorrer todo el camino hasta las Grandes Ligas. Siempre quise ser juzgado por mis propias habilidades, pero al mirar atrás, y dado lo agitado que fue mi comienzo en el béisbol organizado, veo que quizá ese no fue siempre el caso.

El día de la prueba, yo era tan solo uno de un par de decenas de jugadores que estaban en el campo con sus camisetas y pantalones de uniforme agarrando bolas arrastradas, bateando, y siendo evaluados por los entrenadores. Los números que nos habían puesto en nuestras camisetas se suponía que nos harían ser fáciles de identificar, aunque para ser sincero, todos sabíamos básicamente quién era quién. Hacia el final, los entrenadores nos indicaron que nos acercáramos, y nos reunimos en la línea del jardín izquierdo. Nos dijeron que íbamos a hacer la carrera de las sesenta yardas. Tendríamos tres intentos, y los entrenadores iban a cronometrar nuestros tiempos.

Aunque no se le veía por ninguna parte, yo al instante busqué a mi padre. Un par de años antes, poco después de haber comenzado el octavo grado, mi papá me había llevado fuera después de cenar una noche para instituir un nuevo elemento en mi entrenamiento: carreras de velocidad. Desde luego, al ser mi papá, no podían ser simplemente los *sprint*s a la vieja usanza en una pista. Nosotros vivíamos en lo alto de una pendiente bastante inclinada. Él me llevó fuera de la casa, hasta la parte baja de la colina, y me dijo que esperara allí.

Luego caminó cuesta arriba, poniendo un pie delante del otro para contar la distancia. Cuando llegó donde quería estar, se volvió hacia mí y dijo: «Sesenta yardas. Cada día después de la escuela. Diez veces». Dio un manotazo a un mosquito y después añadió: «Por debajo de siete segundos. Tienes que llegar a estar por debajo de siete segundos».

Yo no tenía idea de lo rápido que era eso, o siquiera por qué él decidió escoger el siete como el número mágico. Anticipando algunas de mis otras preguntas, dijo: «Michelle saldrá contigo con el cronómetro, y anotará los tiempos. Las diez veces. Cada día. Tienes que estar por debajo de siete segundos».

No puedo decir que hice lo que él había ordenado cada día durante el curso de los dos años y medio siguientes, pero lo hice por encima del noventa por ciento del tiempo. Probablemente desgasté cuatro pares de zapatillas subiendo por esa cuesta una y otra vez. Al principio estaba en el rango de los ocho segundos, y parecía que sería pan comido bajar solamente un par de segundos a mi tiempo. Lo que sucedió fue que aquellas carreras de entrenamiento coincidieron con mi aumento en el crecimiento, cuando finalmente estaba subiendo un poco de peso y aumentando un poco más en altura. Aquellas libras añadidas marcaron una diferencia. Todo el ciclismo y jugar deportes en la arena me habían ayudado a tener piernas fuertes, pero estaba perdiendo parte de mi rapidez y ligereza en los pies.

Si cierro los ojos, aún puedo escuchar el sonido de mis pasos resonando por las casas a cada lado de la calle mientras intentaba situarme por debajo de siete segundos, como mi papá me había dicho que hiciera. Probé varios enfoques diferentes: zancada más larga, zancada más corta, inclinarme hacia adelante, mantenerme totalmente erguido, y a lo largo de los años vi cierta mejora. Cuando me situé por debajo de los ocho segundos, pensé que iba bastante bien.

Los entrenadores en la prueba aquel día no nos dijeron qué parte de importancia iba a tener la velocidad en su decisión, pero en mi mente seguía escuchando a mi papá hablar sobre estar por debajo de siete segundos. Si yo quería ser jugador de béisbol, tenía que estar por debajo de siete segundos. Bien, yo quería ser un jugador de béisbol en ese equipo de primeras figuras, y pensé que cualquier otra cosa diferente a un tiempo por debajo de los siete segundos iba a condenarme.

Echando una ojeada al campo, vi a mi padre que iba enrollando una larga cinta medidora para establecer la línea de meta final. Él situó dos bates con un espacio entre ellos y entonces vino trotando hasta donde yo estaba.

«Tú sales de último», me dijo.

«Bien», respondí, preguntándome por qué quería que yo fuera el último de los corredores.

Me quedé allí mientras los otros muchachos hacían sus carreras de velocidad. Los entrenadores no anunciaban el tiempo de ninguno, y todos estábamos allí de pie hablando sobre quién parecía estar corriendo más rápido y quién no. Al ver a aquellos muchachos salir desde la posición de salida, la línea de *foul*, y observar cómo los tacos de su calzado levantaban pequeños pedazos de hierba, comencé a preguntarme qué efecto tendría en mi tiempo correr sobre hierba. Yo había estado corriendo sobre pavimento con zapatillas de entrenamiento que tenían un buen agarre, pero eran mucho más ligeras que mis botines de béisbol. Sentí un poco de nerviosismo formarse alrededor de mi estómago. Había mucho en juego, y yo de verdad quería formar parte de ese equipo. Iba a viajar a los Estados Unidos para un torneo, y yo tenía muchas ganas de ver otra parte del país.

Cuando me situé en la línea para la primera de mis tres carreras de velocidad, lo único en que podía pensar eran las sesenta yardas de césped un poco machacado que se interponían entre el éxito y yo. Para realizar la carrera, me situé de cara a la línea de meta, inclinado ligeramente por la cadera. Cuando escuché la palabra «¡Fuera!», me empujé con fuerza. Sentí que mis tacos se agarraban y después patinaban un poco, e intenté llevar la cuenta —uno-cien, dos-doscientos—, pero me perdí y solamente me concentré en impulsar mis brazos y piernas. Me sentía bastante bien, pero ¿quién sabía? En el segundo y tercer intentos, giré hacia los lados de la línea de meta, y giré como un robador de base, esperando mejorar mi impulso al comienzo. No iba contando, en realidad ni siquiera me enfoqué en mi técnica de carrera, tan solo confiaba en que todo el entrenamiento que había hecho sería suficiente. No veía otra cosa sino aquellos dos bates y los seis pies de hierba que había entre ellos.

Cuando terminé, fui trotando de nuevo a la línea de meta. Mi papá estaba recogiendo los bates.

«¿Cómo lo hice?».

«Siete-tres en la primera. La segunda unos siete-dos. Y la tercera fue buena, unos siete-uno o algo así, casi siete-dos».

Me sentí igual que cuando comencé por primera vez a colgarme bocabajo, como si mis ojos fueran a salirse de sus órbitas y mi cabeza estuviera en un tornillo de banco. Tenía muchas ganas de terminar por debajo de siete segundos, y aunque me había acercado, no lo había logrado por completo. No obstante, la punzada de aquello no duró mucho tiempo. Pensé sobre dónde había comenzado, corriendo la distancia en más de ocho segundos. Había mejorado, y eso era bueno. Si perdía esa oportunidad debido a una o dos décimas de segundo, quedaría decepcionado, bueno, aplastado, pero aun así, tenía esa mejora a la que aferrarme como una señal positiva.

Nos reunimos otra vez como grupo, y nos dijeron que sabríamos al día siguiente o en un par de días quiénes formaban el equipo. De camino a la casa, mi papá se inclinó y me dio un pequeño codazo.

«Entonces, ¿quieres saberlo?».

«Sí», le dije, mirándole con los ojos como platos. ¿Qué pensaba él? ¿Quería que estuviera en ascuas durante los días siguientes?

«Lo único que puedo decirte es esto. ¿Sabes en cuánto tiempo corriste las sesenta?».

«Dijiste siete-uno o dos».

Se dibujó una sonrisa amplia y maliciosa en su cara antes de decir, arrastrando cada palabra: «¡Seis. Punto. Siete. Cinco!».

Dejé escapar un fuerte grito y di golpes al salpicadero como si fuera un tambor. ¡Seis. Punto. Siete. Cinco! Mi papá hizo sonar el claxon del auto un par de veces como celebración, y entonces los dos seguimos sentados allí.

Sé que debe de sonar extraño viniendo de un hombre que pasó diecisiete años en las Grandes Ligas y jugó para un equipo ganador de la Serie Mundial, pero cuando pienso en aquel momento, incluso ahora, el vello de mis brazos se me eriza y siento una rápida emoción de placer en mi estómago. De todas las cosas que hice en mis años en el béisbol, escuchar a mi papá decir que había corrido por debajo de siete segundos, un cuarto de segundo por debajo, sigue estando entre mis mejores recuerdos en el juego. Yo estaba tan feliz que olvidé que mi papá no me hubiera dicho la verdad cuando le pregunté en el campo qué tiempo había hecho. Eso no importaba. El cronómetro no miente.

Sentado allí en el auto, y durante el día o los dos días siguientes también, pensaba que lo había logrado. Me había convertido en un jugador de béisbol respecto a alcanzar la meta que mi padre había establecido para mí dos años antes. En cierto sentido, no importaba si lograba formar parte del equipo o no; había conseguido la meta que mi padre me había puesto. Eso significaba que era un jugador de béisbol.

Cuando menos, ese momento, ese logro, resume mejor mi carrera y cómo quiero que la gente me recuerde como jugador de béisbol. Yo tenía una meta y trabajaba en ello, poco a poco, día tras día. No pasé por ningún tipo de inmensa transformación, pero una décima de segundo cada vez, media pulgada cada vez, una libra cada vez, fui siendo más grande y mejor. Sin embargo, no era como si yo hubiera ido 4-para-4, bateara dos jonrones, e impulsara seis carreras, o que hubiera ido hasta el fondo del hueco para atrapar una arrastrada y después le hubiera disparado fuerte al corredor con un lanzamiento de un brinco y con efecto. Yo medía el éxito de modo diferente en aquel entonces, y eso fue cierto para gran parte de mi carrera.

Durante una buena parte de mi vida como joven, era como si mi papá me sentara en una mesa, vaciara una bolsa llena de piezas de rompecabezas sobre ella y dijera: «Muy bien, vamos a armar esto». Él tomaría un par de piezas y las uniría, y después diría: «Vendré a verlo en un rato». Yo no tenía un cuadro completo para guiarme.

Pues bien, aquel día fue como si me llegara una visión de la imagen que se suponía que yo debía armar. Me seguían quedando algunas piezas más que incluir, pero al menos sabía cómo debía verse el producto terminado. Las cosas iban a ser más fáciles desde ese momento en adelante, pero la carga estaba ahora sobre mis hombros. Yo sabía lo que había que hacer, y era tan solo cuestión de tener suficiente paciencia, suficiente energía y suficiente enfoque para completar esa imagen.

Terminé siendo seleccionado para ese equipo de todos-estrellas. El torneo en los Estados Unidos resultó ser un rápido viaje a algún lugar desolado en Nuevo México llamado Farmington, durante el cual nos bajamos del avión, jugamos un solo partido, perdimos, y volvimos al avión para regresar a casa (Disney World: La continuación). Me quedé con recuerdos de un cielo azul de locura y la tierra más roja que había visto jamás.

No recuerdo mucho los detalles de aquel partido, ni de ninguno de los otros partidos que jugué en el béisbol de la Legión Americana. Está bien, tengo que admitir que aunque muchos de los partidos que jugué de niño se han desvanecido de mi memoria, sí recuerdo mi primer jonrón. No estuvo falto de egoísmo por completo ni se trataba totalmente de que el equipo ganara.

Yo jugaba para el Caguas, de la Legión, bateando el octavo. Comenzando la tercera entrada, hice un buen contacto y lancé la bola al jardín derecho. Salí corriendo como un loco, esperando conseguir bases extra. No entendí lo que había hecho hasta que llegué a tercera base y la pisé, la rodeé, y oí a mi entrenador decir: «¡Oye! ¡Cálmate! ¡Está fuera de aquí!».

No pude celebrarlo durante todo el camino alrededor de las bases, solamente cuando estaba en el plato y mis compañeros de equipo me felicitaron. Así era como debía haber sido.

Jugar en los Estados Unidos en ese equipo me hizo pensar más sobre el cuadro general de mi carrera en el béisbol; lo que podría ser posible cuando me graduara de secundaria. El mejor escenario posible era que fuese seleccionado y entrara inmediatamente en el béisbol profesional, pero eso no parecía probable. Mi papá siempre decía que era mejor tener opciones. No querrías estar en la posición en que no tuvieras otra opción sino firmar. El equipo tendría ventaja sobre ti, y podría ofrecerte muy poco dinero como bono por firmar el contrato, y la atención, decía mi papá sonando a la vez triste y un poco enojado, iba hacia los muchachos en quienes los equipos habían invertido más dinero. Eso era mucho para que yo pudiera asimilarlo a los dieciséis años, pero él quería ser realista conmigo. Me dijo que cada vez se estaba volviendo más común que los muchachos que jugaban en la universidad en los Estados Unidos pasaran rápidamente a través de organizaciones de la MLB (Ligas Mayores de Béisbol). El nivel de entrenamiento y de competición estaba mejorando, y los ojeadores pasaban mucho tiempo en esos partidos universitarios.

Un par de años antes, mi papá y yo habíamos ido a San Juan para ver el partido final de la Serie Mundial de la NCAA (Asociación Atlética

Nacional Colegiada) en televisión. Yo había visto a los Hurricanes de la Universidad de Miami batir a la Universidad de Texas, 10-6, para ganar su segundo título en cuatro años. Cuando el partido terminó, los presentadores en televisión nombraron al mejor equipo del torneo, y mi papá dijo: «Will Clark, él es el tipo». Clark jugaba para el Estado de Mississippi, pero lo único en que yo podía pensar era Miami. Después de todo, ellos habían ganado la Serie Mundial Universitaria, y Florida era un lugar, a pesar de mi breve experiencia en Disney World, del que yo sabía y había oído bastante. ¿Qué era Mississippi aparte de un gran río? También me gustaban los colores verde y naranja de Miami. Más adelante leí más acerca del lugar, y el programa de béisbol de la Universidad de Miami tenía mucha importancia en la comunidad. Los Marlins de Florida aún no estaban ahí, de modo que muchos de los seguidores del béisbol habían adoptado a los Hurricanes como su equipo. Muchos de los familiares que yo conocía visitaban Miami o tenían familia o amigos que vivían allí. Mi tío Leo, que era el primo de mi papá pero lo llamábamos tío por respeto, estaba allí, y también mi abuela.

El verano siguiente, al final de mi primer año de secundaria, mientras seguía jugando al béisbol en la Legión Americana, recibí una carta del entrenador de la Universidad Internacional de Florida (FIU), Dave Price, haciéndome saber que estaban interesados en que yo jugara para la escuela. Finalmente, uno de sus asistentes, Rolando «Cas» Casanova, un exjugador del equipo, me llamó y me dijo que les gustaría tenerme allí, que debería ir y visitar la escuela. Por lo tanto, cuando la escuela me dejó libre, hicimos planes para que yo la visitara.

Toda mi familia iba a ir, ya que la escuela estaba en Miami y teníamos familia con la que podíamos quedarnos y visitar. Mi primera impresión de la FIU fue que parecía tan grande como San Juan. Hoy día, se anuncia teniendo una de las mayores matrículas del país, con 54.000 alumnos. En aquel entonces no era tan grande, pero al principio yo quedé totalmente abrumado. Aun así, me sentía cómodo al saber que un porcentaje muy grande de los alumnos provenía de trasfondos latinos. Lo que yo quería ver, desde luego, era el campo de béisbol. No me decepcionó.

Era un campo tan bien cuidado como cualquiera que yo había visto, con la excepción del Estadio de los Yankees. Llegamos allí precisamente cuando los trabajadores estaban segando el césped, de modo que el aroma del césped recién cortado, el rocío que reflejaba luz como si fueran diamantes, hacían que mis ojos se abrieran como platos por la anticipación. La escuela, y el programa de béisbol, habían estado funcionando solamente desde 1965, pero había avanzado hasta los Regionales de la NCAA y los Súper-Regionales. No habían conseguido su meta de llegar a la Serie Mundial Universitaria, pero Cas decía que llegar hasta ahí era la meta cada año, y esperaba que yo fuera parte del primer equipo en hacerlo. También me dijo que esperaban mejorar el campo y convertirlo en un verdadero estadio en lugar de ser solamente un campo con gradas.

No sé si mi papá habló con él sobre becas, pero me alejé de mi presentación del lugar pensando que FIU era una opción estupenda para mí. Me gustaba la idea de tener familia cerca y una cultura y un idioma familiares en los que podía apoyarme. El entrenador Cas me dijo que lo único que necesitaba hacer era obtener una calificación de 800 en la prueba de aptitud académica (SAT), y eso lo zanjaría. Había oído a otros alumnos en casa hablar de la prueba SAT, pero aunque yo iba a entrar en mi segundo año, no había hecho ningún plan para realizarla. Eso cambiaría.

Esos eran mis pensamientos sobre asistir a FIU. Cuando regresamos a casa, mi papá me sentó y me dijo: «No creo que sea una buena idea que vayas allí. Habrá muchas distracciones con la familia tan cerca. Sería demasiado fácil para ti enamorarte de Miami y olvidarte de tu béisbol y tus estudios. No usarás tu inglés lo bastante, y eso será malo para ti más adelante. No vas a ir».

Quedé decepcionado, pero mi papá no era alguien con quien yo pudiera estar en desacuerdo. Yo había confiado a mi padre cada aspecto de mi vida en el béisbol hasta entonces, y no dudaba de que él también sabía más que yo acerca de la universidad. Sabía que ya que mi papá había vetado la ciudad, la Universidad de Miami también quedaba fuera, aunque Miami no había expresado un interés real en mí.

También tenía un viaje universitario más que esperar. Mi tía Leda y su esposo, Bruce Brubaker, vivían en Lexington, Kentucky. La Universidad de Kentucky era conocida por su legendario programa de baloncesto, pero como miembro de la Conferencia Sureña, uno de los programas deportivos de élite del país, Kentucky era competitivo en todos los deportes, y en el béisbol en particular. Volamos hasta Louisville e hicimos una pequeña parada en el centro de la ciudad para pasar por la fábrica Slugger antes de ir a Lexington.

Yo realmente quería experimentar la vida universitaria como la había visto en las películas, y el campus de la Universidad de Kentucky y sus instalaciones parecían algo sacado de una película. Me enamoré del lugar, de sus imponentes edificios viejos, y de la zona central del campus.

Una vez más, surgió el número 800, un recordatorio de la puntuación mínima en la prueba SAT que necesitaba para tener derecho a una beca. Esa era la meta, al igual que bajar de los siete segundos había sido la meta. Mis padres me alentaban y a veces me forzaban a estudiar, e incluso me matricularon en clases de preparación para la prueba SAT después de la escuela. A pesar de realizar las diez sesiones completas, por alguna razón las lecciones que había aprendido sobre el trabajo duro en el campo no se trasladaban al salón de clases, principalmente porque yo no realizaba mucho esfuerzo. No estoy orgulloso de eso, pero soy afortunado de que las cosas resultaran del modo en que lo hicieron.

No puedo decir que he pasado mucho tiempo mirando atrás y preguntándome qué hubiera pasado. Pero ahora que mis hijos están creciendo y estoy comenzando a pensar en que vayan a la universidad, estoy incluso más agradecido de haber sido capaz de aprovechar la oportunidad que tuve, con la ayuda de otros. Yo amaba el béisbol, y él fue lo bastante bueno para recompensarme. No amaba el estudio, y aún puedo recordar estar sentado en la cafetería donde hice esa prueba a principios de enero de 1989, sintiéndome un poco envidioso cuando veía a otros a mi alrededor, con sus cabezas inclinadas y concentradas, pasando página tras página de ese librito y anotando confiadamente en su hoja de respuestas. Yo estaba allí sentado, batallando a veces tan solo para entender exactamente cuál era la pregunta, especialmente en la sección de analogías, y quedando perplejo por el hecho de que deseo y resultado no tenían la misma relación cuando se trataba de hacer la prueba que la que tenían en el campo. Al final, solamente obtuve 730; eran 70 puntos por debajo de lo que necesitaba.

Quedé decepcionado, pero no aplastado. Quizá sea porque en el béisbol, como todo el mundo dice siempre, hay que acostumbrarse al fracaso y conseguir golpear tres veces de cada diez podría llevarte hasta el Salón de la Fama. Yo tan solo pensaba que tendría que haber algún otro modo para que yo llegara a donde quería ir. Podría haber hecho la prueba otra vez, quizá mi familia podría haber contratado a un tutor, o yo podría haber encontrado otro libro u otra clase para la preparación de la prueba que podría haberme ayudado, pero nada de eso sucedió. Yo no tenía problema en renunciar ir a la Universidad de Kentucky. Lo traté como si fuera una pieza pequeña en la esquina del gran rompe-cabezas, pero una pieza que fácilmente podría ser sustituida por otra.

Mi papá me dijo que no me preocupara por la prueba SAT, incluso después que el entrenador Cas en FIU me llamara e intentara convencerme de que realizara la prueba una vez más. Él estaba seguro de que al realizarla una vez más, yo sería capaz de conseguir los 70 puntos que necesitaba. Me sentí mal al decirle que no, pero también sabía lo que mi papá había dicho en cuanto a que Miami no era el lugar para mí. Mi papá estaba pensando estratégicamente, y ahora decía que debería intentar matricularme en una escuela de iniciación universitaria. Sus palabras tenían sentido. Si yo me matriculaba en una escuela de dos años, no tendría que esperar a ser estudiante de tercero para que me seleccionaran, como sería el caso si me matriculaba en una escuela de cuatro años. La meta todo el tiempo era llegar a las Grandes Ligas, así que necesitábamos utilizar el sistema para nuestra ventaja. No estábamos rompiendo ninguna regla, pero mi papá sabía que las probabilidades estaban todas en contra de *cada* jugador que quería vivir el sueño.

El problema era: ¿a qué escuela de iniciación universitaria? A diferencia de los programas de béisbol en las escuelas de cuatro años, los programas en las escuelas de iniciación universitaria no tenían presupuestos para reclutamiento que les ayudaran a encontrar a un muchacho como yo de Puerto Rico. Aquí es donde en verdad fui afortunado una vez más. Mi papá estaba trabajando para los Braves, y un compañero ojeador de los Braves resultó que habló con un entrenador universitario en Calhoun, Alabama. El entrenador, Fred Frickie, le dijo a ese ojeador que necesitaba un parador en corto para la siguiente temporada. El compañero de mi papá sabía de mí y le dijo al entrenador Frickie que yo era un buen jugador de béisbol, el hijo de un ojeador de una liga mayor, y que estaba buscando un lugar donde jugar.

Yo no sabía nada de eso cuando sonó el teléfono avanzada una tarde en el mes de abril. Contesté y oí una voz poco familiar. El hombre se presentó, pero al principio yo no entendí bien su nombre. De hecho, me resultaba difícil entender lo que decía. Tenía un acento tan fuerte, que era como si yo tuviera que ir distinguiendo todo tipo de sonidos para llegar a las palabras. Dijo que conocía a mi papá y que había hablado con él, y quería ofrecerme la oportunidad de ir a jugar para él en Decatur, Alabama.

«¿Dónde está Alabama?», le pregunté. No tenía la intención de parecer grosero ni nada parecido, pero sabía que quería jugar en algún lugar donde el clima fuera cálido, como Florida o Texas, algún lugar de donde provenían los competidores de campeonato nacional.

«Bueno, hijo, puedo decirte esto. Agarra un vuelo a Atlanta, y estaré muy contento de mostrártelo».

«Bien», le dije, sabiendo que el equipo que empleaba a mi papá estaba en el sur. No tenía una visión clara de adónde iba, si habría palmeras o flamencos de plástico, o pirámides. Lo único que importaba era que estaba dando el siguiente paso. No importaba que en unos cuantos meses me estuviera bajando de un avión hacia lo desconocido. Si tenían un campo de béisbol, yo estaba bastante seguro de que sería capaz de encontrar mi camino. Tan solo deseaba que el hombre que me iba a ayudar a dar esos pasos hablara el mismo idioma que yo, fuese inglés o español.

CAPÍTULO 5

El siguiente paso

En junio de 1989, el verano antes de comenzar en Calhoun Community College, otra pieza del rompecabezas se situó en su lugar, al menos temporalmente. Llegué a casa después del entrenamiento un día y encontré una carta en mi cómoda; en el sobre llevaba el logo de los Yankees de Nueva York. Lo abrí y devoré las palabras que había en la página. Con solo tres frases, la carta me felicitaba por haber sido seleccionado por los Yankees de Nueva York, y allí, al final, con escritura gruesa, estaba la firma del mismo George Steinbrenner.

Los Yankees me habían seleccionado en la ronda 43 de selección de ese año, y aunque yo estaba eufórico, mi felicidad no duró mucho tiempo. Mi papá me sentó aquella noche y me explicó que aunque había sido seleccionado, no iba a firmar un contrato. Estaba en un lugar demasiado bajo en la lista, el muchacho seleccionado número 1.116, de modo que los Yankees no me harían una oferta seria. (Es curioso notar que Jason Giambi fue seleccionado dos lugares después de mí, y que de los 26 seleccionados en primera ronda, solo Frank

Thomas, Chuck Knoblauch, Charles Johnson y Mo Vaughn llegaron a ser primeras figuras, mientras que Thomas llegó también a ser jugador del Salón de la Fama.)

Mi papá también me dijo que, debido a que yo tenía otras opciones, dudaba de si los Yankees llegarían siquiera a hacer el esfuerzo de ponerse en contacto conmigo. Eso resultó ser cierto: en los días posteriores a la selección no tuve noticia alguna de nadie en la organización de los Yankees. Mi papá le había hecho saber a la gente que yo quería ir a la universidad, y eso fue suficiente para informar a los Yankees de que no valía la pena que emplearan su tiempo en buscarme. Ellos habían hecho lo que querían hacer: hacerme conocer su interés en mí y que fuera consciente de que si las cosas no salían bien en la opción universitaria, ellos estarían interesados.

Hay que recordar que esto fue en los tiempos en que la selección no era algo tan importante como lo es actualmente. Ningún canal de televisión la transmitía en directo, y no teníamos cobertura en la Internet; si tal cosa estaba ahí en cualquier forma, yo no era consciente de ello. Así que cuando mi papá me dijo que íbamos a ceñirnos a nuestro plan, me pareció bien. Decatur, Alabama, allá voy.

Enmarqué la carta que recibí de los Yankees, y la colgué en mi pared, era mucho más importante para mí que mi diploma de secundaria. Lo único en que podía pensar era cuál iba a ser mi siguiente paso en el béisbol. Había estado saliendo con una muchacha en mi tierra llamada Lydia, y nos divertíamos juntos, pero no había nada serio entre nosotros. Sabía que iba a extrañarla, pero yo tenía mis prioridades y ella tenía las suyas. Ella iba a ir a la universidad en San Juan, y no íbamos a poder vernos mucho, de todos modos. Más que a ella, iba a extrañar mi auto.

Unas cuantas semanas después de cumplir los dieciséis, regresé a casa de la escuela, y allí en el sendero había un Cadillac Coupe de Ville blanco. Como el nombre da a entender, era de dos puertas, y tenía un techo landó azul: cierto tipo de cuero de imitación o gamuza que lo hace parecer un convertible. Ahora entiendo que se parecía a algo que ni siquiera tendría que ser parte del programa «Pimp my Ride»,* pero me encantaba por sus asientos de cuero blanco y todo el resto de su lujo y glamour. Yo empleaba cualquier dinero que ganara en mis trabajos en mejorar su rendimiento y actualizar la seguridad, incluidos un nuevo reproductor de casete y altavoces. Sentado aquí ahora, lo único que tengo que hacer es reclinarme un poco en mi silla, ponerme mis lentes de sol, estirar mis pies delante de mí, estirar mi brazo derecho a toda su longitud —y sabe que llega muuuy lejos gracias en gran medida a estar colgado y a todas esas flexiones que hacía— y regreso a mis tiempos de hacer de Sonny Crockett y Ricardo Tubbs, incluso si estaba en San Juan y no en Miami. Pasé algunas de mis horas más felices conduciendo con las ventanillas bajadas y Def Leppard sonando tan fuerte que podría haberme quedado sordo. Un hombre nunca olvida su primer amor, especialmente uno al que pasa tanto tiempo cuidando. Yo lo limpiaba y le ponía una capa tras otra de cera para evitar que el sol empañara su toque final.

Desde la perspectiva de más de veinte años después, ahora me doy cuenta de que el haber pasado tanto tiempo ocupándome de ese auto era una manera de mostrarle a mi papá lo mucho que agradecía lo que él había hecho por mí al comprarlo. Éramos hombres, después de todo, así que le di las gracias cuando me lo dio, pero no pasé ningún otro tiempo real diciéndole lo mucho que ese gesto significaba para mí, lo mucho que me gustaba el auto, y nunca le pedí que diera una vuelta conmigo para que pudiera oír lo bien que sonaba el estéreo. Era básicamente una vez y hecho: gracias, Papí, y ahora pasemos a otra cosa.

En algunos aspectos, el regalo de ese auto era un símbolo de otros cambios en nuestra relación. A medida que yo iba haciéndome mayor y mis perspectivas de ser jugador de béisbol habían mejorado, mi papá y yo nos llevábamos mejor. No estoy diciendo que hubiera una relación

---

* Pimp my Ride es un programa de televisión. Cada capítulo consiste en tomar un auto en mal estado y restaurarlo, así como personalizarlo. (N. T.)

de causa y efecto directo; mi papá me habría querido incluso si yo no hubiera mejorado como jugador, pero los dos comenzamos a respetarnos más mutuamente. Estábamos convirtiéndonos, en cierto sentido, en compañeros de equipo. Compartíamos una visión para mi carrera, y aunque diferíamos un poco en la manera de llegar hasta allí, al menos los dos estábamos de acuerdo en que había un «allí». Y mientras tanto, ese «allí» iba a ser Decatur, Alabama.

El día después de aquella primera conversación telefónica con el entrenador Frickie de Calhoun, creo que el entrenador y yo sabíamos que teníamos tarea que hacer. Yo tenía que consultar un mapa para estar seguro exactamente de dónde estaba Alabama, y después tenía que encontrar Decatur. Parecía que estaba lo bastante al sur. Por su parte, más adelante supe que al entrenador Frickie le preocupaba tanto como a mí nuestra incapacidad de entendernos el uno al otro. A pesar de mi fuerte acento puertorriqueño y su fuerte acento sureño, de mi limitado inglés y su español casi inexistente, ambos pensábamos que nos entendíamos el uno al otro, pero él quería estar seguro. Para lograrlo, hizo que una mujer de su iglesia, que era maestra de español, estuviera en la siguiente llamada que él me hizo. Me quedó claro que me estaban ofreciendo una beca completa a fin de jugar para Calhoun Community College para la temporada de primavera de 1990.

Unos meses después, mi papá y yo tomamos un vuelo hacia Atlanta, para que yo pudiera matricularme en las clases y mudarme a la residencia de estudiantes. Primero, vimos un partido de los Braves, y después comenzamos el viaje en auto de unas cuatro horas hasta Decatur, con mi papá al volante. Durante la primera parte él estuvo bastante callado, y yo iba sentado en silencio en el asiento del acompañante, intentando no pensar en lo que había firmado. Entonces, de repente, mi papá comenzó a conversar conmigo. Yo estaba medio dormido, con la ventanilla abierta, de modo que el sonido de su voz, los neumáticos en la carretera, otros autos que nos pasaban... todo ello parecía fundirse.

Me tomó un rato, pero finalmente descubrí que me estaba dando «la charla». No la charla sobre «los pájaros y las abejas», sino la de «ahora que te vas de casa y que vas a vivir independiente, esperamos que te comportes como un hombre». Él siguió hablando sin parar, y yo en cierta manera desconecté y levanté mis cejas pensando: *Esto es doloroso. No puedo esperar a llegar y poner fin a esta charla. No necesito sus consejos. Él no entiende nada. Quiero alejarme de casa y ser yo mismo. Quiero que me conozcan como Jorge Posada y no Junior, no «el hijo del ojeador», y el resto de todo eso.*

Cuando llegamos al campus, fuimos conduciendo hasta el campo de béisbol, donde habíamos acordado encontrarnos con el entrenador Frickie. Llegamos un poco temprano, así que nos quedamos allí sentados en silencio, después que mi papá finalmente hubiera agotado su larga lista de puntos de «Escúchame». Entonces sucedió algo extraño. Yo estaba allí sentado mirando al campo. No había mucho más que el diamante, los banquillos y una jaula de bateo en cada línea. Unos cuantos árboles estaban al otro lado de la valla del jardín, y más allá se extendían campos de cultivo, alejándose en la distancia.

Y al asimilarlo todo comencé a llorar, no por las instalaciones, sino porque me di cuenta de lo ajeno que todo aquello era para mí. Eso no era Miami, no estaban las familiares palmeras y playas. La ciudad de Decatur se extendía a lo largo de las riberas del río Tennessee, pero hasta donde yo sabía, no habría allí ningún juego de Wiffleball en la playa, ni natación. También me di cuenta de lo mucho que iba a extrañar a mi familia y mis amigos. Unos segundos antes, estaba deseando que mi papá se fuera para poder comenzar mi nueva vida, y ahora allí estaba, esperando que el tiempo corriera más despacio e incluso se detuviera.

No fue así.

Me sequé los ojos, y cuando levanté la mirada vi al entrenador Frickie saludándonos con la mano desde una camioneta con un refrigerador atado detrás. Admitiré que, incluso viviendo en Puerto Rico, algunos de los estereotipos acerca del Sur habían llegado a nosotros. El fuerte acento del entrenador Frickie se añadía a esa impresión, pero él podría haber dicho las mismas cosas sobre mi acento y sobre mí.

Intercambiamos breves saludos; y conmigo como traductor para ayudar a mi papá con su limitado inglés, no nos intercambiamos más de cuatro o cinco palabras. Mi papá fue al maletero del auto, sacó mis bolsas, las puso en el suelo, me besó y me abrazó, y entonces, sin mediar otra palabra, se fue. Yo me quedé allí escuchando mientras los neumáticos del auto sonaban por el estacionamiento, deseando haber podido decirle algo, esperando que antes de desaparecer, me hubiera dicho algunas palabras más que llenaran el vacío que de repente parecía que me estaba tragando.

Años después, mi mamá me contó que justamente después de haberme dejado allí, mi papá encontró un lugar desde donde poder llamarla. Me dijo que estaba tan triste por haberme dejado allí que apenas podía decir una frase mientras hablaba con ella porque estaba llorando mucho. Escuchar esa historia significó más para mí de lo que habría significado si él hubiera actuado así delante de mí. Supongo que eso es lo que sucede con padres e hijos algunas veces: es difícil realmente expresar lo que significamos el uno para el otro.

Después que mi padre y yo nos separamos, tuve otro conjunto de malas comunicaciones por el cual preocuparme. El entrenador Frickie me dijo que iba a llevarme a la residencia de estudiantes, un lugar al que se referían como «las Cabanas». Desde luego, yo lo habría deletreado y también pronunciado «cabaña», pero la palabra estaba suavizada y adaptada al inglés. No sé por qué llamaban Cabanas a los dormitorios. No se parecían en nada a una cabaña o algo parecido que se pudiera encontrar en una playa turística. Al principio pensé que él usaba la palabra para hacerme sentir más cómodo. Finalmente descubrí que todo el mundo llamaba a la residencia con ese nombre, pero nadie podía explicar por qué.

Las Cabanas eran hogares móviles que habían sido subdivididos en habitaciones separadas para cada uno de los deportistas que vivían allí.

Debido a que era una universidad comunitaria, el noventa y cinco por ciento o más de los alumnos vivían cerca y llegaban a la escuela conduciendo cada día para las clases y los entrenamientos. La única razón para que cualquiera de fuera de la zona fuese a Calhoun Community College era jugar a algún deporte. La escuela era demasiado pequeña para tener un programa de fútbol americano, de modo que los únicos equipos que jugaban eran de béisbol y *softball* y baloncesto masculino y femenino. Yo vivía con los jugadores de béisbol y de baloncesto; las atletas femeninas estaban en una segunda zona de casas rodantes al otro lado del campus.

Para ser sincero, tal vez era bueno que no tuvieran un programa de fútbol. Probablemente, los jugadores no habrían podido vivir en las Cabanas. Las habitaciones eran diminutas. No me di cuenta de lo pequeñas que eran hasta que el entrenador se detuvo delante de una de ellas. Yo me bajé y me quedé allí mirándola. Tenía quizá cincuenta pies de longitud y veinte pies de anchura. Yo no pensaba que tendría todo ese espacio para mí mismo, pero ¿quién sabía? Di unos pasos hacia las escaleras de madera, cuando oí al entrenador decir algo parecido a: «¿Gueriagoin?».

Señaló a un refrigerador que estaba en la parte de atrás de la camioneta. «Eso es para ti».

Le ayudé a descargarlo, pensando que el lugar debía de ser todo para mí ya que era un refrigerador grande. Lo bajamos de la camioneta y entonces lo llevamos a la entrada de la casa-tráiler.

«Vamos a echar un vistazo», dijo el entrenador. Yo no estaba seguro del todo de lo que él quería decir, pero cuando entró, yo le seguí. El espacio del tráiler estaba dividido en ocho habitaciones, cuatro a cada lado de un pasillo central. El entrenador abrió la puerta más cercana y me indicó que entrara. En ese espacio de aproximadamente 12 por 7, tenía mi propia cama, una ducha y un lavabo en la esquina, un inodoro en otra, un pequeño perchero donde podía colgar mi ropa, y un pequeño escritorio. Estaba todo ajustado allí, pero estaba a punto de estar más ajustado aun.

«Pensé que tú podrías usar uno grande», dijo el entrenador mientras no esforzábamos por meter el refrigerador en esa habitación. «Esos muchachitos no guardan mucho, Hortek».

Yo le miré, intentando descifrar cuál era esa última palabra. Él había pronunciado mal mi nombre desde el principio, pero pensé que quizá se debía a que las líneas telefónicas distorsionaban las cosas. Ahora, en persona, escuché más claramente que él pronunciaba mi nombre HOR-tek. Yo no quería hacer gran cosa de aquello o hacerle sentir mal, así que lo dejé así.

Finalmente nos las arreglamos para meter el refrigerador en un lugar y que yo pudiera seguir caminando por allí, pero bloqueaba parcialmente el acceso al inodoro y la ducha.

A esas alturas, los dos estábamos sudando, y el entrenador abrió uno de los grifos. Todo el lavabo se sacudió por un momento, pero entonces salió volando un chorro de agua.

«Hay buena presión aquí».

Yo estaba de pie con mis manos en los bolsillos traseros, asintiendo con la cabeza y pensando que no tenía ni siquiera un vaso. ¿Dónde iba a conseguir todas las cosas que necesitaba para vivir ahí? La cama estaba desnuda, yo no había llevado toallas, tenía un refrigerador grande pero nada de comida que conservar en él, ¿y cómo iba a poder cocinar si alguna vez aprendía a hacerlo?

Todas esas preguntas quedaron a un lado cuando oí unos golpes en el marco de la puerta.

«Steve, ¡bravo!», dijo el entrenador. «Gracias por venir».

El entrenador me presentó a mi compañero de «doble juego», Steve Gongwer. Steve y yo nos dimos la mano. Yo esperaba ver a un pequeño y delgado segunda base, pero Steve medía seis-tres, y pesaba más de 200 libras. Él tenía una sonrisa fácil e irradiaba energía de alta frecuencia.

El entrenador dijo: «Tienes que llegar a conocer a Steve. Él va a ayudar a cuidar de ti dentro y fuera del campo».

Steve era de la zona de Atlanta, así que vivía en el campus; estando en su segundo año, conocía muy bien los alrededores de Decatur y a la gente del equipo. Me cayó bien inmediatamente.

Cuando el entrenador se fue, le dije: «Voy a necesitar tu ayuda. No entiendo lo que él dice».

«No te preocupes. Ninguno de nosotros le entiende. Tan solo asiente con la cabeza y sigue haciendo lo que estés haciendo, HOR-tek». Se rio y meneó la cabeza. «Sé que no es tan difícil de pronunciar, pero encontraremos la manera de ayudar al entrenador. Es un buen tipo».

Resultó que el entrenador Frickie era un hombre maravilloso, y alguien con quien me mantuve en contacto desde mis primeros tiempos de jugar allí en Calhoun. Él sabía que era difícil para mí, y me ayudó, al igual que Steve, de todas las maneras posibles. Steve y un par de otros compañeros de equipo incluso ayudaron con el asunto del nombre. Todos probamos varias maneras de ayudar al entrenador a pronunciar mi nombre correctamente, pero él nunca llegó a dominarlo. Al final, me llamaba por la versión anglosajona de mi nombre: George. Eso finalmente se quedó así, y la mayoría de la gente en Calhoun me llamaba con ese nombre y pensaba en mí como George. Las malas pronunciaciones han sido una gran parte de mi carrera en el béisbol, incluidas las Grandes Ligas, pero es una historia para otro momento.

Steve tenía un auto, así que me ayudaba a llegar al centro comercial llevándome hasta allí o dejando que yo tomara su auto para ir a conseguir las cosas que necesitaba. Sin embargo, él no estaba cerca cuando entré en una tienda para preguntar por ropa para la cama y le dije a una dependienta lo que yo pensaba que era: «I need sheets» [Necesito sábanas]. Ella me miró con un gesto extraño y dijo: «¿Necesitas qué? ¿Shits? [Mierdas] ¿A qué te refieres?». Eso da una idea de cómo fue mi transición.

Aquella primera noche, sin embargo, Steve me enseñó el resto de las instalaciones y los lugares donde estaría pasando la mayor parte de mi tiempo cuando no estuviera en clase o en el diamante. La primera parada fue un gimnasio grande con una pista de baloncesto y asientos para unos dos mil. Allí era donde también estaban las salas de pesas, una piscina, y las oficinas de los entrenadores, y yo finalmente llegaría a pasar bastante cantidad de tiempo en ese edificio. Me alegró ver un tipo de salas recreativas con mesas de ping-pong y todas ellas ocupadas. Steve me presentó a algunos de los jugadores. Sus nombres y deportes casi me entraron por un oído y me salieron por el otro, pero ellos me invitaron a jugar. Yo no quería regresar a las Cabanas y a aquella habitación vacía, así que me quedé y jugué un partido tras otro. No había barrera del idioma que superar, tan solo la red y a mis oponentes, quienes claramente pasaban mucho tiempo practicando.

El entrenamiento de béisbol no era hasta las dos de la tarde, así que me quedé allí hasta que todos los demás se fueron. Entonces regresé a mi cuarto y comencé a escribir cartas porque estaba aburrido. Y tenía nostalgia. Le escribí a mi mamá: «El lugar es pequeño. No hay nada aquí. No sé lo que estoy haciendo aquí». Fui sincero con ella, aunque sabía que le pondría triste leer esas palabras. Así sucede entre madres e hijos. Podemos ser sinceros el uno con el otro respecto a nuestros sentimientos.

En el campo de béisbol me sentía cómodo. Nadie tenía que traducir nada para mí allí. Yo era el único jugador latino en el equipo, y eso era inusual para mí, pero cuando los muchachos vieron que yo podía jugar como un buen parador en corto y tercera base, fueron incluso más acogedores. Nada supera las barreras en el campo como hacer bien tu trabajo. Sin embargo, en este caso no había realmente ninguna barrera. Los muchachos en el equipo eran todos ellos estupendos, y me ayudaron al igual que lo hizo Steve desde el primer día. Aun así, estoy seguro de que algunos de los muchachos tenían sus dudas sobre mí, y yo sentía que tenía que demostrar lo que valía. Después de todo, yo era el de fuera, el de Puerto Rico, y estaba allí con una beca. Sentía un poco de presión para rendir bien, en especial porque la gente sabía que yo había sido seleccionado. Había algo casi mítico en cuanto a ser seleccionado por un equipo deportivo profesional.

Por desgracia para mí, ser el de fuera y un jugador seleccionado pareció avivar algunos malos sentimientos entre los jugadores de baloncesto, en especial entre los muchachos que vivían en las Cabanas. Quizá se debiera en parte a una mala comunicación o a algo cultural, pero los muchachos en el equipo de baloncesto me decían muchas cosas feas. Y parte de eso no tenía nada que ver con el deporte que yo jugaba o el hecho de que hubiera sido seleccionado. Principalmente tenía que ver con el color de mi piel y el idioma que hablaba. También tuve algunos pleitos con algunos de los lugareños, el tipo de personas a quienes algunos otros llamarían pueblerinos, y fue difícil manejar eso. Sé que las personas no siempre son tan comprensivas y compasivas como podrían ser, pero ese fue mi primer encuentro real con los prejuicios de cualquier tipo. Al mirar atrás, probablemente podría haber manejado algunos de esos encuentros mejor, pero seguía siendo alguien que no me iba a quedar atrás en silencio cuando era confrontado.

Intentaba no pensar demasiado sobre esas relativamente pocas veces en que había problemas, porque lo que hacía que la experiencia fuera difícil era mi propia ingenuidad e inexperiencia, tanto como cualquier otra cosa. Eso lo entendí cuando llevaba allí unas dos semanas.

Las Cabanas estaban ubicadas a un cuarto de milla del campo de béisbol si tomabas la ruta directa, y casi a una milla si tomabas la carretera y el camino que conducía hasta él. Un campo de algodón y un pequeño aeropuerto estaban en medio de mi cabana y el campo; esa era la ruta directa. El aeropuerto era el hogar de tan solo un par de aviones privados pequeños y de un solo motor. La pista estaba situada en un ángulo que iba desde la esquina del jardín derecho hacia fuera y se alejaba del centro del campo y por el palo de la bandera. La ruta larga iba por un camino serpenteante que pasaba por el diamante del *softball* de las chicas y un par de estacionamientos y edificios anexos.

Una tarde, decidí que no tenía sentido que caminara toda esa ruta cuando podía llegar hasta allí tan solo atravesando el campo. Salté la valla y me uní a los muchachos que estaban calentando. Media hora después, estaba agarrando arrastradas en el campo corto cuando vi un auto de policía llegar hasta el campo, con las luces encendidas pero ninguna sirena sonando. Cuando el oficial captó su atención, el entrenador nos dijo que siguiéramos trabajando. Los dos hombres estuvieron de pie hablando durante unos minutos, mirando hacia el jardín y después, pensé yo, a mí.

Mi idea quedó confirmada unos minutos después, cuando oí al entrenador gritar. «¡George, ven aquí!».

Fui trotando, con mi corazón latiendo con fuerza. ¿Qué sucedía? ¿Podría haber sucedido algo en casa? Yo normalmente no me preocupaba, pero aquello era extraño. El entrenador me presentó al policía, un oficial cuyo nombre no pude entender. Aún me estaba ajustando al acento del entrenador, y hacía lo que Steve había dicho: asentía como si le entendiera. Entonces el policía comenzó a hablar, y me resultó difícil entenderle. Capté algo que preguntaba acerca de mi número, y asentí, pero él meneó la cabeza y me hizo un gesto para que me volteara.

«Seis», le oí decirle al entrenador. «Dijeron que han visto el seis».

Él dijo todas esas palabras juntas, y tan solo sonaron como un conjunto de palos prendiendo fuego.

Entonces el policía me dijo más palabras, y la única palabra que realmente entendí fue «valla». Algo acerca de una «valla federal».

Desesperado, miré al entrenador buscando ayuda para entender.

Finalmente, con muchos gestos y hablando despacio, entendí el punto. «Mantente alejado», dijo el entrenador, indicando la pista del aeropuerto. «Es ilegal. El otro camino. Regresa allí».

Yo fui trotando hasta mi posición vacía, y pude oír al resto de los muchachos riéndose, silbando y carcajeándose de mí. Durante un tiempo, algunos de los muchachos me llamaron «Runway»*, lo cual se convirtió en «No Way» y después en «Other Way». No les hablé a mi mamá y mi papá de esa, pero me alegró darles a los muchachos algo

---

* En inglés, resulta cierto tipo de broma de estos términos con la palabra «way». Pasaron de llamarle «Pista» (Runway) a «Ni modo» (No way) y «Otro camino» (Other way). (N. T.)

en torno a lo cual reunirse, incluso si era mi propia ignorancia. Había solamente algunas cosas en las que ellos podían ayudarme. Tuve que aprender algunas lecciones por el camino difícil.

A medida que me iba sintiendo más cómodo, aprendí rápidamente que, además del idioma, había mucho más que tenía que aprender sobre la vida en los Estados Unidos. Era afortunado de tener cubiertos mi matrícula, libros, tasas y alojamiento, pero lo que oímos a los deportistas universitarios decir actualmente sobre tener muy poco dinero era cierto también entonces. Debido al tiempo que teníamos que emplear en nuestros deportes, no podíamos tener un trabajo donde ganar dinero para gastar. Yo no hubiera querido hacer eso, y mis padres tampoco querían que lo hiciera, así que mi papá me ponía trescientos dólares en una tarjeta de débito cada mes para comida y otros gastos.

El primer mes, me quedé sin dinero al final de las dos primeras semanas. Había gastado mucho en provisiones, pero hubo también viajes a los restaurantes locales Hardee's y Taco Bell, y pedía frecuentemente pizza. Llamé a casa y le rogué a mi padre que me enviara más dinero, pero él no alteró el acuerdo, ni en un solo dólar. Afortunadamente, mi mamá estaba allí para rescatarme y también para rescatar mi mala capacidad de hacer planes financieros. Ella me enviaba cajas de comida empaquetada y ropa.

Si me compraba unos pantalones, metía uno o dos billetes de veinte en los bolsillos para que mi papá no lo supiera.

Poco tiempo después, conocí a una muchacha en el equipo de baloncesto, y comenzamos a salir juntos. Eso significaba algunas cenas fuera y una película de vez en cuando, y el costo de esas cosas se añadió a la suma. Yo también quería pagarles a los muchachos la gasolina que utilizaban para llevarme por la ciudad, o echar algo de gasolina en sus tanques cuando me dejaban tomar prestados sus autos.

También quería hacer algunas compras importantes para que la vida en las Cabanas fuera más cómoda. No podía soportar gran parte de la comida de la cafetería. Yo no sabía cocinar mucho, así que un horno microondas fue la solución. Otras personas los tenían, y yo les había pedido poder usarlos, pero eso se acabó después de un tiempo; aunque, sorprendentemente, tomó más tiempo el agotar el sabor de las cenas congeladas de la marca Hungry Man. Cuando pienso en lo mal que comía en aquel entonces, es sorprendente que fuera capaz de sobrevivir, y mucho menos jugar los partidos. También era muy afortunado de que Steve iba a su casa de vez en cuando y me llevaba con él. Sus padres eran estupendos, y aún extraño los espaguetis de su mamá. Más adelante aprendí a cocinar fideos con salsa de tomate, pero nunca pude aproximarme a lo que ella nos cocinaba.

Steve y yo nos hicimos como hermanos, y entrenábamos juntos muchas veces. Él era un buen jugador de béisbol y uno de los trabajadores más duros del equipo. Yo le hice realizar parte de lo que mi papá me había hecho a mí. Steve era un bateador diestro por naturaleza, pero aquel otoño le hice recibir muchas cortadas tanto desde el lado izquierdo como del derecho durante nuestras sesiones de entrenamiento de bateo no oficiales, para que pudiera fortalecer su lado izquierdo. Trabajamos mucho en su capacidad de lanzar la bola al centro-derecha. Como sucede con muchos de los muchachos, su mano dominante y el lado dominante de su cuerpo eran mucho más fuertes que su lado no dominante. Yo podía ver desequilibrio en su *swing*. Por lo tanto, cuando hacíamos pesas o aquellas sesiones en la jaula de bateo, yo le ayudaba para mejorar eso. No era necesario que le hablara de correr las sesenta yardas por debajo de siete segundos, y no tuve que hacerlo. Él era mucho más rápido que yo, y yo intentaba batirle en cada carrera de velocidad. Era estupendo tenerle allí, y siempre nos impulsamos el uno al otro a mejorar, a hacer más, a correr con más rapidez.

Steve terminó teniendo un segundo año estupendo, bateando .419. Pasó a jugar en Montavello College, donde llegó a ser primera figura en la División II de la NCAA. El tipo trabajó duro, y yo le debía mucho por el modo en que él y su familia me habían acogido y apoyado.

Después de un par de semanas de entrenamiento, comenzamos a jugar partidos durante la temporada de otoño. Éramos una universidad de iniciación, de dos años, pero las reglas de la NCAA permitían que escuelas de cuatro años compitieran contra nosotros, en el otoño o fuera de temporada. La primera vez que caminé por el campus de la Universidad de Alabama, estaba seguro de que era allí donde quería jugar a continuación. El campus era estupendo, y el campo de béisbol era incluso mejor.

No es que el nuestro fuera demasiado malo. Tengo que decir que el entrenador Frickie era inteligente en ese aspecto. Después de cada entrenamiento, nos convertíamos en personal de mantenimiento. Debido a que yo era el parador en corto y quería conseguir los saltos más verdaderos que pudiera, tenía mucho cuidado de ese cuadro interior. Pasábamos horas en el mantenimiento de ese campo, y aunque no teníamos un estadio muy bonito con grandes zonas con asientos, o una casa club o luces, el campo en sí estaba en estupendo estado y era algo de lo que nos sentíamos orgullosos. Sin embargo, no creo que los muchachos en Alabama tuvieran que preocuparse de ese tipo de tareas.

Antes de ese primer partido, me entregaron mi uniforme de Calhoun, y estaba tan orgulloso que lo extendí sobre la cama y le tomé una fotografía. Teníamos uniformes Nike, zapatillas de béisbol, una bolsa de equipamiento, y nuestro propio bate de aluminio individual. Mi papá decía que podía usarlo en los partidos, pero aun así necesitaba batear con bates de madera durante el entrenamiento de bateo. La primera vez que sentí esa dulce sensación de un bate de aluminio después de haber estado lejos de ellos por tanto tiempo, pensé que realmente iba a ser capaz de hacer algún daño con él. Resultó que fui bastante bueno a la hora de predecir el futuro.

En aquel primer partido contra Alabama, hice un jonrón en mi primer turno de bateo. Quedé sorprendido por eso, especialmente debido a que la diferencia entre los muchachos que jugaban para una División I de alta calidad y los muchachos a los que me enfrentaba en nuestros partidos entre nosotros en Calhoun era sustancial. Esto no es un golpe para ellos; así son las cosas. Los muchachos en Alabama habían sido reclutados, probablemente habían sido los mejores jugadores de sus equipos de secundaria o universitarios, y estaban entre los mejores en cada liga en la que habían jugado. Yo no tenía ninguna duda de que podía agarrar cualquier bola rápida, pero iba a ser difícil mantenerme lo bastante disciplinado para no ir persiguiendo lanzamientos en curva y de menor velocidad fuera de la zona de *strike*. Haber hecho ese jonrón enseguida me dio una ráfaga de confianza, y también captó la atención de los entrenadores de Alabama. Más adelante, firmé una carta de intenciones a fin de jugar para Alabama, pero nunca tuve una oportunidad de competir para ellos.

Me gustaba ver otras partes de Alabama además de Calhoun, así que aquellos viajes a Tuscaloosa, Birmingham (donde estaba situada la Universidad de Alabama-Birmingham) y Florence (hogar de la Universidad de Alabama del Norte) eran aventuras divertidas. Llenar las camionetas y estar con los muchachos era todo ello parte de la experiencia, y mis compañeros de equipo me ayudaban a apartar de mi mente la nostalgia que sentía. Con el tiempo, a medida que mi inglés fue mejorando, disfruté mucho más de aquellos viajes y pude reír y hacer bromas con los muchachos, participando más en sus conversaciones y discusiones sobre quién era el mejor grupo, o la mejor comedia, y los pies y los pedos de quién olían peor. Todo ello fue una parte importante de mi educación, y me preparó bien para mi vida futura en las Ligas Menores y Mayores.

El entrenador Frickie eligió todas mis clases por mí, y por primera vez en mi carrera académica no tuve realmente que batallar en absoluto. Mi clase de matemáticas era relativamente fácil, y tomé una clase de inglés de nivel bajo en la que pude desempeñarme bien, principalmente porque estaba más motivado que antes debido a la necesidad; no quería tener ningún incidente más con «shits», y no era divertido salir a comer y no obtener lo que pensabas que habías pedido. También tomé una clase de español que, sin sorpresa alguna, fue muy fácil. Terminé siendo maestro asistente no oficial ya que el instructor, que me ayudaba mucho con mi inglés, me permitió ayudar demostrando maneras más coloquiales de hablar español que las que se enseñaban en el «libro» de español. También fui afortunado de que la vecina del entrenador Frickie y asistente a su iglesia, la señora Mary Faulkner, quien le ayudó en aquellas primeras llamadas telefónicas, estuviera dispuesta a ayudarme con mi inglés.

No puedo decir bastantes cosas buenas sobre la señora Faulkner y el entrenador Frickie. Él realmente me ayudó mucho, llevándome a lugares y también permitiéndome ir a vivir con él cuando me «pidieron» que dejara de vivir durante un tiempo en las Cabanas. Yo estaba en la universidad y lejos de mi casa por primera vez, y por mucho que extrañaba Puerto Rico, aun así quería divertirme un poco. A veces, sin embargo, divertirme significó hacer cosas que más adelante lamenté; o al menos lamenté que me agarraran.

Yo no era totalmente incauto. La primera vez que salí con los muchachos a una fiesta, sí consumí alcohol por primera vez. No me gustó realmente el sabor, pero me sentía bastante bien; hasta la mañana siguiente. Después de aquello seguí bebiendo, pero no tanto. No quería volver a tener resaca, y aprendí cuáles eran mis límites con bastante rapidez.

Tenía una identificación falsa de Puerto Rico, y eso me ayudó a proporcionar cerveza para las fiestas. Podría haber salido cada noche, pero no lo hice. Solamente iba a fiestas los fines de semana, y además solo iba a fiestas en las que tenía la confianza de que conocía a la mayoría de las personas que estarían allí. Eso significaba otros deportistas en su mayor parte. Tuve un par de incidentes en los que personas me dijeron cosas acerca de mi trasfondo, y quise evitar cualquier tipo de confrontación como esa. Sin embargo, la mayoría de las veces era cauto y tímido. No me gustaba conocer a personas nuevas y sentirme torpe o como si estuviera destacando porque no era de la zona.

Sí hicimos algunas cosas divertidas, como ir conduciendo desde Decatur a los campos y bosques que rodeaban la ciudad. Era divertido poder solamente relajarme y estar cerca de una hoguera —me sorprendió cuando hizo tanto frío aquel otoño—, beber unas cervezas y oír a la gente reírse y disfrutar. Finalmente, mi inglés mejoró hasta el punto en que estaba bastante seguro de que si decía algo divertido, la gente se reía debido a lo que yo había dicho y no debido al modo en que lo dije o cómo manejaba el idioma. Desde luego, también querían que les enseñara palabras feas en español, y yo estaba contento de poder hacerlo.

A veces hacíamos una fiesta en el campo de algodón que estaba detrás de las vallas del jardín. Unas vías de tren dividían el campo y los trenes de mercancías reducían la velocidad allí porque se acercaban al cruce del río, y a puentes o a una terminal. Nosotros jugábamos a situarnos sobre las vías y conducir por ellas un rato. Eso suena más peligroso de lo que realmente era, pero yo sentía que eso era una cosa muy americana: estar sentado en un auto bebiendo cerveza y viendo pasar los campos de algodón. Sin embargo, seguía estando en transición: las mañanas después de aquellas fiestas, me despertaba y vagaba hasta el teléfono de pago para llamar a mis padres. Hablaba con mi mamá más a menudo porque mi papá estaba trabajando. Sin embargo, cuando teníamos partido le llamaba a él para hacerle saber cómo me había ido, un hábito que continuó durante muchos años después.

Al mirar atrás a aquella época ahora, no puedo evitar pensar lo afortunado que fui de acostumbrarme a la vida en los Estados Unidos, acostumbrarme a la idea de tener compañeros de equipo estadounidenses, con bromas y humor estadounidense. No era que Alabama fuese tan diferente a Puerto Rico, pero vivir allí me preparó para manejar las diferencias en el idioma y toda la confusión que podría surgir con la vida en los Estados Unidos. Aprendí algo más que meras palabras en inglés; aprendí a utilizarlas. Muchos jugadores latinos no tienen tiempo para llegar a sentirse más cómodos con el idioma y con ellos mismos antes de ser lanzados al béisbol profesional. Para mí, mi época en Calhoun se trató tanto de llegar a estar cómodo en un país nuevo como de llegar a estar cómodo en el campo de béisbol.

Cuando se acercaba el Día de Acción de Gracias y la mayoría se había ido para pasar unos días de vacaciones, yo me quedé allí. Había algunos de nosotros en el equipo que no nos fuimos a casa, y continuamos con la rutina normal. Para entonces ya hacía demasiado frío para entrenar en el exterior, así que entrenábamos en el gimnasio haciendo carreras y ejercicios para robar base, agarrando arrastradas, bateando en la jaula de bateo, y haciendo ejercicios.

Teníamos un entrenador de fuerza y acondicionamiento que trabajaba con nosotros, y por primera vez comencé a levantar pesas. Hacíamos entrenamiento en circuito, lo cual hacía hincapié en la velocidad por encima de la masa muscular. También levantábamos pesos ligeros y muchas repeticiones. Las pesas me ayudaron a aumentar algunas libras, y la madre naturaleza contribuyó con otro periodo de crecimiento que aumentó mi altura en un par de pulgadas más. Llegué al verano después de la secundaria midiendo por debajo de cinco-diez, y cuando regresé a Puerto Rico para Navidad, casi alcanzaba los seis pies de altura.

Recuerdo ahora cómo reaccionó mi papá cuando me vio. Dijo: «Cualquier cosa que te hayan hecho hacer allí, sigue haciéndolo». Fue estupendo estar en casa, y me sumergí por completo en la cocina de mi mamá, sabiendo que iba a pasar mucho tiempo antes de que pudiera volver a comer así de nuevo. Esperaba con ilusión la temporada que llegaba, pero fue difícil estar en casa sabiendo que tendría que dejar una vez más todo aquello con lo que me sentía cómodo y familiar.

También iba a ser difícil irme sabiendo que en la escuela tendría que dejar de relajarme en el cálido resplandor de ser un héroe conquistador. Creo que mi papá y yo esperamos quizá un día antes de salir al garaje para jugar tenis de mesa. Yo había estado jugando casi todos los días mientras estaba fuera, y sentía bastante confianza en mí mismo. Dejé que mi papá sirviera, y él golpeó una baja y fuerte a mi izquierda, que

siempre había sido mi debilidad en el pasado. Yo lancé un golpe ganador que le pasó cruzando la mesa.

Le agarré mirándome mucho por el rabillo del ojo, evaluando.
Entonces golpeó un servicio lento con efecto que cambió el ritmo, y
yo clavé un golpe que le pasó. Serví un golpe ganador, y entonces nos
metimos en un largo juego, con los dos pasando de atacar a defender.
Él ganó ese punto, pero no ganó muchos más durante el resto de ese
juego o del partido.

«Has estado practicando. Eso es bueno», dijo en cierto momento.

«No es bueno para ti», respondí yo, sonriendo hasta que me dolía
la cara.

Le di una buena paliza aquella noche, y la mayoría de las noches
después de aquella, y aprovechaba cada oportunidad para recordar-
le, repitiéndole cada vez que me preguntaba si quería jugar otra vez:
«¿Estás seguro de que quieres volver a pasar por eso?». Él se lo tomaba
bien, pero la intensidad de aquellos partidos aumentaba bastante.

Había algo diferente entonces en nuestra forma de competir. En aquel
momento, parecía tratarse más sobre el juego, sobre la competición misma, y menos sobre él intentando enseñarme alguna lección sobre la vida
y yo estando frustrado y resistente a volver a ser un alumno y no un oponente. Ahora éramos dos muchachos jugando un partido, los dos queriendo ganar y aborreciendo perder, pero sin ningún otro tipo de tonos
psicológicos al respecto. Participábamos en un partido sin rencores.

Parte de cómo me sentía en aquellas batallas con mi papá tenía que
ver con que él me escribía mientras yo estaba lejos. Incluso si hubieran
sido cartas que solamente preguntaran qué tal era el clima, me agrada-
ba recibirlas. Pero eran más que eso. Como yo, mi papá es un hombre
muy emotivo, y cuando era pequeño, yo principalmente veía el lado
negativo de eso. Sin embargo, en aquellas cartas me decía lo mucho
que me extrañaba. Yo no esperaba oír eso. Me sentaba en mi cuarto
en las Cabanas, leyendo sus cartas, y al principio me sentía un poco
asombrado, pero ese sentimiento fue desplazado por un sentimiento de

calidez y afecto que yo no siempre relacionaba con mi papá. Le quería, pero ese hombre era alguien que me gustaba, alguien que no estaba allí mientras yo estaba acá. Lo curioso era que ese otro hombre, mi Papá con una P mayúscula, seguía estando presente en esas cartas. Me proporcionaba advertencias y dirección, y me hacía sentir como un niño de cierta manera, pero también había otras partes donde compartía sus sentimientos y me ponía al día sobre parte de lo que estaba sucediendo en su trabajo. El cambio fue sutil, pero significó mucho para mí.

Aun así, nunca me dijo lo orgulloso que estaba de mí por lo que había logrado hasta ese momento. Seguía instándome a trabajar más duro y seguir logrando más. Quería que yo nunca estuviera satisfecho.

Así que las cosas entre nosotros siguieron siendo complicadas. Yo le informaba después de cada partido y, afortunadamente, tuve un primer año muy fuerte. Al final de la temporada y del año escolar, regresé a casa. Supe que los Yankees seguían teniendo los derechos hacia mí, y me gustaba tener disponible esa opción, incluso si mi papá no estaba emocionado por la idea de que yo fuese a los Yankees.

«No es bueno», decía mi papá sobre los Yankees. Él había trabajado para ellos muy al principio de su carrera de ojeador, y sabía que la organización era muy buena, pero le inquietaban un par de aspectos diferentes en cuanto a ella. Los Yankees en realidad no habían firmado contratos con tantos jugadores de Latinoamérica, por cualquiera que fuera la razón. Mi papá sabía quién era seleccionado por quién, y él quería que yo fuera a un equipo donde hubiera más jugadores latinos a mi alrededor. Era consciente de que me había adaptado bien a jugar en Alabama, pero también sabía que la transición al béisbol profesional sería incluso más difícil. Yo había sentido mucha nostalgia y me había quejado con mi mamá, y él no quería que ese tipo de distracciones dañaran mis posibilidades. Él creía que un jugador que está feliz y cómodo rinde bien en el campo, y finalmente eso es lo único que importa. Aun así, la realidad era que, a pesar de las circunstancias, si yo no producía, me iría.

Por lo tanto, cuando los Yankees volvieron a seleccionarme en 1990, esta vez en la ronda 24, mi papá y yo tuvimos que volver a hablar sobre los Yankees. Él se mantuvo firme. Quería que yo regresara a Alabama a jugar para Calhoun. Ellos me habían dado una oportunidad, yo la había aprovechado, el programa era bueno, y había sido seleccionado dos veces por una de las mejores organizaciones en el deporte. Probablemente tendría incluso más atención por parte de otros equipos. Si los Yankees me querían, iban a tener que pagar por mí. Tendrían mis derechos hasta justo antes de la selección en 1991. Si yo tenía un buen año en Calhoun, el precio ascendería.

Aquello no era solamente una estratagema para negociar. Él realmente sentía que iba a favor de mis intereses ir a otra organización. Su preocupación no era tan solo acerca de lo que percibía como un número relativamente bajo de jugadores latinos en el sistema de los Yankees. En aquel momento de la historia de los Yankees, también habían mostrado una disposición a intercambiar jugadores más jóvenes en su sistema de liga menor por veteranos. Mi papá creía en la lealtad, y aunque se podía mirar el mercado de dos maneras —alguien te quería, pero alguien más quería librarse de ti—, él creía que me iría mejor quedándome dentro de la organización que me seleccionó. Hay que recordar que él era ojeador, y era muy leal a sus muchachos, los que él seleccionaba. No le gustaba verlos pasar a otro equipo donde él ya no sería una de las personas que seguiría cuidando de su carrera.

Al final, no sé si su fuerte sentido de lealtad, su deseo de tener control, y su profundo interés por mí como su hijo se mezclaban todos ellos en su mente. O quizá veía mi oportunidad más como la ocasión de jugar béisbol profesional que él había querido para sí mismo cuando tenía mi edad. Fuera lo que fuese, yo confiaba en su experiencia para ayudarme a tomar la decisión correcta. El problema era que yo realmente quería ser un Yankee de Nueva York.

Capítulo 6

Avances

Yo estaba contento de poder llevarme conmigo un poquito de Puerto Rico de regreso a Alabama para la temporada 1990-1991. Wilson Ronda era uno de los mejores lanzadores que había enfrentado en el béisbol en la Legión Americana en casa, y el entrenador Frickie se alegró de que se viniera con nosotros. Wilson se trasladó a la misma cabana donde yo estaba, y era bueno tener un rostro familiar en la residencia y en el equipo. Yo quería ayudar a Ney (el sobrenombre que tenía) a que se ajustara, así que los dos pusimos en común nuestro dinero, unos trescientos dólares, y nos fuimos a comprar un auto: un Chevy Nova de 1970. El Nova es un clásico ejemplo de un producto al que se le ha dado un mal nombre. En Norteamérica, entre quienes hablan inglés, no es gran cosa: Nova. Pero en países latinoamericanos u otros países de habla castellana, Nova suena como *no va*, que significa «no anda». Bien, nuestro Nova sí iba. No era el auto con el mejor aspecto o en la mejor condición, pero al menos nos llevaba a los dos de un sitio a otro.

No sé si fue tener cerca a Ney o qué, pero ese Nova no satisfacía por completo nuestra necesidad de movernos sobre cuatro ruedas. Al lado de las Cabanas estaba una pequeña planta manufacturera que tenía un camión de remolque estacionado en una zona de grava aplastada. La mayor parte del tiempo era solamente la cabina la que estaba allí, sin el remolque. Un domingo cuando no había nadie en las Cabanas y el campus entero parecía vacío, Ney y yo decidimos probar ese camión. Como ya se sabe, yo no tenía el mejor historial cuando se trataba de vehículos de dos ruedas, aunque aun así me hubiera encantado tener una *scooter* o una motocicleta, pero siempre me han encantado los autos y los camiones de todo tipo.

Al subirnos a la cabina del camión, de inmediato observamos que tenía las llaves puestas.

Yo miré a los alrededores. La zona seguía estando vacía. Podía escuchar una canción débilmente desde el extremo más alejado de la cabana más distante. Entrecerré los ojos para escuchar y apenas puede distinguir la melodía de «Pump Up the Jam» de Technotronic.

Yo sabía cómo conducir un vehículo de cambios manuales, de modo que si íbamos a hacerlo, yo tenía que estar detrás del volante. Apartando papeles y botellas de refrescos, Ney se metió en el asiento del pasajero.

Puse en marcha el motor, y entonces mientras pisaba el embrague con cuidado a la vez que le daba suficiente fuerza, avanzamos. Yo sabía que no debía llevar el camión demasiado lejos. Pero la emoción de ir solamente despacio no iba a ser suficiente, así que lo llevé por una de las carreteras de dos carriles que bordeaban el campus. Llegué a cambiar de marcha un par de veces, pero no llegamos a ir a más de quince o veinte millas por hora. Aun así, no podíamos dejar de reírnos por cómo rebotaba aquella cosa y el traqueteo tan fuerte que hacía, con cada pieza del interior sacudiéndose y vibrando. Era más parecido a estar montando en una atracción de un parque de diversiones que en un vehículo.

Al final, nuestro pequeño y alegre viaje por el campus duró solamente unos veinte minutos, pero parecía que habíamos hecho una carrera a campo travieso metidos en aquella cosa. Lo conduje de regreso a la fábrica.

«Ay, mierda», oí gritar a Ney. Él estaba mirando los grandes espejos retrovisores laterales del camión. Lo único que yo podía ver era polvo, y pensé que él estaba reaccionando en exceso. Entonces miré de nuevo por el espejo del lado del conductor y vi por qué él sentía ese pánico. Un carrito de golf nos seguía. Habría sido divertido ver una persecución entre un camión de remolque y un carrito de golf, pero yo sabía quiénes iban en el carrito de golf: algunos de los guardas de seguridad del campus. Ellos nos seguían, y nos estaban alcanzando. Un camión de remolque no es exactamente muy bueno en aceleración, pero yo pisé fuerte.

Los dos nos agachamos muy bajo para que los guardas no pudieran vernos en los espejos. Supongo que si alguno de los otros muchachos del equipo hubiera estado relatando la historia en vez de haber sido yo quien la estaba viviendo, toda esa situación me habría resultado divertida, pero yo también estaba comenzando a sentir pánico. Me sentía mal por Ney, pues su única intención había sido sentarse en el camión y encender el motor; fue totalmente mi idea conducirlo. Decidí que le llevaría de regreso a nuestra cabaña y le dejaría allí. El carrito de golf era ya un pequeño punto a nuestras espaldas. Le llevé hasta allí, y él se bajó del camión mientras yo me agachaba todo lo posible.

Después de estacionar el camión, sentí esa emoción que todo niño siente al haber evitado que le agarren, una euforia que es mayor que cualquier acción que te hizo ocultarte en primer lugar. Los días siguientes fueron tranquilos, pero entonces los guardas de seguridad comenzaron a ir de cuarto en cuarto, preguntando a la gente acerca del camión y también si alguien había visto algo. Lo único que dijimos era que no habíamos visto nada, y eso pareció zanjarlo todo.

Entonces, toda la situación evolucionó hasta convertirse en cierto tipo de drama familiar. Después que el rector finalmente se involucró, dijo que alguien en las Cabanas tenía que haber visto algo, sabía algo, o había hecho algo. Ya que ninguno de nosotros los muchachos estaba dispuesto a delatar a los otros, él iba a tener que castigar a cada uno quitándonos nuestros privilegios de alojamiento; a menos, desde luego, que alguien diera un paso al frente y confesara. Aquel mismo día, vi a la policía local fuera del camión, y estaban buscando huellas. Yo sabía que el siguiente paso era que ellos tomarían las huellas a todos en cada una de las Cabanas, y finalmente nos atraparían a Ney y a mí.

A esas alturas, no podía soportar la idea de que todos fueran castigados por algo que Ney y yo habíamos hecho. También pensé que Ney, al ser un muchacho nuevo, se habría metido en más problemas con el entrenador Frickie que yo, y no quería ver que le expulsaran del equipo. Después de todo, yo fui quien le había llevado a Alabama, y me sentía responsable de él.

Así que acudí al entrenador Frickie y le dije lo que yo había hecho y lo que el decano había dicho. Él hizo la llamada en mi lugar, y me prohibieron vivir en las Cabanas durante noventa días. Al no tener lugar alguno donde vivir ni manera alguna de rentar algo, pues mi «asignación» no lo cubriría, el entrenador Frickie tuvo piedad de mí.

«George», me dijo, «sé que los muchachos siempre son muchachos, pero eso fue una idiotez. Empaca tus cosas. Te trasladas». Lo hice, y su esposa Martha se apiadó de mí y me hacía el desayuno y la cena casi todos los días. El cuarto en su casa era mucho más bonito que el que tenía en las Cabanas, y tenía un televisor en él, pero había una desventaja. El entrenador se levantaba muy temprano, y le gustaba ir a las oficinas deportivas cerca de las siete o las ocho de la mañana. Yo no tenía ninguna clase hasta media mañana, así que pasaba mucho tiempo en la sala cerca de la cafetería. Desayunaba una segunda vez, lo cual me estaba ayudando a engordar las libras que necesitaba.

A lo largo de la primavera de 1991, los Yankees siguieron mirándome. No hacía daño alguno que durante ese periodo yo siguiera creciendo. Al final de mi segunda primavera en Calhoun Community

College, había crecido hasta seis pies, una pulgada y pesaba más de 180 libras. Había dividido mi tiempo entre tercera base y parador en corto mientras estaba en CCC, jugando tercero en mi primer año y parador en corto el segundo. Yo era grande para ser defensor en el cuadro, pero el modelo de un muchacho más fornido o más pequeño jugando en segunda y en corto había estado cambiando; pensemos en Cal Ripken Jr., quien tenía treinta en ese tiempo y acababa de comenzar su temporada 1991 como Mejor Jugador.

Los Yankees hacían que ojeadores aparecieran en bastantes de nuestros partidos durante aquella primavera. Como ellos me habían seleccionado antes, estaban en contacto conmigo además de observarme, haciéndome saber que seguían teniendo interés. Aunque yo había disminuido mis llamadas a casa a tres veces por semana, seguía hablando con mi papá después de cada partido, especialmente cuando tenía algo que decir sobre los Yankees u otros ojeadores que habían estado por allí. Él me dijo que iba a mantener una línea dura con ellos.

Los Yankees aumentaron su atención a medida que mi temporada en Calhoun se acercaba a su fin y también se acercaban las selecciones. Los Yankees seguían teniendo mis derechos, pero si no firmaban un contrato conmigo antes de la siguiente selección, yo sería un agente libre y cualquier equipo podría seleccionarme. Fue necesario otro hombre, Victor Pellot, para ayudarnos a cambiar nuestra perspectiva. Puede que conozcan a Victor por el nombre que él usaba cuando llegó a ser el segundo puertorriqueño de descendencia africana que jugaba en las Grandes Ligas. Jugó durante doce años, desde 1954 hasta 1965, como Vic Power, pero cada año cuando regresaba a Puerto Rico para jugar béisbol de invierno, era conocido por su nombre dado. Muchos le consideran el segundo mejor jugador puertorriqueño de la Liga Mayor del Béisbol, por detrás solamente del gran Roberto Clemente.

Y desde luego, mi papá lo conocía. Vic le dijo a mi papá que había otro modo de considerar a los Yankees y su interés en mí. Me habían seleccionado una vez. Yo no firmé. Me habían seleccionado otra vez.

Aquello era algo *bueno*. Si estaban dispuestos a hacer eso, significaba que veían un futuro para mí en la organización. Eso le dio a mi papá algo en qué pensar. Y los Yankees le dieron otra cosa en qué pensar.

Cuando se aproximaba la selección de 1991, la atención de los Yankees se volvió muy seria. Leon Wurth era el ojeador principal que me había estado siguiendo, y en cierto momento en mayo, se unió a él un verificador que me hizo una prueba. Yo corrí, defendí el campo y bateé, todo ello bajo sus observadores ojos. Ellos nunca mostraron ninguna señal de emoción cuando yo estaba ahí fuera, y me sentí como si fuera un animal de granja al que iban a subastar. Tampoco me puse demasiado nervioso durante la prueba. Sabía con bastante seguridad que me iban a volver a seleccionar, ya fueran los Yankees o algún otro equipo.

Añadido a mi comodidad estaba que había firmado una carta de intenciones para jugar con la Universidad de Alabama. Si no conseguíamos el trato que queríamos, entonces yo tenía otra opción. También podíamos usar esa opción como presión en las negociaciones más adelante. Podría sonar insensible decir que no me importaba qué opción se materializara, pero esa es la pura verdad. Yo quería hacer lo que fuera a ayudarme a cumplir el sueño que tenía de jugar al béisbol como profesional. Si eso pudiera significar firmar un contrato o ir a una escuela de cuatro años, me parecía bien cualquier cosa que fuera a funcionar para ventaja mía. Los equipos con frecuencia se quedan más tiempo con los muchachos que son seleccionados en los primeros lugares y consiguen bonos más grandes al firmar un contrato. Esa es la realidad económica. Aun así, si los Yankees no ponían el dinero, yo habría estado muy contento de irme a Alabama a jugar. Sabía que disfrutaría de la vida universitaria en Tuscaloosa, a la vez que estaría jugando a un mayor calibre de béisbol que me prepararía bien para ser profesional.

En su papel de ojeador, mi papá tenía países caribeños como su territorio, y debido a que conocía a jugadores del Caribe y América Latina, era muy sincero sobre este punto: culturalmente, los muchachos a los que ojeaba eran diferentes a los candidatos estadounidenses.

Los jugadores latinos no estaban acostumbrados a estar lejos de su casa tanto como lo estaban los muchachos estadounidenses. Cada vez más, los equipos estaban seleccionando jugadores universitarios, que estaban acostumbrados a vivir independientemente y lejos de su casa. Si yo no hubiera jugado al béisbol, habría sido como el noventa por ciento de los muchachos que conocía y con los que me crie: habría vivido en mi casa hasta que me casara. Así eran las cosas. Mi papá sabía que los jugadores latinos tomaban un poco más de tiempo para madurar. También sabía que nosotros no enfrentábamos el tipo de competición que los jugadores universitarios tenían en los Estados Unidos, y en su mente, no estábamos tan maduros mental o emocionalmente como los muchachos contra los que competiríamos en las Ligas Menores y que provenían de los Estados Unidos. Él había firmado contratos con algunos jóvenes jugadores de la República Dominicana o Puerto Rico que eran talentosos, pero debido a problemas con el idioma, la nostalgia, o varias otras razones que no tenían que ver con sus habilidades físicas, las cosas no habían funcionado y les habían dejado libres. Él me decía una y otra vez que las posibilidades eran difíciles para cualquiera, pero las posibilidades eran aun más difíciles para los jugadores latinos. Yo necesitaba hacer tantas cosas como pudiera para prepararme y estar protegido.

En consecuencia, mi papá quería hacer algo para que fuese más difícil para los Yankees dejarme libre si yo no les impresionaba desde el principio. Sabíamos que al pasar de la ronda 43 a la ronda 24, los Yankees habían mostrado mayor interés en mí, de modo que esperábamos que mostraran algo extra en la oferta que me hicieran, algo que pudiera situarme aparte de otros jugadores además de la posición en la selección o los bonos al firmar el contrato: un compromiso más sustancial por parte del equipo. Por mi parte, yo quería los dólares. En mi mente, eso era como una póliza de seguro. Cuanto más gastaran ellos en mí, menos probabilidad tendrían de descartarme. Al final, mi papá, los Yankees y yo conseguimos cada uno lo que queríamos.

Al final de la temporada y del año escolar, en lugar de regresar directamente a casa, me quedé por allí y jugué para un equipo semiprofesional en Hartsell, una comunidad a unas pocas millas al sur de Decatur. Un equipo semiprofesional tiene ese nombre porque novatos como yo juegan al lado de exjugadores de béisbol profesionales. Algunos de los muchachos en aquel equipo de Hartsell habían jugado en las Ligas Menores, y llegaban a tener hasta más de treinta años, y algunos tenían esposa e hijos. Debido a que muchos de los muchachos tenían empleos, a veces no podían asistir a partidos a causa del trabajo o compromisos familiares. Un día nos presentamos para un partido, y nuestro primer receptor no pudo llegar. Yo me ofrecí voluntario para situarme en esa posición, y jugué ese partido detrás del plato. El ojeador de los Yankees, Leon Wurth, estaba allí, y comencé a preguntarme si les habría dado ese valor añadido del que había estado hablando mi papá, esa razón extra para que lo pensaran dos veces antes de renunciar a mí.

A medida que volvía a acercarse la fecha límite para firmar conmigo antes de que me convirtiera en agente libre, me dirigí a casa a Puerto Rico. Los Yankees enviaron a un par de sus representantes a negociar con mi papá. Robert Rivera era uno de los ojeadores de los Yankees cuyo territorio era Puerto Rico. Eso complicaba un poco las cosas para nosotros, porque siempre que estábamos con Leon Wurth, podíamos hablar en español para evitar que él entendiera nuestras charlas sobre estrategia. Tuvimos que vencer eso con Robert. Aun así, mi confianza también fue aumentada por el hecho de que los Yankees hubieran enviado a unos representantes a Puerto Rico para conseguir que yo firmara. Eso fue muy distinto a la anterior carta que yo había recibido la primera vez.

Al final, los Yankees aumentaron su oferta en 10.000 dólares, y me ofrecieron 30.000 como bono por firmar con ellos. Aunque me gustaban los 30.000 dólares y estaba contento de que mi papá hubiera sido capaz de hacer que subieran hasta esa oferta, él no llegó a su propia meta, pues quería que garantizaran que me darían tres años con la organización. Básicamente eso era desconocido, en especial para un muchacho seleccionado tan abajo como yo lo había sido. Mi papá me conocía bien: además de esperar que yo estuviera en un lugar donde me sintiera cómodo, con jugadores latinos, sabía que un compromiso como el que él buscaba ayudaría a quitarme a mí parte de la presión y me permitiría jugar mejor. Pero en verdad, incluso si se las hubiera arreglado para conseguir ese milagro de negociación, yo iba a seguir sintiendo la presión; en el béisbol profesional no hay modo de evitarla. Sin embargo, yo siempre había tenido ganas de demostrar mi valía, y desde ese momento en adelante eso iba a ser especialmente importante.

Por su parte, los Yankees se ciñeron al procedimiento estándar de operación. Ellos no iban a garantizar otra cosa además de que yo me uniría a los más de 1.200 muchachos seleccionados, y me darían una oportunidad. Lo que yo hiciera con esa oportunidad era cosa mía, y ni siquiera mi papá podía hacer nada para influenciar en eso. A mí me pareció bien el dinero, aunque tengo que admitir que me habría gustado conseguir más, para sostenerme a mí mismo y también para darme una mejor oportunidad de permanecer al lado del equipo. Cuando aún no se tienen los veinte años, 30.000 dólares parece mucho dinero, y lo es, pero yo también sabía que ni siquiera se acercaba al tipo de bonos por firmar que algunos de los otros muchachos en la selección probablemente obtendrían.

Sin embargo, estaba bien. Yo sabía que las probabilidades generales eran extensas, pues solamente uno de cada seis muchachos seleccionados llega a las Grandes Ligas aunque sea para un solo partido, pero yo creía que finalmente el talento y el deseo iban a contar más que los dólares que se entregaran como bono por firmar el contrato. Cuando nos presentáramos a nuestros equipos, todos íbamos a estar ganando la misma cantidad, y yo suponía que todo el mundo iba realmente a trabajar todo lo duro que pudiera independientemente de la ronda en que hubieran sido seleccionados. Tan solo déjenme competir, y todo irá bien. Ahora yo tenía el control de lo que sucedería a continuación;

y me gustaba el sentimiento de tener mi destino en mis propias manos. Firmar ese contrato fue como hacerme una promesa a mí mismo: iba a hacer todo lo que pudiera para demostrarle a la gente que me merecía esa oportunidad y que haría mucho más que recompensarles por la fe que habían mostrado en mí.

Mi familia no hizo nada elaborado para celebrar el que hubiera sido seleccionado y hubiera firmado con los Yankees. Éramos una familia del béisbol, de modo que en ciertos aspectos no fue un gran momento. Pensemos de este modo: si alguien se hubiera criado en una familia donde todos tuvieran carreras superiores y trabajaran como médicos, abogados y profesores, nadie se volvería loco cuando esa persona se graduara de la secundaria. Esperarían que llegaras a ese punto y estarían contentos de que esa fase hubiera terminado, pero entonces sería el momento para enfocarse en lo siguiente más grande y mejor. Yo no quería solamente ser un jugador de béisbol profesional; quería llegar a las Grandes Ligas.

Sin embargo, mis compañeros de equipo estaban muy emocionados por mí. Un par de ellos me telefonearon para hacerme saber que unas cuantas cervezas habían sido servidas en mi honor. El entrenador Frickie estaba realmente contento por mí y también por su programa. Obtuvimos un poco más de atención en los periódicos locales como resultado, y ambos esperábamos que eso le ayudara a atraer a más jugadores de béisbol a la escuela. Y Ney se benefició de que yo fuera seleccionado, pues le dejé quedarse con el auto. Él iba a regresar para una segunda temporada, y no creo que hubiera aguantado el viaje hasta Oneonta, Nueva York, donde los Yankees querían que yo me presentara a su equipo A inferior en la Liga New York-Penn. Steve Gongwer también llamó, y yo le hice saber que le estaba agradecido y muy contento de que él hubiera llegado a estar entre los mejores deportistas de los Estados Unidos.

Steve también me dijo algo que yo realmente no entendí hasta más adelante. Me dijo que cuando estuvo en Calhoun y comenzamos a entrenar juntos, después de unos días llamó a su papá y le dijo que renunciaba a su esperanza de jugar al béisbol profesionalmente. Le dijo a su papá que había visto cómo era un jugador de béisbol profesional, y que estaba impresionado por mí y por el talento que Dios me había dado y mi ética en el trabajo. Eso significó mucho para mí. Sigo sin pensar realmente que yo tuviera tanto talento dado por Dios, Él sí me dio el que tenía, pero también estaba bendecido con un deseo de tener éxito y un papá que se aseguró de que me mantuviera en curso y que hiciera las cosas de la manera correcta. Donde iba a ir, necesitaría cada pedazo de eso.

Cuando me presenté en Oneonta, se unió a mí un grupo de muchachos que parecían mayores que yo, de veintidós y veintitrés años que habían jugado principalmente en escuelas de cuatro años. Entre ellos estaban Lyle Mouton, que había tenido una estupenda carrera universitaria en LSU, y Steve Phillips, el mayor con veintitrés años, que había jugado para la Universidad de Kentucky y era un agente libre sin contrato. También teníamos a Shane Spencer, que firmó al salir de la secundaria en California. Casi cada uno de nosotros estaba comenzando su carrera profesional en 1991.

Yo no era el único muchacho latino en el equipo, aunque el otro muchacho, Sandi Santiago, estuvo allí solamente durante una semana. Extrañaba demasiado a sus compañeros. Los Yankees estuvieron de acuerdo en permitir que regresara al equipo de la Liga de Novatos en Florida. Yo quedé asombrado, no de que los Yankees le permitieran hacer eso, sino de que Sandi incluso les pidiera que esencialmente lo bajaran de categoría. Él iba a entrar en su segundo año en las Ligas Menores, y volver a bajar las escaleras no tenía sentido para mí en algunos aspectos. En otros, Sandi ilustraba lo que mi papá me había estado diciendo todo el tiempo sobre los jugadores latinos, acerca de su necesidad de un periodo de ajuste y sus niveles de madurez. Ver lo que sucedió con Sandi me ayudó a poner en perspectiva algunas de las duraderas complicaciones entre mi papá y yo.

Aunque había estado escuchando a mi papá durante años, ahora parte de lo que él me había forzado a hacer, incluso regresando a aquellos primeros tiempos de acarrear tierra y pintar barras de hierro, comenzó a tener más sentido. Yo tenía que ser serio y tenía que ser disciplinado. Él quería ayudarme mucho, y también hizo mucho por mí, pero quería que me condujera como un hombre cuando todavía era un pequeño muchacho. También hubo veces en que él se comportó como si fuera un muchacho y los dos fuésemos colegas, y eso me confundía todavía más. Yo quería comportarme como lo que era: un niño. Quería hacer lo que mis iguales estaban haciendo, quería divertirme, quería ser estúpido e irresponsable. Y había tenido que sacar de mi sistema todas esas cosas para que cuando llegara al punto en que estaba ahora, comenzando mi *carrera profesional en el béisbol*, pudiera ser un profesional, un hombre, y no tuviera esos estúpidos impulsos que me metieron en problemas (aunque probablemente no tantos como debería haber tenido o podría haber tenido). Mientras tanto, mi papá había querido que yo creciera mucho antes de llegar al béisbol profesional de modo que no llegase a ser alguien como Sandi, que dañó sus probabilidades de tener éxito.

Aunque Sandi no estuvo allí por mucho tiempo, llegó a experimentar de qué se trataba «la manera Yankee». En nuestra primera reunión de equipo, nuestro mánager, Jack Gillis, se puso de pie delante de todos y nos dijo que desde ese día en adelante, sin importar de dónde procediéramos o con quién habíamos jugado, íbamos a hacer las cosas a la manera Yankee. Eso incluía cómo llevábamos nuestros uniformes. Uno de los entrenadores, Brian Milner, pasó al frente y demostró lo que eso significaba. Hizo que uno de los muchachos se pusiera a su lado delante de todos y nos mostró cómo ponernos el uniforme cada día. Debían quedar al descubierto cuatro pulgadas de color azul en los calcetines. Las rayas tenían que estar perfectamente verticales en los pantalones y la camiseta. Nada de cabello sobre el cuello de la camiseta. Nada de cadenas alrededor del cuello. Nada de cabello facial de ningún tipo.

Todos nos aprendimos esas lecciones de memoria. Eran parte de un enfoque completo que adoptaba el personal para asegurarse de que las cosas se hicieran de cierta manera. Yo tuve que acostumbrarme muy rápidamente a la idea de que estaba siendo juzgado las veinticuatro horas al día, siete días por semana, observado incluso más de cerca de lo que había estado jamás con mi padre. Después de unos cuantos días, vi a algunos muchachos que querían probar el sistema. Eran los muchachos que habían sido seleccionados en altas posiciones y que aparecieron en Oneonta quizá no con los autos más nuevos, pero sí con los potentes autos más bonitos y algunos del extranjero como el BMW. ¿Yo? Era literalmente *no va*, excepto por la nueva bicicleta que compré. Sabía que al estar siendo juzgado de esa manera, tenía que seguir las reglas, así que me aseguré de que mi uniforme cumpliera con cada especificación. Aquellos otros muchachos que intentaban irse de rositas después de probar los límites, no se salieron con la suya. Fueron multados, y aunque el dinero no parecía importarles, yo a veces me preguntaba por qué se arriesgarían a tener una mala reputación.

No sé si puedo dejar claro lo seriamente que yo me tomé esa oportunidad. Había tenido empleos antes: tareas en casa, trabajar en la ferretería La Casa de los Tornillos, entrenar en los campamentos, pero esto era *un empleo*. Me estaban pagando por hacer algo que me encantaba, ochocientos dólares al mes, que era mucho dinero para mí, y también sabía que a medida que avanzara, lo que ganaba iba a aumentar. Sin embargo, más que eso recordaba a mi papá hablando sobre Eddie Santos, un muchacho que consiguió que firmara para los Blue Jays. No podía evitar recordarlo porque mi papá me hablaba de él todo el tiempo. Santos fue ascendiendo por la organización de los Blue Jays aproximadamente en la misma época que Fred McGriff. Él tenía números realmente buenos, y entonces, de repente, le dejaron libre y ningún otro equipo firmó un contrato con él. Fue como si hubiera desaparecido. Mi papá nunca supo por qué, y Eddie Santos se convirtió en una historia de advertencia, con mi papá diciéndome: «No querrás que eso te suceda a ti».

Como yo no sabía exactamente por qué dejaron libre a Santos, supuse que, cuando llegara el momento de jugar al béisbol profesionalmente, yo tenía que hacer todo lo que pudiera para asegurarme de no darle al equipo ni una sola razón para llegar a considerar librarse de mí. Eso incluía el modo en que me comportaba fuera del juego. Si me decían que estuviera en algún lugar a las 2:00, yo llegaba allí a la 1:30 para asegurarme de no llegar tarde. Tampoco confraternizaba mucho con muchachos que iban a muchas fiestas o que hablaban mal de los entrenadores o de la organización. La expresión «mantén tu nariz limpia» no es una que tenemos en Puerto Rico, pero si la tuviéramos, yo habría sido exagerado y habría dicho «mantén todo tu cuerpo limpio». No iba a hacer nada que pusiera en peligro mis posibilidades. Ya se habían acabado los tiempos en que yo tomaba atajos, cruzando aeropuertos o cualquier otro lugar; que hacía viajes divertidos en un camión de remolque, me montaba en motocicletas, o hacía cualquier otra de las cosas estúpidas que hice cuando era pequeño. El plan de mi papá había vuelto funcionar. A los veinte años de edad, puede que siguiera siendo un «niño» cuando fui a Oneonta, pero iba a comportarme como un hombre.

En aquellas primeras semanas en Oneonta, también vi a algunos muchachos que tenían mucho talento, pero que no realizaban mucho esfuerzo en los entrenamientos; y debe creerme: practicábamos mucho. Cuando comenzó la temporada, jugábamos casi todos los días, pero también o bien trabajábamos en el gimnasio —estábamos cerca del campus de SUNY Oneonta— o estábamos en el campo, en las jaulas de bateo, o en la sala de entrenamiento donde nos ejercitábamos. Tenía muy poco tiempo de descanso, y el poco que tenía había desaparecido porque estaba cambiando de posición. Los Yankees querían que jugara segunda, y es mucho más difícil de lo que se podría imaginar cambiar al lado derecho del diamante desde el izquierdo, donde había estado jugando la mayor parte de mi vida, y en especial durante los dos últimos años. El ángulo con el que la bola sale del bate es diferente, y toma un poco de tiempo acostumbrarse a eso. Pero el personal de los Yankees de Oneonta estuvo más que dispuesto a ayudarme a hacer ese ajuste. Brian Butterfield era un instructor itinerante que trabajaba con los jugadores del cuadro interior. Si teníamos un partido en casa a las 7:00, llegábamos al estadio a la 1:00 después de agarrar un almuerzo rápido en uno de los lugares de comida rápida cercanos, y él trabajaba conmigo. Atrapé miles de arrastradas en aquel entonces.

Eso hizo que la transición a jugar segunda fuera más fácil, y finalmente Roger Burnett, un parador en corto de Stanford, y yo ayudamos a nuestro personal muy bueno de lanzamiento, al establecer un récord de más jugadas dobles en una temporada. Yo jugué exclusivamente en segunda base aquel primer año, pero me dieron equipamiento de receptor por si llegara el caso de que yo fuera necesario allí. Había jugado como receptor en un par de partidos en Calhoun, y debido a que tenía buenas manos y un brazo fuerte, estuve dispuesto a ayudar al equipo de la manera que pudiera. Aun así, siempre pensé en mí mismo como jugador del cuadro interior, y cuando veía las alineaciones de los diversos equipos que estaban por encima de mí en la organización de los Yankees, siempre miraba a los jugadores del cuadro interior como los muchachos a los que iba a tener que pasar en la escalera.

Esa es una de las cosas interesantes acerca de jugar béisbol en las Ligas Menores y, hasta cierto punto, en las Grandes Ligas también: tienes un oponente en el otro banquillo, pero también tienes competición en tu propio banquillo, al igual que en varios banquillos dispersos por todo el país. Yo era capaz de enfocarme en el partido que estaba jugando, pero también sabía que estaba compitiendo por uno de solamente unos pocos lugares en la organización en mi posición. Mi papá me decía, y yo siempre creí, que hay que hacer algo para conseguir que tus entrenadores se fijen en ti. Por lo tanto, siempre estaba ahí la tentación de intentar hacer demasiado, o hacer algo egoísta.

Sin embargo, los Yankees predicaban un concepto de equipo, y eso incluía llevar la cuenta de cosas como el número de veces en que bateabas exitosamente por detrás de un corredor, dejabas caer un toque, o bateabas una elevada de sacrificio. Los Yankees no se interesaban solamente por las categorías estadísticas importantes. Ellos entendían que a veces esos números eran engañosos. De hecho, llevábamos la cuenta de algo que se llamaba «bolas bien bateadas» para reconocer la realidad de que había veces en que te cuadrabas absolutamente para tocar y dabas un batazo duro, pero no lograbas un golpe bueno. Por lo tanto, allí te decían que tenías que ejecutar, y a veces te preguntabas si por ejecutar ibas a terminar siendo ejecutado: dejado libre porque tus números no eran tan buenos.

Aunque yo había estado en varios entrenamientos de primavera de la Liga Mayor, hasta que tuve que hacerlo yo mismo, no aprecié lo difícil que era para aquellos muchachos que veía y admiraba en aquellos campamentos mantener un enfoque profesional y competir los unos con los otros al mismo tiempo. Mi papá me decía que las cosas saldrían por sí solas si yo seguía haciendo lo que la organización quería que hiciera y lo que había estado haciendo durante toda mi carrera. Eso era fácil de decir, y yo intentaba creerlo, parte de mí siempre lo hizo, pero cuando no lograba un comienzo particularmente fuerte, eso ponía más presión sobre mí mismo para tener éxito. Era divertido jugar el juego, pero era un negocio serio el intentar llegar a lo más alto de esa escalera.

Haz tu trabajo, me decía a mí mismo siempre, y eso permaneció conmigo durante toda mi carrera. El juego era divertido, pero el resto era un empleo; aunque me encantaba que las personas, en especial los niños, me pidieran autógrafos. Si quería tener la diversión, tenía que tomarme en serio el trabajo. Para ser sincero, eso fue bastante fácil de hacer en Oneonta. Yo no estaba ganando muchísimo dinero. Durante la semana que estuvo en el equipo, Sandi Santiago y yo rentamos el piso bajo de una casa, sin amueblar, y lo único que pudimos permitirnos rentar fueron camas, colchones para ser preciso, sin somieres y sin estructura. Compramos algunas almohadas, sábanas y mantas, y algunas toallas, y establecimos una cocina básica con una mesa y un par de sillas, pero eso era todo.

Aunque éramos compañeros de piso, no me entristeció cuando Sandi se fue. No nos conocíamos el uno al otro en absoluto, y me gustaba vivir solo, como había sucedido cuando estaba en Decatur. No tenía que preocuparme por el horario o los hábitos de otra persona a excepción de los míos. No regresaba a casa después de los partidos y encendía la gran pantalla del televisor para ver *SportsCenter*. No tenía idea de lo que sucedía en el mundo a excepción de lo que estaba sucediendo entre las líneas y en nuestro banquillo y la casa club. Escuchaba a algunos muchachos hablar de lo que había sucedido en la Liga Mayor y sobre películas y programas de televisión, pero igualmente podrían haber estado hablando de lo que estaba sucediendo en Acerbayán o Zambia.

Mis contactos con el mundo exterior eran mi madre y mi padre; hablaba con ellos casi todos los días. Mi mamá quería estar segura de que yo estuviera comiendo bien y cuidando bien de mí mismo. Mi papá quería oír cómo me iba en los partidos. Yo le informaba de cada turno al bate, y él mantenía mis estadísticas: las cifras con las que la mayoría de los seguidores están familiarizados. En cierto momento, cuando estaba siendo claro para mí que la oposición tenía varios muchachos que habrían sido el abridor número uno en la Universidad de Alabama, sabía que no me sobrepasaban, pero definitivamente yo estaba en la competición de mi vida. Aquellos muchachos lanzaban tan duro como cualquiera a quien me había enfrentado, pero también tenían un buen movimiento posterior y un control decente. Varios de ellos tenían lanzamientos en curva realmente buenos, pero pocos tenían un buen dominio de ellos. Yo necesitaba ser disciplinado, y era necesaria toda la disciplina que tenía para no gritar cuando mi padre me dijo después de mi última noche sin batazos buenos: «Eso te sitúa en .210».

«Lo sé», le dije pacientemente, y después añadí con un poco de veneno: «Puedo ver los marcadores».

Tengo que darle cierto mérito a mi papá. Si alguien me hubiera dicho eso del modo en que yo se lo dije a él, habría recibido un: «Qué mal que no veas así de bien la bola». En ciertos aspectos, desearía que alguien me hubiera dicho algo parecido. Así es como los compañeros de equipo y los amigos se meten contigo, y te hacen saber que te estás tomando a ti mismo demasiado en serio. Hay que tomarse el juego seriamente, pero no a uno mismo; esa fue una lección que iba a tener que esperar otra temporada para experimentarla de cerca y de modo personal.

Hacia el final de nuestra temporada, tuve una experiencia parecida a la que tuvo mi compañero Steve de Calhoun. Llamaron a un gran zurdo de nuestro equipo en la Liga de la Costa del Golfo en Florida. Su nombre era Andy Pettite, y había algo en él que decía: *Algún día voy a ser un jugador de Grandes Ligas.* Primero, fue ascendido desde el béisbol novato, y segundo, tenía cosas impresionantes. También era un muchacho grande, medía seis pies y cinco pulgadas. No era tan grande como llegaría a ser más adelante con los Yankees, pero se podría decir que era fuerte, y utilizaba la parte baja de su cuerpo para impulsar la carrera tan bien como cualquier lanzador que yo hubiera visto. No obtuvo grandes resultados con nosotros, logrando 2-2 en seis comienzos, pero ponchaba casi exactamente a un bateador por entrada. Andy y yo no llegamos a ser buenos amigos durante ese breve periodo. Los dos éramos muchachos bastante callados, pero cuando ambos fuimos ascendidos a Greensboro en la Liga de Carolina para la temporada del 92, llegamos a conocernos mejor.

Fui receptor en una de sus sesiones en la jaula de entrenamiento y él estaba lanzando una bola de nudillos *dura* en aquel entonces. Una de ellas me golpeó en la rodilla y otra en el protector del pecho. Esa bola podía en verdad correr como un rayo. Finalmente, la organización le dijo que debería renunciar a ese lanzamiento. Él lo hizo, pero seguía utilizándolo en el entrenamiento cuando atrapábamos, y me sorprende que nunca le hiciera daño a nadie con él, ya que la bola se movía mucho y golpeaba muy duro. No fue debido a esa bola de nudillos, pero sí recuerdo decirle a mi papá que ese muchacho iba a ser algo especial, y lo fue. Andy era mucho más maduro física y mentalmente que el resto de nosotros en aquel equipo de Greensboro, y la única vez que le vi nervioso fue en un partido en el cual su esposa había cantado el himno nacional. Ella fue estupenda. Él fue terrible. Cuando un compañero de equipo le preguntó, más o menos un día después, si él quería que ella cantara de nuevo antes de que él abriera, Andy se sonrojó y parecía que quería salir corriendo de la habitación en lugar de responder. Finalmente, tan solo meneó la cabeza un poco.

Antes de Greensboro, recibí buenas noticias cuando me pidieron, bueno me dijeron, que me presentara en nuestra Liga Instruccional en Florida para seis semanas de entrenamiento y competición intensivos. Unos ocho de los muchachos de Oneonta también estaban en ese campamento, incluidos Lyle Mouton y Steve Phillips, y mi colega de doble juego, Robert Burnett. Todos ellos habían tenido buenos años, y Lyle y Steve eran nuestros principales muchachos de carreras empujadas y jonrones, así que yo me sentía en buena compañía. Estar allí con ellos significaba que los Yankees me veían como alguien con quien valía la pena trabajar. El campamento también tenía allí muchachos de otros niveles, algunos de los superdotados de la organización. A pesar de sentirme mal por batear solo .235 con cuatro jonrones y 33 carreras empujadas, me sentía bastante bien por cómo el equipo se sentía conmigo. Sin embargo, eso es lo que tienen las Ligas Menores: un sentimiento es lo único que tienes para seguir adelante. Nadie se acerca a ti y te dice: «Oye, creemos que tienes habilidades. No bateaste para alcanzar un promedio alto ni con tanto globo como esperábamos, pero creemos que vale la pena tenerte con nosotros».

Yo tomaba las pequeñas señales de aliento dondequiera que pudiera encontrarlas. Un miembro de la organización, Mark Newman, director de desarrollo de jugadores, me hizo sentir bastante bien. Para ayudar a los jugadores latinos, aprendió español por sí mismo y comenzó a hablarme en mi idioma materno; eso significó mucho para mí. Mark

fue el primer hombre que formó parte de lo que más adelante llegaría
a denominar entre risas mi «lavado de cerebro». Él me dijo que yo sería
realmente valioso para la organización si podía estar allí como receptor
ambidextro. Yo era renuente, pero dado que estaba haciendo todo lo
posible por seguir instrucciones y hacer lo que me decían, esas palabras
sobre mi valor para la organización plantaron una semilla que iba a
crecer. Era solamente cuestión de cuándo.

También me agradó poder llegar a trabajar en mi bateo individualmente con Jim Lefebvre, anterior Novato del Año y primera figura, y
una estupenda respuesta de trivia: ¿Qué exjugador del béisbol de la Liga
Mayor apareció en *Gilligan's Island* y *Batman*? Aun mejor que eso, él fue
uno de los entrenadores que trabajaba con jugadores individualmente.

Esa fue también la primera vez que recibí instrucción formal en el
arte y la ciencia de atrapar una bola. Hice algunos ejercicios y trabajé
con instructores de receptores, aunque el enfoque principal estaba en
abrir mi postura cuando bateaba de izquierda. Yo lo intentaba una y
otra vez, pero no me sentía cómodo. Hice lo que me decían, pero después que terminaron las seis semanas, regresé a Puerto Rico, trabajé
con mi tío Leo, y me concentré en acortar mi conexión con la bola. Eso
me ayudó de modo eficaz a hacer lo que querían los Yankees: ser más
consistente y establecer contacto sólido con mayor potencia.

Yo llevaba la delantera en nuestro equipo en Oneonta en una categoría a la manera Yankee; con siete, yo tuve más toques de sacrificio.
Estaba demostrando que podía sacrificarme a mí mismo por el bien del
equipo, pero ellos me estaban enviando otra señal. Un bateador ligero,
un defensor del cuadro interior ambidextro (o receptor) no era realmente lo que ellos tenían en mente para mí. Mi cuerpo estaba engor-
dando aun más, y eso era bueno.

Trabajar con mi tío Leo se convirtió en una parte anual de mi preparación. El primo de mi papá fue contratado por los Braves de Milwaukee
en 1954 y tuvo su oportunidad en las Grandes Ligas con los Royals
de Kansas City, jugando con ellos durante tres temporadas, de 1960 a

1962. Entonces trabajó en varios empleos con diferentes organizaciones; cuando yo comencé a trabajar con él, ya llevaba veintitrés años como instructor de bateo para los Dodgers. O bien él venía a Puerto Rico, o yo viajaba hasta su casa en Miami, pero encontrábamos el tiempo para trabajar juntos, y eso me ayudó enormemente a lo largo de mi carrera.

Si tuve alguna decepción en 1991, fue no ser seleccionado por un equipo en la Liga del Caribe. Había crecido viendo partidos de la Liga Mayor y la Liga del Caribe. Los trabajos de mi papá como ojeador dependían de que él encontrara los mejores jugadores latinos, principalmente de Puerto Rico. Cuando era pequeño, cuando llegaba la Serie Mundial del Caribe alrededor de febrero, yo llegaba a ver a los mejores jugadores de equipos en la República Dominicana, Venezuela, México y Puerto Rico. Los únicos partidos de béisbol de invierno que vi jamás televisados eran parte de la Serie Mundial del Caribe. Yo siempre quise jugar en uno de ellos, y esperaba que cuando hubiera firmado un contrato en una gran liga, al menos tendría la oportunidad de jugar.

Me convertí en seguidor de nuestro equipo local, los Cangrejeros (Crabbers) de Santurce. De hecho, el primer partido de béisbol organizado en Puerto Rico se jugó en Santurce, en el año 1898. Cuando terminó la Guerra Hispano-estadounidense y Puerto Rico se situó brevemente bajo el control militar de los Estados Unidos, soldados estadounidenses ayudaron a difundir el juego, y se hizo mucho más popular. Sin embargo, fue necesario llegar a 1938 para que se formara la primera liga semiprofesional. Esto ayudó a producir a Hiram Bithorn, el primer puertorriqueño en jugar en las Grandes Ligas en los Estados Unidos; él fue lanzador para los Cubs de Chicago en 1942. Supe de él porque el estadio en San Juan lleva su nombre, y es allí donde el equipo de San Juan y el de Santurce juegan sus partidos en casa. El equipo de Santurce, los Cangrejeros, no se unió a la liga hasta el segundo año.

Algunos grandes nombres de las Ligas Negras en los Estados Unidos jugaban en Puerto Rico, incluidos Satchel Paige y Josh Gibson. De hecho, los dos se enfrentaron el uno contra el otro. Paige lanzaba para los Brujos de Guayama, y Gibson era jugador-mánager para Santurce. El equipo de Paige debió haber lanzado algún tipo de embrujo sobre mi equipo en 1940. Los batieron 23-0. Paige fue ese año mejor jugador de la liga, logrando 19-3, con un ERA (carreras limpias permitidas) de 1.93 y 208 ponches en 205 entradas. Sus totales de victorias y ponches establecieron récord de la liga en una temporada que nunca han sido batidos. Una de las grandes historias que escuché es que toda esa cosa de brujería llegó hasta él en un partido aquel año y salió corriendo del campo y fuera del estadio porque dijo que había visto un fantasma.

Aunque yo no fui seleccionado en 1991, terminé firmando con el equipo con base en la ciudad de Bayamón. Mi papá conocía al mánager y al mánager general, y después que me dejaran entrenar, pude llegar al equipo. Los muchachos mayores que estaban jugando, el núcleo de la alineación, eran bastante jóvenes y con bastante talento. Entre ellos estaban Eduardo Pérez, Felipe Crespo y Oreste Marrero. Los muchachos mayores jugaban cada día, pero nosotros teníamos un equipo bastante bueno en el banquillo también, todos jóvenes. Como receptor de respaldo, yo atrapaba en la zona de calentamiento, o *bullpen*, cada día, para algunos lanzadores de los Mariners de Seattle, incluido el cerrador de los Mariners en ese tiempo, Jeff Nelson, con quien trabajaría más adelante en los Yankees. En el campo, solo llegué a jugar en algunas victorias muy holgadas como jardinero exterior, pero estar en el jardín exterior fue una buena experiencia. Yo podía demostrar que era un muchacho con varias utilidades, mucho mejor para ellos, para mí y para los Yankees.

Además, ¿qué podía ser mejor que jugar al béisbol todo el año, de todos modos? Sé que algunos jugadores jóvenes creen que pasar de la universidad a los profesionales supone una larga ampliación del juego, pero yo estaba acostumbrado a eso; de hecho, una universidad de iniciación, los semiprofesionales, el béisbol A, una liga instruccional y una Liga del Caribe no era suficiente para mí. Yo quería seguir jugando y mejorando.

Una de las maneras en que podría mejorar era sentarme en ese banquillo y prestar atención a lo que estaba sucediendo en el campo al igual que mantener mis oídos abiertos a lo que se estaba diciendo en el banquillo y la zona de calentamiento. Los jugadores mayores tenían mucho conocimiento, y yo especialmente quería escuchar más de los muchachos que jugaban en las Ligas Menores o en las Grandes Ligas. También puedo decir esto: si se necesita aprender cómo batear el lanzamiento en curva o con cambio de velocidad, hay que jugar al béisbol de invierno. Esos lanzadores veteranos eran muchachos inteligentes, y sabían que ya no podían lanzar bolas rápidas, así que tenían que refinar su manera de hacer las cosas en un partido. Incluso cuando ibas por debajo en el marcador 2-0, no podías esperar una bola rápida. Paciencia. Paciencia. Paciencia.

Más adelante, los equipos de los Yankees para los que jugué eran conocidos por obligar al lanzador a hacer muchos lanzamientos y nunca ceder turnos al bate. Eso era parte de mi juego desde el principio, y el béisbol de invierno en el Caribe realmente me ayudó con esa parte del bateo. De manera muy real, yo estaba llegando a disfrutar de lo mejor de ambos mundos del béisbol. Era estupendo alejarme y regresar a casa y aun así poder jugar el juego que amaba a la vez que aprendía tanto.

Cuando llegué al estadio en Bayamón, mantenía un hábito que había desarrollado aproximadamente en la mitad de mi primera temporada en Oneonta. Me desperté una mañana, y mientras estaba sentado en el piso desayunando, saqué una hoja de papel y escribí en la parte de arriba: «Dónde quiero estar y cuándo». Para 1992, escribí «Greensboro (A)», y el resto de la lista se veía así:

1993: Doble A

1994: Triple A

1995: Yankees de Nueva York

Doblé ese papel y lo metí en mi cartera. Llevé ese papel conmigo durante bastante tiempo. Lo sacaba para mirarlo y recordarme a mí mismo mis metas y mis deseos. Sabía que mi plan era ambicioso, pero ¿cuándo alguien alguna vez hizo realidad sus sueños quedándose sentado y esperando que ocurrieran las cosas?

CAPÍTULO 7

La educación de un receptor

No hay nada natural en cuanto a ser un receptor. Algunas personas pueden afirmar que nacieron para atrapar, pero creo que están ignorando que la respuesta natural de nuestro cuerpo a cosas que nos lanzan y que se balancean cerca de nosotros es apartarnos del camino. Claro que hay que ser duro para ser un receptor. Sin embargo, más que eso, se tiene que amar el juego para ya no luchar contra el instinto natural del cuerpo de parpadear o cerrar los ojos cuando alguien está abanicando un pedazo de madera dura de 36 pulgadas y 34 onzas por encima de nuestra cabeza. La persona lo hace para poder batear una bola que pesa 5 ¼ onzas y que viaja a una velocidad de 90 a 100 millas por hora. Mantener la mirada en la bola es uno de los puntos fundamentales de golpear y atrapar una bola de béisbol. Eso es más fácil de hacer cuando estás atrapando una arrastrada o una bola elevada de lo que es cuando estás atrapando una bola lanzada.

En mi carrera en la Liga Mayor, fui receptor en 1.574 juegos para los Yankees. Tal como está en este momento, estoy en el número 25 en la historia del béisbol por más partidos jugados en lo que yo, y muchas otras personas, creemos que es la posición más crucial en el juego. La gente del béisbol siempre habla sobre el desgaste en el cuerpo de un receptor. Yo tuve mi parte de lesiones, moratones y heridas, y es cierto que la posición se cobra un precio. Estoy orgulloso de muchas cosas que logré en el campo, pero ser receptor a tiempo completo desde 1998 hasta 2008 sin pasar a la lista de inhabilitados ni una sola vez aún sigue haciendo que me sienta bien y afortunado. Después de todo, simplemente ponerse en posición de jugar como receptor es más difícil de lo que es en cualquier otro lugar en el campo, y se paga un precio.

No puedo decir con seguridad cuántas veces me levanté después de estar agachado y después volví a agacharme mientras jugaba aquellos 1.574 partidos. Pensando en que en un partido promedio hay unos 140 lanzamientos por equipo, un cálculo conservador daría como resultado unas 220.000 veces en cuclillas. Eso cuenta solamente para los lanzamientos en los partidos, y no los calentamientos entre entradas, los cambios en el lanzamiento, el entrenamiento de primavera, y todo lo demás. La cifra exacta no importa, y para ser sincero, no había pensado mucho en ello hasta hace poco. Uno hace lo que tiene que hacer. Quizá esa fue una de las cosas que mi papá intentaba enseñarme de niño cuando me hizo acarrear toda aquella tierra, aunque irónicamente, no comencé a atrapar con ningún tipo de regularidad hasta que estuve mucho más adelante en mi carrera en el béisbol.

No sé por qué algunas personas se refieren a la ropa que llevamos como receptores como «las herramientas de la ignorancia». Es un término de la vieja escuela que ya no se escucha mucho a la gente utilizar, pero yo siempre era consciente de ello. Quizá el término significa que uno tiene que ser ignorante para atrapar, no del modo en que la mayoría de nosotros utilizamos la palabra ignorante, como queriendo decir estúpido, sino en el sentido de aprender a *ignorar* muchas cosas, como lo mucho que va a dolerte la mano al recibir una de las fuertes recortadas de Mo Rivera en la palma o fuera del centro cerca del pulgar, o experimentar que una bola que va directamente al receptor desgarre la carne o el relleno. No creo que nadie que se haya metido alguna vez en la ropa del receptor y se haya puesto detrás del plato fuese ignorante de los peligros que son parte de jugar en esa posición. Si alguien lo fuera, aprendió sobre esos peligros con bastante rapidez en los primeros lanzamientos. Y sé otra cosa más con absoluta seguridad: no se puede ser ignorante, en ningún sentido de esa palabra, acerca del funcionamiento interno del juego del béisbol y jugar en la posición de receptor.

Debido a todos esos requisitos, el béisbol profesional llegó a ser, en algunos aspectos, mi educación real. Con el béisbol, adopté el tipo de enfoque que otra persona podría haber adoptado para llegar a ser abogado, médico o ingeniero. La única diferencia era que, normalmente, a medida que se avanza en los estudios, uno comienza a especializarse, reduciendo su enfoque del estudio; en mi caso, yo amplié mi enfoque a medida que aprendí más al jugar en diferentes posiciones, más notablemente como receptor, todo ello con la misma meta: llegar a las Grandes Ligas.

Más adelante, a medida que avanzaba como receptor y tuve que comenzar a analizar enfoques para conseguir eliminar a bateadores, llegué a ver mi inteligencia en el béisbol como el tipo de capacidad de pensamiento crítico que me habría ayudado a tener éxito en otras áreas de la vida si hubiera escogido seguir otro camino distinto al béisbol. El único problema era que yo no sentía pasión por ninguna otra cosa que no fuera béisbol cuando era más joven. He escuchado a otras personas que han sido exitosas hablar acerca de sentir como si hubieran sido puestas sobre este planeta para hacer cierta cosa, y así es como yo me sentía respecto al béisbol. Con frecuencia me he sentido incómodo en muchas otras situaciones —situaciones sociales, hablar con seguidores o reporteros—, pero eso nunca fue cierto dentro del campo de béisbol. Sentía que era mi lugar de pertenencia, incluso cuando estaba aprendiendo cómo ser un mejor jugador.

Esa actitud me ayudó a adaptarme a ser trasladado por el diamante, cuando los Yankees experimentaron conmigo en diferentes roles.
Conocía el juego de principio a fin, y no era como si ponerme detrás
del plato, o en segunda base, o en tercera, o en primera, o en el jardín
exterior, o como bateador designado fuera a dejarme completamente
desequilibrado. Tampoco me afectaba tanto mentalmente porque yo
sabía que era capaz de jugar en cualquiera de esas posiciones. Si me
gustaba jugar en ellas era otra historia, pero en algunos aspectos eso no
importaba. Yo iba a hacer todo lo necesario, iba a ser tan flexible y aco-
modadizo al plan de la organización todo lo que pudiera, mientras que
significara avanzar y ascender en las filas y acercarme más al Bronx.

Esa era mi mentalidad cuando me presenté para el entrenamiento de
primavera en 1992. Como la mayoría de los jugadores de Ligas Menores, iba rebotando de diamante en diamante, jugando y entrenando
con diferentes niveles de muchachos según fueran las necesidades de la
organización. Un día, podría estar trabajando con un grupo de Doble
A en segunda, más adelante en la tarde podría jugar un partido en
tercera base con muchachos de Single A, y terminar atrapando en una
sesión de Triple A con un lanzador.

Después de romper campamento, como muchachos escolares que
pasan al siguiente grado, la mayor parte de nuestro equipo de Oneonta
fue ascendido como grupo (junto con nuestro mánager) a Greensboro,
Carolina del Norte, donde recibimos un impresionante aumento de
cincuenta dólares al mes en el salario que no cubría el aumento en
nuestros gastos para vivir. Greensboro, una ciudad con más de 250.000
personas, no era una pequeña y tranquila ciudad universitaria como
Oneonta. Eso era bueno y malo a la vez; había más cosas que hacer,
pero el costo de hacerlo era mayor. Eso incluía la renta, de modo que
Steve Phillips y yo decidimos compartir la vivienda.

Aunque no teníamos ningún tipo de acuerdo formal, resultó que
Steve y yo nos ayudábamos el uno al otro a la hora de cuidar mejor de
nuestros cuerpos. Steve había jugado fútbol y béisbol en la Universidad

de Kentucky, y era tan serio acerca de estar en buena condición física en general, y entrenar con pesas específicamente, como cualquier muchacho que yo había conocido. Además, con veinticuatro años, Steve entendía que, en términos de béisbol, era un muchacho mayor y no le quedaban muchos años antes de que le consideraran demasiado mayor. Como resultado, era muy serio respecto a cada aspecto del juego, y no iba a arriesgarse en absoluto a estar haciendo tonterías.

A pesar de todo el cuidado que Steve tenía de su cuerpo cuando se trataba de condición física, era muy parecido a muchos de los muchachos respecto a no ser muy cuidadoso con lo que comía. Las dietas de alimentos procesados y comida rápida que la mayoría de nosotros comíamos en aquel entonces eran tan malas que es sorprendente que cualquiera de nosotros pudiera llegar a las Grandes Ligas. Aunque yo aprendí mucho sobre la manera correcta de comer cuando llegué a las Grandes Ligas, cuando estaba en las menores no era un fanático de lo que consumía; no podía permitirme serlo. Extrañaba los alimentos que mi mamá me cocinaba en casa, pero no podía conseguirlos en ningún lugar en Carolina del Norte, ni en una tienda ni en un restaurante; y Taco Bell era un mal sustituto.

Por desesperación y deseo, comencé a cocinar para mí mismo. Yo no era ningún chef, pero sabía cocinar huevos y pasta, y era bastante hábil con el grill. No creo que tuviéramos muchas ensaladas o verduras, pero al menos no nos estábamos llenando de comida chatarra. Yo tenía un vago sentimiento de que lo que comía tenía algo que ver con cómo me sentía durante los partidos. Al recordar comidas que la madre de Steve Congwer nos hacía y la cocina casera de Martha Frickie, me di cuenta de que después de aquellas comidas me sentía bastante bien y tenía días bastante buenos en el plato... bueno, en ambos tipos de plato, en realidad. Con el tiempo otros muchachos oyeron de nuestra comida casera, y con frecuencia teníamos a alguno en casa para comer filetes y pasta. Un par de muchachos hacían bromas acerca de que yo era la «Sra. Phillips», y que iba a ser una buena captura para alguien uno de esos días, pero cuando yo les miraba con maldad y amenazaba con recortar sus privilegios para comer, ellos ponían fin a esas bromas rápidamente.

Además de intentar comer mejor, Steve me dirigía constantemente en los entrenamientos basados en pesas. Mi papá era el tipo de hombre de la vieja escuela que decía: «No levantes mucho peso, no te muscules mucho, no pierdas tu flexibilidad». Ese enfoque estaba en cierto modo respaldado por la postura de los Yankees sobre mejorar la flexibilidad. Hacíamos una forma de yoga, hacíamos algunas variaciones de entrenamientos cardio/aeróbicos, utilizábamos pelotas de estabilidad para fortalecer el torso (aunque aún no teníamos ese término), y hacíamos ejercicios de resistencia con diversas bandas y pesos para fortalecer nuestros hombros. Los entrenamientos con pesas pesadas, como el tipo de los que han usado los jugadores de fútbol siempre, no eran una parte de eso. Pero lo eran para Steve, y él me expuso a algunos conceptos como «piramidales» y «piramidales contrarios», alternando el torso superior y el torso inferior en diferentes días, y cosas que más adelante haría al trabajar con un entrenador personal.

Me entristece un poco tener que decir esto, pero dada la época en la cual jugué, confirmaré lo que creo que ha sido obvio: jugué limpio y nunca crucé la línea de tomar medicamentos de ningún tipo para la mejora del rendimiento, desde esteroides a los estimulantes. Dada mi paranoia acerca de violar cualquier tipo de regla del equipo o de llegar tarde a una reunión informal, se puede entender lo que ese tipo de engaño le habría hecho a mi estado mental. Nunca habría sido capaz de salir al campo sabiendo que estaba haciendo algo que me diera una ventaja injusta o que estuviera al límite de ser ilegal o completamente en contra de la ley. Yo quería tener éxito en el campo, pero no lo habría hecho violando la ley, situándome a mí mismo en cualquier tipo de peligro, o violando mi sentimiento de la ética y la justicia. Digo esto a riesgo de parecer crítico. Otros muchachos también querían tener éxito, y ellos tomaron sus decisiones. Yo tomé las mías. Fin de la historia.

Al trabajar con Steve, yo ni me acercaba al tipo de pesos y series que él hacía, pero sí hacía totales más elevados de cada cosa de los que había hecho anteriormente. Estaba agradecido de poder ser flexible por naturaleza, un rasgo que mi hermana y yo compartíamos y que he transmitido a mis dos hijos. Estuve un poco rígido y dolorido un par de veces después de comenzar esa nueva rutina con Steve, pero nunca estuve tan mal como algunos de los muchachos que hacían sentadillas por primera vez y apenas podían lograr subir un tramo de escaleras al día siguiente sin que sus ojos estuvieran llorosos.

Debido a que Greensboro era más grande que Oneonta y mi viaje hasta el trabajo era más largo, no tenía sentido seguir viajando en bicicleta. Compré un Camaro IROC (Raza internacional de campeones) de 1988 de segunda mano, una versión de alto rendimiento del clásico Chevy. Con ese auto podía llegar al estacionamiento de los jugadores y no agachar mi cabeza de vergüenza. Los muchachos, al ser muchachos, manteníamos muchas conversaciones sobre autos, lo que poseíamos, y lo que compraríamos cuando llegáramos a las Grandes Ligas. Era bueno soñar, pero la realidad era que seguíamos estando bastante alejados del Bronx.

Debido a que muchos de nosotros habíamos estado juntos el año anterior, todos nos sentíamos bastante cómodos los unos con los otros, pero mi verdadero maestro aquel año fue nuestro mánager, Trey Hillman. Tener al mismo hombre dirigiendo el club que había estado con nosotros en Oneonta fue estupendo, porque desde el principio él entendía lo que necesitábamos como club y como individuos. A excepción de un breve periodo con Minnesota, Trey había jugado su carrera en la Liga Menor con la organización de los Indians, principalmente como un muchacho en varias posiciones, jugando en segunda, parador en corto y en tercera. Jugó hasta 1987, pero en 1990, el año antes de mi llegada a Oneonta, los Yankees ya pensaban lo bastante bien de él como para hacerle el mánager allí. Trey tenía solo veintiocho años cuando consiguió su primer empleo como mánager, y creo que eso dice algo acerca del tipo de hombre que él era en el béisbol. Podría haber sido solamente cinco años mayor que Steve Phillips, pero parecía que era una decena de años mayor. Inspiraba ese tipo de respeto y se comportaba con autoridad. Eso no significa que fuera inflexible, pero él sabía lo que quería de nosotros, conocía el juego, nos trataba como adultos, y esperaba que nosotros respondiéramos como adultos.

Trey fue uno de los muchachos que en verdad me convirtió en un Yankee. Era duro conmigo, pero me enseñaba mucho, en especial acerca del enfoque. Por mucho que yo estuviera acostumbrado a jugar a lo largo de todo el año, tuve que aprender a enfocarme todo el tiempo —no solo durante los 144 días en que teníamos partidos, sino cada día en que trabajábamos como equipo— y Trey me ayudó tremendamente con eso.

Siempre que mi enfoque resbalaba, dentro o fuera del campo, Trey estaba allí. Una noche a mitad de junio, íbamos de regreso a casa después de un viaje por carretera. Teníamos programado jugar la noche siguiente, y un grupo de muchachos nos reunimos en un bar local para relajarnos un poco y beber unos tragos. Steve y yo estábamos allí. Teníamos una hora tope para llegar por la noche, pero eso estaba bien. ¿Quién iba a comprobar que lo hiciéramos? En cierto momento levanté la vista, y allí estaba Trey. Establecimos contacto visual brevemente, y entonces le vi meter la mano en su bolsillo y sacar una pluma y un pequeño cuaderno. Miré mi reloj y vi que era la una de la mañana. Pillado.

Al día siguiente, Steve y yo entramos en la oficina de Trey antes del partido. Él estaba sentado detrás de su pequeño escritorio leyendo algo. Sin mediar palabra, nos acercamos hasta su escritorio, pusimos cincuenta dólares cada uno para pagar nuestras multas, y nos dimos media vuelta para alejarnos. Oímos reír a Trey, y entonces dijo: «Los muchachos se lo agradecen». Trey siempre tomaba el dinero de nuestras multas y lo donaba a una organización local de beneficencia.

Me gustó cómo manejó Trey esa situación: nos había agarrado, nosotros lo sabíamos, y no era necesario decir nada más al respecto. Nosotros nos hicimos cargo y pagamos, y él lo agradeció.

De modo similar, sigo recordando cuando aquel año en Greensboro no estuve a la altura de lo que yo esperaba de mí mismo. No sé cómo, pero la alarma de mi despertador falló y me quedé dormido. Steve se había levantado temprano para hacer ejercicio, y yo habría perdido el autobús del equipo si alguien no hubiera llamado a la puerta de mi apartamento para despertarme. Oí los golpes y al instante me desperté por completo, y vistiéndome con dificultad conseguí salir por la puerta. Me pusieron una multa de cien dólares, lo cual era inmenso considerando lo poco que yo ganaba cada mes, y él me recordó, muy parecido a lo que mi papá siempre había hecho, que las cosas pequeñas importan. Me dijo que importaba el modo en que la gente me percibiera. Yo pude simplemente haberme encogido de hombros y decir: «Bueno, todo el mundo se queda dormido alguna vez», pero eso sería algo más que tan solo un comentario acerca de que me quedé dormido. Podría haberse interpretado como que no me importaba, que era demasiado perezoso para poner un despertador, que no se podía confiar en que yo me ocupara de las cosas pequeñas, o que estaba tan preocupado por mí mismo que no me importaba el equipo.

Sinceramente, él me asustó muchísimo al decir todo aquello, pero fue un buen recordatorio para mí. También me hizo saber al hablar conmigo que él se interesaba por mí y por lo que me sucedía a mí y a mi carrera. Él era así con todos los muchachos. Era algo parecido a una relación con un hermano mayor en algunos aspectos, pero él también era como un padre para nosotros en el sentido de que sabía que la forma en que rindiéramos se reflejaba en él. Quería avanzar en su carrera, y lo lograría si nosotros éramos exitosos. Yo no lo sabía en ese momento, pero en su primer año en Oneonta llevó a ese equipo a un récord de 52-56, o un porcentaje ganador de .667. Eso es increíble para mí ahora: tienes a un grupo de muchachos que no se conocen unos a otros, que nunca antes han jugado juntos, que no hicieron un entrenamiento de primavera juntos, ¿y consigues que rindan a ese nivel? Eso es buen entrenamiento y buena administración.

No es que él fuera tranquilo y calmado todo el tiempo. En cierto momento durante la temporada en Greensboro nos fue bastante mal con los Tourists Asheville en su campo. No era que el marcador fuese tan malo; perdimos 5-3, o algo parecido, pero desperdiciamos varias oportunidades de anotar. Desde el momento en que yo entré en la organización, los Yankees nos hablaban, y hablaban, y hablaban, de tener buenos turnos al bate y hacer que nuestros *outs* contaran para algo. En aquel partido, no hicimos eso, fallando varias veces en mover a jugadores, o conseguir una elevada de sacrificio para empujar una carrera.

Yo podía ver que Trey echaba humo cuando pasamos por su lado para entrar en el club después del partido. Él estaba allí sentado con su cuaderno, escribiendo furiosamente. No entró en el club enseguida, de modo que estábamos en las duchas cuando de repente la bolsa de los cascos se situó rápidamente en medio de la habitación de las duchas. Unos segundos después entró Trey, totalmente vestido, e incluso entre el agua y el humo de las duchas, pude ver que él era lo que más ardía allí dentro. Señaló a los cascos que estaban en el piso.

«Que todo el mundo agarre uno».

Con champú en nuestro cabello, todos nos miramos unos a otros con asombro, sin estar dispuestos a hacer el primer movimiento.

«¡Pónganselos!», gritó Trey. Su voz se tornó bastante fuerte y aguda, y en aquella habitación con todos los azulejos sonaba incluso más penetrante.

Cada uno agarró un casco y se lo puso. Trey, que estaba de pie en la entrada a las duchas, se inclinó y entonces agarró una bolsa de bates y la lanzó a la habitación.

«Cada uno agarre un maldito bate».

Yo sabía que era mejor no decir nada, pero estaba pensando que no queríamos que los bates se deformaran. Aun así, hice lo que me dijeron, al igual que el resto de los muchachos.

Lo siguiente que supe fue que la mesa que tenía nuestra comida para después del partido entró deslizándose a las duchas, esparciendo por todo el piso la comida. Yo miré a la casa club, donde los muchachos que habían estado comiendo unos segundos antes permanecían sentados masticando con expresiones de asombro en sus rostros.

«¿Saben lo que es un enfoque de dos *strikes*?». Los ojos de Trey casi se salían de sus órbitas en ese momento.

Todos musitamos que lo sabíamos, y eso realmente le enfureció: «¡¿Qué han dicho?!».

Todos hablamos un poco más alto, pero con el agua que salía y siseaba de las duchas, habríamos tenido que gritar, y para ser sincero, la mayoría estábamos intentando no reírnos.

«¡Tienen que sostener más alto el maldito bate! ¡Sostenerlo más alto! ¡Muéstrenmelo!».

En ese momento miré alrededor de la sala: gran error. Nos vi a todos nosotros allí de pie desnudos, con los cascos en la cabeza y los bates en nuestras manos. Entonces vi a Lew Hill, que era un tipo divertido y ya había estado en la Liga del Atlántico Sur durante un par de años. Debido al agua y el champú y su casco, le salían burbujas por los agujeros en la parte superior de su casco. Yo intenté contenerme, pero no pude.

Trey caminó hacia mí, pero el agua de las luchas evitó que se acercara demasiado.

«Oye, ¿qué es tan divertido de la forma en que perdimos?».

Yo dije: «No me estoy riendo del partido. Me estoy riendo de Lew».

«¿Por qué te estás riendo de Lew?».

«Su casco está haciendo burbujas».

«No es tan divertido». Meneó su cabeza cuando dijo eso y se inclinó hacia nosotros, entrecerrando los ojos por el vapor y pareciéndose a una gallina enloquecida con su cabeza moviéndola arriba y abajo.

A esas alturas, todo el mundo excepto Trey se estaba riendo. Yo podía ver que él se enojaba cada vez más, pero lo único que seguía diciendo era, como contraste con lo obvio: «No es divertido. ¡No es malditamente divertido!».

Cuanto más lo decía, más nos reíamos nosotros.

Se giró y dijo: «Ustedes no se van a ir. Ninguno de ustedes. Sienten sus traseros en esta sala durante los próximos noventa minutos y hablen de béisbol. Y me refiero a *hablar de béisbol*. Ninguna otra mierda está permitida».

Y después de eso, se fue.

Mientras nos quitábamos los cascos y dejábamos los bates, todos intentábamos pensar en cómo íbamos a hablar de béisbol durante noventa minutos. Después de habernos duchado y vestido, nos sentamos en nuestras sillas plegables y dijimos algunas cosas acerca de cómo teníamos que comenzar a jugar mejor. Un par de muchachos bromearon acerca de que era mejor que lo hiciéramos aunque no fuera por otro motivo que para preservar la cordura de Trey. Cuando pasó la hora y media, abrimos la puerta de salida de la casa club, pero el autobús se había ido.

Asheville era un lugar estupendo, con cierta tendencia hippie, pero con algunos buenos restaurantes y muchos lugares para oír música en vivo. Como indica el apodo del equipo, era también un lugar que visitaban muchos turistas y eso significaba que mucho talento, muchachas bonitas, podrían encontrarse siempre. Perderse la oportunidad de estar por allí era una inmensa pérdida. Regresamos al club y nos quedamos allí, algunos de los muchachos tumbados en el piso, otros despatarrados delante de su taquilla. Unos minutos después, escuchamos a nuestro autobús acercarse. Steve dijo que en lugar de salir todos por la puerta y apilarnos en el autobús con la esperanza de salvar parte de la noche, todos deberíamos «estar tranquilos. Parecer arrepentidos».

Entonces me miró a mí y dijo: «Eso significa parecer tristes».

Todo el mundo se partía de la risa, pero rápidamente recuperaron sus miradas serias.

Trey entró, con sus brazos cargados de bolsas de papel con lo que olía como si procediera de una barbacoa. Aún con expresión de enojo, nos dijo: «Sienten sus traseros y coman».

Todos agarramos sillas y esperamos, como si fuéramos muchachos en la escuela esperando a que nuestro maestro nos dijera que todo iba bien. La sala estaba en silencio. Normalmente, Trey comía en su oficina, pero se sentó con nosotros.

Entonces, manteniendo el rostro serio, dijo: «Béisbol. Béisbol. Béisbol. Béisbol. Béisbol. Béisbol».

No pudo evitarse a sí mismo la risa. «¿En qué tipo de estúpida mierda estaba pensando? Vamos a comer. Al menos sé que tienen las manos limpias». Entonces me miró y dijo: «Adelante, Burbujas. Métele el diente».

Afortunadamente, ese apodo no permaneció, pero el incidente sí ayudó a unir más al equipo. Trey volvió a ser mi mánager otra vez al año siguiente en Clase A avanzada en Prince William, y aunque yo no siempre entendía sus métodos, con el tiempo él llegó a entenderme mejor de lo que yo me entendía a mí mismo. Algunas veces me llamaba a su oficina antes o después de un partido, y comenzaba a hacer que lo pasara realmente mal, desafiándome, y entonces decía: «Quieres batearme, ¿verdad? Puedo verlo. Estás tan enojado conmigo, que quieres hacer un *swing* conmigo delante».

Él jugueteaba conmigo para establecer su punto.

«No, no quiero batearle». Lo último que yo quería hacer era que me expulsaran por haber golpeado a un mánager.

«Bueno, deberías querer. Deberías estar enojado. Sabes que juegas mejor cuando estás enojado con el mundo, ¿no? Utiliza esa energía de manera correcta, y te irá mucho mejor».

Él tenía razón. Toda mi vida, aunque en realidad no sabía que lo que esta expresión en inglés significaba, yo estaba «resentido». Más adelante también lo oí describirlo como «tener mal genio», o lo que creo que nosotros que hablamos español llamamos estar «encojonado». Algunos muchachos pueden jugar con el tipo de frialdad que mostraba Derek Jeter; él era un competidor feroz, pero en realidad no podía saberse por el modo en que se comportaba. Algunos muchachos tienen que dejar que se muestren sus emociones, y me tomó algún tiempo entender que si yo me guardaba embotellada toda esa pasión y toda esa energía que decía «te lo demostraré», no era tan eficaz como cuando dejaba que se expresara de maneras adecuadas. Esa era una de las cosas que Trey intentaba hacerme entender: cómo canalizar mi energía, pasión y enojo en lugar de permitir que explotara incontroladamente. Eso era difícil de hacer, y me llevó mucho tiempo aprender cómo. No estoy seguro de que alguna vez dominara el arte de hacerlo.

Otra parte de mi educación en el béisbol era leer un libro que varios muchachos me recomendaron. H. A. Dorfman, psicólogo deportivo, escribió *The Mental Side of Baseball: A Guide to Peak Performance* [El lado mental del béisbol: una guía para el máximo rendimiento]. Estaba lleno de consejos prácticos e historias de jugadores de béisbol de la Liga Menor y la Liga Mayor. Yo podía identificarme con todo eso porque las situaciones que afrontaron aquellos muchachos eran las mismas que yo había afrontado. Era bueno saber que otros jugadores batallaban con dudas sobre sí mismos y frustraciones. Saber que muchachos que llegaron hasta donde yo quería llegar seguían sintiendo algunos de esos mismos temores y ansiedades fue realmente útil.

Sin embargo, esa no era la única razón por la cual necesitaba leer el libro. De los 101 partidos que jugué aquel año, estuve en tercera base en cinco de ellos y atrapé en 41. En el resto serví como bateador designado. Creo que mis estadísticas de *fildeo* en tercera base dicen mucho: tuve cuatro errores en aquellos cinco partidos. Mucho de eso fue mental. No estaba jugando el campo regularmente, y quería hacerlo. Por lo tanto, cuando me metía en el partido, ponía demasiada presión sobre mí mismo y no hacía algunas jugadas rutinarias. Por eso necesitaba leer ese libro. Detrás del plato, estaba bien. Tuve seis bolas pasadas y un error en aquellos 41 partidos. Debido a que era nuevo en la posición y las expectativas para mi rendimiento no eran tan elevadas, de algún modo me relajaba más. Puede que eso suene un poco extraño, pero pensaba tanto en tener que enfocarme, que esos pensamientos se interponían en el camino para que fuera capaz de realmente enfocarme y rendir.

El lugar donde me sentí mejor ese año fue la caja de bateo, y tuve números decentes, bateando .277, con 13 jonrones y 58 carreras empujadas en 339 turnos al bate. Estaba ponchando un poco más de lo que me hubiera gustado, con 87, pero seguía adoptando un buen enfoque, y me las arreglé para obtener base 58 veces. No vi mucha diferencia en la calidad de los lanzadores que enfrentamos en A comparados con baja A, y las luces y el ojo del bateador tampoco eran diferentes. El salto de casi 40 puntos en mi promedio sobre lo que había bateado en Oneonta se debía principalmente a relajarme un poco y tener más turnos al bate.

No sé si ser bateador designado la mayor parte de la temporada me ayudó o no. Sí, tenía que enfocarme más en mi ofensiva, pero no estar fuera en el campo hacía que me sintiera menos parte del juego. También me daba mucho tiempo, en ciertos aspectos demasiado tiempo, para pasarlo pensando en mi último o siguiente turno al bate. Era un poco una lucha llegar al punto en que pudiera realmente aceptar la idea de que un turno al bate, o un lanzamiento en un turno al bate, en realidad no tenía relación alguna con ninguno de los otros, que eran oportunidades separadas. Con eso me refiero a que el resultado de ese lanzamiento o ese turno al bate no estaba vinculado con lo que sucedió antes. Los lanzamientos estaban vinculados en el modo en que el lanzador trabajaba para prepararme, o en el enfoque que yo adoptaba dependiendo del conteo, pero no en el resultado.

Hacia el final de la temporada, lo que parecía una nota al pie de página relativamente menor en la historia de los Yankees se produjo cuando un joven jugador del que yo nunca había oído antes, un muchacho llamado Derek Jeter, jugó con nosotros. Nuestro tercera base, Tim Cooper, resultó lesionado, así que Richard Lantrip tuvo que pasar de parador en corto a tercera. Necesitábamos un parador en corto, de modo que pusieron a ese muchacho nuevo. Yo escuché a algunos de los muchachos hablar antes del partido, y no dejaba de oír: «Va a venir Jeter». Había escuchado que él era el primer muchacho que habían seleccionado los Yankees en junio, así que tenía muchas ganas de verle. Cuando apareció, yo me quedé pensando: «¿Ese es Jeter?».

Ese muchacho aparece, y mide unos seis pies y cuatro pulgadas, y no puede pesar más de 150 libras. Era muy alto y delgado, y llevaba esas rodilleras en el tobillo en ambas piernas y zapatos deportivos altos. ¿Tenía miedo a que sus piernas tan delgadas se derrumbaran? Y el muchacho no sabía cómo llevar puesta una gorra de béisbol. La llevaba un poco elevada en la parte delantera y muy baja en la parte trasera, y tenía esa expresión en su cara que decía: «Vaya, caramba, chicos», como si fuera el muchacho nuevo en la escuela que está buscando la cafetería o dónde encontrarse con su mamá para que le lleve a casa. No me gustaba el aspecto que tenía.

¿Y eso era lo grande? En el primer juego en que participó, yo bateaba como bateador designado, así que pude verle desde el banquillo. Bola por el suelo en medio del lado derecho de la segunda base, él la captura en su guante, hace un «spinderella» y lanza la bola para un *strike* para atrapar al corredor. Yo pensé: *Eso fue bastante bueno*. En la siguiente entrada, una bola profunda en el hueco a su izquierda. Del revés. Se planta. Dispara a primera. *Muy bien, puede ir en ambas direcciones*. Él hizo ponchete su primera vez, y yo pensé: *Buen guante. No se pega*. Otra vez le aborrezco.

Siguiente vez.

Yarda. Esas piernas espigadas le llevaron por los caminos de las bases bien en su trote hacia el plato, con pequeñas nubes de polvo que salían de sus patas de Bambi a la vez que la bola volaba por encima de la valla. Yo pensé que deberíamos darle el trato del silencio cuando regresara al banquillo, pero choqué su mano, con cuidado de no golpear con demasiada fuerza a aquel delicado muchacho.

No se necesitaba alguien con inteligencia en el béisbol como la que yo tenía para ver que el muchacho iba a ser bastante especial. Tan solo necesitaba que alguien le vistiera mejor y le dijera que se limpiara su chorreante nariz. También necesitaba que alguien le dijera que tenía que tener mucho cuidado a la hora de escoger amistades. Con el tiempo, la venganza por todas las bromas que él hacía a costa mía iba a ser difícil.

No volví a verle otra vez durante la temporada regular hasta 1994, pero vagamente recordaba quién era él.

Al final de la temporada, volví a ser seleccionado para la Liga Instruccional de Florida. Aunque a estas alturas ya había atrapado en casi cincuenta partidos profesionales, yo consideraba aquel periodo de seis semanas en 1992 como el comienzo de mi carrera como receptor. Me dijeron que sería receptor a tiempo completo desde ese momento en adelante. Ver que tenía limitadas mis opciones fue difícil en algunos aspectos, pero me liberó en otros. Si iba a tener que ser receptor, entonces podía dedicar todo mi tiempo y esfuerzo a ello.

Seguía habiendo una desventaja: en realidad no me encantaba ser receptor. No tenía temor al trabajo duro y a lo que eso supondría en mi cuerpo, pero tampoco era un masoquista que ama la idea de ser golpeado por lanzamientos y golpes directos.

Cuando me presenté para la liga instruccional ese año, fue como haber sido bajado a una categoría más baja porque regresé a las primeras lecciones sobre atrapar y a trabajar en los puntos más fundamentales. Trabajamos durante horas y horas en todo, desde la posición para ser receptor hasta trabajo con los pies, y la transición desde atrapar la bola a lanzarla, a recibir la bola, saltos para atrapar, y una decena de otros puntos detallados de la posición. En aquel momento no hablábamos aún de estrategia ni de partidos. Se trataba todo ello de trabajo físico duro y agotador. Y créanme que yo también refunfuñaba mucho.

Generalmente comenzábamos el día atrapando bolas en la tierra. Al principio, tenía que hacerlo con las manos detrás de mi espalda para forzarme a no volverme perezoso e intentar atraparlas pero sin mover mi cuerpo: la barbilla inclinada sobre mi pecho, la frente señalando hacia abajo, agachado sobre el vientre. Primero, en cuclillas señalando en la dirección que había de moverme. Entonces bola tras bola en la tierra. Izquierda. Derecha. Después con el guante. Entrenadores cerca gritando: «¡Bloquea!». Después, bolas desde las máquinas lanzadoras, la misma rutina, velocidades mayores, lanzamientos en curva con efecto que tenías que considerar.

Me sentía como si fuera una diana en una galería de tiro. Repito que no me importaba el dolor de ser golpeado por una bola; bueno, sí me importaba, pero lo que más me inquietaba era que a veces parecía como si no estuviera mejorando nada al ser golpeado por la bola. Yo creía que tenía buenos reflejos por jugar en el cuadro interior durante todos aquellos años, pero esto era diferente. Intentaba no desalentarme demasiado, algo en lo que mi papá también intentaba ayudarme.

Desde la primera vez que me había ido de casa hacia Calhoun, él me había dicho que mi futuro estaba en transformarme en un receptor. Él había escuchado de otros ojeadores que mi tamaño y mi brazo me hacían ser un buen candidato a ser receptor, y él estaba de acuerdo. Yo en realidad no quería oír eso en aquel entonces. Me encantaba ser defensor en el cuadro interior. Gran parte de su evaluación y de la de los Yankees estaba basada en mi tamaño y en mi brazo. Yo siempre podía lanzar, y esa es una parte importante de ser un receptor. En lo que tuve que trabajar fue en la técnica de lanzar desde detrás del plato.

Idealmente, cuando se lanza la bola desde cualquier posición aparte del montículo, uno quiere lanzar una bola de cuatro costuras. En otras palabras, uno quiere sujetar la bola de modo que los dos arcos de la herradura estén en paralelo con el suelo. De ese modo, las costuras recortan el aire mejor y la bola viaja más recta. En teoría, ese es el modo de hacerlo, pero cuando se está bajo presión y no se tiene mucho tiempo, cualquier costura, o en el peor de los casos cualquier agarre, valdrá. Realizar la transición desde tener la bola en el guante a tenerla en la mano que lanza es uno de los puntos más delicados del juego en el que realmente trabajas cada vez más a medida que avanzas en las filas. Un defensor de cuadro interior puede a veces compensar una transición lenta con un brazo fuerte, pero un receptor que intenta lanzar y pasar a un corredor que está robando una base tiene menos probabilidades de poder compensar de esa manera.

El tiempo promedio en que un corredor va de primera a segunda base en un intento de robo es de 3,55 segundos. Algunos de los principales receptores en el juego, muchachos como Pudge Rodríguez, podían conseguir que la bola saliera de su guante y lanzarla a segunda en 1,8 ó 1,9 segundos, y a veces incluso más rápido que eso en una décima de segundo, o algo así. Cualquier cosa por debajo de dos segundos se considera un buen promedio. Por lo tanto, no hay mucha diferencia entre estupendo y bien. Los lanzadores dictan gran parte del éxito a la hora de defender el curso del partido. Los rápidos, muchachos que no levantan mucho sus piernas del suelo, pueden conseguir que la bola llegue al plato en 1,1 a 1,2 segundos. Muchachos más lentos lo consiguen en 1,5 a 1,6 segundos. Añadamos a eso el extremo de ambos, un movimiento lento hacia el plato y un lanzamiento lento a la base, y tenemos unos 3,5 a 3,6 segundos. Básicamente, un lanzador que no consigue hacer llegar la bola al plato por debajo de 1,5 segundos está haciendo que sea casi imposible que cualquier receptor lance por un robador de base promedio. Dejando a un lado todos esos números, el margen de error para un corredor o un receptor es muy, muy delgado.

Por esa razón, pasábamos horas, horas y horas intentando recortar mi lanzamiento a la base en décimas de segundo. Hay solamente unas cuantas acciones que se realizan en el béisbol durante las cuales alguien puede permanecer ahí con un cronómetro y darte comentarios instantáneos sobre algo que parece tan relativamente sencillo. Después de todo, todo aquel que alguna vez haya jugado como receptor ha atrapado la bola y después la ha transferido a su mano lanzadora. Todas aquellas horas pasadas jugando al tenis de mesa me ayudaron a tener manos rápidas para atrapar una bola que se desviaba, pero en realidad no hay nada que uno pueda hacer para simular lo necesario para sacar una bola del guante y ponerla en la mano. Añadamos el trabajo de pies necesario para dejar la posición de cuclillas y lanzar, y tenemos un complicado conjunto de tareas en las que finalmente uno tiene que dejar de pensar y sencillamente actuar. Dividimos cada uno de los pasos en otros pasos más pequeños y trabajamos en ellos aisladamente antes de unirlos todos. Entonces añadimos otro conjunto de complicaciones: lanzadores y bateadores, a veces con los bateadores de pie allí en medio y otras veces haciendo que abanicaran.

Incluso atrapar una bola de béisbol es diferente cuando estás situado detrás del plato. Tienes que ayudar a tu lanzador a captar las señales, y si lo haces y pones tu guante fuera de la zona de *strike*, el árbitro no cantará *strike*. Como resultado, tienes que recibir la bola. Esta es la diferencia: si el lanzamiento es elevado, atrapas la mitad superior de la bola. Si el lanzamiento es bajo, atrapas la mitad inferior de la bola. Si va muy desviado a la izquierda, atrapas la parte izquierda de la bola. Demasiado a la derecha, atrapas la parte derecha de la bola. Los lanzadores aborrecen a los receptores que alejan de ellos los lanzamientos. Por lo tanto, aparte de todo lo demás que era en cierto modo nuevo para mí, incluso tenía que pensar en lo más sencillo que había estado haciendo desde que era un niño: atrapar la bola.

Y por embarazoso que sea admitirlo, yo no era muy bueno a la hora de hacer eso. Cuando me asignaron jugar al béisbol en A avanzada en Prince Williams en 1993, ¡encabecé la liga en bolas pasadas con 38! Treinta y ocho. Yo le di un nuevo significado a la idea de que a un receptor se le llamara parador en corto. Pasé casi el mismo tiempo girándome para hacerle frente a esa barrera como el que pasé saliendo al montículo para hablar con los lanzadores.

En realidad, los muchachos eran bastante pacientes conmigo, al igual que lo fue la organización. El primer año en que hice la liga instruccional les di cierta idea de qué esperar. Ellos habían seleccionado a un zurdo de la secundaria llamado Brian Taylor en su primera jugada. Él era muy bueno. Lanzaba en mitad o en lo alto de las 90 millas, y le enviaron a la liga instruccional. Me dijeron que atrapara mientras él realizaba cierto trabajo a un lado con un grupo de la gente de desarrollo de jugadores de la organización y algunos entrenadores que le observaban. Los primeros lanzamientos fueron bolas rápidas con un buen movimiento hacia un lado. Yo me las arreglé para agarrarlas. «Dos costuras». Me lanzó una, y se movió tanto que no pude atraparla. Lo hizo de nuevo, y también fallé esa. Uno de los entrenadores de lanzamiento de AAA se acercó a mi lado y dijo: «No es de dos costuras, es una cortada». No importaba cómo se le llamara; me resultó difícil atraparla.

Tan solo para poner las cosas en perspectiva, tuve 142 bolas pasadas en mi carrera de diecisiete años en las Grandes Ligas, y el número más elevado en una sola temporada fue de 18, lo cual supuso 20 menos que aquel año en Prince William. Aquello era triste y feo, pero no permití que me afectara en el plato, donde terminé segundo en el equipo en jonrones y carreras impulsadas. Estoy más orgulloso de las 17 bases robadas que tuve en 22 intentos. Todo eso acerca de cómo me ayudó ser receptor para tratar con corredores en base.

Recientemente oí que el autor Malcolm Gladwell escribía que las personas exitosas tienen que pasar 10.000 horas en algo a fin de lograr llegar a un elevado nivel. Yo nunca conté las horas, pero diría que ese es un cálculo bastante preciso de lo que invertí. No estoy seguro de haber podido lograrlo si mi papá no me hubiera enseñado desde temprano que la persistencia es una habilidad esencial. Él no permitía que abandonara, y las tareas que me asignaba, inicialmente al menos, parecía que no terminarían nunca, incluso si yo era capaz de realizarlas. Él me mostró una y otra vez que lograría terminar el trabajo mientras siguiera en ello, empleara tiempo cada día, hiciera las cosas de la manera correcta, y no tomara atajos Como resultado, yo no cuestionaba la práctica o la diligencia que requería cualquier trabajo; en cambio, sencillamente confiaba en que hacer el trabajo era la única manera de terminarlo.

Al final del año fui ascendido al equipo de Albany en AA para los partidos finales de la temporada y los *playoffs*. Participé en siete partidos, permitiendo dos bolas pasadas, pero hice algo más que mantener mi posición en el plato, bateando .280 en esa breve aparición allí. Cambié a un guante más pequeño, el Wilson 1791, que era unos tres cuartos de pulgada más corto que el Wilson 1790 que había estado usando. Un guante más pequeño me forzó a centrarlo mejor, y menos bolas salieron por el borde y me ayudó a recibir la bola con más finura.

Mi guante puede que hubiera sido más pequeño, pero mi meta se iba agrandando en mi visión. Estaba aprendiendo algo más en ese momento. A pesar de mis batallas, y aunque le había dicho a la gerencia que en realidad no estaba seguro de que ser receptor fuera lo que quería hacer, todo el trabajo que ellos emplearon en mí y la disciplina mental que estaba desarrollando, me estaban ayudando a tener más claro que estaba en el curso correcto. Y todas aquellas carreras de velocidad que había hecho me estaban ayudando con bastante rapidez a llegar a esas bolas pasadas.

En el siguiente entrenamiento de primavera me dijeron que iba ir al norte a jugar para el afiliado AAA de los Yankees en Columbus, Ohio. Siete partidos en AA habían sido suficientes; estaba a un paso de las Grandes Ligas.

Capítulo 8

A un solo paso

Cuanto más pensaba en el equipo de los Yankees en las Grandes Ligas, más entendía que tenía que lidiar con mis fracasos a fin de tener éxito. Aunque había llegado lejos, sabía que este tramo final sería el más difícil. Para llegar hasta allí, tenía que confrontar mis debilidades; no permitir que me abatieran, no olvidarlas, sino reconocerlas.

Sí, estaba un paso más cerca de las Grandes Ligas, pero solamente había sido receptor una temporada completa en las Ligas Menores, y solamente 280 partidos en total en tres temporadas. Estaba a millas por detrás de otros receptores en el nivel Triple A en cualquier organización. Además, tenía solamente veintidós años; puede que hubiera sido un veterano de tres años en la organización de los Yankees, pero era muy joven y un bebé en mi posición. Aun así, tenía visiones de que en algún momento en ese primer año, quizá al final cuando las alineaciones se ampliaran, tendría mi primera oportunidad en las Grandes Ligas. Seguía teniendo ese papel donde había escrito mis metas, y aunque incluía una parada en la Doble A, lo había escrito con lapicero y podía hacer cambios.

En 1994 me incorporé a un equipo que empleaba seis receptores durante el curso del año, incluido el exjugador de las Grandes Ligas Bob Melvin.

Lo que me sorprendió al principio cuando conocí a todos los muchachos en el equipo fue que era un grupo mucho mayor. Yo era el único jugador de posición que había dado el salto desde Prince Williams a Columbus, pero los lanzadores Andy Pettitte, Matt Dunbar y Keith Garagozzo también pasaron tiempo en Columbus. Así lo hicieron otros dos muchachos que habían sido parte de mi pasado y que iban a ser una parte aun mayor de mi futuro: Derek Jeter y Mariano Rivera.

Conocí a Mariano en la primera liga instruccional a la que asistí. Yo no lo sabía entonces, pero él se estaba recuperando de una cirugía Tommy John. Debido a que yo estaba aprendiendo a atrapar, y él no estaba lanzando, solamente pasamos poco tiempo juntos. Lo que más recuerdo es ver a ese muchacho correr en el jardín exterior haciendo carreras de velocidad con los jugadores de posición. Él podía cubrir el terreno. Cuando hablé por primera vez con él, le pregunté por qué lanzaba de izquierda al lanzar bombitas mientras perseguía elevados. Él se subió la manga para mostrarme la cicatriz. Yo levanté las cejas y meneé la cabeza.

«Lo siento».

«Estaré bien».

Sonrió con esa sonrisa sorprendente de Mariano. Si hubiera sido yo con mi carrera en peligro debido a una lesión, no creo que hubiera tenido esa actitud optimista que tenía Mo. Más que cualquier otra cosa, eso es lo que recuerdo acerca de él en ese otoño. Nada parecía mantenerle derribado por mucho tiempo. Era una de las personas más enérgicas y positivas que conocí jamás. Se divertía mucho al estar en el campo tan solo buscando elevadas y corriendo. Se reía y sonreía, y uno habría pensado que era un niño pequeño en el entrenamiento de primavera, como yo había sido todos aquellos años antes, y no alguien cuyo futuro estaba en duda.

Llegué a conocerlo mejor en el entrenamiento de primavera de 1993. La primera vez que atrapé para él, no quedé tan impresionado. Su bola rápida llegó a unas 92 millas por hora y era realmente recta. No tenía en verdad un lanzamiento curvado o con menos velocidad, y yo me preguntaba sobre su durabilidad. Él era un muchacho muy delgado, y para él llegar a las 92 parecía una verdadera hazaña. Sin embargo, lo que sucedía era que tenía una mecánica absolutamente perfecta. También podía situar la bola donde él la quisiera con una regularidad sorprendente. Yo pensaba que eso era lo que tenía a su favor, pero contra bateadores de las Grandes Ligas, no pensaba que fuera a ayudarle demasiado. Con el tiempo, él demostraría que mi evaluación era equivocada, pero era un lanzador muy diferente para aquel entonces del que yo vi por primera vez.

Fuimos por caminos separados en la temporada de 1993. Él fue asignado a la Liga de Novatos y después a Greensboro. La organización lo estaba tomando con calma debido al periodo después de la cirugía en su brazo, y él lanzó menos de 40 entradas en aquella temporada completa. Al igual que yo, él tenía una gran transición que hacer, de ser un abridor a lanzador suplente, pero todo eso estaba aún por delante de él en 1994. Él comenzó seis partidos para nosotros después de comenzar un total de otros 16 en A avanzada y AA. Si yo me sentía bien por haber sido ascendido dos veces, entonces Mariano iba como un cohete recorriendo las Menores. Al igual que Derek, él era un muchacho delgado que no impresionaba con su presencia física, pero había algo en el modo en que se comportaba, cierta seguridad calmada que nunca era arrogante, sino que te hacía sentir que creía en sí mismo y en su capacidad de sacar a jugadores. Él podía humillarte en el plato, pero siempre era humilde.

Todo en la AAA era un ascenso: el salario, los campos, los seguidores, las comidas, todo ello, incluido el árbitro. A medida que mi educación como receptor siguió adelante, y con la ayuda de Bob Melvin, estaba aprendiendo que la relación que uno desarrolla con los árbitros es otra parte del trabajo. Yo siempre tuve respeto por ellos, pero había algo más que solamente eso. En ciertos aspectos, sin embargo, lidiar con los árbitros era más de lo que yo podía manejar en aquellos primeros tiempos de ser receptor. Sencillamente había demasiadas piezas diferentes del rompecabezas. Cantar una jugada, manejar las diferentes personalidades en el personal de lanzadores, conocer a los bateadores; todas esas eran cosas en las que yo necesitaba trabajar. Bob fue estupendo para ayudarme a desarrollar una mejor sensación para la selección de lanzamiento y la estrategia. Él creía firmemente en no meterse demasiado con los bateadores. Seguir adelante. Hacerlos salir. Aún puedo oír a Bob diciéndome una y otra vez: «Termínalos».

Aprender a dominar todo eso tomaría más tiempo, y de repente esa era la única cosa en la que estaba fuera. A mitad de julio, justamente después del descanso del Todos-Estrellas, estábamos jugando contra el equipo AAA de los Mets, los Norfolk Tides, en casa en Columbus. Pat Howell era un muchacho pequeño, medía poco menos de seis pies y pesaba unas 150 libras. El informe del ojeador sobre él era que podía correr y establecer contacto, pero que en realidad no tenían mucha potencia, así que no nos preocupamos demasiado respecto a él. Estábamos por detrás en el conteo cuando él comenzó la entrada, y lanzó una bola rápida de esas de «consigue superarme» al centroderecha para conseguir un batazo bueno, y después avanzó hasta segunda en una jugada de batear y correr.

Yo le vi salir para tercera en una robada, y me estaba levantando tras estar de cuclillas cuando una bola arrastrada fue al campo corto. Teníamos al jugador en primera, pero yo podía ver a Howell rodeando la goma y llegando al plato. Comencé a gritar: «¡Cuatro! ¡Cuatro!», y por alguna razón nuestro primera base, Don Sparks, dudó un poco antes de hacer el lanzamiento al plato. Yo sabía que la jugada iba a estar reñida, así que planté mi pie izquierdo en el borde del plato e hice que mi rodilla girara ligeramente hacia la goma de tercera base para intentar bloquear al corredor. La bola, el corredor, y una tonelada de dolor llegaron todos ellos al mismo tiempo. Sparks no hizo nada incorrecto; el lanzamiento era bueno. Howell no hizo nada incorrecto; tan solo se deslizó directamente hacia el plato y no tenía ningún otro lugar donde ir. Yo no hice nada equivocado; intentaba bloquear la goma lo mejor que podía y alcanzar el tiro al mismo tiempo. Ninguno de nosotros hizo nada equivocado, pero yo fui quien pagó el precio.

Nunca he sentido un dolor tan intenso. El impacto en sí mismo es algo que en realidad no recuerdo. Esa memoria fue borrada por un agudo dolor que viajó desde mi pie y mi tobillo, pasando por mi rodilla y hasta mi espalda. Levanté la vista y estaba tumbado en el suelo de espaldas, gritando, y vi que mi pie estaba allí dado la vuelta hacia la izquierda señalando a las nueve, y que mi rodilla señalaba directamente a las doce. Yo soy un muchacho flexible, pero no tan flexible. Mi tobillo quedó dislocado, los tendones rotos, y mi peroné (el hueso de mi pantorrilla) estaba roto por encima del tobillo. Yo alternaba entre gritos y rechinar los dientes. Me agarraba a la tierra, tomando en mis manos puñados de ella.

Casi peor que eso fue la angustia mental que estaba experimentando. Quería gritar para alejar de mi mente los pensamientos que pasaban por mi cabeza y que colisionaban con la realidad que estaba experimentando, tumbado allí sobre aquella tierra.

Mi carrera ha terminado. Mi carrera ha terminado. Estoy terminado. Es el final.

Los fisioterapeutas probablemente estaban allí, pero no recuerdo mucho. Sentía tanto dolor, que apenas era consciente de que me sacaron del campo. Sé que un par de muchachos me levantaron, y yo seguía levantando mi cabeza desde la tierra hacia el cielo, como un caballo de carreras herido. Tierra. Cielo. Luces. Carrera terminada. Cuando se las arreglaron para hacerme pasar por la estrecha apertura entre el banquillo y la casa club, me situaron sobre la mesa del fisioterapeuta. Yo batallaba para mantenerme quieto, con la adrenalina, la frustración y el temor recorriendo todo mi cuerpo. Stump Merrill, nuestro mánager, entró, y yo le miré mientras los fisioterapeutas trabajaban sobre mí, quitándome primero los protectores y después el protector del pecho. Los tiraron al piso. Yo me quejaba y hacía gestos hacia el equipamiento:

«Nunca más voy a ponerme esas malditas cosas. He terminado. No voy a volver a atrapar. Nunca. Lo dejo».

Él comenzó a decir algo, y yo me apoyé en mis codos para incorporarme. Observaba mientras los fisioterapeutas cortaban mis calcetines y la pierna de mis pantalones. Sostenían mi pierna con sus manos por debajo de la pantorrilla y el muslo, y mi pie colgaba desde allí, muerto, señalando hacia el piso.

«Vas a ponerte bien», dijo Stump. «Solo relájate».

Creo que él pensaba que yo estaba hablando de que la lesión pondría fin a mi carrera. Yo intentaba decir que no quería volver a ser receptor. Había seguido todas las cosas que todo el mundo me había dicho que hiciera, había mejorado, ¿y era así como los dioses del béisbol me recompensaban? Haber trabajado tanto ¿para qué?

Los fisioterapeutas me dieron algo para el dolor, y cuando hizo efecto envolvieron mi tobillo en hielo. Pero incluso entonces estaba hinchado y descolorido, y parecía que era parte de algún extraterrestre de la serie *The X-Files*. Unos minutos después, me metieron en una ambulancia y me llevaron al hospital en Columbus. Por trillado que esto parezca, el resto es solamente un trazo nublado. Recuerdo despertarme a la mañana siguiente en el hospital. El especialista ortopédico que hizo el trabajo entró en cierto momento y me habló de placas, tornillos, y de no poner peso durante seis semanas. Esa cifra fue lo que me sorprendió, aunque estaba en una nube de anestesia y analgésicos. Seis semanas. No podría caminar sobre la pierna durante seis semanas.

Llamé a mi mamá. Ella comenzó a llorar. No pudo seguir por mucho tiempo al teléfono porque estaba muy molesta. Mi papá se puso, y me pregunto cómo había sucedido, lo que me habían hecho, lo que tendría que hacer para regresar al campo. Era compasivo, pero a la vez también estaba pensando ya en los pasos siguientes. Su actitud me hizo salir del temor que sentía, me hizo dejar de pensar en lo que había sucedido y pensar en cambio en qué hacer a continuación.

Incluso cuando estaba de nuevo en Puerto Rico, los Yankees fueron estupendos respecto a seguir en contacto conmigo. El que yo no estuviera en los Estados Unidos complicaba un poco más las cosas, pero ellos seguían teniendo un ojo en mi progreso. Tenía que regresar a Nueva York para visitar a uno de sus especialistas, el Dr. Hershon, para que me quitara uno de los siete tornillos. Me lo habían puesto solo temporalmente, y tenían que quitármelo. Yo aborrezco las películas de terror, pero en cierto modo estaba fascinado por lo que el Dr. Hershon tenía que hacer. Me pusieron una inyección para dejar dormida la zona, y entonces él me pidió que ayudara a sostener una capa de piel, utilizando un aparato con abrazaderas mientras él quitaba el tornillo. Yo quería ver lo que estaba sucediendo. Aunque salía sangre de la pequeña incisión, podía ver lo blanco que era el hueso y también podía ver el tendón, como si fuera un pollo poco cocinado allí debajo.

Después de seis semanas pude volver a caminar, e hice la rehabilitación con la misma actitud que había tenido ante otros retos. Iba a una clínica local, y los especialistas de rehabilitación allí me pusieron a hacer un conjunto de ejercicios que los médicos de los Yankees habían designado. Quedé sorprendido por lo rígido que estaba el tobillo al principio. Después de seis semanas sin moverlo, era como la articulación de una figura de acción que se había quedado en la calle bajo la lluvia llenándose de óxido y de tierra. Me sentí incluso más como una figura de acción al estar sentado allí pasivamente mientras el fisioterapeuta manipulaba mi tobillo, moviendo mi pie de un lado a otro y arriba y abajo.

También tenía que hacer trabajo en casa. Me dieron unas bandas de extensión para añadir resistencia a los movimientos. Algunos de los ejercicios no podía hacerlos por mí mismo, de modo que Michelle me ayudaba a completarlos. Lo más difícil de hacer, porque era muy repetitivo, era mover mi tobillo para trazar las letras del alfabeto en el aire.

Pasar horas y horas haciendo ABC no era divertido, y también estaba el hielo, siempre el hielo. Me habían tomado medidas para el número de grados de rango de movimiento que tenía en varias direcciones, y me habían dicho el número óptimo hacia el que debería trabajar. Me gustaba tener esa medida como una diana específica, una meta tangible hacia la que poder trabajar.

Desde el principio, realizaba cada día esa fiesta de compasión de mí mismo, pero después eché a patadas a todos los asistentes a la fiesta para hacerle espacio a la rehabilitación. No iba a permitir que nadie más supiera acerca de mis dudas.

Aun así, ahí estaban. Es divertido que el béisbol sea un juego de matemáticas, de fracciones y porcentajes, y no había manera alguna en que yo pudiera convertir esos 92 partidos que había jugado y los 50 que me perdería en una ecuación cómoda. Tenía tanto trabajo que hacer para llegar a ser un receptor en las Grandes Ligas, que por cada partido que me perdí sentía que me estaba perdiendo cientos de experiencias; al menos una experiencia por lanzamiento. ¿Cómo iba alguna vez a ser capaz de compensar eso?

Una cosa que me ayudó a mantener mi enfoque fue escuchar a algunos de los muchachos en la organización. Ricky Ledée y Rafael Quirico me llamaban, al igual que Mariano y algunos otros. Darren London, el fisioterapeuta de Columbus, también se mantenía mucho en contacto, asegurándose de que mi rehabilitación siguiera bien. Todo el mundo hablaba sobre la siguiente primavera y la siguiente temporada, manteniéndome enfocado en todo lo que cada uno esperaba que fuera a ser mi rápido retorno al juego. «Rápido» es un término relativo, y estar lejos del juego desde julio hasta febrero fue con mucha diferencia el periodo de descanso más largo que había tomado en toda mi vida en el béisbol.

Mi papá fue estupendo, ofreciendo ayuda y apoyo. Los dos íbamos juntos a Casa Cuba. Mi papá tenía la idea de que si yo utilizaba aletas de natación y me impulsaba de un lado a otro de la piscina tan solo utilizando mis piernas, fortalecería la corva y trabajaría mi tobillo. Ya que no había podido utilizarla durante las seis semanas, mi corva había sufrido más, y tenía la mitad del tamaño que solía tener. Con una tabla plana de flotación delante de mí y aquellas aletas detrás, avanzaba lentamente, pero me gustaba estar en el agua y bajo el sol. A veces mi papá estaba conmigo en la piscina, pero mis recuerdos más gráficos de aquella época son llegar hasta el final de la piscina, verle a él sentado en su tumbona, con un cigarro colgando de su boca mientras contaba el número de vueltas, y que me dijera: «Diez más».

Aunque los Yankees habían sido flexibles al permitirme realizar la mayor parte de mi rehabilitación en Puerto Rico, a principios de febrero de 1995 me presenté temprano en Tampa para una ronda de rehabilitación incluso más intensiva. Me seguía sintiendo un poco frustrado, ya que mi pie y mi tobillo los llevaba dentro de una bota pesada y grande que no me permitía moverme con naturalidad. Me pusieron a hacer ejercicios para atrapar, y el pie y el tobillo comenzaron a soltarse, pero muy, muy lentamente. También me dijeron que caminara mucho en la playa, y yo hice algún ejercicio allí, la arena proporcionaba una superficie suave y a la vez cierta resistencia.

La terapia no terminó cuando comenzó el entrenamiento de primavera. Yo llegaba una hora antes que todos los demás cada día para hacer más trabajo, más ABC, más resistencia con las bandas, más levantamiento de la corva, más hielo. Después de la rutina diaria, volvía durante al menos otra hora a realizar gran parte del mismo trabajo que había hecho antes, un patrón que continuó a lo largo de la temporada regular. En el entrenamiento de primavera, ser capaz de recibir lanzamientos suaves y volver a golpear desde un soporte y lanzar fue parte de la mejor terapia que recibí. Sentir que estaba regresando a las cosas del béisbol fue estupendo para mí mentalmente.

Esa primavera también me presentaron a un hombre llamado Gary Tuck. En el mundo del béisbol, es ampliamente considerado como uno de los mejores instructores de receptores, y los Yankees le habían llevado para ayudarme. Si no hubiera estado casi abrumado antes por el énfasis en lo que parecían diminutos elementos de la técnica, Gary llegó con un análisis incluso más microscópico de lo que yo estaba haciendo, y fue enormemente útil. Con toda la rehabilitación y todo lo que estaba absorbiendo sobre estrategia de lanzamientos, el dolor en mi cerebro ayudó a apartar mi mente del dolor en mi tobillo.

No creo que llegara a sentirme completamente cómodo toda esa temporada. Esto se cumplía especialmente cuando bateaba de izquierda. Siempre un bateador con el pie atrás, no tener esa base estable detrás de mí, no sentirme conectado firmemente al terreno con ese pie atrás, era frustrante. Golpear una bola de béisbol requiere de todo el cuerpo, y cuando alguna parte de tu cuerpo no se siente bien, puede producir todo un conjunto de otras consecuencias y sensaciones negativas.

Mis números en potencia descendieron, también ponché 101 veces, 20 ponches más que los que había tenido el año anterior tan solo en poco más de 16 partidos. Aquello era molesto, en especial dado el énfasis de los Yankees en no desperdiciar turnos al bate y tener una buena disciplina en el plato. (La imagen de Trey Hillman gritando y el resto de nosotros de pie y desnudos en las duchas era algo que no podía dejar de ver.) También tuve que hacer ajustes detrás del plato para darle a mi tobillo todo el descanso que pudiera, agachándome sobre mi rodilla izquierda muchas más veces entre lanzamientos o cuando yo lanzaba la bola de nuevo al montículo.

Tener que pensar en cada uno de los movimientos era agotador mentalmente algunas veces. Por fortuna, Bob Melvin seguía estando por allí para ayudarme con los puntos más finos de tratar con el personal. También estaba en ese club Guillermo «Willie» Hernández. Un jugador veterano de Puerto Rico que tenía cuarenta años y había estado en el béisbol profesional desde 1975, fue una inmensa ayuda para mí. De los 108 partidos en los que participé, atrapé en 93, de modo que me seguía sintiendo como si me estuviera quedando atrás en términos de experiencia. Estar en el banquillo y algunas veces en la jaula de calentamiento con muchachos como Willie y Bob casi lo compensaba. De hecho, hubo veces en que sentía que quizá los Yankees estaban intentando meter dentro de mí demasiada experiencia del juego. En un momento en julio, fui receptor en once partidos seguidos, incluido el final de un doble juego. Entre partidos, Bill Evers, nuestro mánager, se acercaba a mí y me decía: «¿Listo para seguir otra vez?».

Yo le miraba. A estas alturas, mi corva izquierda seguía sin tener su tamaño normal. Yo pensaba que estaba de nuevo en la piscina con mi papá, a excepción de que Bill no tenía un cigarro en su boca.

Le hablé de los once partidos seguidos y le sugerí que ser bateador designado parecía que estaría bien para mí.

«No, no. Tienes que ser más duro. Esto será bueno para ti».

Oscar Acosta era nuestro entrenador de lanzamientos, un hombre estupendo y un tipo duro que montaba toros fuera de temporada. Él dio la cara por mí y dijo: «Él ya es lo bastante duro. Acaba de atrapar once días seguidos. Eso es suficiente».

Oscar era así. Él nos respaldaba, pero también era realmente duro con los muchachos. A los lanzadores no les gustaba ir a Columbus en sus tareas de rehabilitación porque él los conducía con dureza, diciéndoles que si no podían lanzar tan duro o por tanto tiempo como querían, entonces tenían que mantener el resto de sus cuerpos en forma.

Yo no fui receptor en ese partido, pero aparentemente, sin importar lo mucho que me preocupara por no obtener suficiente experiencia, estaba obteniendo suficiente: me las arreglé para recortar mis bolas pasadas hasta 14 y saqué a un 32 por ciento más de los corredores que intentaban hacerme robos. Tan solo para propósitos de comparación, habría terminado tercero en las Grandes Ligas en 2014 con ese porcentaje de capturas en intentos de robos. Por incómodo que me sintiera en el plato al principio del año, volví a recuperar el paso a mitad de temporada, y terminé siendo designado para el grupo de la Liga Internacional de Todos-Estrellas.

El último día de agosto teníamos una jornada doble en Toledo. Bill Evers se acercó a mí antes del primer partido y dijo: «No vas a jugar hoy».

«¿Qué quiere decir? ¿Qué sucede?».

«Ya me has oído. No vas a jugar. De hecho, recoge tus cosas y vete de aquí». No pudo controlarse por más tiempo y comenzó a sonreír. «Felicitaciones. Vas a ir a Nueva York. Tienes que subirte al avión cuanto antes».

Yo no podía creerlo. Regresé corriendo a la casa club, y allí estaba Derek metiendo cosas en sus bolsas.

«Nos vamos a Nueva York», dijo Derek. Sus palabras comunicaron su actitud usual seca, en clave baja, que expresaba «todo va bien». Pero yo podía ver la expresión en su mirada. Él estaba emocionado por tener otra oportunidad de ir a jugar en el Estadio. Como estaba a punto de saber, cuando uno llega a ese nivel, nunca, nunca más quiere volver a retroceder.

Derek Jeter y yo nos habíamos acercado más a medida que pasó el año. Teníamos un enfoque similar del juego, el mismo impulso, y sentíamos eso el uno respecto del otro. Al ir juntos a lugares, comer juntos, ver películas, hablar sobre deportes, algo pareció hacer clic entre nosotros, y ahora allí estábamos yendo juntos a Nueva York. No importaba el por qué en ese momento, pero finalmente me dijeron que al ser incorporado antes de que la alineación se ampliara, yo estaba calificado para jugar en la postemporada. Buck Showalter quería un tercer receptor en la alineación para así poder usar a uno de los tres de nosotros como bateador sustituto y seguir teniendo a un receptor en la reserva.

El resto de ese día es sencillamente un torbellino de imágenes de viajes en auto, aeropuertos, viajes en taxi, y llegada al Estadio de los Yankees. Yo había estado allí antes, desde luego, cuando era pequeño, pero nada, y quiero decir nada, puede prepararte para la diferencia entre mirar al campo desde arriba y mirar hacia arriba desde el campo. Estaba a punto de entrar en el campo por primera vez como jugador de las Grandes Ligas, y estaba un poco indeciso al hacerlo. Me quedé de pie unos segundos delante de la taquilla de Thurman Munson. Pensé en lo mucho que él había significado para los equipos en los que jugó y para el juego mismo. Ahora yo estaba jugando en la misma posición que él tenía, pero sabía que aún no estaba en su liga. Pocos receptores lo están alguna vez.

El túnel desde la casa club hasta el banquillo era oscuro, y un rectángulo de luz más adelante parecía más brillante que cualquier luz que yo hubiera visto nunca antes. Era el primer día de un nuevo mes. Los Yankees estaban batallando, en 58-59, y seguían 14 juegos por detrás de los Red Sox. Parecía como si no fuese a haber ninguna postemporada para la cual calificarme. Yo me presenté a las 2:00 para un partido que se jugaría en la noche, mucho antes de que nadie más estuviera allí. Antes de salir al campo, me senté en el banquillo. El personal de mantenimiento estaba ocupado regando el campo. Mis ojos se llenaron de lágrimas. Le había dicho a mi mamá hacía muchos años que algún día iba a jugar allí, y ahora estaba a punto de hacer precisamente eso.

No pensaba en la lesión y lo que había tenido que hacer para sobreponerme a ella. En realidad, no pensaba en cambiar de posición, en llegar a ser un receptor, y lo que había trabajado para lograrlo. Tampoco se trataba de mi educación como receptor, de aprender a recibir una bola, a seguir una elevada, o a preparar a un lanzador. Se trataba tan solo de empaparme del sentimiento. El Estadio de los Yankees. Las Grandes Ligas. Las rayas del uniforme. Monument Park. Me dije a mí mismo que recordaría ese momento, que recordaría aquellos sentimientos de orgullo y gratitud. Mi papá tenía un plan para mí, y estaba a punto de cumplirse.

Había llamado a mi mamá y mi papá desde Columbus antes de subir al avión; pero quería volver a hablar con ellos. Me levanté y regresé a la casa club para usar el teléfono. Hablé con mi mamá, y ella parecía muy emocionada por mí. Entonces se puso mi papá, y hablamos un poco sobre el partido y sobre los Mariners como si yo fuera a abrir y necesitara repasar su alineación. Aquello lo sentí bien y un poco

Sentado con mi madre, Tamara, alrededor de los cuatro años de edad en Puerto Rico. Siempre estaba ahí para cuidarme.

Una foto de la escuela en mis primeros días en la American Military Academy.

Montando triciclos de ruedas grandes con Manuel, mi vecino y mejor amigo cuando estaba creciendo.

Con mi papá a la edad de cinco años. Cuando era pequeño, mi papá quería que mi *swing* fuera rápico, así que no me dejó batear con algo más pesado hasta que tuve siete años.

El padre de mi amigo Ernesto a veces nos llevaba a un campo cerca de nuestras casas a jugar a la pelota. Aquí estoy con mis amigos, Che, Ernesto y Manuel, listo para ir.

Con mi primer equipo de Casa Cuba, cuando tenía ocho años. Estoy de pie en la fila superior a la izquierda junto a mi entrenador. En aquel entonces siempre era uno de los niños más pequeños.

Con Michelle y Melissa, nuestra prima, visitando a Papí Fello en la República Dominicana.

Practicando judo para una clase en la American Military Academy.

En 1983, mi papá me llevó con su equipo de *softball* en un viaje a Elizabeth, New Jersey, como su asistente. En ese viaje a los Estados unidos fue la primera vez que vi el Estadio de los Yankees, y decidí que un día jugaría en ese mismo campo.

Entrenamiento de primavera, 1986, cuando mi papá trabaja para los Braves. Fue la primera vez que asistí en persona a sus entrenamientos de primavera en West Palm Beach.

Dale Murphy, de los Braves, ayudándome a recoger las bolas en la jaula de bateo justo después de decirme aquellas dos palabras que me cambiaron la vida: «buen *swing*».

En el campo en Calhoun Community College. Detrás de mí, puede ver el pequeño aeropuerto que se interponía entre nuestras cabanas residenciales y el campo, el mismo donde me atraparon saltando la valla para cortar camino.

Con el ojeador de los Yankees, Leon Wurth, firmando finalmente mi contrato en 1991.

Fui afortunado de tener a mi padre (en la foto con mi madre) y sus años de experiencia como ojeador, para que me ayudara a negociar mi contrato.

Mi hermana, Michelle, y yo en el viejo Estadio de los Yankees en 1996.

Laura y yo en 1998, comiendo en nuestro restaurante cubano favorito en Nueva York, Victor's Café.

Esta fotografía fue tomada durante uno de los viajes de Derek a Puerto Rico para visitarme. Mi padre y yo estábamos siendo entrevistados ese día por David Colon *(segundo desde la izquierda)*.

En una reunión familiar con los padres de Laura, Ninette y Manuel; mi abuela, Mamí Upe; Laura; mi madre; Michelle y su esposo, Migue.

Laura y yo celebrando nuestra victoria en la Serie Mundial en 1998.

Con mi mamá y Laura (que estaba embarazada de Jorge en ese momento) tras la victoria en 1999.

Con mi hermana, mi madre y mi padre, en la celebración de nuestra boda en Puerto Rico, el 21 de enero de 2000.

Mi papá reunió a unos cuantos muchachos y todos los bates que tenía en el maletero para darnos esta gran despedida.

Primera fiesta de cumpleaños de Jorge. Esta es en realidad la última foto que tenemos de Mamí Upe. Ella falleció apenas un mes más tarde.

Laura y yo en Nueva York. Después que Jorge nació con craneosinostosis, prometimos que permaneceríamos fuertes para él, y también para nosotros mismos.

En mi primer equipo Todos-Estrellas en el año 2000, con dos jugadores que realmente admiraba, Iván Rodríguez (*izquierda*) y Edgard Martínez (*derecha*).

Con Jorge en el vestuario antes de entrar en el campo durante el juego Todos-Estrellas de 2002. *(Cortesía de los Yankees de Nueva York. Todos los derechos reservados.)*

Jorge y yo yendo a las jaulas de bateo durante el entrenamiento de primavera. Después que el equipo terminaba de practicar, a Jorge le encantaba hacer unos cuantos *swings* en la jaula de bateo. *(AP Photo/Tom DiPace)*

Puede ver a Jorge haciéndole ojos a Matsui. A Jorge siempre le gustó Matsui porque su apodo era «Godzilla». *(AP Photo/Mark Duncan)*

Joe Torre era como un padre para mí en el equipo. Su apoyo durante las cirugías de Jorge me ayudó a sobrevivir una de las temporadas más difíciles de mi vida. *(AP Photo/Brian Kersey)*

Siempre fue genial tener a Yogi Berra en nuestros juegos. La sabiduría que compartía era inestimable. *(AP Photo/Kathy Willens)*

Con Jorge, Laura y Paulina en la cena de la Fundación Jorge Posada en 2005 o 2006.

Toda la familia, incluyendo a nuestra perra, Mimi, celebrando el cumpleaños de Jorge. ¡Mire a Paulina soplándole las velas!

De vacaciones, nadando con los niños.

Laura y yo estábamos sentados al lado de Barack Obama en un evento antes de que él fuera elegido presidente.

Asistiendo al Día de la familia en el viejo Estadio de los Yankees. *(Cortesía de los Yankees de Nueva York. Todos los derechos reservados.)*

El Núcleo de los Cuatro —yo, Mariano, Derek y Andy— juntos en 2008. *(Cortesía de los Yankees de Nueva York. Todos los derechos reservados.)*

Como lanzador y receptor, Mariano y yo hicimos un gran equipo por muchos años. *(Cortesía de los Yankees de Nueva York. Todos los derechos reservados.)*

Mi taquilla en el viejo Estadio de los Yankees.

Taquilla de Thurman Munson en el Estadio de los Yankees, la cual se mantiene vacía en su honor. Fue trasladada en una sola pieza al nuevo estadio.

Me encantaba llevar a Jorge para batear temprano antes de los partidos, como este día en 2009 después que nos mudamos para el nuevo estadio. *(Cortesía de los Yankees de Nueva York. Todos los derechos reservados.)*

Derek y yo pasando un buen rato en el campo después de ganar el campeonato en el sexto juego. *(Cortesía de los Yankees de Nueva York. Todos los derechos reservados.)*

Todo el equipo levantando nuestro trofeo en 2009, nuestra quinta victoria a lo largo de mi carrera. *(Cortesía de los Yankees de Nueva York. Todos los derechos reservados.)*

Celebrando con Mariano
después de nuestra victoria
en la Serie Mundial en 2009.
*(Cortesía de los Yankees de
Nueva York. Todos los derechos
reservados.)*

Jorge tomándome una
fotografía cuando dejaba
el campo después de
nuestra victoria en 2009.
*(Cortesía de los Yankees
de Nueva York. Todos los
derechos reservados.)*

Fila superior de izquierda a derecha: Mis
cinco anillos de Serie Mundial, un anillo
especial de Serie Mundial otorgado a
los jugadores por Roger Clemens en
2000, un anillo de Campeones de la Liga
Americana y un anillo del equipo Todos-
Estrellas.

Fila inferior de izquierda a derecha: Un
anillo de juego perfecto que me fue
otorgado por Davis Wells (uno de solo
dos en existencia), tres anillos de equipos
Todos-Estrellas, un anillo de Campeones
de la Liga Internacional, un anillo del
equipo Todos-Estrellas y un anillo de
Campeones de la Liga Americana.

Felicitando a Derek en su último partido en el Estadio de los Yankees. No pude haber escrito una manera mejor para ver salir a mi amigo. *(Cortesía de los Yankees de Nueva York. Todos los derechos reservados.)*

La familia posando para la portada de una revista puertorriqueña.

Durante el Campamento de Fantasía de las mujeres en 2015, a Laura le asignaron el número 2 en lugar del 20. Tuve una charla con Derek después de eso...

Con mis padres y mi hermana durante un viaje reciente a Puerto Rico.

Haciéndole el primer lanzamiento en el día de apertura a mi padre, después que Mo accediera a darle a él su lugar. *(Cortesía de los Yankees de Nueva York. Todos los derechos reservados.)*

Mi papá no había atrapado una bola delante de tanta gente en mucho tiempo, pero como siempre, estaba listo. *(Cortesía de los Yankees de Nueva York. Todos los derechos reservados.)*

Tres generaciones de Jorge Posada compartiendo nuestro pasatiempo favorito: el béisbol. *(Cortesía de los Yankees de Nueva York. Todos los derechos reservados.)*

divertido, y al final de la llamada le di las gracias a mi papá. Comencé a sentir un nudo en la garganta, y no puede pensar en cómo enumerar todas las cosas por las que le estaba agradecido. Él dejó que siguiera el silencio, y entonces me dijo: «Sal por ellos».

Más adelante aquella tarde iba yo trotando al jardín exterior para estirarme y soltarme. Derek Jeter estaba allí, con su gorra sin estar situada correctamente sobre su cabeza, pero se veía bien. Estaba pateando el terreno y yo me puse a su lado para hacer estiramientos. Andy Pettitte pasó a nuestro lado corriendo y estiró su mano. Mariano estaba a continuación. Yo me puse de pie, y él me dio un abrazo de hermano, dándome golpecitos en la espalda mientras lo hacía, diciéndome lo que se alegraba de verme. Paul O´Neill se acercó y me felicitó, deseándome lo mejor.

Me quedé en el jardín izquierdo durante la práctica de bateo para atrapar bolas. Mientras estaba allí, vi a Don Mattingly llegar. Había estado recibiendo arrastradas en primera, y ahora se dirigía hacia el jardín izquierdo. Pensé que iba a hacer carrera o algo; en cambio, se acercó a mí, extendió su mano y me dijo: «Felicidades, muchacho. Estoy contento de que estés aquí». Yo musité algo, pero me sentía estupendamente. Entonces se acercó a mí Mike Stanley. Él era un veterano, un hombre estupendo, pero sabía que su tiempo se estaba acercando al fin, y dijo algo que nunca olvidaré: «Mantendré la posición hasta que estés preparado. El próximo año podrías necesitar un poco de tiempo libre, así que llámame y te respaldaré. Deberías llevar mi número cuando yo esté fuera de aquí». Se dio la vuelta, y vi el número 20.

Tuve ese extraño sentimiento de ser a la vez parte de ese equipo y estar separado de él. Eso fue reforzado cuando estaba sentado en el banquillo y comenzó el partido. Me convertí en un seguidor en ese momento.

Antes de darme cuenta, Rickey Henderson del A estaba abriendo el partido y Wade Boggs y Don Mattingly estaban en el campo. Los dos contribuyeron a un trecho de tres carreras en la mitad inferior de

la entrada, pero en la segunda Mark McGwire lanzó una fuerte elevada. Derek y yo estábamos sentados el uno al lado del otro, y saltamos
y observamos la elevada, los dos diciendo algo parecido a «Dios mío»
entre dientes. El resto de los muchachos en el banquillo se quedaron
sentados.

Unos días después, el 4 de septiembre, oí que yo iba a entrar. Era la
parte superior de la novena en un batazo ganador contra Seattle. Íbamos arriba 13-3, y Andy Pettitte salía después de ocho entradas fuertes.
Joe Ausanio iba a barrer. Habíamos sido bastante constantes y finalmente habíamos llegado a .500 con esa victoria, aunque aún íbamos
por detrás de los Red Sox en 14 juegos. La asistencia anunciada era de
más de 24.000 personas, y la mayoría seguían estando allí, esperando
cantar y celebrar una victoria de los Yankees. Yo estaba emocionado
pero no nervioso; había atrapado a Joe en Columbus varias veces, así
que era bueno tener a alguien conocido en el montículo.

La entrada siguió adelante sin complicaciones, con Joe obteniendo
los primeros dos *outs* antes de permitir un sencillo. Llegamos al tercer
out, y yo me uní a la fila de felicitaciones. Derek había entrado también
en el partido en esa entrada, junto con Rubén Rivera. Fue hermoso
compartir ese momento con muchachos que yo conocía y que me caían
bien, y que estaban experimentando algunas de esas cosas al nivel de
las Grandes Ligas mientras todavía estaban al principio de sus carreras. Yo no había contribuido mucho a la victoria, pero aun así, era un
sentimiento estupendo estar ahí afuera escuchando a los muchachos
felicitarse unos a otros mientras los seguidores entonaban cantos.

Poco después de aquello, jugamos contra los Orioles en Camden
Yard. Derek y yo volvíamos a estar en el banquillo, y observábamos
que Roberto Alomar fue profundo al jardín derecho para atrapar una
arrastrada. Se agachó, se levantó, y la lanzó a primera para pasar al
corredor. Derek y yo saltamos dando gritos, no porque estuviéramos
en desacuerdo con lo que se cantaba, sino porque acabábamos de ser
testigos de una estupenda jugada. Buck Showalter giró y se nos quedó

mirando. Sabíamos que no estábamos allí como seguidores, pero vaya, aquella fue una estupenda jugada, y como dice la frase, sencillamente nos alegrábamos de estar allí.

Regresé a Columbus después de este breve periodo, pero cuando terminó la temporada, tal como me habían dicho, yo estaba en la alineación para los *playoffs*. Los Yankees realizaron un estupendo recorrido a finales de 1995, pasando de ese récord de 58-59 cuando yo había llegado a terminar 79-64. Esa racha no perduró en los *playoffs*, aunque fue una serie clásica en la que perdimos 3-2.

Lo que recuerdo es cuán en serio se tomaba todo el mundo aquellos partidos. Yo había quedado impresionado en el entrenamiento de primavera por el nivel de preparación de los muchachos, el profesionalismo de todo ello, pero eso no me preparó plenamente para la preparación que vi antes del juego. Mike Stanley fue lo bastante amable para incluirme en la reunión de receptores y lanzadores donde repasaban a cada bateador con un nivel de detalle del que yo nunca había oído. Diseccionaban a cada muchacho, y estaba claro que Ken Griffey Jr. era un muchacho que no querían que les batiera. Yo estaba allí sentado hojeando las diez páginas que detallaban cada lanzamiento que le habían lanzado a él durante las últimas cuatro o cinco temporadas, dividiéndolos según el modo en que cada lanzador, como David Cone, le había encarado. Era mucho que absorber, y me preguntaba quién habría reunido toda esa información.

Otra cosa que se ha quedado conmigo todos estos años es el modo en que los muchachos en aquel club realmente querían ganarlo todo para ellos, pero también para Don Mattingly. No conté el número de veces en que oí a muchachos decir algo parecido a: «Ganemos uno para Cap», pero era una frase que nunca olvidaré. Incluso ahora después de todos estos años, sigo sintiendo un escalofrío cuando pienso en eso. Somos adultos jugando un partido, y son negocios, y se supone que somos profesionales, pero nos importa mucho más ganar de lo que los seguidores podrán entender nunca. También somos seguidores, como

Derek y yo fuimos durante algunos de aquellos partidos. Entendemos la historia del juego. Sabemos dónde están ciertos muchachos en su carrera, y sabemos lo que han aportado; en el caso de Don, sabíamos lo mucho que él había sufrido debido a las lesiones y lo duro que trabajaba. Debido a que a él le importaba mucho, debido a que él era muy competitivo, elevó el nivel de deseo de aquel equipo.

Como alguien que había crecido imitando la postura de Mattingly, hacía mucho tiempo que yo conocía lo que él aportaba al campo, pero ver de primera mano la influencia que tenía en sus compañeros de equipo elevó mi admiración hasta un nivel totalmente nuevo. Su presencia hacía que todos en el vestuario fueran mejores. Yo veía eso, y quería ser como él, quería ser un líder. Eso es lo que significaba ser un Yankee. Se puede ver la historia de los Yankees como una bendición o una carga; esas expectativas pueden elevarte o aplastarte. A mí me encantaba ser parte de ello en el año 1995, y tan solo alimentaba el hambre que yo tenía de aportar. Ya no se trataba solamente de estar en las Grandes Ligas. Se trataba de ganar en las Grandes Ligas.

La deportividad que experimenté durante aquella serie no estaba limitada a nuestro lado. En el campo antes del partido, Edgar Martínez se acercó a mí y, en español, me felicitó y me deseó suerte, y lo mismo hizo Alex Díaz, un muchacho con el que jugué en el béisbol de invierno. Aquellos eran gestos pequeños, pero tuvieron una gran influencia sobre mí. Desde que había llegado a los Estados Unidos para jugar para Calhoun, no había oído hablar en español cerca de mí con mucha frecuencia. Escuchar sus palabras fue para mí un pequeño recordatorio de que, sin importar lo lejos que hubiera llegado, y aunque todo pareciera diferente, podría seguir encontrando conexiones con mi hogar.

A pesar de lo ruidoso que yo pensaba que podía ponerse el Estadio de los Yankees cuando salimos desde atrás con cuatro carreras en la parte inferior de la séptima para derrotar a los Mariners en el juego 1, el estadio Kingdome era aun más ruidoso. Aunque cuando Jim Leyritz bateó ese jonrón para ganar el juego 2, no podía oír a la multitud en el Estadio de los Yankees en absoluto debido a todo el ruido que nosotros estábamos haciendo en el banquillo. Yo había estado en algunos partidos estupendos, pero un *thriller* de 15 entradas que terminó de ese modo era algo que dudaba que volviera a ver otra vez, aunque sin duda esperaba volver a verlo. Los altibajos de la entrada undécima del juego 5 permanecieron conmigo por mucho tiempo. Ir una carrera por encima y después verla desaparecer tan rápidamente con solo tres bateadores al plato fue una manera rápida de salir, pero definitivamente no carente de dolor.

Sí, los muchachos éramos profesionales y todo eso, pero podía sentir y ver la decepción. Yo no había estado con el equipo el año entero, pero experimentar esa serie y ese intenso complejo de emociones me unió más a él. Realmente me sentía como un Yankee mientras estaba allí sentado, viendo esos partidos desde el banquillo y la jaula de calentamiento. Aquella fue una larga caminata de regreso al banquillo y al silencio de un vestuario perdedor. Fue como la primera probada agridulce de algo adictivo, el sentimiento de que esos partidos importaban tanto, que uno ponía en juego gran parte de sí mismo. Cuando Buck se dirigió al equipo y nos dijo que teníamos mucho de lo que estar orgullosos, que no deberíamos agachar nuestras cabezas, y que teníamos mucho por delante en 1996, yo en verdad tuve la sensación de que me estaba hablando a mí al igual que a todos los demás en la sala. Yo sabía cómo regresar después de una lesión física. Otra prueba nos esperaba a mí y al resto de los Yankees. ¿Cómo se regresa cuando sientes que has sido abatido? ¿Qué se hace para llegar a estar incluso mejor que estar a punto de hacer algo muy, muy especial?

Nosotros —y así es como pensaba de todo ello entonces, como «nosotros»— tuvimos un largo y silencioso vuelo de seis horas de regreso a Nueva York para contemplar esa y otras preguntas. Era de esperar que antes del siguiente mes de octubre pudiéramos encontrar las respuestas.

Capítulo 9

Más afianzado

Como a muchos estudiantes, a menudo me decían que, aunque podría haber oído lo que se decía, en realidad no estaba escuchando. Antes de nuestro decepcionante final en 1995, les había oído decir a varios de mis compañeros de equipo que querían ganar en parte por el Cap, pero también porque todos ellos no iban a volver a estar juntos otra vez. Aunque oía aquellas palabras, en realidad no estaba escuchando lo que querían decir. Yo estaba demasiado ocupado al estar atrapado en la emoción de las Grandes Ligas para entender plenamente de lo que estaban hablando. Al terminar esa temporada, yo creía que entendía algunas de las realidades de la vida profesional como jugador de béisbol, pero rápidamente aprendí mucho sobre el modo en que funcionaba este negocio.

Hablemos de Mike Stanley, por ejemplo. Cuando me incorporé por primera vez al equipo en septiembre, le oí decirme básicamente que me estaba concediendo su papel con los Yankees en la siguiente temporada. Supongo que debería haber escuchado y pensado al respecto mucho más. Él estaba saliendo de una serie de años productivos con los Yankees, por no mencionar una temporada de Todos-Estrellas en 1995. Sus habilidades no estaban disminuyendo y él no estaba pasando la antorcha. En cambio, recibió una oferta mejor para ir a jugar a otro lugar; en su caso, Boston. No estoy diciendo que Mike ya supiera que iba a dejar a los Yankees cuando yo llegué por primera vez, pero él era un agente libre y probablemente sabía que iba a probar las aguas. Lo que estuviera corriendo por las mentes en las oficinas de los Yankees es algo que yo no sé. Pero como sucede casi todos los años con cada club, se acercaban cambios.

Los cambios en la organización de los Yankees aquel año me afectaron a mí y también a mis percepciones sobre dónde encajaba yo en el cuadro general. En noviembre de 1995, para ocupar el lugar de Mike en la alineación, los Yankees negociaron por Joe Girardi, que vino desde los Rockies de Colorado. Cuando yo escuché la noticia, estaba en Puerto Rico, y aunque al principio estaba contento por la firma de Stanley (y contento de que él hubiera conseguido un buen trato), no estaba tan contento acerca de tener una nueva competición en Joe. Yo no tenía nada en contra de Joe; no le conocía en absoluto, pero él era alguien con el que yo iba a tener que competir por un lugar en esa alineación. El equivalente en el béisbol de la Madre Teresa podría haber sido incorporado como receptor, y aun así no me habría agradado.

Yo quería ese trabajo. Creía que estaba preparado y que había hecho todo lo que se me había pedido para transformarme en un receptor de las Grandes Ligas. ¿Significaba eso que yo estuviera preparado para comenzar cada día?

Sí.

Si yo no hubiera tenido ese tipo de fe en mí mismo, entonces no habría logrado lo que tenía hasta ese momento. Muéstrenme a un muchacho que no crea que puede o debe ser un jugador de todos los días, y yo les mostraré a un muchacho que se sienta en el banquillo y se lo merece, porque no tiene la fe suficiente en sí mismo. Yo no iba a ser ese muchacho. Eso no significa que en 1996 yo sintiera que ya lo sabía todo o que hubiera refinado cada habilidad necesaria para ser un receptor de cada día. Eso significa que yo sabía que era capaz de serlo, y lo único que necesitaba era la oportunidad de demostrarlo. A lo largo de 1995, les había hablado de eso a las personas que me rodeaban. Le dije a mi agente, Willie Sánchez —quien comenzó a representarme en lugar de mi papá en mi segundo año en el béisbol profesional— que estaba preparado. Willie, y más adelante Hardy Jackson que tomó el relevo de Willie, me dijeron que tuviera paciencia y no me preocupara por eso. Ellos habían tenido la sensación de que Mike Stanley iba a irse y que los Yankees no tenían ninguna otra opción. Estaba claro que yo le gustaba a la organización y ellos me estaban cuidando para que fuera su muchacho. Pero ahora los Yankees tenían otra opción, en la forma de Joe Girardi.

Hablé con mi papá, y él me dejó las cosas claras. Le gustaba que yo me estuviera enojando y fuera impaciente. Tenía que convertir ese enojo en algo más productivo. Entonces ¿qué si los Yankees incorporaban a otro muchacho? Siempre iba a haber otro muchacho, ya fuera en la organización en otro equipo, en quien ellos tuvieran interés. Esa era la naturaleza del juego. Los equipos querían mejorar, así que yo tenía que mejorar. Si salía allí y trabajaba muy duro en la postemporada y tenía una primavera estupenda, entonces no les daría otra opción sino ponerme a mí. Él subrayó que nadie iba nunca a regalarme nada; yo tenía que agarrarlo.

Por desdicha, el modo en que salieron las cosas en la postemporada minó lo que todo el mundo había estado diciendo sobre mi papel futuro en el equipo. Comencé a escuchar rumores de que me estaban ofreciendo, o que al menos mi nombre había aparecido, en las conversaciones sobre intercambios. Eso siempre es duro para un jugador. Aunque mi principal prioridad era jugar profesionalmente, lo cierto era que en realidad quería quedarme en el Bronx. Los Yankees me habían seleccionado, y ellos eran el único lugar que yo había conocido.

El club me había tratado bien, el equipo estaba en una buena posición para ganar, y especialmente después de haber ido recorriendo el sistema de sucursales de la Liga Menor, quería ser parte de la tradición de los Yankees. Aunque solo había estado poco tiempo en la ciudad de Nueva York, realmente me gustaba y era vigorizado por la gran población puertorriqueña que había allí. Ese deseo de seguir vistiendo las rayas podría haber sido un poco ingenuo de mi parte, quizá un caso de lealtad ligeramente prematura, pero al final no había tanto que yo pudiera hacer al respecto, así que intentaba mantenerme optimista acerca de mis probabilidades en Nueva York.

Sin embargo, para confundir aun más las cosas, los Yankees entonces dejaron ir a Buck Showalter. Debido a que el tiempo que yo había estado en el club había sido breve, no tuve una relación estupenda con él, pero al menos él sabía quién era yo. Era muy posible que el hombre nuevo, Joe Torre, no lo supiera. Él era un muchacho de la Liga Nacional. Quizá por eso habían intercambiado por Joe Girardi, otro muchacho de la Liga Nacional. Mi mente trabajaba demasiado tiempo, y estaba comenzando a tener dolores de cabeza por preocuparme acerca de cosas que yo no podía controlar. Aborrecía el sentimiento de que mi carrera estuviera siendo determinada por fuerzas exteriores; yo tenía prisa y me estaban obstaculizando.

Así que hice lo que siempre hacía: me puse a trabajar. Había comenzado a reunir frases para ayudarme a mantenerme enfocado e inspirado, y una de las primeras que llevé conmigo fue esta: *La ética en el trabajo elimina el temor.* Sé que algunas personas dicen que el temor al fracaso es una potente motivación para ellas, pero yo estaba formado de manera diferente. El temor me ponía ansioso, y estar ansioso me hacía poner demasiada presión sobre mí mismo. Mi lema durante aquella postemporada fue: *menos pensar y más trabajar.*

Por primera vez, contraté a un entrenador personal. Félix Hernández abrió un gimnasio cerca de la casa de mis padres en Río Piedras, así que fui hasta allí y le dije quién era yo y lo que hacía para ganarme la vida. Fui sincero con él: no tenía mucho dinero para poder pagarle. Había conseguido un pequeño bono, que de verdad era *pequeño*, por los *playoffs* ese año, pero seguía estando muy ajustado de dinero. Félix fue estupendo al respecto, diciéndome que no me preocupara. Pensaríamos en algo más adelante, me dijo, cuando yo estuviera ganando más.

Félix era culturista él mismo, y también lo eran la mayoría de sus clientes. Yo no estaba interesado en el músculo tan solo por el músculo, pero había visto a algunos de los muchachos en el vestuario de los Yankees, y me sentía un poco como si siguiera siendo un niño en términos de mi desarrollo físico. En aquel momento pesaba 205 libras, pero eran cierto tipo de 205 suaves. Félix hizo algunas pruebas iniciales conmigo que mostraban que yo tenía un conteo de grasa corporal de 19; no era malo, pero no tan bueno como podría ser. Él también sabía que como receptor era importante para mí trabajar en mi rapidez y agilidad, así que creó un programa de dos fases para mí. Al principio del día, íbamos a una pista cercana, donde yo hacía carreras y ejercicios de agilidad. Trabajábamos con pelotas medicinales también para aumentar mi fuerza. Entonces llegaba el momento de ir al gimnasio para levantar pesas.

Esa vez fuera de temporada también vi a Iván Rodríguez, Rubén Sierra y Juan González trabajando en el gimnasio. Podía ver todo el peso que aquellos muchachos lanzaban y lo definidos que estaban, y todos ellos estaban en las Grandes Ligas, de modo que pensé que debería trabajar tan duro y con tanto peso como ellos. Sin embargo, Félix mantenía a raya mis expectativas; yo iba a tener que hacer ejercicio gradualmente hasta ese nivel. Su principal preocupación era que yo tuviera una fuerza funcional, de modo que intentábamos simular los movimientos que yo hacía como receptor y como bateador, y nos enfocábamos en los grupos musculares concretos para esas acciones. En muchos aspectos, eso era lo que también los Yankees enfatizaban con su programa, pero Félix incorporó el elemento de levantar más peso para complementar lo que yo ya había estado haciendo.

También jugué un poco en la liga de béisbol de invierno, y durante el invierno llegó Derek de visita. Entrenábamos, lanzábamos, bateábamos, y nos preparábamos para el entrenamiento de primavera. Me gustaba mostrarle los alrededores y salir a comer. Una tarde se unió a nosotros Ricky Ledée, un compañero de equipo y amigo que vivía cerca de mí. No estábamos seguros de a dónde ir, así que le pregunté a Derek qué prefería.

«¿Qué es bueno?», preguntó Derek.

«El marisco», dije yo, pensando que después de todo estábamos allí rodeados por agua.

Ricky meneó su cabeza y se rio.

«No escuches sus recomendaciones», dijo. «¿Te contó Jorge alguna vez la historia de Dennis Springer?».

«No...», comencé a decir yo, sin querer darle a Derek más munición para utilizar contra mí. Era demasiado tarde.

Ricky le contó a Derek que en 1992, cuando yo atrapaba para Ponce, él estaba en el equipo y vivía cerca, de modo que un día decidimos salir juntos a almorzar antes de un partido. Fuimos a un lugar en la playa, y yo pedí una versión de *asopao de mariscos*. Estaba cargado de langosta, pescado, gambas, almejas y calamares. La camarera llevó a la mesa un bol gigantesco que se parecía a una escultura de arte moderno con todos esos tentáculos, pinzas, colas y cabezas que sobresalían. Yo metí la cuchara y comencé a verter la salsa picante. Ricky estaba sentado mirando fijamente mientras yo proseguía.

Después de regresar al campo, comencé a sentirme un poco sudoroso y mareado mientras atrapaba en la práctica de bateo. Se lo dije a Ricky, y él dijo:

«He oído que eso es lo que les sucede a los tiburones cuando devoran algo».

El entrenador fue solamente un poquito más útil. Me tragué un cóctel de Alka-Seltzer y comenzamos el juego. Como Ricky le dijo a Derek, yo parecía más un portero de hockey aquel día. Él no podía entender por qué tenía un guante grande puesto, porque los lanzamientos rebotaban en mi pecho y en los protectores, y fui humillado. Después del partido, le dije a Ricky:

«Nunca voy a volver a ese lugar».

Aquella noche, después de oír esa historia, Derek asintió y frunció sus labios.

«Suena bien. ¿Dónde está ese lugar?».

Derek tiene ese modo de decir las cosas. Dirá algo, y uno tiene que estar seguro de estar a la vez oyendo y escuchando con atención para captar lo que quiere decir. Él es un maestro del comentario sutil, y toma algún tiempo acostumbrarse a eso, pero siempre hay una recompensa al final.

Al tiempo empaqué mis cosas y emprendí viaje a Tampa para el entrenamiento de primavera. Derek había comprado una casa allí, así que me trasladé a su casa durante las pocas semanas en que estaríamos allí. A pesar de las cosas que sucedían en el drama de postemporada, en cuanto llegué allí me sentí cómodo. Había hecho todo lo que posiblemente podía para prepararme para conseguir llegar al equipo e ir al norte con los Yankees.

Cuando llegamos al campamento, yo estaba bastante impresionado con los dos Joe. Joe Girardi era buena gente, como tranquilo y sensato. No era como fue con Bob Melvin en Columbus. Joe no estaba allí para ayudar a ser mi tutor; estaba allí para atrapar y conocer al personal. Yo le prestaba atención a él y su modo de realizar su trabajo de la misma manera que prestaba atención a lo que todos los veteranos hacían. Además de Girardi, también teníamos en el campamento a Jim Leyritz.

Yo sentía que estaba teniendo una buena primavera, y cuando empacaba mis cosas para ir a casa cada noche miraba una cita que llevaba conmigo: *Todas mis expectativas, esfuerzos y trabajo no serán en vano. Es mi viaje para ser un ganador.* Pensaba en el día que acababa de pasar trabajando, evaluando si había hecho o no tanto como podía hacer para realizar ese viaje al norte con el equipo de las Grandes Ligas.

Un día, cuando restaban solamente unos pocos partidos de pretemporada, Joe Torre me llamó a su oficina. Cuando llegué, estaba allí con Bob Watson, nuestro mánager general en ese tiempo, y yo entré esperando con seguridad salir con una sonrisa. Eso no sucedió. En cambio, Joe me dijo que me iban a enviar de nuevo a Columbus.

No sé si tengo las palabras para explicar adecuadamente cómo me hizo sentir Joe aquel día en marzo de 1996. A pesar de lo infeliz que estaba por oír cosas que no quería oír, al escuchar con atención estaba recibiendo otro mensaje: *Sé lo que quieres, nosotros queremos lo mismo para ti. Vas a estar aquí, pero todavía no. Podríamos hacer que vengas aquí, pero no te beneficiarías de estar sentado en el banquillo tanto como lo harías de jugar cada día*. Imagino que a lo largo de los años cientos, si no miles, de muchachos han oído cosas parecidas de un mánager o de un mánager general, pero el modo en que Joe lo dijo me dejó decepcionado pero no devastado. Parte de eso fue su voz y su tono. Él era muy calmado, pero autoritativo al mismo tiempo; uno sabía de lo que estaba hablando. Dejaba claras sus expectativas desde el principio, pero su genuina calidez y decencia siempre se veían. Aunque quedé molesto por el resultado, no iba a permitir que eso cambiara mi idea acerca de los Yankees. De hecho, debido a cómo me trató Joe, estaba más convencido que nunca de que quería jugar para él y para la organización.

Al salir de aquella reunión, sentí que Joe tenía respeto por mí. Él reconocía todo el trabajo duro que yo había hecho, cómo había rendido en los partidos, cómo me había conducido. Veía todas las cosas que yo estaba haciendo para realizar mi trabajo, para marcar una impresión, y las apreciaba. Tan solo no era aún mi momento. Él no habló sobre Joe Girardi o lo que él aportaba al equipo que yo no aportaba, pero cuando reflexioné sobre eso, me di cuenta de que teníamos un grupo de lanzadores bastante veterano; con veinticuatro años, Andy era el abridor más joven, por siete años. Habían firmado con David Cone, tenían a Jimmy Key, y quizá esos muchachos no habrían necesitado un gran receptor, pero como estaba aprendiendo y seguiría aprendiendo a lo largo de mi carrera, la química que hay entre un lanzador y un receptor es una relación tan complicada como la que hay en todos los deportes. En el fútbol americano, un mariscal de campo podría lanzar a un ala abierta diez veces por partido. En el baloncesto, el base está teniendo un gran día si tiene una cifra doble en asistencias. Para que el muchacho que está en el montículo y yo tengamos un buen día, tenemos que estar compenetrados del 90 al 95 por ciento de los cien lanzamientos que un abridor por lo general hace.

Cuando lo miré de ese modo, el argumento de que me iría mejor jugando y no mirando tuvo más sentido. Obtener más confianza y desarrollar mi enfoque de estar detrás del plato se convirtió en mi misión. Iba a ajustar cada parte de mi juego defensivo para asegurarme de que nadie tuviera ninguna duda sobre mi habilidad para ser receptor en las Grandes Ligas cada día, con cada lanzador, en cualquier situación. Me decía a mí mismo repetidamente: *El carácter es probado cuando estás de frente contra él*. No podía pasar el tiempo en la AAA enojándome. Recordaba lo que le había oído decir a mi papá sobre estar seguro de hacer algo para que los entrenadores y los ojeadores se fijaran en mí. Aunque él no lo decía, yo sabía lo que quería decir: hacer algo *positivo* para que los entrenadores se fijen en ti. No quieres que cosas negativas sean la razón de captar su atención.

Y los dioses del béisbol pueden ser crueles o amables. Después de presentarme al campamento de la Liga Menor y trabajar allí durante unos cuantos días, recibí una llamada justamente cuando el equipo de las Grandes Ligas estaba partiendo para el partido de apertura en Cleveland. Justo antes de que el equipo «levantara el campamento», Jim Leyritz se lesionó su pulgar. Nadie sabía lo grave que era, así que recibí la llamada diciéndome que viajaría a Cleveland para el día de apertura el 1 de abril. Entonces, un Día de los Santos Inocentes llegó en forma de una gran tormenta de nieve que dejó varias pulgadas de nieve sobre Cleveland, y obligó a que el día de apertura se pospusiera para el 2 de abril. Jim estaba bien para entonces, así que no llegué a estar en la alineación, después de todo. También me perdí el primer día de apertura de Derek, y no pude ser testigo de su primer jonrón en las Grandes Ligas y de una gran atrapada por encima del hombro.

Algo parecido a la broma del Día de los Santos Inocentes me ocurrió más avanzado el mes. Recibí una llamada para subirme a un avión con destino a Minnesota el miércoles, día 17. El siguiente día era un día libre, y yo esperaba estar en el banquillo para el partido del viernes. Cuando llegué antes de la hora del partido, Joe y Bob Watson me dijeron que había habido un cambio de planes y que debía regresar a Columbus. Se lo dije a Derek, y él salió de inmediato y tuvo uno de sus peores días en el béisbol, ponchando cuatro veces en cuatro apariciones en el plato. Como alguien a quien no nombraré dijo más adelante sobre el día de Derek: «¿Por qué iba alguien a molestarse en salir ahí con un bate?». Supongo que se me puede culpar a mí. En realidad, para ser sincero, había olvidado ese mal día que tuvo Derek; fue él quien me contó la historia años después. Y no, no estaba intentando culparme a mí de ese mal día. A pesar de lo mucho que yo bromeaba con él, él nunca ponía excusas; tan solo fueron *outs*, y muchos aquel día.

Yo prestaba mucha atención a cómo iba Derek debido a muchas razones, pero una tenía que ver con un rumor que había oído. Al parecer, el Sr. Steinbrenner no estaba convencido de que Derek debiera ser el parador en corto cada día con veintiún años de edad. Joe, Bob, y otros pensaban que él podía manejarlo. Lo único que tenía que hacer era batear .250 y jugar bien como parador en corto, y estaría bien. Afortunadamente para Derek, comenzó con un buena salida, y en el momento del Golden Sombrero (estar ponchado cuatro veces) él seguía bateando .308. Eso era importante para mí porque tenía la sensación de que el Sr. Steinbrenner no confiaba en los jugadores jóvenes, y me preguntaba cómo eso podría afectar mi presente y mi futuro. Si Derek estaba sometido a un estrecho marcaje, entonces ¿qué significaba eso para mí? Yo sabía un poco sobre los hábitos de gasto del Sr. Steinbrenner y que él iba tras agentes libres o hacía intercambios por jugadores veteranos: muchachos «experimentados» que hubieran estado en las guerras, como dice el dicho. Yo no era uno de esos muchachos, y me preguntaba si los Yankees irían tras un receptor veterano si Joe Girardi o Jim Leyritz sufrían alguna lesión.

Había visto al Sr. Steinbrenner por el campamento, pero no había tenido mucho contacto con él. En realidad, no pensaba mucho sobre la alta gerencia o la propiedad. Sabía que había recibido aquella carta de él cuando fui seleccionado por primera vez, y que él tenía cierta reputación cuando se trataba de talento, pero también parecía ser un buen hombre que se interesaba por sus jugadores. Esa postemporada los Yankees habían firmado con Darryl Strawberry, y Dwight Gooden estaba también en ese club en 1996; esos dos muchachos habían tenido sus problemas en el pasado, pero el Sr. Steinbrenner correctamente creía en ellos; todo lo que yo veía y oía indicaba que ellos eran realmente buenos compañeros de equipo. Hasta que tuviera alguna relación real cara a cara con el Sr. Steinbrenner, no tenía razón alguna para juzgarle. Yo era tan solo uno de sus muchos, muchísimos empleados, y para ser sincero, pocos de los muchachos con los que salía en la organización de los Yankees tenían mucho que decir sobre él. Parecía como si esos locos tiempos del «Zoo del Bronx» fueran parte de otra época con la que no teníamos ninguna conexión real.

A pesar de la atención que yo enfocaba en el club de las Grandes Ligas, sí tenía una temporada en la que necesitaba jugar y enfocarme también. Típico de un club de la AAA, Columbus tenía muchachos que iban y venían todo el tiempo; tuvimos treinta lanzadores distintos que subieron al montículo para nosotros esa temporada. Brian Boehringer, Dave Eiland (quien más adelante fue entrenador de lanzamiento de los Yankees desde 2008 hasta 2010, y ahora lo hace para los Royals) y Ramiro Mendoza formaban la rotación que abría. Ramiro es un tipo estupendo, un panameño que no es más grande que un bate de práctica de bateo, pero tenía cosas estupendas. Atrapar para él siempre era un buen momento porque él podía hacer cualquier lanzamiento en cualquier momento y no tenía miedo. Tuvo un gran éxito más adelante con los Yankees, y no creo que siempre obtenga todo el mérito que debería por el trabajo que hizo durante nuestra increíble carrera para comenzar el nuevo siglo.

Mil novecientos noventa y seis fue el último año en que el equipo de AAA estaría en Columbus, y salimos con estilo, ganando finalmente el título de Liga Internacional, pero yo no estaba allí porque recibí una llamada a filas en septiembre. La delantera de 11 juegos que teníamos a final de julio se había reducido a cuatro juegos.

Si yo no hubiera conocido la situación, la conducta de Joe no habría revelado nada sobre el hecho de que el equipo había perdido siete juegos de su delantera, o que habíamos ido 13-15 el mes de agosto. Él actuaba del mismo modo que lo había hecho en Tampa en la primavera. No era que él estuviera suelto, o bromeando, o haciendo cualquier otra cosa para apaciguar la tensión. Estaba tan calmado y tranquilo como siempre, incluso cuando la ventaja sobre los Orioles disminuyó hasta solamente dos juegos y medio a mitad de septiembre. Yo no entendí lo importante que fue eso hasta que llegamos a los *playoffs*. Ganar dos de tres en casa contra Baltimore llevó la ventaja de nuevo a cuatro juegos, pero incluso cuando perdimos ese último juego de la serie, permitiendo que los Orioles regresaran después de haber tomado una ventaja de 6-1, Joe seguía siendo igual.

Yo no llegué a un partido hasta el 25 de septiembre. En el primero de un doble partido, pisoteamos a los Brewers, batiéndoles finalmente 19-2. Bateé en sustitución de Darryl Strawberry en la sexta. Ponché y después más adelante en el juego bateé para «*double play*». (Nunca es bueno cuando el número de *outs* que presentas es mayor que tu número de turnos al bate.) Comencé el juego 2 del doble, bateando séptimo en una alineación en la que Joe daba descanso a la mayoría de los regulares. Kenny Rogers abrió para nosotros. Él tenía cosas estupendas, pero esa primera vez que atrapé para él, noté que se alejaba mucho de sus fortalezas al intentar con demasiada fuerza engañar a los bateadores. Eso era distinto a lo que Bob Melvin me había subrayado acerca de hacer salir a jugadores cuando vas por delante. Ser demasiado fino puede ser un problema.

Sin embargo, las cosas no iban demasiado finas para mí en el plato, pero ¿qué sabía yo sobre lanzamiento y bateo? El informe del ojeador sobre mí habría dicho: «Deja que lo batee». En la parte baja de la primera con dos *outs* y corredores en primera y en segunda, bateé por el suelo hacia segunda base. Bateando de derecha contra el zurdo Scott Karl, que estaba teniendo una temporada decente, me puse demasiado ansioso y salí sobre mi pie delantero demasiado lejos, y entonces intenté corregir. Finalmente, iniciando en la parte baja de la sexta, por delante en el conteo 1-0, lancé una bola rápida al jardín izquierdo entre corto y tercera para mi primer batazo bueno. Aún tengo esa bola.

Inicié de nuevo la noche siguiente, esa vez en Fenway contra los Red Sox. Todo lo que haya leído sobre Fenway es cierto. Los seguidores están por encima de uno, el *Green Monster* parece un espejismo porque también está por encima, y tus compañeros de equipo están por encima de ti en una casa club que parece el tipo de casa club que uno haría para sus hijos con cajas de electrodomésticos. Aun así, fue increíble jugar allí. No tan bonito como en el Estadio de los Yankees, ni siquiera está en segundo lugar, pero es algo que no puedo olvidar por mucho que lo intente.

Un 0 para 4 en Fenway era lo bastante malo, pero después también llegamos a perder, 5-3. Yo bateé en sustitución en los dos últimos juegos del año, estando ponchado y obteniendo una base por bola, y ese fue el final de todo para mí.

Derek terminó el año bateando .314. No creo que nunca se acercara a la cifra de magia negra de .250 que podría haberle hecho desaparecer. Yo estaba emocionado por él, pero no sorprendido. A veces un novato juega como un novato, y otras veces un novato juega como si el juego resultara fácil para él. No creo que la gente entienda cuánto esfuerzo hacía Derek para refinar su juego. Había recibido algunos talentos notables, pero yo había visto a otros muchachos que eran denominados jugadores de cinco herramientas, y no podían recomponerse cuando las cosas se estropeaban como podía hacerlo Derek.

Aunque ese fue el final para mí en la alineación de los Yankees, el año no había terminado. Iba a viajar con el club para los *playoffs*. Seguía habiendo clases, aunque el salón de clases iba a ser un lugar bastante agitado desde ese momento en adelante. En contraste con el ruido del Estadio, la casa club era un lugar relativamente tranquilo. Los muchachos seguían escuchando su música y todo eso, pero todos llevaban puesta su cara de juego.

Después de una serie relativamente suave contra los Rangers en la Serie de la División de la Liga Americana, el campeonato de la Serie contra Baltimore fue todo lo contrario. La mayoría de las personas recuerda el nombre del muchacho que atrapó la elevada de Derek Jeter en el juego 1 y no el nombre del muchacho que probablemente la habría atrapado si el seguidor de doce años de edad Jeffrey Maier no hubiera puesto su guante sobre ella. Desde donde yo estaba en el banquillo, era difícil decir lo que sucedió, pero las repeticiones dijeron la verdad: fue una interferencia de un seguidor, y no un jonrón. Recuerdo a Derek diciéndome que un año después conoció a Maier en un evento de firma de tarjetas en Nueva Jersey. Él dio las gracias al niño por haberle ayudado. Me habría encantado si Derek hubiera llevado una tarjeta de Tony Tarasco para que el niño la firmara. Imagine el valor que tendría eso hoy día.

Qué mal que muchas personas olviden lo bien que jugó Bernie Williams en aquella serie, ganándose el título de mejor jugador de la ALCS (Serie del Campeonato de la Liga Americana). No fue solamente su jonrón que terminó el partido en el juego 1 y batear .474 durante la serie; fue también su defensa y sencillamente su tranquila confianza lo que le hizo ser tan importante. No estoy diciendo nada nuevo, pero

Bernie era como todo el mundo ha dicho: tranquilo y reservado, pero un increíble talento y competidor. Puede que no haya expresado su pasión por el juego como lo hacían otros muchachos, pero estaba ahí. Esa capacidad para mantener a raya sus emociones le ayudaba realmente en los momentos cruciales.

Si la firmeza de Joe nos resultó beneficiosa durante ese tramo, lo hizo incluso más en la Serie Mundial. Aunque yo sabía que no podía jugar en los partidos, seguía teniendo mariposas en el estómago. Ver el Estadio decorado con banderitas y toda la atención antes del partido por parte de los medios, incluso llegar hasta el partido y atravesar el tráfico de la ciudad de Nueva York... todo parecía estar en un nivel distinto de intensidad. Ver a Andy, nuestro lanzador abridor, ser batido en el juego 1 en cierto modo me desconcertó. Eso no era nada característico de él, pero como algunos de los muchachos señalaron, te estás enfrentando a un equipo en la Serie Mundial por una buena razón: ellos tienen muy buenos jugadores. Ver a John Smoltz recorrer nuestra alineación fue algo. Él sabía negociar, y aunque otorgó a cinco muchachos en solo seis entradas, demostró uno de esos clichés del béisbol que tiene mucha verdad. Él otorgó a cuatro de esos muchachos en las dos primeras entradas. No lo aprovechamos, ellos cobraron ventaja, él se puso más agresivo porque estaba lanzando con una ventaja, y a medida que el partido prosiguió, se volvió más difícil enfrentarse a él.

Yo estaba sentado allí pensando en lo que haría si estuviera detrás del plato y mi compañero estuviera batallando desde el principio. Sé que a la mayoría de la gente del béisbol no le gusta ceder bases por bolas la mayor parte del tiempo. Pero si veías la línea de Andy en ese juego contra la de Smoltz, Andy solamente cedió una caminada. Así que ¿cómo se maneja eso? Un muchacho que está alrededor del plato, quizá demasiado sobre el plato algunas veces, permite siete carreras, y otro muchacho que está descontrolado permite solo una. No sé lo que hay que aprender de eso excepto hacer lo que Joe les dijo a los muchachos que hicieran. Olvidarlo. Seguir adelante. El problema era que a continuación nos enfrentábamos a Greg Maddux. Ese sí es un muchacho que estaba siempre alrededor del plato. Smoltz podía superarte, y Maddux podía en cierto modo seducirte. Él te hacía hacer cosas que sabías que probablemente no debías hacer y esperabas que nadie te viera hacer porque eras más listo y te estabas poniendo en vergüenza un poquito.

Por debajo 2-0 después de perder los dos partidos en el Estadio, recuerdo hablar con Derek aquella noche en el vuelo a Atlanta. Le pregunté si alguna vez había estado en ese tipo de situación antes, y lo que creía que iba a hacer.

«No, no he estado. Solo haré lo que Joe dice. Jugar el siguiente partido».

Nuestra ofensiva había anotado solo una carrera en esos dos partidos, así que en todas las posiciones en la alineación no estábamos consiguiendo ningún tipo de rendimiento. Fue entonces cuando Joe se puso a trabajar. Siguió igual, mantuvo su conducta calmada y confiada, pero la alineación cambió mucho para el juego 3 en Atlanta contra Tom Glavine. En ciertos aspectos, parecía como si Joe estuviera jugando con los porcentajes, empleando una alineación con más bateo de derecha. Pero eso no explicaba tener a Darryl Strawberry allí para Paul O'Neill, siendo los dos bateadores zurdos. Y se necesitaban agallas para sustituir a Wade Boggs por Charlie Hayes y poner a un jugador defensivo menos capaz como Cecil Fielder en primera para Tino Martínez. Yo finalmente jugué para Joe por mucho tiempo, y llegué a ver que él usaba números y emparejamientos un poco, pero principalmente seguía su instinto. Al mirar atrás ahora, aquella alineación en el juego 3 fue un movimiento de instinto. Él también movió a Derek desde el noveno en orden hasta segundo. Parecía que cada movimiento que hacía Joe le funcionaba, incluido batear de emergente con Luis Sojo, quien impulsó un par de carreras para ayudar a sellar la victoria.

Joe utilizó esencialmente la misma alineación en el juego 4, y las cosas no se veían bien cuando íbamos por debajo 6-0 después de cinco.

Salí del banquillo y fui a la jaula de calentamiento en ese momento. Para entonces habíamos empleado tres lanzadores, ninguno de los cuales parecía ser capaz de eliminar a bateadores. Pero los lanzadores reservistas hacen lo que se les dice cuando la puerta se abre y están listos para salir trotando al montículo: «Mantenlos ahí». Entonces los muchachos regresaron y lo ganaron 8-6 con algunos batazos buenos cruciales para mantenerlo, incluido un jonrón de tres carreras de Jim Leyritz en la octava.

Lo había oído suceder en el Estadio, ese sonido del entusiasmo de una multitud que queda en silencio. Cuando lo ganamos con dos en la décima con algunas caminadas y una elevada manejada mal, fue como avanzar hacia el final de una película y darte cuenta de que ya la habías visto antes, pero te gustaba mucho y seguiste viéndola. En el juego 5 de esa serie, cuando Andy Pettite y John Smoltz recorrieron sus alineaciones contrarias con algunas cosas muy desagradables, fue una película totalmente distinta a la que había sido dos juegos antes.

Yo estaba sentado y cantando jugadas mentalmente, intentando descubrir lo que cada uno de ellos iba a lanzar. No sé cuál fue mi porcentaje de suposiciones correctas, pero sé que no los habría visto a ninguno de ellos menear su cabeza de lado a lado con mucha frecuencia. No se debe a que yo sea un genio, sino a que aquellos dos muchachos emplearon sus mejores armas y se mantuvieron en eso. No importaba si uno pensaba que llegaría la bola durísima de Andy o el *slider* de Smoltz. Aquella noche probablemente ellos podrían haber dicho a los bateadores lo que iban a lanzar, y no habría importado. Al igual que cualquier otro juego, ese me enseñó algo que yo llevaría detrás del plato durante años después: cuando un muchacho está en su juego, no te interpongas en su camino. No le hagas hacer algo para que las cosas le resulten más difíciles. No hay puntos otorgados para el grado de dificultad en el béisbol. Hay que conseguir un *out*. Hay que conseguirlo tan eficazmente como se pueda.

Aquel fue un juego tan divertido de ver como cualquier juego 1-0 pudiera ser. Me gustaría haber podido estar allí fuera con Andy aquella noche. Es divertido atrapar cuando un muchacho está como estaba él esa noche. Hay algo respecto a marcar una señal, ver al muchacho ponerse en movimiento, prepararse, y después hacer que esa bola vaya directamente a tu guante. Tú no la lanzaste, pero aun así te sientes parte de ello, como si todo ello no fuera real si tú no estuvieras allí para confirmarle a todo el mundo en el estadio que ese lanzamiento está ahora en el libro, verificado y auténtico. Creo que por eso algunas veces simplemente tengo que decir: «*Sí*», lo cual he oído decir a otros jugadores como respuesta a lanzamientos, jugadas de campo o batazos buenos. Uno no puede evitar poner un sello, certificando que sucedió.

Fue especialmente satisfactorio ver a Andy recuperarse de una salida difícil de ese modo. Ser parte de una pérdida por una paliza de 12-1 y después poner a su equipo por delante 3-2 en la Serie Mundial con una victoria 1-0 como esa dice mucho sobre Andy. Por mucho que todos digamos que hay que dejar atrás los juegos malos, es difícil hacerlo. Puedes ponerlos a tus espaldas, pero siguen estando ahí, a veces dentro del alcance de poder desequilibrarte en el siguiente. Algún jugador de béisbol cuyo nombre no recuerdo dijo, cuando le preguntaron sobre cómo había pasado la noche después de un juego malo: «Dormí como un bebé. Me despertaba cada hora y lloraba». Bueno, Andy no era en absoluto así. Aquella pérdida dolió; después del juego 1, le vi tan abatido como quizá jamás volvería a verle en su carrera. Pero aunque tuvo que hacerle frente a los medios y sabía que la gente le estaba cuestionando, respondió como el hombre fuerte que es.

Creo que grité el ¡sí! más fuerte de mi vida la noche siguiente cuando John Wetteland consiguió que Mark Lemke elevara para Charlie Hayes en tercera base y la bola cayó en su guante. Yo ya estaba arrancando hacia el montículo, y hay una fotografía de mí agarrando a Wetteland, y justamente detrás de nosotros estaba Joe Girardi. Él atrapó en ese partido y tuvo dos batazos buenos, incluido un gran triple para impulsar una carrera. Yo no intentaba robarle ninguna atención a John o Joe. Simplemente amaba tanto el juego, me gustaba tanto ganar, y estaba tan atrapado en el momento, que ni siquiera pensé. *Tan solo salí corriendo.*

Esa fue la mejor parte de esas victorias: el no pensar. Tu mente se queda en blanco, y simplemente respondes de modo espontáneo. Te sueltas. Cualquier preocupación egoísta que pudieras haber tenido antes del *out* final, cualquier plan o calendario que te hayas trazado para ti mismo, a pesar de lo mucho que creas que has contribuido a esa victoria final, nada de eso importa. Tus muchachos, no los otros muchachos, lo lograron.

Habría tiempo más adelante para que yo pensara en lo mucho que quería ser ese muchacho que estaba detrás del plato cuando un *out* final en una Serie Mundial terminó con nosotros ganando. En esos momentos en que nos agrupábamos y formábamos un montón en el campo —y durante esas largas horas que pasábamos en la casa club celebrando y después en el desfile y hasta que era momento de comenzar a pensar en el año siguiente, en el entrenamiento de primavera, y todo eso— yo era simplemente feliz de soltarme y dejar que todo aquello se asimilara. Eso era lo que se sentía al ser un ganador, al tener el asunto decidido en términos inequívocos. Tener una respuesta y ninguna pregunta, ninguna duda.

Mi familia había acudido para ver la Serie, y fue estupendo poder compartir esa experiencia con ellos. También fue bueno que mi papá me entendiera tan bien. A pesar de lo feliz que yo estaba, él sentía que yo quería formar una parte mayor de toda la experiencia. Justamente antes de salir para ir al desfile de la victoria, él me abrazó y me dijo: «Recuerda esto. Disfruta esto. Mejora».

Yo le oí, y le escuché.

CAPÍTULO 10

Llegar allí

Todo el mundo ha oído la expresión «por eso juegan los partidos». Significa que sin importar cómo parezcan las cosas sobre el papel, sin importar lo que te indican las estadísticas, cuando sales al campo, las cosas no siempre salen como estaban planeadas.

Cuando comencé mis entrenamientos fuera de temporada y una vez más jugué para Santurce en la Liga del Caribe anticipando la temporada de 1997, tuve que preguntarme sobre mis posibilidades de quedarme en el club de las Grandes Ligas. Después de todo, entre ellos, Joe Girardi y Jim Leyritz abrieron 143 de los 162 juegos detrás del plato y todos ellos en la postemporada. Con ambos aún en la alineación y sin que yo tuviera muchas probabilidades de demostrar mi valía, por no mencionar llevar una carrera con promedio de bateo de .071 en cinco escenarios diferentes, solamente tenía mi fe en mí mismo y mi disposición a trabajar duro para respaldar cualquier esperanza real que tuviera de llegar a ser un Yankee a tiempo completo en 1997.

La fortuna alternativa de un jugador depende de que muchas cosas vayan a favor de él. Mi propia fortuna también dependía, así parecía, de que otra persona hiciera algo «mal».

Digo «mal» porque realmente no puedo decir que el que Jim Leyritz soltara sus frustraciones al ser sacado de un juego en 1996 cuando estaba batallando tuviera algo que ver con que fuera intercambiado el 5 de diciembre por un par de jugadores de las Ligas Menores. Joe Torre no tenía un castigado, pero tampoco permitía que los muchachos le dejaran en evidencia. Por lo que oí y leí más adelante, Jim sí expresó sus frustraciones quizá con demasiado volumen, y Joe le llamó a su oficina al día siguiente para hacerle saber que no iba a volar. Si Jim tenía una queja, necesitaba tratarlo en privado, le dijo Joe, al igual que Joe mismo hacía.

Cuando los Yankees decidieron firmar con Girardi un contrato a más largo plazo, Jim sabía que eso significaba que él no iba a ser el receptor cada día, así que pensó que estaría más contento en algún otro lugar. Cuando se anunció el trato, Jim incluso dio el mérito y agradeció a Joe su contribución para conseguir el trato, lo cual dice mucho sobre Joe y el modo en que sus jugadores se sentían respecto a él. Desde luego, si se conoce la historia de los Yankees, se sabe que Jim terminó jugando para nosotros en 1999 y 2000.

Cuando Jim se fue, yo no di por sentado que la posición en la alineación era mía. De hecho, nunca supuse nada, y llegaba a cada entrenamiento de primavera con esa actitud. Yo tenía que ganarme mi puesto en el equipo. Sé que eso suena como algo que yo debería decir, pero es la verdad. Y yo no era el único que llegó a ese campamento aquel año sintiéndose de ese modo. Los Yankees no le hicieron una oferta a John Wetteland, aunque él había salvado cuatro victorias en la Serie Mundial, y Jimmy Key, quien fue una parte muy importante de la plantilla en 1996, firmó en otro lugar cuando los Yankees no estuvieron de acuerdo con un segundo año en su trato. La lealtad está en ambos lados, pero lo fundamental es lo fundamental, y uno nunca llega a estar demasiado cómodo de un año al siguiente, o dar nada por sentado en este negocio. Por eso yo trabajaba duro en la sala de pesas y en la pista, y me presenté en Tampa incluso en mejor forma que el año anterior.

Cuando quedaba aproximadamente una semana antes de que nos dirigiéramos al norte, Bob Watson y Joe Torre volvieron a llamarme. Yo me sentía bastante bien respecto a mis posibilidades, pero aun así estaba ansioso. Salí de aquella reunión con sus felicitaciones resonando en mis oídos y una gran sonrisa en mi cara. Fui a buscar a Derek, y se lo dije.

«Lo sé», dijo él con esa sonrisa suya.

«¿Cómo lo sabías?».

«Joe y Bob me lo dijeron»

Yo no podía creer que él lo supiera antes que yo. «¿Cuándo?».

Derek se encogió de hombros. «No estoy seguro».

«*¿Y no me lo dijiste?*».

«Ellos me dijeron que no lo hiciera. ¿Qué quieres hacer para la cena?».

Derek pudo mantener la actitud de que no era gran cosa solamente hasta más tarde aquella noche. Cuando llegó la cuenta, la deslizó hacia mí.

Yo le miré. Solo habíamos comido un par de filetes, y la cuenta estaba bien por encima de los doscientos dólares.

«Te lo puedes permitir».

Después llegó una botella de vino, y también noté que lo que había sobre la pequeña bandeja de plástico era un recibo, no una factura.

«Felicidades», dijo Derek. «Y ya era hora. Sabía que ellos recuperarían la cordura».

Abrimos nuestra defensa del título contra Seattle en el Kingdome. Aunque no era nuestro partido de apertura en casa, llegar a estar en el campo en cualquier día de apertura era una gran emoción. El Kingdome era casi tan ruidoso como lo recordaba de los *playoffs* en 1996. Ellos nos batieron en un buen juego, y Joe me incluyó para abrir el juego 2. Nos pusimos por delante con tres carreras en la parte de arriba de la primera. Bateando en la novena, yo estaba en el círculo de espera cuando los Mariners finalmente obtuvieron tres *outs*. En la parte inferior de la entrada, Andy fue al montículo, y creo que estaba un poco abierto. Batió al primer bateador, y entonces intervino Alex Rodríguez.

En ese momento, Alex tenía solo veintiún años y estaba comenzando su segunda temporada completa como abridor. Él era un deportista que impresionaba. El modo en que se conducía, su manera de moverse, su tamaño, su *swing*, todo gritaba que tenía montones de talento. También tenía una amplia sonrisa y parecía amar lo que hacía. Las cosas mejoraron mucho y después empeoraron mucho para él. A medida que avanzamos, esa sonrisa seguía estando ahí, pero se podía ver en la expresión de sus ojos que no se estaba divirtiendo tanto como lo hacía entonces en Seattle y más adelante en Texas. No es que no trabajara duro, pero el juego siempre era fácil para él; la vida, sin embargo, sería otra historia.

Terminamos ganando 16-2, pero incluso en esa paliza yo batallaba en el plato, realizando seis turnos al bate ese día con solamente un batazo bueno. Sí impulsé una importante carrera del seguro en la parte alta de la novena para ponernos 15-2. La del seguro fue para que Derek no me causara demasiada tristeza por comenzar el año 0 para 6; y todo ello en un juego. El batazo bueno también aseguró que no me pasaría todo el vuelo hasta Oakland fijando mi mente en aquellos seis turnos al bate.

Yo quería salir por la puerta rápidamente, pero no lo hice. Abrí en tres partidos seguidos y conseguimos un combinado de 3 para 15. No es terrible —bueno, se acerca a ser terrible—, pero tampoco es bueno. Desde luego, tenía visiones de mejorar y convencer a todos de que yo debería ser el receptor la mayoría de las veces, pero ese año terminé abriendo solamente 52 juegos detrás del plato. Mi primer jonrón en las Grandes Ligas no llegó hasta la primera semana de mayo, contra

Kansas City en su casa y contra Jim Converse. Yo bateé de izquierda en un conteo de 3-2, y fue una clara fuera por uno de los apoyos cerca de las fuentes en el jardín central a la derecha. Yo corrí por las bases pensando en todos aquellos momentos en el patio trasero en mi campo hecho a mano con mis amigos, fantaseando acerca de cómo sería hacer que esa multitud hiciera mucho ruido. Eso fue en Kansas City y ya íbamos arriba 9-3 en una fría tarde de domingo, pero no me importaba que lo único que pudiera oír fuera el sonido del aire al atravesar el agujero para mi oreja en mi casco, y no la aprobación de una multitud que hacía ruido. Yo estaba teniendo un buen día y terminé 3 para 5. Los muchachos me dieron una gran bienvenida, y como la bola había golpeado ese soporte, regresó al campo de juego y fui capaz de agarrarla.

Pensé que era bueno que los muchachos no me hubieran dado el trato del silencio, como hacen los equipos con frecuencia cuando algún novato batea su primer jonrón. Técnicamente, yo seguía siendo un novato, pero ellos no hacían ningún tipo de novatadas porque yo ya había estado por allí mucho tiempo. Los Yankees de todos modos no eran muy propensos a hacer eso como otros clubes. En 1996, hacia el final del año cuando yo estaba con el gran club, fui a mi taquilla y vi que mi ropa había sido sustituida por un traje con doble raya diplomática (desde luego) y con amplias solapas. Tenía que llevarlo puesto fuera del Estadio una noche para firmar autógrafos y después en el vuelo hasta la Costa Oeste. Para ser sincero, no me avergoncé en absoluto por llevarlo. Aquel traje era terrible, y en cierto modo desearía seguir teniéndolo.

Evité otra inocentada en 1997 porque ya me habían hecho una el año anterior. Durante una serie en la carretera contra Oakland, me invitaron a salir a comer con un grupo de los muchachos. Derek estaba allí, junto con David Cone, Tino Martínez, Chili Davis, y otros diez jugadores. Cruzamos la bahía hasta un restaurante Ruth Chris Steak House en San Francisco y comimos filetes, langosta y vino. Al final de la comida, David Cone dijo: «Muy bien, vamos a jugar a la ruleta de tarjetas de crédito». Los muchachos agarraron sus carteras y pusieron sus tarjetas de crédito sobre un plato que se iba pasando. Yo miré ese plato y vi un montón de tarjetas de grandes bancos y compañías. Yo puse mi pobre tarjeta de American Express, la cual tendría que pagar y reponer por completo cada mes, y entonces pasé el plato a Ramiro Mendoza, otro novato. Todos seguían hablándonos, y me di cuenta unos momentos después de que lo hacían para distraernos.

Unos segundos después, Tino Martínez agarró una tarjeta y dijo: «Lo siento». Yo no podía creerlo: Ramiro tenía que pagar la cuenta. Me sentí muy aliviado. Ellos acercaron la cuenta hacia donde estábamos sentados los dos. Suponía más de cuatro mil dólares. Ramiro me miró, y yo le miré. Sé que yo no tenía tanto dinero. Cuando Ramiro meneó su cabeza y maldijo: «Esto es una mierda», supe que él tampoco lo tenía. La sala quedó en silencio, y entonces todos comenzaron a reírse.

David Cone ya había pagado la cuenta; tan solo querían vernos en el apuro. David era uno de los verdaderos líderes en aquellos equipos, y organizaban muchas de esas salidas en equipo. También era alguien con quien todos podíamos contar con que pasaría al frente y diría algo cuando fuera necesario. La temporada 1997 de Coney fue típica del modo en que fueron las cosas para nosotros ese año. Él abrió 29 juegos y estaba 12 y 6. Eso no supone muchos comienzos o decisiones, pero fue nombrado para integrar el equipo de los Todos-Estrellas. Sin embargo, su problema de hombro en septiembre le frustró, y no le permitió rendir al máximo. También puso verdadera presión sobre el resto del personal. Las lesiones son siempre una gran parte del juego, y la del hombro de Coney, y a veces la espalda de Andy, eran problemas que tenían que tratar.

Debido a que yo no estuve todo el año en 1996, me resulta difícil destacar cuál era la diferencia en 1997. Sé que no prendimos fuego al mundo en los meses de apertura de la temporada: a comienzos de junio, íbamos ocho juegos y medio por detrás de los Orioles, que estaban jugando realmente bien en 36-15. Entonces tuvimos un mes de junio estupendo: al final del mes recortamos a los Orioles en cinco juegos y medio, habiendo pasado a 17-8 para recortar su ventaja. Nadie parecía estar prestando demasiada atención a las posiciones en ese momento, a excepción quizá de seguidores y algunas de las voces locales en los medios. En la casa club, todo era negocio como siempre. Los muchachos sabían que era una larga temporada, y donde estuviéramos en junio en realidad no importaba.

Lo que sí importaba en junio era jugar contra los Mets en juegos interligas. Incluso para nosotros, no eran solamente otra serie en una temporada de 162 juegos. Derek y yo nos habíamos mudado al Ventura, un edificio de apartamentos en Upper East Side. No lo habíamos planeado de esa manera, pero llegar a Shea desde allí era tan fácil como llegar al Estadio, si no más fácil. En aquel momento, Derek estaba comenzando a ser cada vez más reconocido, y tenía que escoger sus ubicaciones a la hora de decidir cuándo y dónde salir en la ciudad. No era que estuviéramos por allí a altas horas de la noche; eso no era típico de Derek, y tampoco de mí. Jugábamos principalmente partidos en la noche de todos modos, así que llegábamos a casa bastante tarde y después teníamos que llegar al estadio temprano. Necesitábamos descansar, y yo seguía teniendo la mentalidad de que no iba a hacer nada fuera del campo que pudiera dañar mi reputación. Más que eso, no estaba tan interesado en la loca escena nocturna de Nueva York.

No me malentienda. Me encantaba estar en Nueva York. Me encantaba poder llegar a casa después de un partido y tener restaurantes que siguieran abiertos, con lugares de comida para llevar en cada manzana, y todo eso. Incluso más, me encantaba salir de mi edificio y sentir la energía de la ciudad. El ruido de la calle, personas caminando a todas horas, el sentimiento de que había mucha más vida a mi alrededor; todo ello era un verdadero cambio comparado con lugares como Oneonta, Greensboro, e incluso Columbus y Santurce. Más adelante hablé con muchos muchachos que decían que no querían tener nada que ver con jugar en Nueva York. No era solamente el gasto, o lo lleno que estaba de personas, sino simplemente la intensidad de todo ello, todos los medios de comunicación con los que tratar; parecía que no valía la pena para ellos. Querían realizar sus negocios con tranquilidad. Yo podía respetar eso, pero incluso aunque no nací en una gran ciudad, creo que los ritmos de Nueva York concordaban con los míos. No me gustaba estar sentado quieto. Me gustaba la pasión que las personas ponían en todo; desde sus recomendaciones sobre dónde conseguir la mejor rosquilla o el mejor cannoli (un dulce enrollado como una caña), la mejor ruta hasta cualquier ubicación, hasta incluso la mejor estrategia para cruzar una de las avenidas o detener a un taxi. Los neoyorquinos, en su mayor parte, pensaban que lo sabían todo, y aportaban esa misma pasión e inteligencia vocal al juego.

Si un muchacho no ejecutaba bien, o si creían que Joe estaba haciendo un mal movimiento al incorporar o no incorporar a un lanzador suplente, se podía escuchar un bajo rumor de descontento o una fuerte expresión de enojo e indignación. Yo escuchaba reacciones similares en otras ciudades, pero incluso en aquel primer año en que visité cada estadio en la Liga Americana y algunos en la Nacional, había algo diferente respecto a las multitudes en el Estadio. Supongo que parte de ello tenía que ver con el modo en que yo me sentía al llegar al estadio. Estábamos en medio de una zona densamente poblada, conduciendo por calles llenas de personas que conducían e incluso caminaban de modo diferente a cualquier otro lugar donde yo había estado anteriormente. La gente se movía de prisa, o esquivaba a quienes no lo hacían. Uno pensaría que aquello me hacía sentir más ansioso cuando llegaba al estadio, anticipando el juego, pero llegar a la casa club era siempre un poco de alivio. Era un centro tranquilo donde uno podía relajarse un poco y dejar que se apaciguara todo ese ajetreo de la ciudad antes de que comenzara el partido y que la energía de aquellas cuarenta mil o cincuenta mil personas aumentara de nuevo.

Ese ajetreo de la ciudad era especialmente intenso cuando jugábamos contra los Mets. Por lo general, jugábamos en un ambiente que era principalmente positivo. Los seguidores de los Yankees amaban a su equipo apasionadamente. Los seguidores de los Mets amaban a su equipo apasionadamente. Cada tipo de seguidor aborrecía al otro equipo en la ciudad. Mezclemos esas diversas pasiones, y obtendremos un ambiente volátil. Era estupendo, y el tipo de atmósfera del *playoffs* para esos partidos era real. No creo que nosotros odiáramos a los Mets, o viceversa, del modo en que lo hacían los seguidores, pero se podía apreciar la intensidad de esas emociones, y uno quería recompensar a las personas que te apoyaban y ayudaban a pagar tu salario. También era divertido. La temporada era larga, y algunas veces necesitábamos algo para ayudar a mantener elevado el nivel de entusiasmo. Una serie larga como esa era precisamente lo que necesitábamos.

Todo eso era relativamente nuevo para mí en 1997, de modo que en verdad esperaba con ilusión jugar contra los Mets. Lo interesante sobre 1997 era que para las personas implicadas en el debate los Yankees apestan/los Mets apestan, entramos en ese primer juego en el Estadio con récords idénticos de 37-30. Independientemente de lo que sucediera, a excepción del improbable caso de un juego suspendido o de que cayera un aguacero, una de las dos partes del debate iba a obtener prueba de la inferioridad de la otra parte.

Las cosas no se veían demasiado bien para nosotros cuando perdimos el primero de la serie 6-0. Ser dejados fuera es siempre difícil. Pero ser dejado fuera por 6-0 mientras se tiene el mismo número de batazos buenos que el contrario es especialmente frustrante. Nosotros ganamos los dos siguientes, incluida una victoria por caminada en el último juego de la serie. Debido a que yo estaba atascado en un tramo en el que parecía que estaba realizando una salida por semana, no jugué en ninguno de esos partidos. Estar realizando una gran serie, con una gran atención por parte de los medios y en nuestro propio patio trasero de ese modo, y no tener ni siquiera la oportunidad de contribuir era frustrante.

No era que los medios no estuvieran prestándome ninguna atención a mí, de todos modos. Admito que temprano en mi carrera sí seguía lo que se estaba escribiendo y diciendo de los Yankees. Yo soy un gran seguidor de los deportes, así que me parecía natural que en una ciudad donde uno tenía tres importantes periódicos que cubrían lo que sucedía en la ciudad y no sé cuántas estaciones de radio y televisión que competían por las historias, yo fuera a ser un gran consumidor de noticias.

Días antes de la serie contra los Mets, los titulares deportivos y los programas de radio no dejaban de hablar de que David Wells fue expulsado de un juego en la primera entrada contra los Marlins en South Florida. David sintió que el árbitro, Greg Bonin, estaba estrechando la zona de *strike*. Debido a que estábamos en una ciudad de la Liga Nacional, David tenía que batear. Él pasó al plato, discutió con Bonin y se hizo expulsar. Aquello no era bueno. En primer lugar, ser expulsado por discutir contra jugadas cantadas en el plato, mientras se está en el plato, era inusual para un lanzador de los Yankees. En segundo lugar, discutir con un árbitro y decir algo lo bastante malo para hacer que te expulsen no era la manera de tratar con un árbitro. También, al ser expulsado tan temprano en el juego, puso presión sobre nuestra jaula de calentamiento. Pero David era un muchacho emocional. A mí me gustaba eso de él. Él no quería aceptar estupideces de nadie, pero no era exactamente diplomático al respecto.

Joe no estaba muy contento con David. En lugar de llamarle a su oficina para solucionar las cosas, hizo lo que mi papá nunca habría hecho: jugó al juego de la espera, pensando que David debería saber que había metido la pata y que acudiría a él para hacerle saber que no volvería a hacer algo como eso. David no habló con él hasta tres días después, y también afirmó en los periódicos que se había ofendido porque Joe dijera a los medios que lo que él hizo era «poco profesional». Lo era, y no creo que Joe hubiera traspasado ninguna línea al decirlo. Podría haber utilizado muchas otras palabras para describir las acciones de David, pero no lo hizo. Aunque David objetó al respecto, finalmente se acercó, y después de un par de incómodos días de sentir los efectos de lo que algunos en los medios estaban denominando «el trato del silencio», las cosas se arreglaron.

Lo que me resultaba interesante, ya que yo no era parte de toda la situación, era que David Cone era citado frecuentemente en los periódicos. Yo le admiraba por el modo en que manejaba las preguntas y se las arreglaba para ser realmente bueno con los medios. Más adelante, Mike Mussina fue otra persona que sería excelente de esta manera. Mussina, un muchacho brillante que fue legendario por su capacidad de resolver crucigramas, era bueno con las palabras, y eso ayudaba.

Yo estaba en una etapa en mi carrera en que no me entrevistaban con ninguna frecuencia real, y aún seguía estando un poco inseguro sobre cómo tratar con los medios. Sé que Derek adoptaba un enfoque un poco diferente hacia los medios en un aspecto. Un día ese año, me vio leyendo los periódicos y me dijo: «¿Estás seguro de querer hacer eso?».

«¿Por qué no?», le pregunté.

«Bueno», dijo él, «finalmente va a haber algo ahí con respecto a ti, algo que podría no gustarte. Es mejor tan solo ignorar todo: las cosas buenas y las malas. Ninguna de ellas realmente te ayudará».

«Supongo que eso es cierto».

«Piénsalo. Vas dos para tres, impulsas en un par de carreras. ¿Qué vas a leer en los periódicos al día siguiente?».

«Que iba dos para tres e impulsé en un par de carreras».

«Exactamente. No es que vayan escribir que el juego anterior te situaste demasiado pronto con el pie adelantado y adelantaste tus manos y corregir eso. Ellos no son tus entrenadores».

«Es cierto».

«Ya estás teniendo suficientes consejos de otras personas, buenas personas. No permitas que muchas otras tonterías llenen tu mente. El juego es duro, así que intenta no complicar las cosas. Además, no me gusta ver tus labios moverse cuando lees. Hace que sea difícil para mí pensar».

«Y no necesitas que añada más a tus problemas con los pensamientos».

Yo ya estaba en contacto con mi papá frecuentemente, y él me daba útiles consejos. Tenía a mi tío Leo. Tenía al personal de los Yankees. No era que yo estuviera buscando que todas esas personas comentaran sobre mi rendimiento. Había formado el hábito de estar al tanto con mi papá todo el tiempo, y él tenía unas buenas perspectivas, y yo valoraba su opinión. Tan solo necesitaba regular mejor el flujo de esa información; obtener lo que necesitara cuando lo pidiera y yo quisiera. Aun así, aunque había mucha verdad en lo que decía Derek, mantenerse al tanto de lo que los medios estaban diciendo era una parte interesante de la vida como un Yankee. Ese tipo de escrutinio de los medios sería cada vez más intenso a medida que progresaba mi carrera, y era fácil en aquellos primeros tiempos considerar mi lectura de los periódicos como un placer culpable. No se trataba de mí, ya que yo no era un jugador de todos los días, de modo que no tenía ningún efecto real sobre mí. Más adelante, cuando los medios acudieron a mí con más frecuencia, me percataría de algunas cosas, y se volvió importante seguir los consejos de Derek.

Y aparentemente yo sí necesitaba un ejemplo a seguir. En cierto momento en 1997, me entrevistaron después de un juego que yo abrí en el cual sentí que no nos habían cantado algunas cosas. Sin embargo, más que eso, sinceramente sentía que, si nos hubieran cantado esas cosas, el resultado del juego habría sido diferente. Y dije eso. Al día siguiente Rick Cerrone, uno de los relacionistas públicos de los Yankees (no el receptor), se acercó a mí y me pidió que leyera una historia que estaba en el *Daily News*. Yo la leí y vi que citaban mis palabras. Rick me preguntó lo que pensaba.

«Dije algunas cosas bastante fuertes».

«Así es. La próxima vez, puedes establecer tu punto sobre no cantar las jugadas, pero también decir algo al respecto de que no les costó a tus muchachos el juego, o que tuviste otras oportunidades, o mejor aún, decir algo neutral. Fueron lanzamientos en la línea. No nos favorecían; cualquier otra cosa excepto el tipo de cosas que podrían molestar a un árbitro. Ellos siguen las cosas que se dicen, o habrá alguien que se lo enseñe».

Yo agradecí que me dijera eso. Finalmente llegaría al punto en que pude respetar el trabajo que tenían que hacer los escritores y que necesitaban respuestas, pero aun así podía protegerme a mí mismo y al club al no ser demasiado directo. Era una delgada línea sobre la que caminar. Aquel primer año, e incluso más adelante, hice lo que me pidieron. Esperaba durante quince minutos después de que la casa club se abriera a los medios, una media hora después de que terminara el partido, y entonces salía allí. No quería la atención de los medios como la querían otros muchachos. Nick Swisher, por ejemplo, parecía querer ser compañero de los medios, aunque cuando llegué a conocerlo mejor me di cuenta de que simplemente estaba siendo él mismo. Era el tipo de muchacho que decía: «Hola, ¿cómo te va? ¿Qué tal la familia?», y cosas parecidas a todo el mundo, incluidos los desconocidos. Tan solo estaba siendo él mismo, aunque en cierto modo me irritaba porque yo no era así, y parecía que algunas veces estaba intentando conseguir la atención. Pero al menos era fiel a su modo de ser.

Me gustaría decir que no ser el inglés mi lengua materna contribuyó a que no me consideraran una gran entrevista, pero eso sucedía más o menos igual con las personas de habla castellana en los medios: me sentía más cómodo, pero seguía siendo bastante reservado. Esa era mi naturaleza. No permito que muchas personas se acerquen mucho a mí, pero aquellas a las que sí permito acercarse ven un lado de mí diferente al que ve el resto del mundo. Debido a que siempre he sido de ese modo, eso era lo que por naturaleza me salía cuando trataba con la prensa. No levantaba muros, pero tampoco estaba ampliando puertas y moviendo muebles para dejar lugar a la entrada de multitud de personas.

Yo lo veo de este modo. Todos tenemos partes de nuestro trabajo que nos gustan más que otras y que somos más aptos para hacer. Yo aceptaba tener que tratar con los medios, pero en su mayor parte sentía que tenía una relación buena y profesional con ellos, que fue mejorando a medida que estuve más tiempo en la liga. Pero quería ser un buen jugador de béisbol profesional y concentrarme lo máximo posible en la mayor parte de mi trabajo: la competición en el campo. Las relaciones con la gente de los medios era una parte más pequeña de mi trabajo, de modo que empleaba lo que yo consideraba la cantidad correcta de tiempo trabajando en ello. Quería mejorar en general en todas las partes de mi trabajo, y creo que lo hacía. No me molestaba que las personas en realidad no conocieran al verdadero yo que revelaba a mis amigos y mi familia.

Cuando uno juega cada día, se mete en un ritmo, y es fácil desarrollar una rutina que maximiza el tiempo y el esfuerzo. Tienes una tarea y desarrollas un conjunto de actividades planeadas en torno a esa tarea: a qué hora te levantas en la mañana, lo que comes, cuándo sales de casa, la ruta que tomas, cuándo haces descansos o comes en el trabajo, cuándo te vas para regresar a casa, cuándo comes, cómo emplear la tarde, y cuándo te vas a la cama. Para la mayoría de las personas, esas rutinas no cambian mucho de día en día. Sin embargo, como jugador de béisbol uno está sujeto a muchas variables: la duración del partido, si juegas durante la noche o durante el día, los viajes entre ciudades, dormir en un ambiente diferente. Poco de lo que hacemos es una rutina como lo sería si viviéramos y trabajáramos en casa todo el tiempo.

Cuando mencioné antes el observar el modo en que los veteranos se preparaban para los *playoffs*, me estaba refiriendo a muchos de estos elementos que constituyen el día de un jugador. Yo solamente veía lo que aquellos hombres hacían cuando llegaban a la casa club, pero después de jugar profesionalmente durante algún tiempo, llegué a entender la importancia de una rutina que pudiera seguir. La variable de no jugar cada día era algo que tenía que manejar, pero es ahí donde me beneficié de que Joe Torre fuera el mánager. Él hacía todo lo posible por comunicarse con Joe Girardi y conmigo respecto al calendario. Yo en raras ocasiones, si es que alguna, me sorprendía al descubrir cuando llegaba al estadio que iba a jugar ese día o en la noche.

Incluso anteriormente, intentaba llegar al estadio a la misma hora independientemente de si iba a ser el abridor o iba a estar en el banquillo, porque quería crear una rutina que pudiera seguir con los años. Cuando se tiene una rutina estricta, no hay que pensar al respecto. Tan solo se hace. Como jugador, existen bastantes otras variables, siendo la más importante quién es el lanzador contrario, y uno no quiere que le distraigan. También podrían estar sucediendo otras cosas, como familiares y amigos en tu lista de invitados que te han pedido entradas, ya sea en Nueva York o en otra ciudad. No puedes dejar que eso te distraiga, y muchos de los muchachos casados dejaban esa tarea en manos de sus esposas, en especial cuando llegaban los *playoffs* y la demanda de entradas y de su tiempo se hacía más intensa. Pero como muchacho soltero, yo tenía que manejar eso por mí mismo. Y como receptor, también tenía que asegurarme de asistir no solo a la reunión de bateadores, donde repasábamos al lanzador al que nos enfrentaríamos, sino también a la reunión de lanzadores, cuando repasábamos la alineación contraria.

Incluso si yo no iba a ser el abridor, aun así me sentaba en la reunión previa al partido cuando nuestro entrenador de lanzamiento repasaba la alineación del otro equipo. Si tenías que entrar en caso de lesión o sustituciones, tenías que estar preparado. Yo veía que algunos lanzadores tenían cuadernos donde anotaban cómo rendían y qué lanzamientos utilizaban para sacar a qué jugadores, pero yo nunca mantuve uno formalmente de ese modo. Sin embargo, al mirar atrás me doy cuenta de que en mis primeros años con los Yankees, cuando me preparaba para los partidos, me concentraba mucho más en mi defensa de lo que lo hacía en la ofensiva. Todo se trataba de compensar el tiempo perdido y no tener tanta experiencia en la posición. Eso no significa que yo no pensara nada en la ofensiva, pero definitivamente ocupaba un segundo lugar.

Parte de la rutina que establecí provenía simplemente de seguir las reglas del equipo, de asegurarme de ir bien afeitado, que mi cabello tuviera la longitud correcta, llegar al estadio a cierta hora, que cuando salía de la práctica de bateo tuviera algo en mi torso con el logo de NY. Pero otras partes de mi rutina eran decisiones personales. Esto era particularmente cierto con mi equipamiento.

Como jugadores, nuestra conducta con nuestro equipamiento podía estar al límite de ser obsesivo-compulsiva. Pero como un mecánico o un carpintero con sus herramientas, nosotros usábamos nuestro equipamiento para ganarnos la vida, de modo que teníamos cuidado con nuestras «herramientas» y teníamos muchas preferencias personales respecto a ellas. Los bates de béisbol han cambiado en los últimos veinte años aproximadamente. Algunas personas dicen que la calidad de la madera ha cambiado porque los fresnos ya no son tan abundantes como antes lo eran, y que los árboles más jóvenes que son talados no tienen un patrón de grano tan compacto como los árboles maduros. Yo creo que eso es así hasta cierto punto, y que contribuye al número de bates rotos que se ven. Pero yo nunca dejé de usar bates de madera de fresno, como hicieron algunos muchachos al seleccionar modelos de madera de maple. Yo seguía creyendo que el fresno era el mejor.

No sé de muchos jugadores que pensaran que un bate era igual a cualquier otro del mismo modelo. Cuando yo recibía un envío de ellos desde Louisville Slugger, tenía que inspeccionarlos todos y decidir cuáles eran «jugadores»: los adecuados para turnos al bate que eran importantes. Cuando abres por primera vez en las Ligas Menores, eliges de entre los modelos disponibles que produce el fabricante. A mí me gustaba un bate especial Edgar Martínez: un bate con un cañón grande y un mango más delgado (con más peso al final, este modelo también se rompe más fácilmente). Después de 1997 aproximadamente, tuve un contrato con Louisville Slugger, y ellos fabricaron uno según mis especificaciones concretas: un P320M. La «M» significaba «modificado», pues era una versión más ligera de otro bate que ellos fabricaban, y la «P» significaba «Posada». Fue bastante bonito recibir ese primer envío de bates que estaban todo lo cerca posible de lo que yo quería. Notemos que no dije que eran perfectos. Los bates que utilizamos en el béisbol profesional siguen siendo hechos a mano, y la madera tiene variaciones. Yo usaba un bate que tenía 34 ½ pulgadas de longitud y pesaba 33 onzas. Aunque el fabricante podía conseguir la longitud correcta, el peso podía diferir un poco debido a diferencias en la densidad y la humedad de la madera. Todos los bates estaban etiquetados como «33 onzas», pero yo podía decir que no todos tenían exactamente ese peso. Podía decirlo por el toque, pero también usaba un peso. Hacia el final de la temporada, a medida que me fatigaba más, usaba bates que eran media libra más ligeros.

Como no llevaba guantes, usaba un bate de mango delgado y lo agarraba en cierto modo ligeramente en mis dedos, necesitaba un mango que no resbalara. Cuando tenía dieciséis años, en uno de mis viajes a Miami para trabajar con mi tío Leo, él había trabajado en la posición de mi mano. Yo había estado usando mis palmas como el punto de contacto principal con el bate, y él me hizo deslizar el bate hacia delante en mis manos. Al hacer eso, era más capaz de lanzar bolas al interior del plato, e incluso si la bola me llegaba al cuerpo y la bateaba hacia el mango, no obtenía esa sensación de picadura de abeja. Tener un cañón muy delgado hacía que fuera más fácil agarrar el bate más con mis dedos, pero como dije, yo necesitaba un mango que no resbalara. Así que pasaba algún tiempo frotando mis bates con alquitrán de pino antes de los partidos. Cuando llegaron algunas de las reglas de acelerar el juego, eso era incluso más importante. Yo no podía pasarme un minuto o dos en el círculo de espera preparando mi bate.

Como receptor, hay mucho más equipamiento del que ocuparse, y los muchachos de mantenimiento son una gran ayuda. Por mucho tiempo, las familias Cucuzza y Priore fueron una parte muy importante de los Yankees, con padres e hijos ocupándose de algunas de esas tareas. Ellos se ocupaban de todo el equipamiento, y era a quienes yo acudía especialmente para que me ayudaran con mis guantes. Al principio yo usaba solo uno —el Wilson más pequeño del que hablé

antes— a lo largo de una temporada, desde el entrenamiento de primavera hasta los *playoffs*, ya fuera que estuviera calentando al lanzador de
comienzo en la jaula de calentamiento o en un juego. Más adelante no
pude aguantar toda la temporada con un solo guante, así que trabajaba
con un segundo. Por mucho tiempo mantuve todos mis viejos guantes
almacenados en el sótano, pero la humedad de Florida llegó a muchos
de ellos. Yo intenté salvarlos, incluyendo algunos de los que tenía bonitos recuerdos —el guante de 1998 con el que hice un juego perfecto—,
pero tuve que tirarlos. No realicé ningún tipo de ceremonia especial
para ellos, tan solo los tiré a la basura. A veces la realidad hace a un lado
al sentimentalismo, pero tener que librarme de ese guante del juego
perfecto de 1998 de verdad me dolió.

Parte de mi rutina estaba basada en lo práctico. Como bateador
ambidextro, tenía que mantenerme bateando bien desde ambos lados
del plato. Realizaba una rutina antes de los juegos que no varió desde
la época en que estaba en las Ligas Menores hasta bien adentrado en
mi carrera en las Grandes Ligas. Como la mayoría de los muchachos,
yo dividía mi rutina en dos fases: fuera del campo en las jaulas, y en el
campo. Hacía más *swings* desde el lado en que estaría para mi primer
turno de bateo. Golpeaba desde el soporte y hacía lanzamientos suaves
desde ambos lados. Hacía lo mismo en vivo o desde la máquina lanzadora en la jaula, asegurándome de golpear siempre al menos una ronda
de mi lado «peor» y siempre daba mis últimos *swings* desde mi lado
«mejor» de modo que tuviera el toque al entrar en ese primer turno de
bateo. Debido a que yo hacía más *swings* que el típico bateador que se
limitaba a un solo lado, sentía que tenía que trabajar incluso más duro
para evitar la fatiga. Hacia el final de mi carrera, aproximadamente
los tres últimos años, hice recortes en esa rutina antes de los juegos y
bateaba solamente desde el lado del plato que fuera a usar al comenzar
el juego.

Hice muchos recortes: desde el soporte, desde las máquinas, lanzamientos suaves, práctica de bateo en vivo, pero siempre con un

propósito. Tenía un par de cosas en las que quería enfocarme, y cuanto menos jugaba, más importantes eran para mí. Mi tío Leo había trabajado conmigo para hacer lo que él llamaba «comprimir», pero lo que otras personas llamaban su «disparador». Piense en lanzar una flecha con un arco. Antes de que la flecha pueda ir hacia delante, ha de ir hacia atrás. Eso es lo que yo necesitaba hacer con mis manos y mis brazos. Es también parecido a dar un puñetazo. Uno tiene mucha más fuerza detrás si aleja las caderas y el torso de la diana antes de lanzar hacia delante. También tenía que enfocarme en mantener mi peso atrás y mi cabeza quieta cuando encaraba la bola.

Hacer todos esos ejercicios cada día me ayudaba con mi mecánica de lanzamiento. También era bueno que seguía hablando regularmente con mi papá. Él había visto evolucionar mi *swing* desde el principio, y por eso podía ver cosas que incluso nuestros entrenadores de bateo puede que no hubieran captado. Sin embargo, para ser sincero, en lo que más tenía que trabajar era en filtrar toda la información y encontrar coherencia entre las diversas cosas que me decían. Finalmente, se trataba de mí y de lo que estaba sintiendo con mi cuerpo. Cuando lo que sentía estaba en consonancia con lo que otros estaban observando, entonces esa era por lo general información que podía utilizar. No obstante, tuve que aprender por las malas a no pasar al plato arrastrando conmigo demasiada información. En 1998 seguía estando en modo pensar y no responder.

Una cosa que me gustaría haber podido llevar conmigo a lo largo de mi carrera era un aparato que el tío Leo usaba conmigo. Lo llamábamos el «soporte de aire», pero no sé quién lo hizo o dónde lo consiguió. Básicamente, era un aparato parecido a una aspiradora al revés que empujaba aire por un tubo con la fuerza suficiente para que una bola pudiera estar en equilibro sobre el aire. Debido a la corriente de aire y a las costuras de la bola, la diana se movía un poco, parecido a una bola de nudillos. Eso te forzaba a concentrarte incluso más en centrar la bola para batearla de lleno. Yo he hecho miles de *swings* ante esa cosa, y siempre que estaba en Miami para trabajar con mi tío, él la sacaba para que yo la usara. No sé si le gustaba usarla porque él no podía hacerme lanzamientos a mí, pero cualquiera que fuera la razón, esa cosa realmente funcionaba.

También me aseguraba, como hacían muchos de los muchachos, de situar los dos bates que había elegido para un juego en los mismos lugares en la batera en el banquillo. También ponía mi casco en el mismo lugar. No sé de quién oí esto, pero también me aseguraba de que mis bates estuvieran los dos reposando planos ahí. Uno nunca quería que los bates estuvieran uno encima de otro o cruzados. Se suponía que eso te traería muy mala suerte. Yo nunca cuestioné eso; sencillamente lo hacía.

De eso se trata en el juego. Uno tiene que encontrar lo que le funciona y seguir haciéndolo. A veces no encuentras esas cosas y tienes que robar algunas ideas. En mis primeras temporadas con los Yankees, como he dicho, observaba a todo el mundo y prestaba mucha atención. Wade Boggs, que era un bateador estupendo, pero también muy distinto a mí en muchos aspectos, me enseñó más sobre superstición que ninguna otra persona. Wade llegó a ser conocido como el muchacho que comía pollo cada día: como superstición y también como manera de simplificar su vida y desarrollar una rutina. También tenía una manía interesante sobre la que finalmente le pregunté. A veces yo estaba en el banquillo o en la casa club con él antes de un juego, y estábamos hablando y, de repente, se iba corriendo. Eso sucedió una vez, y yo pensé que era extraño. Finalmente supe que era extraño y a la vez un número: Wade siempre quería comenzar una actividad a una hora que finalizara con el número 7. A las 6:47, digamos, él comenzaba a hacer sus carreras de velocidad antes de los partidos.

Yo no hacía las cosas exactamente como las hacía Wade, pero tenía las cosas cronometradas al minuto. Para un juego a las 7:05, yo salía de la casa club para llegar al campo a las 6:41 para hacer mis carreras. Mi equipamiento ya estaba en el banquillo, así que tenía solamente mi guante conmigo. Mi equipamiento ya estaba allí porque antes de salir ese tiempo final había pasado diez minutos con Gary Tuck trabajando en ejercicios defensivos, mi equivalente a atrapar arrastradas o bolas elevadas. En todo el mundo hice ejercicios de bloqueo y trabajo con los pies, y cambiaba los ejercicios cada día al comienzo de mi carrera y al menos cinco días por semana más adelante.

A las 6:46 hacía estiramientos, realizando siempre los mismos y en el mismo orden. A las 6:47 comenzaba otra vez a soltar y relajar mi brazo. A las 6:55 estaba suelto, así que tenía tiempo para ir al banquillo y atrapar los últimos minutos de la sesión de calentamiento del lanzador abridor. Antes de que comenzara el juego, tenía una última rutina que era una cuestión de respeto por mi familia. Cuando terminaba de sonar el himno nacional, yo me arrodillaba y hacía una pequeña cruz en la tierra para honrar a miembros fallecidos de mi familia. Una cruz por mi abuelo, una por mi abuela. A medida que pasó el tiempo, tristemente, ese número aumentó. Hacía algo parecido cuando iba a batear para honrarlos. Daba un golpecito con mi bate en cada una de las cuatro esquinas del plato formando una cruz. También me aseguraba de dar alquitrán de pino, resina y tierra, en ese orden, y me ceñía a una rutina cada vez que entraba en el cuadro de bateo.

Se supone que las supersticiones te ayudan a que te siga yendo bien, pero no siempre funcionan. Hubo veces en que tuve que hacer algunas cosas para librarme de la mala suerte. Si estaba atravesando un periodo difícil, me libraba de parte de mi equipamiento: gorras, zapatillas, calcetines, camisetas, muñequeras, los guantes que llevaba en mi mano izquierda debajo de mi manopla, o incluso una manopla. Los tiraba a una caja, y les preguntaba a los otros muchachos si tenían algunas cosas que ya no estuvieran usando o de las que quisieran deshacerse. Enviaba esas cajas a Puerto Rico, y mi papá distribuía las cosas entre algunos de los niños más pobres allí, o se llevaba cosas con él en los viajes a la República Dominicana o a algún otro lugar en Latinoamérica donde viajase. Yo me sentía bien respecto a hacer eso. También cambiaba mi equipamiento de receptor si había tenido un mal día, cualquier cosa para evitar ser infectado por la mala suerte.

Nunca entregué mi cinturón por alguna razón. El cinturón que llevé por primera vez en 1997 era el mismo que llevé hasta mi último juego en 2011. Hacia el final tuvo que ser cosido de nuevo y reparada su piel, pero yo quería mantenerlo como un recordatorio. Aún lo tengo, y está en mi oficina junto con otros recuerdos del béisbol que he adquirido con los años. No quiero dar demasiada importancia al simbolismo o la importancia de eso. Con la complicada relación que teníamos mi papá y yo, y el desarrollo y la profundidad de esa relación a lo largo de los años, supongo que lo guardo como una manera de recordarme a mí mismo de dónde provine y lo lejos que he llegado. Y también es un recordatorio de que el tipo correcto de disciplina y de enfoque, la manera correcta de enfocar tus emociones y tus esfuerzos, puede producir grandes cosas.

Me parece apropiado echar la vista atrás a esa temporada de 1997, que ahora está dieciocho años en el pasado, y ver esos sietes de Wade Boggs. A veces uno hace todo lo que puede para controlar su destino y aun así las cosas siguen sin salir bien para ti. Creo que eso también dice algo sobre lo afortunado que fui de jugar con los Yankees durante ese tiempo, para que pueda ver una temporada del 96 ganadora como un fracaso. Creo que todo equipo comienza el entrenamiento de primavera diciendo y pensando que la meta es ganarlo todo. Ya que yo nunca jugué para ningún otro equipo, esa podría ser una suposición incorrecta, pero no creo que todo equipo crea realmente que tiene una oportunidad realista de lograr esa meta. Ciento sesenta y dos partidos es una temporada larga, y puedes hacer todo tipo de cosas para ayudar o dañar tus oportunidades de ganar, realizando cualquier rutina y ritual, pero dado ese número de juegos, uno pensaría que al final, la suerte no desempeñaría una parte importante en el resultado.

El lado mental del juego me resulta fascinante, pero al final los números cuentan la historia: los números en el marcador, pero principalmente tan solo el número de carreras. Nosotros entramos en la Serie de División contra Cleveland ese año pensando que íbamos a ganar, que deberíamos ganar, que estábamos preparados para ganar, pero al final no lo hicimos. Si mi primer año completo en las Grandes Ligas fue una extensión de mi educación en el béisbol, si fue mi tiempo que sirvió como un aprendizaje, entonces yo no aprendí la respuesta a una pregunta que seguidores, gerencia, e incluso nosotros como jugadores batallábamos por entender: ¿por qué perdimos? Lo único que puedo decir con seguridad es que en tres de esos cuatro partidos, Cleveland anotó más carreras que nosotros. Bien, hay otra cosa que puedo decir al respecto. Apestaba perder. Apestaba mirar atrás a una temporada y que te hiciera sentir que fue un fracaso. Y lo fue. Se podían señalar todas las cosas buenas, ponerlas en una lista de pros y contras, pero ese punto en la lista de contras eliminaba todo: nosotros no ganamos la Serie Mundial.

Ver lo mal que aquellos muchachos se tomaban la derrota, los muchachos que eran el corazón y el alma de los Yankees —algunos por mucho tiempo y otros por poco tiempo— finalmente me enseñó algo que yo pensé que ya sabía. Yo siempre supe que aborrecía perder. Tan solo no entendía lo fuerte que puede llegar a ser ese sentimiento. Supongo que ese fue el precio que pagamos por llegar a las alturas que llegamos. Cualquier cosa aparte de estar en la cumbre iba a sentirse como caer en picado al suelo y ser enterrado. Iba a ser necesario algo como ese suceso para ayudarme finalmente a tener una mejor perspectiva de la vida y del juego, pero había algunos días de gloria por delante de mi ciudad encontrándose en ruinas.

CAPÍTULO 11

Victorias y derrotas

Es difícil para mí poner en perspectiva, incluso después de haber estado retirado ahora desde 2011, toda la gloria que hubo durante mis años con los Yankees. Ni siquiera estoy seguro de que los números puedan relatar la historia, pero aquí están.

YANKEES DE NUEVA YORK, TEMPORADA REGULAR, 1997-2011			
Partidos	Ganados	Perdidos	Porcentaje de victorias
2,426	1,465	961	.604

El número más bajo de victorias en la temporada regular que tuvimos durante ese periodo fue de 87 en el año 2000. Compensamos eso al ganar la Serie Mundial, así que supongo que se podría decir que pagamos nuestra penitencia. En ese tiempo, nos perdimos los *playoffs* por completo solamente una vez, en 2008. Extrañamente, ganamos más partidos en la temporada regular ese año que los que ganamos en 2000, pero aun así no nos calificamos.

NEW YORK YANKEES, POSTSEASON, 1997–2011			
Partidos	Ganados	Perdidos	Porcentaje de victorias
136	83	53	.610

Cuando más importaba, ganamos cuatro de seis Series Mundiales en ese mismo periodo de tiempo, con un porcentaje ganador de .667, ganando 21 de 33 partidos (.636). Sin embargo, sabrá que entiendo que los seguidores de los Yankees mirarán esos números con una mezcla de orgullo y frustración. Aquel fue un periodo de éxito sostenido, pero también incluyó fracaso. Como dije, comenzábamos cada temporada creyendo que podíamos ganarlo todo. Hicimos eso cuatro veces en ese periodo desde 1997 hasta 2011, y eso simplemente no es lo bastante bueno.

Eso no es decir que no estoy orgulloso de lo que logramos, pero yo quería ganar más. Sentía una tremenda satisfacción al ganar con tanta frecuencia como lo hicimos, y mucha decepción cuando no lo hacíamos. A medida que ha pasado el tiempo, la decepción sigue estando ahí, y me alegra que lo esté. Sí, los eventos fuera de las líneas ayudaron a poner esas victorias y derrotas en mejor perspectiva, pero aisladas, las derrotas seguían doliendo y decepcionando, y eso es bueno. Creo que muestra lo mucho que nos importaba, lo profundamente que ese deseo de ser los mejores y mejorar cada año, de llegar a ser los mejores en nuestra disciplina, significaba para mí y para la vasta mayoría de los muchachos con los que jugaba.

Perdimos los tres primeros partidos al comenzar la temporada de 1998. Los veteranos tuvieron una reunión para recordarnos que no queríamos pasar por lo que ya habíamos pasado el año anterior. David Cone habló, y también Paul O'Neill, y varios otros de los muchachos añadieron sus ideas. Ellos entendían que teníamos que establecer el tono. A pesar de que una temporada de béisbol es un maratón, como se hace referencia a eso con frecuencia, y no una carrera de veloci-dad, no queríamos quedarnos demasiado atrás demasiado pronto. A mí siempre me encantó la película *The Natural* con Robert Redford. Tiene una escena donde los Knight llaman a un psiquiatra de algún tipo y él repite una y otra vez: «Perder es una enfermedad». Nosotros no queríamos agarrar esa enfermedad, y no queríamos que perder se sintiera algo natural.

A nivel personal, creo que la guía para medios de comunicación de los Yankees en 1999 resume las cosas bastante bien: «Vio un aumento en su tiempo de juego en 1998, estableciéndose como el receptor principal del equipo a final de año». Comenzar 91 juegos detrás del plato fue gratificante, pero no significó que llegué a estar cómodo allí de manera instantánea, en especial cuando se trataba de atrapar para ciertos lanzadores.

Para decirlo con claridad, yo me sentía intimidado por David Cone. No debido al modo en que me trataba David, sino debido a su experiencia y seguridad respecto a cómo quería encarar a los bateadores. Aquel año él tenía treinta y cinco y se estaba recuperando de una cirugía del hombro, y como sucede con todos los lanzadores, yo me sentía responsable si él no lo hacía bien. No era que su éxito dependiera totalmente de mí, pero si yo no cantaba un buen juego o manejaba sus lanzamientos adecuadamente, sentía como si la derrota debiera estar al lado de mi nombre. Incluso a medida que mi carrera avanzaba y sentía más confianza con la selección del lanzamiento y con todos los demás aspectos de atrapar, mantenía esa misma actitud. Las victorias pertenecían a los lanzadores, pero las derrotas eran a veces mi responsabilidad. Los éxitos del personal del lanzamiento me resultaba fácil olvidarlos, mientras que los fracasos seguían conmigo.

Desde luego, cuando tu equipo y un grupo de lanzadores obtienen 144 victorias durante una temporada regular y solamente pierden 48 veces, esos fracasos son pocos y alejados entre ellos. No fue un año perfecto en ningún aspecto, pero sí tuvimos un momento perfecto el domingo, 18 de mayo, contra los Twins cuando David Wells lanzó un juego perfecto.

El día después del juego leí un par de historias en los periódicos al respecto, y Mel Stottlemyre, nuestro entrenador de lanzamiento, era citado diciendo: «¡Vaya!», cuando entró en el banquillo después de que David terminara de calentar en la jaula de calentamiento. Según Mel, David parecía estar realmente bien antes del juego, con un horrible y agudo lanzamiento en curva. Lo curioso es que cuando yo había salido de la jaula de calentamiento para terminar los últimos diez minutos de su tiempo antes del juego, también pensé: ¡Vaya!, pero no de una manera buena. David estaba en todo lugar con esos lanzamientos; no tenía control en absoluto. De hecho, había llegado a frustrarse tanto en cierto momento que miró a la bola y la lanzó fuera del Estadio. En cierto modo, David siendo David, eso pareció calmarle un poco, o al menos le hizo enfocarse, porque después de eso, su sesión mejoró mucho más. Así que mi «¡Vaya!» fue más como decir: ¿Qué voy a hacer esta noche con este muchacho, si es tan irregular? ¿A cuál de esos dos lanzadores voy a tener en el montículo para comenzar el juego?

No puedo decir que yo pensara que él iba a lanzar un juego sin *hits* o un juego perfecto, basándome en lo que había hecho en el calentamiento. Incluso en mi joven carrera como receptor, había visto suficientes veces cuando un muchacho parecía muy agudo antes del juego y después se encendía, y viceversa. La mayor parte del tiempo yo no le decía muchas cosas a un lanzador cuando estaba calentando, en especial acerca de su mecánica. Un lanzador sabe cuándo su lanzamiento está desviado; y especialmente antes de un partido, no necesita que nadie más haga o diga cualquier cosa que podría molestarle. De hecho, en ciertos aspectos era bueno si un muchacho estaba un poco errático en su sesión de calentamiento. Si un lanzador sigue fallando en el mismo punto todo el tiempo, no está haciendo ningún ajuste en el ángulo de su brazo, su punto de lanzamiento o cualquier otro aspecto de su tiro. Cuando yo sí le decía algo un lanzador durante su calentamiento, por lo general estaba destacando lo que él *no* estaba haciendo —no realizando un ajuste— en lugar de señalarle algún fallo.

De todos modos, David era en gran parte un lanzador por sentidos. Él tenía que saber las cosas por sí mismo, de modo que basándome en aquel calentamiento antes del juego, yo iba a tener que seguir el plan de juego hasta que pudiera obtener una mejor lectura de sus lanzamientos. En la tercera entrada, cuando él ponchó al lado, yo pude decir que él estaba en el juego y que los dos estábamos en sincronía. Yo había hecho una señal abajo, y casi al instante David se estaba colocando y disparando. Estaba haciendo un estupendo trabajo a la hora de cambiar el nivel de visión del bateador. Con eso me refiero a que su bola rápida estaba en la zona y realmente moviéndose, pero su bola curva tenía verdadera mordida, comenzando arriba y después cambiando hacia abajo. No siempre es cuestión de trabajar de lado a lado para desequilibrar a los bateadores; la capacidad de David de trabajar a un bateador en la zona a veces en verdad le ayudaba, pero a veces también le hacía daño. Aquel día no le hizo daño en absoluto.

La otra cosa que no hizo daño fue que Tim McClelland, el árbitro del plato, estaba siendo bastante generoso con los lanzamientos hacia arriba. Tienes que tomar lo que se te da, de modo que nos acogimos a eso, en especial desde que, para un equipo de bateadores en los Twins predominantemente diestros, la bola rápida de David hacía una curva hacia dentro y su cortada les llegaba hacia el interior. Arriba y abajo. Dentro y fuera. Dura y después suave. David lo tenía todo en marcha.

Se estaba poniendo por delante de los bateadores y dejándolos fuera con bastante rapidez. Pasó a un conteo de 3-2 cuando estábamos en la tercera y después otra vez en la séptima, enfrentándose al gran Paul Molitor. Y le atrapamos con una bola curva que él fue a buscar. La bola golpeó delante de mí, y yo la bloqueé, después me puse de pie y la lancé a primera. Una jugada de rutina, pero cuando terminó, el Estadio se volvió loco. Yo no podía saber lo que estaba sucediendo, pero entonces miré el marcador. Ninguna carrera. Ningún batazo bueno. Y entonces entendí que David tampoco había otorgado ninguna base por bolas a nadie.

Fue entonces cuando mi etiqueta/superstición en el béisbol tomó el mando. Ni siquiera le dices nada a un lanzador que está realizando juegos sin *hits* o un juego perfecto. De modo que pasé al lado de David, ni siquiera establecí contacto visual con él, y fui hasta el extremo más lejano del banquillo. A Boomer le gustaba hablar, y después dijo que fue una tortura para él que yo no me sentara a su lado. Darryl Strawberry se puso de pie y le dejó solo, así que allí estaba el pobre David Wells recibiendo el trato del silencio, sentado allí mirando alrededor y moviendo sus piernas arriba y abajo, pidiendo que alguien por favor le hablase.

Lo gracioso es que eso se hacía muchas veces: me refiero al trato del silencio. A principios de mayo, David había sido noqueado temprano en una salida, y Joe Torre había cuestionado el nivel de puesta a punto de David. Básicamente estaba afirmando lo que era obvio, pero aun así, David se molestó al respecto. Lo bueno fue que en su segundo comienzo, el que siguió inmediatamente antes del juego perfecto, él realmente solucionó todas las cosas en cierta manera que expresaba la actitud de: «Te lo demostraré». Yo no fui el receptor en ese juego en Kansas City, una estrecha victoria por 3-2, pero observaba a medida que procedía el partido, y David, como si estuviera diciendo *Tengo tu puesta a punto aquí*, se fortaleció y retiró a los últimos diez muchachos a los que se enfrentó antes de que Mariano cerrara la victoria. Yo podía ver el punto de Boomer. Con esa victoria, él estaba 4-1 en la temporada, de modo que un mal comienzo podría haber sido tan solo eso. Yo también podía ver el punto de Joe. David no estaba en la mejor forma, y quizá un mal rendimiento estuviera vinculado a eso. Y quizá fuera también una manera de abordar lo que más adelante llegó a conocerse ampliamente cuando David habló públicamente sobre sus gustos por la vida nocturna y una dieta menos que perfecta. Cualquiera que fuera el caso, David tomó la determinación de no hablarle a Joe durante un tiempo.

No importó, porque Coney salió al rescate de Boomer. Yo estaba allí sentado y observaba cuando nuestro líder se sentó al lado de David y dijo algo que hizo reír a Boomer. Más adelante supe que David Cone le había dicho a Boomer que ese fue el punto perfecto en el juego para que él sacara su bola de nudillos.

Debió de haber aliviado un poco la tensión, porque en las dos últimas entradas David fue tan bueno como posiblemente podía ser. En la parte de arriba de la novena, sus brazos temblaban por la tensión y yo estaba al límite, pero cuando él se puso por delante de los dos últimos muchachos y los retiró fácilmente, supe que estábamos *muy* cerca. Entre las barras de mi máscara, observé el medio arco de la bola elevada de Pat Meare hacer todo el camino hacia el guante de Paul O'Neill, y cuando aterrizó yo estaba a pasos del montículo.

«¡Estupendo, Jorge! ¡Esto es estupendo!», seguía diciendo Boomer una y otra vez. Yo estaba demasiado atolondrado para corregirle: no, muchacho grande, fue perfecto. Más adelante, los encargados del campo me presentaron el plato utilizado aquella noche. En un lado tenía un dibujo de David y yo, y encima de nosotros tenía un dibujo del marcador con todos aquellos ceros. Aún sigo teniendo ese plato en mi oficina, y ninguna humedad de Florida va a dañarlo ni a él ni mi recuerdo de aquella increíble noche.

No quiero dar demasiada importancia a todo el asunto del incidente sobre que David Wells estuviera en baja forma, pero creo que el modo en que él lo manejó y cómo respondió en aquellas siguientes salidas dice algo sobre cómo estaba formado ese muchacho. También era típico del equipo de los Yankees en el que jugué.

De vez en cuando, cuando sentíamos que las cosas se estaban desviando un poco, alguien mencionaba el año 1997 y volvíamos a recuperar el curso. Salíamos cada día con la idea de que íbamos a ganar ese partido. Y 114 veces de 162, hicimos precisamente eso. Sin embargo, la temporada es tan larga que durante gran parte del verano yo realmente no tuve un sentimiento de lo extraordinario que fue ese récord. Nuestra racha ganadora más larga fue de diez partidos, un buen número pero no extraordinario, de modo que fue más la regularidad con la que ganamos lo que hizo tan notable aquella temporada. Durante los 27 días al mes que jugamos como promedio en ese periodo de seis meses, tuvimos días malos ocho veces. Cuando se piensa de esa manera, en trozos del tamaño de un mes, ese número, 114 en total, no parece tan grande. Dividiendo eso en pedazos más pequeños, perdimos aproximadamente dos veces por semana en las apenas 23 semanas de la temporada regular.

Como jugadores de béisbol, pensamos en términos de series. Por lo tanto, incluso si seguíamos con ese número de dos derrotas por semana de trabajo, es como si dijéramos que alguien hubiera tenido dos días malos en el trabajo y tres días buenos. Expresado en esos términos, creo que se puede entender mejor por qué nadie hablaba de lo bien que iba nuestro año. No nos estábamos dando palmaditas en la espalda. Solamente si alguien en los medios de comunicación destacaba que estábamos en un ritmo de establecer un récord, se me ocurría admitir que lo que estábamos haciendo era extraordinario. Nosotros hacíamos nuestras tareas, las hacíamos bien, y estábamos ganando series con una eficacia y a un ritmo que mantenía feliz a la gerencia. Dejábamos que otras personas fueran quienes hicieran las sumas, las comparaciones y todas esas cosas.

Ese era el enfoque que yo adopté durante toda la temporada, y cuando llegué a abrir en mi primer juego de postemporada, contra los Rangers en la apertura de la ALDS (Serie de División de la Liga Americana), sentí al entrar que el modo en que todos habíamos manejado aquel año iba a mirarme durante los *playoffs*. Fue así hasta cierto punto, nadie tuvo que darme un mapa para encontrar mi camino hasta la caja del receptor, pero había claramente algo diferente respecto a la atmósfera en el Estadio. Estar de pie en esa tercera base oyendo tu nombre pronunciado por el legendario Bob Sheppard causaba escalofríos, de la mejor manera posible. Como nota al margen, el Sr. Sheppard era conocido como «la voz de Dios», y era cierto. La primera vez que él dijo mi nombre, lo pronunció Po-sa-DOH. Los muchachos con el club aquel año sabían que si Dios lo dijo, debía de ser así. Como resultado, fui bautizado con el sobrenombre de Sado.

También significó mucho para nosotros que el nombre de Darryl Strawberry fuera anunciado antes de aquel juego. Joe Torre nos había llamado a los dos justamente antes de que hiciéramos estiramientos en el jardín exterior para que inclináramos nuestras cabezas y enviáramos buenos pensamientos al camino de Darryl. Él fue diagnosticado con cáncer de colon, y acababa de pasar por cirugía. Él no podía estar ahí, pero su esposa, Cherisse, sí estaba, y sus dos hijos con ella. Acompañada hasta el montículo por David Cone, ella hizo el primer lanzamiento, llevando un jersey con el número 39 de Darryl en él.

Incluso si Darryl no hubiera experimentado todas las otras dificultades que tuvo que experimentar, esa habría sido una dura noticia. Yo había perdido a mis abuelos debido al cáncer, al igual que a tíos, y era muy difícil oír que un hombre de la edad de Darryl, que había cumplido los treinta y seis esa temporada, estaba batallando contra ello. Fue difícil oír eso, y realmente me hizo pensar. Darryl había contribuido mucho ese año; sus 24 jonrones siempre parecían llegar exactamente en el momento correcto. Su bateo de izquierda en la alineación era muy importante para nosotros, y su potencia hacía que fuese un verdadero transformador. Saber que él no podía salir del banquillo hacía que las decisiones de los mánager contrarios acerca de cambios en lanzamientos fuesen aun más difíciles. Siempre alegre y sonriendo, Darryl era también valioso en la casa club y una presencia positiva en el banquillo; sin payasadas nunca, tan solo disfrutando de tener su carrera y su vida de nuevo bajo su control. Él era especialmente bueno con Derek y conmigo, compartiendo sus perspectivas sobre el bateo con nosotros, y los días en que yo no estaba atrapando y él estaba en el banquillo, repasaba sus turnos al bate conmigo, diciéndome lo que suponía que iba a llegar.

Como Darryl, yo también era un bateador de instinto, aunque ese término me molesta. Era más que instinto lo que nosotros seguíamos: la historia pasada y las tendencias realmente dictaban nuestro enfoque.

Algunos muchachos intentan simplificar el bateo como «ver la bola, golpear la bola», pero eso nunca funcionó para mí. Yo tampoco quería saber nunca lo que iba a llegar si nos las arreglábamos para captar las señales de un equipo contrario. Nunca confiaba en que fuera ciento por ciento seguro que las tuviéramos, y confiaba en mí mismo más que en cualquier otra persona.

Realizamos esa primera serie contra los Rangers, 3-0, todos ellos juegos reñidos y con bajas puntuaciones. Nos encontramos con un tiempo difícil contra los Indians en la ALSC. Sé que los seguidores quieren pensar que teníamos una motivación especial para batirlos ese año porque ellos nos habían noqueado el año anterior, pero lo que nosotros hubiéramos querido en realidad era batir a cualquiera contra quien nos enfrentáramos, ya que un viaje hasta la Serie Mundial estaba en juego. Me alegraba de haber podido contribuir en el plato en el juego 1, cuando trabajé con David Wells. Yo iba 2 para 3, impulsé mi primera carrera de postemporada, y salté sobre el primer lanzamiento rápido de Chad Ogea para batear un jonrón con un batazo de línea a lo profundo del jardín derecho. No necesité que el entrenador de tercera base Willie Randolph me dijera que ralentizara, que había bateado fuera y que podía regresar a la base en lenta carrera.

Mis padres se estaban quedando conmigo en mi apartamento durante la postemporada, e inmediatamente después del partido mi papá me dijo que ese golpe sincronizado fue uno de los mejores que me había visto hacer. Tener a la familia en el estadio, tener a mi papá verme hacer eso en directo el lugar de verlo por televisión u oírme contárselo al día siguiente; eso era mejor de lo que yo podría haber esperado nunca, y podía escuchar el agrado que había en su voz.

Disfruté mucho de aquella victoria y me di a mí mismo algún tiempo para tan solo vivir con esos sentimientos. Aun así, cuando hablé con mi papá a la mañana siguiente, estaba listo para su recordatorio, aunque no es que lo necesitara, de pasar página, al igual que había movido mis caderas en ese lanzamiento.

El juego 2 fue uno que, si hubiera creído los titulares al día siguiente, estaba destinado a convertirse en otro momento parecido a Bill Buckner de vergüenza para un jugador. Fue un partido muy reñido que pasó a entradas extra, y en la duodécima, Travis Fryman salió con un corredor en primera, y ningún *out*. Sabíamos que iba a golpear sin abanicar, y lo hizo. Fue uno bueno, al lado derecho. Tino lo *fildeó*, y su lanzamiento golpeó a Fryman en la espalda. Chuck Knoblauch tuvo que retrasar su brazo o arriesgarse a ser noqueado, y en toda la confusión, Chuck discutió sobre que Fryman estuviera fuera de la línea de base y no recogiera la bola, a pesar de que todos los demás y yo le estuviéramos gritando que lo hiciera. La multitud rugía, y Chuck estaba tan atrapado en el fragor del momento que dejó la bola allí en la tierra mientras los corredores seguían moviéndose.

Yo no podía salir del plato, y cuando el lanzamiento finalmente llegó, incluso Jim Thome, con su paso lento, había podido anotar desde primera con un toque y Fryman había recorrido todo el camino hasta tercera. Joe estaba seguro de que Fryman debería haber sido cantado *out* por correr fuera del camino de la base, pero los árbitros dijeron que como fue golpeado cuando estaba en contacto con la bolsa de primera base, que es territorio bueno, no estaba fuera de la línea de base.

Fue una de las jugadas más surrealistas en las que yo haya participado jamás, pero por fortuna, terminó sin importar mucho, ya que batimos a los Indians en la serie 4-2. Después de ese partido de la jugada del toque, volvimos a perder, para situarnos 2-1 en la serie, pero nos apropiamos de los tres siguientes seguidos para asegurarla. Estábamos en camino hacia la Serie Mundial, donde barrimos a los Padres en cuatro partidos para volver a lo más alto.

Eso no fue tan fácil como parece. En el juego 1, íbamos por detrás de los Padres 5-2 al entrar en la séptima. Después que Chuck Knoblauch golpeara un jonrón de tres carreras, la entrada continuó. Con las bases llenas, Tino salió contra Mark Langston, un duro zurdo que se enfrentaba a otro duro zurdo. Con un conteo de tres y dos,

Tino hizo jonrón, y eso realmente nos encendió. En el juego 2 de la serie, yo bateé un jonrón de dos carreras a Brian Boehringer, una derecha profunda al centro derecho del jardín. Es siempre una emoción golpear un jonrón, pero un jonrón en una Serie Mundial era especialmente satisfactorio. Uno sabe que todo el béisbol y sus seguidores tienen su enfoque solamente en esos dos equipos; uno quiere ganar, desde luego, pero ese elemento añadido de la atención de los medios y todo los demás que conlleva una Serie Mundial hace que todo se sienta más importante. Recuperarnos de tres carreras abajo más adelante en el juego 3 fue otro ejemplo de lo resistente que era el equipo. Siempre parecía que encontrábamos una manera de ganar. Por importante que fuera aquello, solamente más adelante, cuando obtuvimos nuestros anillos de la Serie Mundial con el «125» grabado en ellos —para conmemorar el logro de 125 victorias durante toda la temporada— fui capaz de apreciar lo que habíamos logrado como grupo. Al igual que hicimos en 1996, ganamos la Serie Mundial, pero esta vez hicimos un poco más de historia.

Junto con todas las victorias que se produjeron en 1998, otro elemento de mi vida se enfocó y me hizo estar celebrando de muchas maneras diferentes. Las raíces de esa celebración en realidad se remontaban hasta mis años de secundaria, cuando uno de mis diversos trabajos era ser árbitro de partidos de béisbol y *softball*.

Ser árbitro de *softball* supone que cantas los lanzamientos desde detrás del lanzador, de modo que yo tenía una vista muy de cerca de la joven que estaba lanzando. La reconocía de la escuela, pero no era alguien a quien conociera muy bien. Su nombre era Laura algo. Ella era una buena lanzadora, pero también era preciosa. Durante los calentamientos antes del partido, noté que ella no llevaba guante, así que hice algo no muy imparcial para un árbitro: fui a mi auto y agarré un guante para ella.

Ella me sonrió y me dio las gracias, y sentí como si alguien hubiera prendido fuego a mis orejas. Si eso realmente les hubiera sucedido a mis orejas, alguien habría sido capaz de ver el humo durante todo el camino hasta la casa de mi mamá y mi papá. A medida que prosiguió el juego, ella no dijo mucho más, pero juro que cada lanzamiento que hizo fue un *strike*.

Después del partido, ella me entregó el guante y dijo, con su voz tan sedosa y suave que me resultó bastante difícil prestar atención a sus palabras: «Gracias. Es un guante muy bueno».

Yo intenté pensar en algo que pudiera decir que fuera suave y sedoso. (He hablado sobre mi educación en el béisbol, pero debería ser obvio que también necesitaba aprender sobre mujeres.) Sin embargo, lo único que se me ocurrió decir, fue: «Sí». Entonces, al darme cuenta de que esa no era la mejor manera de aceptar un cumplido, rápidamente añadí: «Me alegro de que te guste».

En mi mente, ese fue otro error. Había hecho parecer como si yo estuviera tomando responsabilidad por haber hecho eso. Si este intercambio hubiera sido una entrada, yo habría abierto con un batazo bueno por lanzamiento, y después un *balk* al avanzar al corredor. Ahora estaba desesperado por conseguir un *out*; me refiero a salir con ella, así que dije: «Puedo conseguirte uno igual».

Ella comenzó a caminar hacia el banquillo donde estaban el resto de las muchachas de su equipo. Yo fui detrás de ella como un cachorrito, diciéndole que debería darme su número de teléfono para así poder hacerle saber cuándo tuviera el guante.

Ella llegó al plato con seguridad, y yo no conseguí su número. Mal por mí, por no haber ejecutado adecuadamente.

En la postemporada después de 1997, yo estaba de regreso en casa y viviendo con mi compañero Benjamín. Una noche estaba de pie en un lugar llamado Dumbar's con mis amigos, cuando esta hermosa mujer pasó por allí. Sentí una ráfaga de energía en la boca del estómago. Ella iba con algunas amigas, y una de ellas dijo algo que le hizo sonreír y después reírse. Yo quería ser esa persona, la que estaba consiguiendo que ella fuera feliz de aquella manera. No sé por qué nos vemos atraídos a ciertas personas, pero algo me dijo de inmediato que yo tenía que llegar a conocer a esa mujer, que había algo respecto a ella que era diferente y mejor para mí que cualquier otra a la que hubiera conocido. Muy bien, ese es un modo de decirlo. Pero me dije a mí mismo aquella noche, y a uno de mis amigos: «Si alguna vez llego a conocer a esa muchacha, me casaré con ella». Lo decía de veras. Fue como pensar que quería llegar a las Grandes Ligas algún día. Y me tomó casi tanto tiempo, y tanto esfuerzo, el hacer ese sueño realidad.

Probablemente ya habrá pensado que la mujer en el bar era Laura, la jugadora de *softball*, pero yo no lo hice. Lo único que sabía era que quería conocer a esa mujer, hablar con ella, y entonces seguir hablando con ella y pasar tiempo con ella antes de tener que regresar a los Estados Unidos a principios de la temporada de 1998. No hice nada para hacer que eso sucediera aquella noche. Soy bastante tímido, pero no podía dejar de pensar en ella. Supongo que siempre tengo que hacer las cosas a la manera difícil, así que pensé en un plan. Al igual que había desarrollado todo tipo de rutinas para jugar el juego, pensé que esa mujer tenía que ser de la misma manera. La primera noche que la vi en el Dumbar's era un jueves, así que regresé al siguiente jueves esperando verla allí de nuevo. Ella no estaba. Resulta que volví a verla una noche de sábado en el bar de un hotel. En lugar de sencillamente acercarme a ella, regresé a ese lugar al siguiente sábado. Podemos llamarlo seguir sigilosamente, vigilancia, o llamarlo de la manera que sea, pero yo no creía que estuviera siendo raro ni ninguna otra cosa hasta que Derek llegó de visita.

Estábamos fuera, y volví a verla. Le indiqué a él quién era y dije: «Esa es la muchacha de la que te he estado hablando».

«¿Y no vas a decirle nada?».

«No, amigo. Estoy demasiado asustado».

«Tienes que atreverte. ¿Qué es lo peor que ella podría decir?».

Quizá cuando uno es Derek y tiene su confianza respecto a tantas cosas, uno no piensa en todas las cosas malas que podrían suceder o decirse, pero yo no quería que esa muchacha me rechazara. Sin embargo, finalmente el reloj siguió su curso. Era el mes de diciembre, y yo sabía que aproximadamente en un mes tendría que irme para el entrenamiento de primavera. Cuando volví a verla, le dije que me gustaría verla alguna otra vez y le pedí su número. Ella vaciló un poco, y entonces me dijo que no estaba segura de que eso fuera una buena idea. Yo no hablaba el código de las mujeres, pero finalmente supe que «no es buena idea» era tengo novio.

No importaba. Supe ese hecho por una muchacha a la que conocía llamada Anita, que se acercó a mí una noche. Ella había estado sentada en una mesa con Laura. Sin llegar a entender aún los comportamientos de las mujeres, le pregunté a Anita si podía presentarme a su amiga. Anita me dijo lo rudo que yo era, pero de todas maneras me ayudó. Yo ignoré la parte de «tiene novio» y organicé las cosas con Anita para hacer una salida a jugar a los bolos con ella, Laura y mis amigos. Me aseguré de que el asiento del pasajero no estuviera ocupado cuando me detuve en casa de Laura para recogerla.

Quizá se debiera a que no llevábamos nuestros propios zapatos, o lo que sea que sucede en una bolera, pero pasé mucho tiempo hablando con Laura y demostrando mis increíbles habilidades en los bolos. Al final de la noche, le pregunté si le gustaría jugar *racquetball* al día siguiente. Me emocioné cuando, después de vacilar un poco menos que la vez anterior, ella dijo que sí. No dijo: «¡Claro!». No dijo: «¡Eso sería estupendo!». Solamente «sí». ¿Sabe el modo en que los locutores dicen que un sencillo de bombita se verá como un tiro a la línea al día siguiente en el cuadro de anotaciones? En realidad no me importaban las palabras que ella utilizara, tan solo que había estado de acuerdo en pasar tiempo conmigo.

Al día siguiente en la pista, lo estábamos pasando bien cuando la golpeé en el trasero con la bola. Es cierto lo que se dice: uno golpea donde tiene fijos los ojos.

Ahora nos reímos de todo eso, pero en aquel momento yo estaba realmente batallando con todo el rechazo. (Laura dice que yo era psicótico, pero yo prefiero decir persistente.) En muchos aspectos, aquellos primeros tiempos con Laura probaron mis habilidades de observación y de hacer estrategia más que cualquier bateador o lanzador con el que tuviera que enfrentarme. Probé diversas cosas: organizar una fiesta para el Super Bowl tan solo para volver a verla (ella llegó tarde y se fue temprano), invitarla al entrenamiento de primavera (no, gracias), y finalmente decirle que cuando fuera a Nueva York a visitar a su hermana, debería ir a verme jugar.

Aún no sé hasta qué punto fue su hermana o hasta qué punto fui yo quien la estaba convenciendo, pero Laura sí fue a Nueva York. Incluso entonces, los obstáculos que nos mantenían separados seguían llegando. Cuando una parte de 500 libras de peso del Estadio de los Yankees se desplomó, la ciudad dijo que no podríamos jugar allí, de modo que tuvimos una extraña situación en la que jugamos un domingo y después no volvimos a jugar hasta el miércoles, contra los Angels, en Shea. Nos vestimos en la casa club en el Estadio y después tomamos un autobús hasta Queens, viajando luego a Detroit. Nada de eso era bueno, en particular porque yo esperaba tener la oportunidad de pasar tiempo con Laura. Ella sí asistió a un partido, pero eso fue todo.

Entonces hice un gesto muy romántico al pedirle que visitara Detroit a mediados de abril para sentarse en el estadio de los Tigers en su mayoría vacío con una temperatura en el partido de 55 grados. Muchas cosas parecían vacías y frías en ese momento, pero finalmente, a medida que el clima fue mejorando, también lo hicieron las cosas entre Laura y yo. Es extraño el modo en que uno sabe que finalmente se ha acercado a su meta. Para mí, fue la primera vez que Laura y yo nos despedimos después que ella hubiera estado conmigo durante una semana en Nueva York, y después recibí una llamada de ella diciéndome que el vuelo estaba completo y la aerolínea buscaba personas que pudieran quedarse más tiempo y tomar un vuelo posterior, o aceptar un recibo, y Laura aceptó el recibo. Yo era un hombre feliz, muy feliz.

En noviembre de 1998 decidí que era el momento de cumplir esa promesa que yo había hecho cuando la vi en el bar. Salí a comprar un anillo de compromiso y planeé pedirle que se casara conmigo. No habíamos hablado de matrimonio, pero habíamos charlado de las cosas grandes, como tener hijos. Así que no puedo decir que estaba seguro al ciento por ciento de que iba a recibir la respuesta que quería. Mi plan era hacerlo en la cena una noche. De antemano, lo había organizado con el personal en el restaurante, un Ruth's Chris en San Juan, para que nuestro camarero, cuyo nombre era Dort, situara el anillo encima de cualquier postre que ella pidiera. Yo no estaba pensando muy bien las cosas, porque en realidad no tenía ningún plan de respaldo si ella no quería postre, o si pedía algo donde no fuera posible apoyar el peso del anillo. Desgraciadamente, ella no quiso postre, pero yo le seguí pidiendo que tomara uno. Finalmente, para hacer que yo me callara respecto al maldito postre, pidió tarta de queso. Dort me hizo un guiño para hacerme saber que podía contar con él.

Me quedé allí sentado con las palmas sudorosas y faltándome la respiración hasta que llegó el camarero. Laura estaba hablando y no miró al plato del postre. Yo no quería señalarlo y arruinar el momento, así que me quedé sentado, escuchando e intentando no actuar como si fuera a producirse uno de los momentos más importantes de mi vida. Finalmente le dije: «¿No vas a comerte el postre?». Con una perfecta ejecución, a la vez que sus ojos hicieron el primer movimiento hacia el plato, yo despegué. Me puse sobre una de mis rodillas y le dije: «¿Quieres casarte conmigo?».

Lo siguiente que supe era que me dolía el hombro. Laura me había dado un puñetazo, y después asintió. Comencé a respirar de nuevo.

Fijamos la fecha para enero del año 2000 y comenzamos a organizar las cosas para una gran boda, pero las cosas no resultaron exactamente como habíamos planeado. Poco después que me presentara para el entrenamiento de primavera en marzo de 1999, descubrimos que estábamos embarazados. Yo soy bastante tradicional, al igual que lo son nuestras familias, y por respeto a ellos y a su fe católica, y mi propio sentimiento de que no era correcto tener un hijo nacido fuera del matrimonio, decidimos hacer oficial nuestra unión lo antes posible y después realizar la gran fiesta más adelante, tal como habíamos planeado. Laura y yo fuimos al Ayuntamiento en Manhattan para obtener nuestra licencia de matrimonio. Esperamos en fila, y entonces, cuando llegamos hasta el funcionario, él miró mi licencia de conducir y comenzó a mirar de manera cómica.

«¿Juega para los Yankees?», me preguntó.

«Sí», le dije.

«Bien, ¿qué están haciendo al esperar aquí en la fila?».

Confundido, le dije que iba para conseguir una licencia de matrimonio.

«Debería estar en la fila VIP», dijo, señalando más adelante en el pasillo. Yo no pensaba que era una persona VIP, y ya habíamos esperado, así que seguimos adelante allí.

Dos días después, Derek estaba con nosotros para ser el padrino, y la hermana de Laura también estaba allí. Aparte de no tener anillos de bodas que intercambiar, las cosas fueron bien. Después del juego aquella tarde, tuvimos la boda, seguida de la tradicional pizza. Desde luego, las cosas no podían seguir sin que hubiera algo de drama. El hombre que ofició en la ceremonia, alguien que nos recomendó mi amigo Roberto Clemente Jr., apareció en el apartamento. Llevaba más joyas de las que Laura y yo poseíamos juntos, y un traje que habría funcionado muy bien si él fuera un Yankee novato en una novatada. Laura estaba en el dormitorio, y yo fui a avisarle. Estaba intentando no reírme. Ella echó un vistazo, vio al hombre, y dijo: «No sé si quiero hacer esto».

De todos modos lo hizo, y eso fue bueno. Yo ya había estado tratando con náuseas empáticas en la mañana. ¿Qué me habría sucedido si me hubieran dejado en el quiosco de la pizza? Laura aún me causa cierto dolor respecto a aquellos dolores por empatía y toda mi ansiedad antes del parto, y me sigue diciendo estupideces cada vez que lloro al ver una película triste, pero yo soy lo que soy, y mis emociones a veces se llevan mi mejor parte.

Parte de mi ansiedad al comienzo de la temporada de 1999 tenía que ver con que Joe Torre no estaba con nosotros. Le habían diagnosticado cáncer de próstata y pasó por cirugía a mitad de marzo. Era difícil creer lo que estaba sucediendo. En ese mismo campamento, supimos que un jugador de la Liga Menor había recibido un diagnóstico de cáncer de testículos. El equipo insistió en que todos nos hiciéramos un chequeo, y lo hicimos. Todo el mundo, desde George Steinbrenner hasta todos los demás nos reunimos en torno a Joe. Él nos había convocado a todos para informarnos, para darnos un calendario para su regreso, y hacernos saber a todos que planeaba estar de regreso con nosotros lo antes posible. Todo el mundo dijo que su salud era más importante que el juego. Sus médicos insistían en que fuera paciente, al igual que lo hacía el Sr. Steinbrenner.

De modo egoísta, yo quería que Joe regresara pronto. Me gustaba su calmada presencia, y cómo se comunicaba conmigo. Don Zimmer se hizo cargo como mánager provisional para comenzar el año, y aunque me caía bien Zim, él no era como Joe, ni temperamentalmente ni como comunicador. Creo que Zim concordaba perfectamente con muchos de los muchachos veteranos que conocían sus papeles, que estaban fijos en la alineación, y tenían una actitud más de «déjame salir ahí y hacer mi trabajo». Uno no puede ser todas las cosas para todas las personas, y hay que ser fiel a uno mismo, y Zim lo era. Era tan solo que lo que yo necesitaba y quería de un mánager no era su punto fuerte o lo que le resultaba más cómodo hacer. Yo seguía intentando abrirme camino en el juego pensando demasiado. Aún no tenía suficientes experiencias y recuerdos a los que aferrarme para seguir mis sentimientos o mi instinto; o al menos no creía tenerlo, especialmente cuando se trataba de defensa. Los deportes requieren que reacciones, y yo aún seguía pensando y reaccionando, y a veces diciéndome a mí mismo que tan solo reaccionara.

Como resultado, en realidad no sabía cómo manejar lo más difícil de todo. Me dijeron que yo iba a ser el hombre en mi posición. Si ser el hombre significaba el hombre que no fuera incluido en la alineación cada día, entonces eso era yo. Estaba confuso, y no estaba seguro de cómo encarar a Zim, y cuando lo hacía, las respuestas que decían: «Tú eres el hombre» no hacían que mi papel fuese más claro o mi irregularidad en el tiempo de juego más fácil de aceptar.

Yo estaba haciendo muchos ajustes: a estar casado, a convertirme en padre, a pasar a la posición de receptor a pleno tiempo, y a un nuevo miembro de nuestro personal de lanzamiento. Roger Clemens llegó desde Toronto a cambio de tres jugadores, incluido David Wells. Sentí ver que Boomer se iba, pero cuando uno tiene una oportunidad de conseguir a un muchacho que era tan dominante como Roger lo había sido, es difícil alejarse de ese trato sintiendo algún tipo de lamento. También ayudó que Roger encajó muy bien. El hombre trabajaba muchísimo. Era un competidor increíble, y también era muy amable. Llegar a un equipo que acababa de ganar la Serie Mundial y, en cierto sentido, sustituir a uno de los muchachos más populares en la casa club no era fácil. Quizá ayudó que él era muy diferente a Boomer. El Rocket también hizo muchas cosas en aquel entrenamiento de primavera para llegar a conocernos. Invitaba a grandes grupos de nosotros a la casa que estaba rentando y nos cocinaba filetes y nos relacionábamos allí.

No puedo decir que Roger y yo fuéramos nunca amigos íntimos, pero sentíamos mucho respeto el uno por el otro, por el modo en que jugábamos el juego y lo mucho que trabajábamos. Yo sabía que me había esforzado mucho, pero todavía era joven e intentaba demostrar mi valía. Roger era un veterano con una gran carrera, y superaba a todo

el mundo. Llegó al campamento en una forma estupenda y con su brazo en condición de media temporada. Tenía un conteo de lanzamiento
durante un juego de primavera, lo alcanzó, y entonces entró en la jaula de calentamiento hasta haber hecho un total de 100 lanzamientos.
Aparecía en un entrenamiento entre entradas cuando estaba lanzando
en juegos de primavera. Practicaba movimientos de arranque, hacía 40
sentadillas, y después hacía 40 series de atrapadas, moviéndose de lado
a lado para *fildear* bolas que le lanzaban rodadas.

Después de todo eso, hacía trabajo con las pesas. En cierto momento, dije que yo tenía que ver lo que ese hombre estaba haciendo. Fui
hasta la sala de pesas, y él me dijo: «Los lanzadores tienen que tener
piernas. Tú estás atrapando. También necesitas piernas». Le vi haciendo trabajo intenso de la parte inferior del cuerpo con mucho peso. Me
uní a él para esos entrenamientos dos veces por día, y marcó una gran
diferencia para mi aguante y fuerza. Roger también me alentaba. Decía
que si yo seguía trabajando tan duro como él me había visto en ese
campamento, llegaría donde quería estar y me merecía estar.

De todos los lanzadores con los que trabajé, Roger era mi favorito
para quien atrapar. Él tenía su propia manera de realizar las cosas, incluidas las señales que utilizaba: los dedos que pones abajo no indicaban
solamente qué lanzamiento sino también a qué lado del plato iría, y su
señal de «cuernos con los dedos» era para su asombrosa curva por encima
del brazo. Él siempre quería que hiciéramos abajo tres señales, incluso
cuando nadie estuviera en la base, y con frecuencia él cambiaba qué señal
estaba viva a lo largo del juego, usando su propio sistema para señalar cuál de las tres era buena. El sistema me mantenía de puntillas, y
me encantaba el reto de eso. Si yo no captaba una señal correctamente,
podría resultar herido. Los lanzamientos de Roger, particularmente su
bola rápida, tenían más movimiento en ellos que el mérito que muchas
personas le daban, y un pulgar roto era una posibilidad si yo me cruzaba.

Roger era intenso, pero de una manera con la que yo podía identificarme. Demandaba tanto de sí mismo que era en cierto tipo magnético.

Estaba pleno, e iba a forzarme a mí a estar allí con él sencillamente por lo mucho que demandaba de mis capacidades de concentración. Él también me enseñó mucho acerca de preparar a los bateadores. Entraba en cada juego sabiendo exactamente cómo quería atacar a los muchachos. Nos reuníamos antes del juego, y él consultaba su pequeño aparato de grabación que tenía (todo esto era antes de que hubiera tabletas o teléfonos inteligentes), y grababa su plan de juego. Entre entradas, repasábamos las cosas como fuera necesario. Él estaba sin duda a cargo; yo hacía sugerencias en cuanto a señales, pero Roger no vacilaba a la hora de disuadirme.

Finalmente llegué a atrapar para otros lanzadores que en realidad buscaban que yo les guiara a lo largo del juego. Había muy pocos que no querían tomar responsabilidad de la selección de lanzamiento, en especial cuando el partido estaba en juego. Sin duda, Roger no era así. Lo que aprendí al atrapar para él, y «atrapar» es la palabra adecuada aquí porque yo siempre estaba atrapando sus pensamientos, eran cosas que podía aplicar al ser receptor para otros muchachos del equipo. Con su ética de trabajo y su preparación, estableció una norma de dureza que yo entonces aplicaba cuando trataba con los otros muchachos. Yo sabía que ellos tenían cosas diferentes, ideas diferentes, pero él seguía siendo alguien a quien yo podía imitar en ciertos aspectos. Roger me hizo ser un mejor jugador, y él era un jugador en todos los sentidos de la palabra. Si tenía un mal día, se hacía responsable de eso. Si tenía un buen día, nos daba a mí y a otros receptores del equipo el mérito.

Un muchacho que hizo un comienzo lento aquel año fue Hideki Irabu. En ciertos aspectos, me sentí mal por él. Ese entrenamiento de primavera, George Steinbrenner le había llamado «sapo gordo y cobarde» por no cubrir la primera base. El Sr. Steinbrenner no le permitió entonces viajar con el equipo para abrir la temporada. Más adelante, el Sr. Steinbrenner se disculpó por lo que había dicho y por el modo en que había manejado la situación. Estoy seguro de que nuestro dueño estaba frustrado porque, después de firmar con el «Nolan Ryan de

Japón», no funcionó. Irabu regresó en 1997, pero estaba de nuevo en las Menores al final de ese año después de conceder más de siete carreras en un juego.

No puedo evitar pensar que, si hubiera estado allí, Joe habría manejado esa situación del entrenamiento de primavera de modo diferente. No estoy diciendo que Joe pudiera haberle dicho al Sr. Steinbrenner lo que tenía que decir, pero creo que Joe habría sido capaz de convencerle de que no tener a Irabu viajando con nosotros no iba a producir el resultado deseado. Yo encontré una manera de comunicarme con Hideki a pesar de nuestras diferencias en el idioma, y creo que mi capacidad de hacerlo tuvo algo que ver no solo con mi propia experiencia al aprender un nuevo idioma, sino también al ver cómo nos manejaba Joe. Yo tenía que ser paciente, necesitaba pasar tiempo extra asegurándome de que las comunicaciones estuvieran claras, y necesitaba recordar ponerme yo mismo en el lugar de Hideki y ver las cosas desde su perspectiva. Hideki tenía cosas buenas, y rebotó ese año para ser un contribuidor decente en la temporada regular. Yo quedé realmente asombrado y entristecido cuando me enteré de su muerte por suicidio en 2011. Nunca vi señales de problemas que le inundaran, y el corazón se compadece de cualquiera que sufra hasta ese grado.

Cuando Joe regresó el 18 de mayo, sentí que estaba en mejores manos. En este momento, estábamos 21-15 y un juego por encima de los Red Sox, a quienes tendríamos que enfrentarnos después de un día libre. Perdimos, pero eso era parte de una tendencia contra ellos en aquella temporada regular: perdimos ocho de doce veces contra ellos. Sin embargo, los batimos donde más importaba, en la tabla de posiciones y en la Serie del Campeonato de la Liga Americana.

Se ha dicho mucho de la relación que yo tenía con El Duque, y de la pelea en que nos metimos más adelante, pero una cosa estaba clara cuando él llegó: el hombre sabía cómo lanzar. También se parecía mucho a mí en que era un poco impulsivo. Así que los dos tuvimos nuestras batallas. Éramos como hermanos en muchos aspectos: cuando uno de nosotros creía saber lo que era mejor para el otro, no tenía miedo de hablar claramente. Los hermanos, incluso si son de madres diferentes, a veces van a irritarse de verdad el uno al otro.

Cuando Orlando Hernández llegó, yo tuve que hacer otro ajuste. Él no conocía a los bateadores ni los equipos. En ciertos aspectos eso no importaba, debido a que El Duque era realmente bueno para detectar debilidades de los muchachos, variando su enfoque cada vez en la alineación, y generalmente siendo tan osado como inteligente. Aun así, eso me mostró una vez más que cada lanzador necesita algo diferente de su receptor.

Parte de lo que nos hizo tener problemas algunas veces fue que teníamos ideas diferentes sobre cómo encarar a los bateadores. Yo sabía que El Duque tenía sus métodos, pero había veces en que yo quería seguir con lo que sentía que era el enfoque más eficaz: encarar a ese hombre con tu mejor golpe y no juguetear demasiado al hacer demasiados lanzamientos e intentar ser más listo que él. Al Duque tampoco le importaba dar caminatas a bateadores para conseguir que alguien a quien él conocía pudiera salir. Eso, definitivamente, no seguía el libro, y yo consideraba el hacer caminatas como ceder, pero él salió de muchos líos que él mismo había causado de esa manera. Si tienes algo bueno, entonces úsalo. Quizá fuera su experiencia en Cuba y la influencia de muchachos allí lo que de alguna forma le dio puntos de estilo o un bono de un grado de dificultad para tomar el camino largo o la manera difícil de conseguir un *out*. Eso no me sentaba bien a mí o, a veces, a los entrenadores. No es necesario hacer un espectáculo de ello; tan solo es necesario ir tras el bateador.

Una manera en que El Duque demostraba este enfoque estaba en su capacidad de lanzar hacia dentro. Eso era parte de su audacia. Él no era un cazador de cabezas, no intentaba golpear a los muchachos, pero creía que era dueño de la mitad inferior de la zona de *strike* e incluso un poco más que el interior. A mí me encantaba eso de él, y nunca tuvimos un problema el uno con el otro a ese respecto. Él no iba a ser intimidado, y por eso su terquedad, su poca disposición a ceder, era a la vez algo bueno y algo malo. Dependiendo de cómo me sintiera yo en cualquier día dado, él era mi favorito o un dolor en el trasero. Como sus lanzamientos, había muy poco respecto a él que estuviera precisamente en el centro.

Diré también lo siguiente. Él era un gran competidor y un verdadero trabajador; no a nivel de Roger, pero yo le veía correr, y correr, y correr, para mantenerse en forma. Hasta la fecha, no tengo ni idea de cuál es su edad. Nos vemos de vez en cuando en el campo de golf, y él se sigue negando a decírmelo. Supongo que esa es otra manera en que él intenta engañar a un bateador.

Lo que más recuerdo de ese partido de apertura de la ALCS contra Boston es a Derek Jeter y Nomar Garciaparra realizando jugadas asombrosas por el campo corto durante la mayor parte de la noche. También se combinaron para cometer tres errores, pero llegaban a las bolas e intentaban hacer jugadas sobre bolas que la mayoría de los paradores en corto no habrían alcanzado. Después del partido, Derek me dijo que cuando Nomar estaba en segunda base, le dijo algo acerca de que los dos estaban participando en cierto tipo de duelo. No se estaban moviendo allí como esgrimistas, pero creo que lo entendí. Derek tenía mucho respeto por Nomar, y yo tuve que reírme cuando vi el partido del Todos-Estrellas ese año y vi a Derek imitando la postura de Nomar. Eso era un poco (o quizá mucho) de Derek haciendo que Nomar lo pasara mal por su enfoque menos que clásico del bateo. Derek era un hombre orgulloso, y tener a algunas personas debatiendo sobre cuál de ellos era el mejor en la posición le daba un poco de energía extra.

Quizá algo como eso sucedió en el juego 3 cuando los Red Sox pisotearon a Rocket. Perdimos 13-2, pero nos apoderamos de los dos siguientes para avanzar a la Serie Mundial contra los Braves. Yo llegué a hacer algo en esa Serie que siempre había soñado cuando era niño: estaba atrapando cuando Mariano consiguió el *out* final con una elevada a la izquierda.

La gente siempre me pregunta cuál fue mi victoria favorita de la Serie Mundial, o la más memorable, y yo sinceramente tengo que decir que todas lo fueron. Todas fueron diferentes, pero todas ellas tenían una cosa en común: cuando uno termina la temporada ganando el partido final, no hay nada mejor que eso. ¿Y cómo se puede mejorar «nada mejor»?

Ir 8-0 en dos Series Mundiales era algo de lo que todos podíamos estar orgullosos. Fuimos el tercer equipo Yankee en lograr dos rondas de campeonatos seguidas si ninguna derrota, y ahora íbamos a buscar la tercera seguida a la siguiente temporada. Ese era un reto que a todos nos encantaba. Después de todo, el propósito del juego es ganar, y nosotros realizábamos nuestro trabajo intentando hacer eso cada día. ¿Y qué si era octubre? Íbamos a seguir haciendo lo que habíamos estado haciendo.

Capítulo 12

Con la vista en el premio

La gente se refiere a ellos como distracciones: eventos que quitan nuestro enfoque de lo que estamos intentando lograr o nos alejan de lo que creemos que es más importante. Como jugadores, debemos bloquearlos, no permitir que se interpongan en nuestro camino. Se supone que somos profesionales, y parte de esa expectativa significa que cuando salimos al campo, dejamos a un lado nuestras preocupaciones humanas.

Lo curioso para mí es que cuando esas distracciones adoptan la forma de un compañero de equipo o un mánager que está lidiando con un grave problema de salud, todos damos un paso atrás y decimos, de una manera o de otra, que el juego no es lo que en realidad importa. Lo que importa es nuestra salud, nuestras familias y nuestros amigos; esas cosas que están fuera del juego. Sin embargo, en realidad nos pagan para hacer nuestro trabajo a pesar de las distracciones, y si hay cosas sucediendo en nuestras vidas que hacen que sea difícil hacerlo, no podemos y no queremos ofrecerlas como excusas. Se supone que hagamos nuestro trabajo sin importar lo demás.

Al volver la vista atrás y ver el éxito que tuvimos al ganar tres campeonatos mundiales, me sorprende cuando pienso en algunas de aquellas graves distracciones, esos desafíos que tuvimos que vencer. No puedo decir que eran desafíos pequeños, porque cuando le suceden a uno, como les sucedieron a todos los jugadores de los Yankees de una manera u otra, puede ser difícil tratarlos y con frecuencia no se sienten en absoluto como cosas pequeñas. Solamente puedo compartir lo que yo experimenté, pero esto se aplica a la mayoría de los muchachos con quienes jugaba, al igual que se aplica a cualquiera que esté leyendo estas páginas. Así es la vida.

Durante la temporada de 1998, mi madre tuvo que pasar por una cirugía de *bypass* triple, y yo me sentía agradecido de tener a Laura para ayudarme. Cuando estaba tan preocupado por mi mamá que no podía pensar con claridad, Laura estaba ahí para escucharme y recordarme que mi mamá no querría que sus problemas me afectaran. Así era mi mamá. Ella siempre fue mi mayor defensora y mi mayor apoyo. Yo no quería causarle más ansiedad al preocuparme demasiado, pero sentía que era imposible no hacerlo.

Aunque he hablado mucho de mi relación con mi padre, mi mamá fue igual de responsable, de una manera totalmente diferente, de ayudarme a llegar a las Grandes Ligas. Todos debemos tener equilibrio en nuestras vidas. Cuando era pequeño, cuando no entendía lo que mi papá estaba haciendo, cuando lo veía como una influencia negativa, mi mamá me ayudaba. Más adelante, cuando entendí mejor a mi papá, seguía necesitando a alguien que equilibrara los mensajes acerca de ser duro, de enfocarme en mis metas, de utilizar el trabajo duro para vencer cualquier desafío. Una vez más, mi mamá intervenía. Ella sabía que había dos emociones contrarias que me impulsaban —el enojo y la impulsividad por una parte, y la sensibilidad, mi orgullo que era herido a veces con mucha facilidad, por otra parte— y ella me hacía saber que estaba bien ser a la vez tierno y compasivo. Mi papá me conocía y me ayudó a tomar forma como jugador de béisbol. Mi mamá me conocía y me ayudó a tomar forma como hombre.

Ella entendía mi deseo de ser jugador de béisbol, pero sabía que yo también necesitaría ser un buen hombre. Todos conocemos historias de muchachos que son deportistas estupendos, pero que no son seres humanos muy grandes. Mi mamá quería asegurarse de que esas dos partes de mí estuvieran entremezcladas igualmente. No estoy diciendo que a mi papá no le importara el tipo de hombre que yo era; tan solo es que su énfasis estaba en ayudarme a ser el mejor jugador de béisbol que pudiera ser. Su expectativa era que yo simplemente trasladara todas esas lecciones sobre dedicación y trabajo duro a otras partes de mi vida. Mi mamá era más directa respecto a ayudarme a ver que esas otras partes de mi vida fueran igual de importantes que el béisbol. Los dos infundieron en mí que no hay atajos hacia el éxito, en el campo o fuera de él, que yo nunca podía hacer nada que pudiera poner en un compromiso mi integridad, y que sin importar lo que cualquier otra persona estuviera haciendo para avanzar, yo tenía que hacer lo correcto.

Mi mamá tuvo que trabajar duro para recuperarse de la cirugía, pero le iba bien. Yo vi la ternura y la dureza de mi papá bajo una nueva luz cuando él ayudaba a cuidar de ella y la protegía ferozmente de cualquier tipo de molestia. Quizá como yo ya estaba casado y veía el modo en que las parejas trabajaban juntas para complementar las fortalezas y debilidades mutuas, vi la relación de mis padres como un ejemplo de cómo hacer las cosas.

A lo largo de la temporada de 1999 y el embarazo de Laura, llegué a ver cómo Laura llegaba al balance perfecto entre los dos lados de mí: ella entendió quién era yo como hombre y como jugador de béisbol, y vio el modo en que esos dos lados de mí se mezclaban. Los dos trabajamos juntos increíblemente bien, y nunca podría haber imaginado pensar en ella como ningún tipo de distracción negativa.

Además de ser una gran compañera para mí, Laura era una mujer realizada y ambiciosa que conocía bien el trabajo. Su vida como abogada y animadora requería que tuviera el tipo de enfoque y determinación que yo tenía. Aunque ella escogió seguir un camino diferente, también había sido una gran deportista en la secundaria y podría haber jugado al voleibol universitario si hubiera decidido hacerlo. De modo que cuando me vio batallando a principios de 1999 con la ausencia de Joe y con no jugar tanto como yo pensaba que merecía, aunque me habían dicho que yo era el receptor abridor, Laura fue capaz de ayudarme inmensamente. A veces incluso ayudaba a no hablar de béisbol, apartarme del juego cuando estaba en casa y pensar en la llegada de nuestro bebé. No era fácil para ella ser esposa de un jugador de béisbol, una madre embarazada, recién casada, y recién llegada a Manhattan, todo ello a la vez que se acostumbraba a nuestra vida repentinamente tan diferente. Eso sí es hacer transiciones; ella lo manejó todo.

Por lo tanto, cuando ganamos ese año la Serie y llegué a participar en otra celebración de la victoria y desfile por Canyon of Heroes, sentí que Laura era la jugadora más valiosa en nuestro equipo, quien cuando las cosas estaban a punto de ponerse feas, me recordaba y me mostraba lo buenas que eran en realidad. Cuando uno comienza una temporada con una racha de 0 para 25 desde el lado izquierdo del plato, como me sucedió a mí, y entonces sale de ella con un monstruoso jonrón descomunal, el vuelo de esa bola es tan solo un recordatorio de todo lo que has estado oyendo de tu esposa cada día durante ese tramo difícil. Las cosas mejorarán.

Y las cosas sí que mejoraron, esporádicamente. Yo necesitaba ser más regular para equilibrar algunos de los altibajos, tanto emocionalmente como en el plato. Para mí, ambas cosas siempre estaban entrelazadas. Eso de jugar enojado era una mezcla. ¿Cómo se puede seguir enojado cuando las cosas te van tan bien dentro y fuera del campo?

Cuando terminó la temporada fuimos a casa a Puerto Rico para estar con nuestras dos familias para el gran evento. Afortunadamente, Laura estaba teniendo un embarazo fácil, de modo que cuando se puso de parto a finales de noviembre, yo estaba ansioso, pero no más que cualquier papá primerizo pudiera haber estado. La primera vez que tuve a mi hijo, Jorge, en mis brazos, me vi abrumado por un torbellino de emociones. Aunque él tenía solamente minutos, yo ya estaba pensando en lo increíble que sería tener un hijo con el cual compartir aventuras. Al sostenerlo en mis brazos, podía imaginar lo que mi papá debió haber experimentado cuando me sostuvo por primera vez, solo que en esos primeros minutos yo no estaba imaginando a mi hijo como jugador de béisbol. En cambio, estaba recordando las veces que mi papá y yo íbamos en bicicleta y nadábamos juntos, cuando tan solo estábamos juntos. Yo quería tener más de ese tipo de momentos con mi hijo; si terminábamos creando juntos algunos recuerdos sobre el diamante, eso también sería bueno, pero yo no iba a poner ese tipo de presión sobre ninguno de nosotros.

A lo largo del embarazo de Laura, yo había estado pensando en qué tipo de padre quería ser. Le enseñaría, desde luego, pero aprendería de lo que a mí me había molestado de mi relación con mi papá. Lo más importante, me comunicaría mejor con él. Le haría saber con palabras y con hechos que le quería y que estaba orgulloso de él, que si yo estaba decepcionado, sería por algo que él hizo, pero nunca con él personalmente. Yo quería ser una presencia en la vida de mi hijo tan positiva como pudiera ser.

En medio de nuestra alegría, Laura y yo rápidamente llegamos también a preocuparnos. Algo respecto al tamaño de la cabeza de Jorge parecía no estar del todo bien. Mencionamos nuestra preocupación a nuestros médicos y enfermeras, pero ellos nos aseguraron que su cabeza era normal. El viaje por el canal para nacer y el uso de fórceps sobre el cráneo del bebé para ayudarle a salir habían causado imperfecciones; en unos pocos días, nos dijeron, no notaríamos nada inusual.

Creo que es posible que la esperanza se sobreponga algunas veces a nuestros buenos sentidos, y como nuevos padres, Laura y yo queríamos con tantas ganas que nuestro bebé estuviera sano que no confiamos en nuestros instintos. Algo no iba bien, pero queríamos achacarlo a ser nuevos en lo de ser padres y creer que nuestras preocupaciones eran solamente eso: preocupaciones. Pero dos días después, cuando llegamos a casa con nuestro hijo, nuestras preocupaciones aumentaron. Jorge no dejaba de llorar, no quería mamar, Laura estaba teniendo graves dolores de cabeza posparto y náuseas, y todo ese tiempo la cara y la cabeza de Jorge en cierto modo no nos parecía que tenían buen aspecto. A medida que pasaron los días notamos que su aspecto parecía estar cambiando diariamente, y en cierta manera que no podía ser el resultado de su crecimiento. Cuando uno de sus ojos pareció estar moviéndose más elevado que el otro, todas las alarmas que habíamos silenciado sonaron. Teníamos que conseguir ayuda.

Mediante una relación familiar, fuimos a visitar a un pediatra. Él confirmó nuestras preocupaciones, pero afortunadamente para nosotros, había visto algo como eso durante su época en el Hospital NYU y sugirió que nos pusiéramos en contacto con un especialista aquí llamado Dr. Joseph McCarthy. Unos días después, volamos hasta Nueva York con el bebé, y por primera vez oímos la palabra que llegaría a ser una parte importante de nuestras vidas desde ese momento en adelante: Jorge tenía un defecto de nacimiento conocido como craneosinostosis. El Dr. McCarthy fue estupendo y nos dijo que había visto muchos casos como el de Jorge, nos sorprendió saber que uno de entre dos mil bebés nace con ello, y él nos dio toda la seguridad que era posible. Él sabía que era mucho que asimilar y que todos lo estaríamos tratando durante años en el futuro, pero nos ofreció lo que más necesitábamos en esos momentos: una respuesta y esperanza.

La craneosinostosis es una enfermedad en la cual las placas del cráneo comienzan a unirse y fundirse prematuramente. Todos los bebés nacen con los huesos del cráneo sin estar completamente encajados formando una estructura completa. Eso permite que el cerebro y la cabeza crezcan. Con la craneosinostosis, debido a que algunas de las placas ya se han unido, el resto de las estructuras se ven forzadas a crecer en diferentes direcciones a como lo harían normalmente. Además de la desfiguración, el niño puede tener ataques, deficiencias visuales, dificultades para comer, y otros diversos problemas. Para corregir la enfermedad, Jorge tendría que pasar por cirugías a lo largo de su vida joven, comenzando nueve meses después de aquella primera cita.

Cuando asimilamos las palabras del Dr. McCarthy, todas esas visiones que yo había tenido de nuestro futuro juntos, de mi vida con mi hijo, cambiaron de repente. No sabía qué hacer. Inmediatamente después de que nos dieran el diagnóstico, Laura y yo estábamos en un taxi, y nos miramos el uno al otro. Yo podía saber que ella apenas podía contenerse, y sabía que también lo estaba pasando mal. Llegamos a un semáforo, y los viandantes pasaban a nuestro lado por todas partes. Me sentía atrapado, casi con claustrofobia de una manera que nunca antes había sentido.

«Hagamos una promesa», dijo Laura. «Vamos a ser fuertes el uno para el otro».

Yo alcancé su mano y la agarré. «Fuerte. Por ti y por él».

Cumplimos esa promesa, y a lo largo de toda esa difícil situación nunca lloramos el uno delante del otro. Eso no es lo mismo que decir que nunca lloramos, pues llorábamos mucho, en privado, pero necesitábamos no mostrar lo mal que iban las cosas o lo desanimados que estábamos. En realidad podríamos haber caído en una fuerte depresión. No podíamos hacerlo porque Jorge nos necesitaba, y sentíamos que teníamos que establecer un ejemplo para nuestra familia.

En particular, me preocupaba cómo tomarían la noticia mi mamá y mi papá. El estado del corazón de mi mamá estaba muy presente en mi mente, e incluso en aquellos primeros días después de llevar a Jorge a casa, yo había visto la preocupación en la cara de mi papá cuando él estaba al lado de su cuna. Tengo muchos recuerdos duraderos de aquellos primeros días y meses después que Jorge nació, pero la imagen de mi papá de pie ante la cuna de mi hijo llorando sin parar, de ver al hombre que siempre me había dicho que hiciera a un lado mis emociones llorando incontroladamente porque no sabía qué estaba mal con su nieto: eso siempre se ha quedado conmigo.

Por doloroso que fuera ver a mi papá angustiado, en ciertos aspectos ser testigo de su reacción me ayudó a poner en perspectiva mi propia lucha. Él estaba hecho un desastre porque no podía controlar lo que estaba sucediendo, primero a mi mamá y ahora a su nieto. Podía ayudar, pero su vieja fórmula probada de ponerse firme, ponerse firme y trabajar más duro solamente podía llevarle hasta cierto punto. Él podría ayudar a mi mamá, cocinando para ella y haciendo recados, pero no podía controlar cada parte de su recuperación o de su salud. En cierto modo era parecido a lo que había hecho conmigo. Podía situarme en un lugar donde yo pudiera tener éxito, pero el resto me correspondía a mí. En el campo de béisbol había muchas variables, pero fuera del campo había tantas cosas desconocidas fuera de su experiencia, que estoy seguro de que estaba aturdido por todo ello.

Mi papá era tan emotivo y sensible como yo, pero tan solo lo expresaba de maneras diferentes. Ahora, al enfrentarse con esos difíciles problemas al mismo tiempo que mi carrera continuaba desarrollándose, todo tipo de circuitos se entrecruzaron para él, y respondió de maneras inesperadas. Era a la vez duro y algunas veces satisfactorio verle así. Yo llegué a ver su lado tierno. También daba un poco de miedo. Los vi a él y a mi mamá de una manera tan vulnerable como no los había visto antes. Mi papá siempre había querido protegerme, y ahora yo me sentía así respecto a él.

Debido a toda esa preocupación, inicialmente decidí que no podía decirles nada a mis padres sobre el estado de Jorge, pero Laura me convenció hablándome con sentido común. Cuando les di la noticia, ellos quedaron destrozados, pero los dos se unieron. Mis suegros también fueron estupendos. Todos nos recordaban lo que nos habían inculcado desde el principio: esto es un reto. Ya lo has enfrentado antes y has tenido éxito. Volverás a hacerlo.

Laura y yo estábamos ambos lidiando con la culpabilidad y preguntándonos qué podríamos haber hecho para causar el estado de Jorge. De modo que ¿quién sabía lo que estaba en la mente de mi papá?

Yo tenía muchas cosas encima, y habíamos establecido tal patrón en nuestra vida, que no podía simplemente preguntarle. Pero yo sabía una cosa: estaba agradecido de que mi trabajo ocupara parte de mi tiempo y de mis pensamientos. Al menos en el campo podía controlar algunas cosas; mi papá no tenía ese tipo de salida, y creo que eso se añadió a sus respuestas emocionales.

Derek fue la primera persona fuera de la familia a quien le hablé de los problemas de Jorge. Él había llamado para preguntar cómo estábamos después del nacimiento del bebé, y yo le dije que las cosas iban bien; frenéticas, pero bien, y lo decía de verdad. Más adelante, cuando se hizo obvio que algo no andaba bien, le llamé porque él era una de las únicas personas con las que sentía que podía hablar. Lo que hay que entender sobre Derek es que él es grande bajo presión en toda situación: en el campo y fuera de él. Esa calma y quietud, esa imagen de «no es gran cosa» que él proyecta es real, pero es también un hombre compasivo. Escuchar eso en su voz mientras yo hablaba con él era lo que necesitaba. Sabía que podía confiarle mis sentimientos, y también sabía que él podía guardar en secreto todo lo posible la noticia sobre Jorge. Yo soy una persona privada y no me gusta que mis cosas estén ahí fuera, de ninguna manera, pero también sabía que no quería tener que manejar las preguntas incluso dentro del equipo, por no mencionar la prensa. La gente iba a querer expresar su preocupación y su apoyo, pero eso habría sido demasiado difícil de manejar para mí todo el tiempo.

Después de mi conversación inicial con él, Derek me preguntaba frecuentemente, y yo agradecía eso y estaba contento por la oportunidad de ser completamente sincero con alguien fuera del círculo íntimo de nuestra familia. Él era muy bueno para leerme; sabía cuándo presionarme para que le diera detalles o cuándo hablar de otras cosas para ayudar a apartar de mi mente todo lo que estábamos experimentando.

Es ahí donde ese problema de las distracciones entra en escena. Yo sabía que tenía una temporada que jugar en el año 2000. La primera cirugía de Jorge no sería hasta agosto, y por mucho que me hubiera gustado quedarme al lado de Laura y del bebé hasta entonces, no había nada que yo pudiera hacer para que el estado de Jorge mejorara al quedarme en casa. Tenía un trabajo que hacer, y para hacerlo tenía que dejar fuera todas mis preocupaciones y ansiedades durante algunas horas cada día.

A medida que avanzábamos en la temporada, era bueno tener a Derek y al béisbol para ayudarme a mantenerme cuerdo. Servían como una distracción de lo que estaba sucediendo en casa, una vía de escape, por breve que fuera, de lo que estaba principalmente en mi mente. Yo sabía que Jorge iba a estar recibiendo el mejor cuidado del mundo, pero aun así, era casi imposible no pensar en lo que él enfrentaría a medida que crecía: cada vez más operaciones cada año y ser cada vez más consciente de lo que tenía que enfrentar. Cuando el Dr. McCarthy explicó que tendrían que cortar el cuero cabelludo de Jorge de oreja a oreja y retirarlo para tener acceso a su cráneo, era más obvio que nunca lo grave que era todo aquello, y lo duraderas que serían las cicatrices.

Debido a que yo sabía que Jorge iba a pasar por su primera cirugía en algún momento durante la temporada, y debido a que sentía que él entendería lo que Laura y yo estábamos pasando, un día en el entrenamiento de primavera le pregunté a Joe Torre si podía reunirme con él. Me senté en el sillón en su oficina. Joe estaba tras su escritorio, e incluso antes de que pudiera lanzarle a mi historia, él sabía que algo sucedía. Se sentó a mi lado en el sillón, y su cara era una expresión de verdadera preocupación.

Cuando terminé de explicarle la situación, me preguntó cómo estaba Laura, cómo estaba el resto de la familia, y si había algo que él pudiera hacer para ayudar de alguna manera. Entonces me hizo más preguntas acerca de la enfermedad de Jorge, acerca de lo que habría que hacerse y sobre cuáles eran las previsiones. Sin embargo, cuanta más información pedía él, más trataba yo de darle la vuelta a la conversación, de mantenerla como algo profesional diciéndole que iba a hacer mi mejor esfuerzo para no permitir que las cosas se interpusieran.

Él puso su mano sobre mi hombro y me detuvo.

«Yo sé todo eso. Sé que vas a hacerlo bien. Vas a hacer tu trabajo. Tan solo quiero asegurarme de que entiendas que estamos aquí para ayudarte a hacer tu trabajo más importante: estar al lado de tu hijo, de tu esposa y de tu familia. El resto, el calendario, cómo sucedan las cosas en el campo, lo iremos solucionando a medida que lleguen. Tan solo quiero asegurarme de que todos ustedes estén bien».

En muchos aspectos, esas fueron el tipo de palabras que yo habría querido oír y necesitaba oír de mi papá; el tipo de cosas que él no había sido capaz de decir porque estaba abrumado por sus sentimientos y preocupaciones. No culpo de eso a mi padre, pero algo acerca de la combinación de control y compasión de Joe me consoló más en ese momento de lo que puedo expresar. Joe entendió completamente mi deseo de mantener tranquilas las cosas, y yo le di las gracias y le extendí mi mano para darnos un apretón. Él la agarró y después me acercó para darme un abrazo: «Vamos a ayudarte a pasar por todo esto».

Desde aquel momento en adelante, Joe fue estupendo a la hora de ponerse al día conmigo y preguntarme cómo iba todo. Fue entonces cuando se convirtió en algo más que mi mánager; se convirtió en familia, un padre a la vez parecido y diferente al verdadero que yo tenía en Puerto Rico.

Por fortuna, mi familia en el equipo no estaba limitada a Joe. En ese momento Derek y yo habíamos estado jugando juntos por varios años, y yo había estado pensando en él como un hermano durante bastante tiempo. No se cómo fue que nuestra amistad comenzó verdaderamente, si fue cuando nos enviaron juntos en 1995, o cuando vivíamos en el mismo edificio en Nueva York, o cuando estábamos en el mismo viaje que se ha desvanecido en mi memoria. Pero sí sé cuándo se hizo más profunda; aunque la enfermedad de Jorge desempeñó cierta parte en eso, incluso antes de ese diagnóstico, Derek y yo habíamos llegado a ser amigos íntimos. Él fue el padrino de mi boda por conveniencia. Yo sabía que él era alguien con quien podía contar, al igual que sabía que a las 2:00 cada día en que teníamos un juego en la noche, él estaría en el vestíbulo de nuestro hotel o en nuestro edificio de apartamentos para poder ir juntos a almorzar. No era que cualquiera de nosotros necesitara un recordatorio de eso. Así son las cosas con los hermanos; muchas cosas no se expresan. Pero Derek siempre ha llamado para desearnos a Laura y a mí un feliz aniversario, y nos llama a cada uno de nosotros, incluidos los niños, en nuestros cumpleaños.

De la misma manera que almorzábamos diariamente, cuando estábamos de viaje salíamos del estadio después de un partido y agarrábamos un taxi o un servicio de vehículos para salir a comer. Partir el pan con mi hermano, hablar sobre el partido, la temporada, la película que íbamos a ver, algunas otras cosas que sucedían en los deportes o en el mundo, fue una parte de esa temporada y de todas las demás que compartí con Derek.

Desde luego, tenía a otros muchachos en el equipo con los que tenía una relación realmente cercana. Después de esa reunión con Joe, también informé a Bernie Williams, Gerald Williams y Tino Martínez sobre el estado de Jorge y lo que llegaría. Saber que aquellos hombres me respaldaban hizo que fuera más fácil para mí poner buena cara los días en que llegaba al estadio y me sentía abatido. Tenía que ponerme mi cara de antes del partido, sonreír y reír ante todas las tonterías que suceden durante el curso del año. En mejores días, cuando escuchaba de Laura que Jorge había dormido bien, no lloraba y estaba comenzando a moverse un poco, esas sonrisas y risas eran genuinas.

El béisbol era mi vía de liberación y escape, pero a medida que la temporada pasó al mes de julio y yo sabía que la cirugía de Jorge iba a producirse en agosto, incluso el béisbol no podía hacer mucho para ayudarme. Ese abrumador sentimiento de algo que oscurece el horizonte era difícil de experimentar. La ironía era que las cosas me iban realmente bien en el campo. Con Joe Girardi firmando con los Cubs después de la temporada, yo era claramente el receptor número uno, y jugaba con la frecuencia que eso siempre conlleva. Empecé bien y fui capaz de sostener eso a lo largo de la primera mitad. Batear un jonrón de tres carreras que pone fin al partido a principios de mayo e ir 4 para 5 contra los Orioles fue estupendo. Tener a los muchachos rodeándome en el plato, ver lo emocionados que todos ellos estaban, formó parte de una gran noche. Aun así, a la mañana siguiente cuando me desperté y me bañé, no fue tener jabón en los ojos lo que hizo que me salieran las lágrimas.

No sé si los problemas de Jorge hacían más fácil para mí enfocarme o si tener mi mente en otra cosa hacía que fuera más fácil rendir. Lo único que sé es que fue realmente satisfactorio ser seleccionado para mi primer equipo de Todos-Estrellas ese año.

También contribuí en otros aspectos. Íbamos arañando a finales de junio, y perdimos un partido contra Tampa 6-4 cuando Jeff Nelson, que normalmente era muy confiable al salir de la jaula de calentamiento, perdió su control. Al día siguiente, El Duque salió y perdió el control de otra manera. Un bateador salió de la caja en medio de su lanzamiento, y él se molestó y lanzó la bola a lo alto en el aire mostrando su molestia. El banquillo de Tampa comenzó a meterse con él, y El Duque se quedó mirándolos fijamente. Yo salí al montículo, contento de que él se estuviera enojando. Yo sabía que lanzaba mejor cuando estaba molesto. De hecho, yo solía hacer cosas como lanzarle la bola de regreso a la altura de sus tobillos para hacerle enojar y que se molestara. Al Duque no le gustaba lo que estaba sucediendo, y obligó al bateador a echarse hacia atrás con una bola rápida interior. Eso en cierto modo estableció el tono de las cosas, así que en la séptima entrada, cuando Bobby Smith estuvo ponchado y yo fui a disparar la bola a tercera, él me empujó. Yo le empujé. Nos enzarzamos, y los banquillos se desalojaron.

Después del partido, los muchachos me hicieron pasar un mal rato, incluido Rocket, que me vio saliendo del vestuario con mi ropa de calle y comenzó a hacerme sombra a mi lado. Las risas ayudaron. En ese momento, íbamos 39-36 y afortunados de estar en segundo lugar.

Toronto iba primero, y Boston iba detrás de nosotros jugando exactamente la bola a .500. Necesitábamos algo que nos impulsara, pero nada parecía funcionar realmente, aunque en el descanso para el Todos-Estrellas íbamos 45-38 y en primer lugar. Por mi parte, batear por encima de .300 en ese momento, con 17 jonrones y 41 carreras impulsadas, me ayudó a mantenerme positivo. Fue estupendo compartir esos momentos en el Todos-Estrellas con Bernie y Derek, ver a compañeros pasados y futuros como David Wells y Jason Giambi, y jugar con otras grandes estrellas del juego como Cal Ripken Jr., Manny Ramírez, y los jugadores de la Liga Nacional Mark McGwire, Sammy Sosa, Chipper Jones, y el resto de los equipos.

Yo soy también un seguidor, de modo que conseguir que esos muchachos y otros firmaran bolas y otros recuerdos fue una parte divertida del evento. Yo iba 0 para 2, pero tan solo estar allí en Atlanta fue estupendo en muchos aspectos. Laura y Jorge asistieron para el partido, pero cuando vi a todos los otros muchachos con sus hijos en el campo antes del partido, sosteniendo a sus pequeños durante el himno, pensaba en si Jorge y yo tendríamos o no la posibilidad de compartir realmente esa experiencia. Mis pensamientos y emociones cambiaban constantemente en mi interior. ¿Hago público su diagnóstico, lo muestro a las personas y lo expongo a quién sabe qué? ¿O sigo protegiéndolo de todo eso? ¿O era realmente la vergüenza lo que me impulsaba a protegernos a todos?

Cuando volvimos al juego, agosto estaba a la vuelta de la esquina, y comencé a batallar un poco en el plato, pero incluso más mentalmente. Me presentaba en el estadio, pero no todo mi ser estaba allí. No podía evitar pensar en lo diferente que el tiempo pasado con mi familia en el partido de Todos-Estrellas iba a ser la próxima vez que estuviéramos todos juntos. Habíamos recibido la confirmación de la consulta del Dr. McCarthy de que debíamos ir el 2 de agosto. Hablé con Joe, y él me dijo que podía tomar todo el tiempo que necesitara, que él se las arreglaría con los altos cargos, y que si yo aún no quería hablarle a nadie de los detalles de lo que estaba haciendo, él se las arreglaría también con eso. Aquello fue un gran alivio, pero por el bien de todos, yo no quería causar demasiada interrupción. Nos habíamos establecido en una rutina práctica en casa y con el club, y yo sentía que sería mejor si jugaba hasta el día 2. Así que la noche del 1 de agosto, fui receptor para Doc Gooden, me bañé, y salí del estadio sabiendo que no iba a poder dormir aquella noche y probablemente tampoco la noche siguiente.

Mi papá había llegado, y la madre y el padre de Laura y su hermana estaban todos ellos en el hospital con nosotros. Mi mamá quería ir, pero mi papá le dijo que no; no quería que ella tuviera sobre sus hombros tanto estrés. Pasar a la zona de preoperatorio y ver a Jorge, que aún era un niño diminuto, conectado a varias máquinas y con tubos, cables, pitidos y monitores como su canción de cuna antes de que el anestesista hiciera su trabajo, fue increíblemente doloroso de ver. Como padres, nuestra principal meta es proteger a nuestros hijos, hacer que sus vidas sean todo los fáciles que posiblemente puedan ser y mantenerlos libres de daño todo lo posible. Incluso cuando sabes en tu cabeza que lo que estás a punto de hacer pasar a tu hijo es para su propio bien, tu corazón te cuenta otra historia: un tipo de historia de terror.

Nos dijeron que Jorge estaría en la mesa de operaciones durante unas seis horas. Antes de entrar, yo había recibido una llamada de Joe, y él volvió a llamar cuatro veces aquel día. Derek pasó por allí temprano en la mañana para desearnos lo mejor y más adelante, después que terminara el partido, llamó para comprobar cómo iban las cosas. Increíblemente, Jorge estuvo en cirugía durante diez horas, no seis. El Dr. McCarthy nos ponía al tanto a cada hora por medio de su colega Pat Shapiro, quien no dejaba de decirnos que todo iba bien. Pero era una larga, larga, larga espera. Las cosas fueron tan bien como ellos esperaban, y ver a mi hijo allí tumbado con su cabeza llena de vendajes, su cara hinchada y sus ojos cerrados fue a la vez difícil de ver y un increíble alivio. Él había salido vivo de la operación. Aunque habíamos tenido todo tipo de seguridades de que su estado no amenazaba su vida, tener todos esos meses, y después todas esas horas extra aquel día, para pensar al respecto hace que se produzca un desfile de preocupaciones.

Estábamos agradecidos de que esa primera cirugía hubiera terminado, pero sabíamos que estaba programada otra para 2001, y de nuevo en 2002. Después de esas habría más, pero en esa temprana etapa sabíamos que aproximadamente cada año, durante los tres años siguientes, regresaríamos al Hospital NYU.

Yo pensaba que no sería capaz de dormir la noche después de la operación, pero el agotamiento me venció. Me desperté sintiéndome bastante bien, y cuando llegué al estadio, Joe me tenía anotado para batear segundo contra el zurdo Jamie Moyer. Esa fue la primera vez en mi carrera en las Grandes Ligas en que estaría bateando en ese lugar, y estaba emocionado por la oportunidad. Cuando vi a Joe antes del partido, quería darle las gracias por haber hecho todo lo que había hecho, pero él correspondió mi mirada y simplemente asintió con la cabeza. Ambos entendíamos lo que estaba sucediendo, y ninguno de los dos podía decir mucho.

Tuve uno de mis mejores juegos, al ir 4 para 5 e impulsar cuatro carreras contra Seattle. Ese día, cuando hacía mis cruces en la caja de bateo para honrar a los muertos en mi familia, también lo hice como manera de darle gracias a Dios y a todas las personas que nos habían ayudado durante ese periodo tan difícil.

La euforia que sentí aquella noche no duró mucho. Regresé al hospital después del partido y pasé allí la noche, y terminé sentado en ese hospital durante muchas horas antes de que Jorge fuera finalmente capaz de abrir uno de sus ojos. Para mí, esa era la señal de que las cosas iban a ir bien. Batear dos jonrones aquella segunda noche fue otra expresión de mi gratitud y de mi alivio. Después del partido, Derek, Bernie, Gerald y Tino pasaron todos ellos por el hospital para mostrar su apoyo.

A medida que la temporada regular se acercaba al final y la recuperación de Jorge progresaba, el equipo comenzó a ir en otra dirección.

Yo soy el último hombre a quien preguntar acerca de aquellas 15 de 18 derrotas, un tramo al que todos se refirieron más adelante como nuestro «derrumbe». Yo intentaba con tanta fuerza no derrumbarme debido a mi propio agotamiento mental, que aunque las cosas iban mejor en nuestro mundo, este tramo fue surrealista.

Nada iba a venir fácilmente contra los A en la ALDS. Incluso el juego 5, cuando obtuvimos una delantera de seis carreras en la primera, se convirtió en una victoria por 6-5. Nuestra jaula de calentamiento jugó bien para nosotros en ese partido, como habían hecho gran parte del año. Uno pensaría que habíamos sentido más una mezcla de alivio que de alegría cuando la serie terminó. Sin embargo, lo cierto es que todos seguíamos teniendo mucha fe en nosotros mismos. Creíamos, especialmente cuando entramos en una serie más larga de siete partidos, que al final nuestro talento era mejor que el de ninguna otra persona en la liga. Nosotros sabíamos cómo ganar, y creíamos que deberíamos hacerlo y que lo haríamos, especialmente con Mariano en la jaula de calentamiento.

Jugar contra los Mets en la Serie Mundial fue intenso y divertido. Por lo general, cuando hay días de viaje se pierde un poco el enfoque. Pasar cada hora en la capital de los medios de comunicación del mundo significaba que no había escape alguno. Todo eso hacía que fuera más divertido y, si fuera posible, aumentó las expectativas. Tener allí a toda mi familia para compartir la experiencia fue estupendo, y ellos me ofrecieron algunos momentos para alejarme del juego, pero no muchos. Para mí, y para el resto de la ciudad, la Serie Subway sobrepasó cualquier inclinación a pensar en otra cosa que no fuera lo que estaba sucediendo en el Bronx y Queens. Cada periódico, cada programa de noticias de televisión, cada quiosco, bodega, e incluso las aceras, servían como recordatorios de la rivalidad. Ver a hombres y mujeres de negocios con sus trajes y llevando gorras de los Yankees, y algunos de los Mets, era divertido.

Ayudó que los partidos fueron igualmente intensos. Con 44 años de momentos previos al primer lanzamiento, eso iba a ser difícil de hacer. Aunque creo que Mariano lo puso en perspectiva, diciéndoles a los medios: «Yo no sé nada sobre historia. Tan solo quiero ganar». José Vizcaíno, que jugó para los Mets durante un tiempo, también ayudó a mantener las cosas en perspectiva. Esa era su primera Serie Mundial, y para él, la Serie Subway fue lo que sucedió en julio cuando nosotros jugamos contra los Mets. Él entendía que por mucho que los medios en la ciudad se concentraran en esto como la batalla por Nueva York, era un título de la Serie Mundial.

Como era usual, sacamos el máximo rendimiento a los errores del otro equipo en el juego 1. Timo Pérez de los Mets no corrió rápido con un lanzamiento de Todd Zeile a la izquierda. Él pensó que iría fuera, pero no fue así. David Justice lanzó a Derek, quien me lanzó un batazo duro y sacamos a Pérez. El novato creyó que dos carreras iban a anotar, pero, en cambio, ninguna lo hizo. Íbamos 3-2 al entrar en la novena y yo salí de primero, tan solo fallando un lanzamiento y elevando profundo al centroderecha. Por fortuna, Luis Polonia y José Vizcaíno consiguieron sencillos y Chuck Knoblauch sacó con un elevado de sacrificio para empatar. José, un dominicano que utilizó su bono de 4.500 dólares por firmar el contrato para comprar una vaca para su familia, jugó muy bien para nosotros en la duodécima. Tino lanzó un sencillo, yo doblé, y entonces con dos *outs*, José obtuvo el juego ganador con un sencillo. En realidad no me importa cómo ganamos, pero es hermoso ver a muchachos contribuir en toda la alineación y fuera del banquillo.

Yo iba 2 para 3 con una carrera empujada en el juego 2, pero cualquier satisfacción que pudiera haber sentido en eso casi me fue arrebatada en la novena entrada. Íbamos arriba 6-0 y los Mets volvieron a anotar cinco veces dejando a Jeff Nelson y Mariano. Ellos dos fueron increíbles todo el año, y a veces estas cosas pasan.

Y desde luego, estuvo el incidente de Rocket y Mike Piazza. Todo sucedió tan rápido que yo realmente no tuve noción de lo que estaba pasando al principio. Estaba viendo la bola ir por la línea y golpear la barrera delante del banquillo. Cuando me volteé a mirar el campo, vi que Mike se detuvo en la línea de base. Yo hice lo que los instintos te dicen que hagas cuando un muchacho parece que quiere desafiar a tu lanzador. Salí al montículo para ayudar a proteger a mi lanzador. Los banquillos se estaban despejando en ese momento, y oí decir a Roger: «Pensé que era la bola». Intenté conseguir que Mike retrocediera y también repetí lo que Roger estaba diciendo.

Me alegra que no saliera nada más de aquello. Yo no estaba atrapando cuando Roger golpeó a Mike en el casco, pero sé que ese Rocket no habría ido por alguien tan alto intencionalmente, y que no estaba intentando en absoluto golpear a Piazza. La bola salió de él, pero, después de ver la repetición, pude entender por qué Mike estaba molesto porque el bate estuviera cerca de él. No estaba mirando, y de repente, un bate se interpuso en su campo de visión. Eso no significa que Rocket estuviera intentando golpearle con él. Fue solamente un caso en que la atención de todos estaba enfocada en cosas diferentes y nadie estaba viendo el cuadro general. ¿El hecho más importante? Nosotros lideramos la Serie 2-0.

El Duque hizo un muy buen trabajo de bateo en el juego 3, dejando la octava después de hacer 134 lanzamientos. El juego estaba empatado 2-2, pero él y Mike Stanton no pudieron mantener la ventaja y terminamos perdiendo 4-2. Uno siempre quiere ganar al menos uno de los partidos en la carretera, en este caso las Interestatales 87 y 278, y Derek estableció el tono en el partido 4 con un jonrón de primeras. Nunca fuimos por detrás en ese partido, pero fue tenso. Joe demostró que uno tiene que hacer lo que tiene que hacer para obtener una victoria en la postemporada. Mike Piazza había bateado fuerte una bola mala de jonrón a Denny Neagle en la primera. Entonces, en la tercera, bateó un profundo tiro de dos carreras a las gradas. Salió en la quinta con ninguno en bases y dos *outs*, y Joe retiró a Denny. Normalmente, haces todo lo que puedas para que un abridor se califique para una victoria al llevar cinco entradas. A Neagle le faltaba una, pero Joe no iba a permitir que Piazza comenzara nada. David Cone entró y agarró a Piazza con una elevada. Aún teníamos ventaja de 3-2 y nadie anotó después de aquello. Joe hizo que Mariano saliera para abrir la octava, y él obtuvo las dos entradas que nos salvaron. Sacar a un lanzador con dos *outs* y nadie en base, dejar a un hombre hacer 134 lanzamientos, cambiar la alineación para aprovechar las tendencias de un jugador: Joe estaba haciendo los movimientos correctos, y estábamos a una victoria.

Andy abrió el juego 5 para nosotros contra Al Leiter. Dos muchachos con mucha experiencia en postemporada y mucho corazón significaba que no serían probables muchas carreras. Que Andy no manejara una bola tocada que dio como resultado anotar dos carreras en la segunda nos puso por detrás 2-1. Bernie había hecho jonrón anteriormente, y entonces Derek lo empató en la sexta. Derek siempre sabía dónde escoger sus ubicaciones para lanzar, y cuando se puso por delante 2-0 hizo precisamente eso. En la novena, hicimos lo que parecía haberse convertido en un hábito. Con dos *outs*, yo trabajé para sacar a Leiter por caminada después de nueve lanzamientos. Scott Brosius logró un sencillo y después lo hizo también Luis Sojo. Anotar la que fue finalmente la carrera vencedora fue una emoción, pero aún teníamos que recorrer la parte de abajo de la novena.

Todos teníamos el corazón en la garganta cuando Mike Piazza consiguió dos *outs*, representando la carrera del empate. Su golpe sonó bien al salir del bate, y recuerdo a Joe diciéndome después que él saltó y tuvo un sentimiento de náusea en su estómago. Pero cuando vi a Bernie ir tras ella, supe que las cosas estaban en buenas manos. Correr hasta Mariano y ver el júbilo en su rostro fue increíble, y lo único que pude hacer fue inclinarme ante Derek por la gran Serie que había hecho. Me hubiera gustado que Andy pudiera haber conseguido la victoria, no le dimos el tipo de apoyo defensivo que normalmente hacíamos, pero no le importó. Ganar tres Series Mundiales seguidas, sin importar cómo se consiguen, quién las consigue, e incluso si pierdes un partido de la Serie Mundial después de ganar 14 seguidos, es buenísimo. Claro que nos habría gustado que fuera 16-0, pero considerando que habíamos tenido el menor porcentaje de victorias de todos los equipos al entrar en los *playoffs*, sabíamos que habíamos ganado cuando más importaba.

Yo también sabía esa temporada que otras cosas importaban más que el juego. Desde luego, mi mente estaba en Jorge y Laura, pero tuve otro recordatorio de mi papá de manera poco usual. Mientras íbamos en el desfile de la victoria, yo estuve al lado de El Duque un rato. Al igual que mi papá, él había escapado de Cuba, y él vio todo el confeti que descendía y después a los seguidores lanzando rollos de papel higiénico que se devanaban a la vez que flotaban por encima de nosotros.

«Esto es una locura», dijo. «En Cuba, la gente ni siquiera puede comprar o conseguir papel higiénico. Aquí...». Observé que sus ojos seguían otro de esos arcos celebratorios. Pensé en mi papá y en todo lo que él había hecho por mí, y lo lejos que yo también había llegado. Lo amargo siempre estaría ahí con lo dulce, pero la victoria era siempre bienvenida.

Hay mucho que decir respecto a tener experiencias de victorias en las que apoyarse, de estar familiarizado con ese sentimiento. Ser capaz de decir: «He estado ahí antes y he tenido éxito», es un lugar mucho mejor donde estar que estar diciendo: «Creo que puedo hacer esto». Nosotros no solo creíamos que podíamos hacerlo; también podíamos decir: «Y aquí están los ejemplos X, Y y Z para demostrarlo».

Creo que ese fue el motivo por el cual los problemas de salud de Jorge nos desequilibraron tanto a Laura y a mí. Sí, podíamos señalar cosas que habíamos hecho en otras partes de nuestras vidas para sobreponernos a retos en la carrera y a dificultades personales, pero este era un nuevo territorio para nosotros, e incluso más importante, implicaba a nuestro *hijo*. Él no podía ayudarse a sí mismo, y era nuestra responsabilidad encontrar para él la mejor ayuda que pudiéramos. Hicimos eso, pero sentí que las cirugías no iban a poner las cosas más fáciles a medida que avanzaba el tiempo.

Después de nuestra conmoción inicial, Laura y yo consideramos el estado de Jorge como un mensaje para nosotros. A medida que aprendimos más sobre la craneosinostosis, cuántas vidas alteraba, decidimos que teníamos que hacer algo para ayudar a otros. Debido a mi trabajo, y al hecho de que vivíamos en la ciudad de Nueva York, podíamos permitirnos el mejor cuidado para nuestro hijo. No todo el mundo podía hacer eso. Para honrar a Jorge y la lucha que él iba a tener que emprender, creamos una fundación con su nombre: Fundación Jorge Posada. Utilizando su formación legal al máximo, Laura convirtió sus temores y su tristeza en una fuerza positiva. Ella quería que la fundación sirviera a diferentes propósitos: educar a los padres, profesionales médicos y al público en general acerca de la enfermedad, así como también de las diversas opciones de tratamiento. También queríamos levantar fondos para aumentar la conciencia y apoyar a las familias de diversas maneras.

Luis Espinel, un amigo de Laura de sus tiempos en la facultad de derecho y el hombre que servía como mi agente, también fue fundamental para ayudarnos a establecer y poner en marcha la fundación. Después de la conclusión de la temporada, realizamos una conferencia de prensa para anunciar el lanzamiento del programa. Muchas personas se acercaron de inmediato haciendo donativos, y George Steinbrenner fue uno de los primeros y de los más generosos entre ellos. La familia Steinbrenner siguió apoyando nuestros esfuerzos a lo largo de los años. La fundación marcó una diferencia en las vidas de muchas personas de diversas maneras. Cuando el sitio web estuvo establecido y activo, Laura habló con madres de niños afectados por la craneosinostosis, ayudamos a patrocinar una sala de juegos en NYU, y creamos un simposio donde médicos de todo el mundo podían compartir información.

A la larga, el éxito de nuestros esfuerzos significó que tuvimos que tomar una decisión difícil. Laura había querido mantener los costos de administración al mínimo, de modo que el mayor porcentaje de dinero donado fuera para ayudar a las personas y no para mantener operativa la organización. Finalmente unimos la fundación con un grupo llamado myFace. De todas las cosas que yo he logrado en el campo, de todos los éxitos que Laura ha tenido como autora, personalidad televisiva y abogada, los dos estamos más orgullosos de lo que la fundación pudo hacer. Después de educar a nuestros hijos, ha sido el trabajo más importante que hemos hecho. Tanto sus padres como los míos fueron responsables de hacer que todo eso sucediera. Ellos nos enseñaron que cuando las cosas parecen estar en su peor momento, uno siempre puede hacer lo mejor dando un paso adelante y ofreciendo una mano de ayuda a otra persona. Nosotros no teníamos manera alguna de saberlo, pero esa lección iba a ser puesta en práctica de la manera más inimaginable menos de un año después de que se creara la fundación.

CAPÍTULO 13

Nuestra ciudad, nuestra derrota

Joe Torre sabía que yo estaba súper estresado y necesitaba un descanso. Desde el 2 al 9 de septiembre de 2001, yo había ido 2 para 21. Habíamos tenido un día libre el 10 antes de que tuviéramos que volar a Chicago. Joe me hizo saber que yo no iba a abrir el primer juego. «Tómalo con calma. Descansa un poco. Deja de presionarte», me dijo.

Yo había hablado a Joe sobre los últimos desarrollos en el caso de Jorge. La segunda operación había pasado, pero habían surgido complicaciones. El injerto de hueso que habían situado en su frente se había infectado. Tenían que quitarlo, lo cual significaba que toda la operación había sido un fracaso. Peor aun, su cabeza estaba hinchada y enrojecida debido a la infección, y en una ocasión que Laura había salido con él, un desconocido hizo un comentario cruel, diciéndole que no debería golpear a su propio hijo. Ella se sintió comprensiblemente molesta, por el estado de Jorge y por la fea acusación de ese hombre. Tener que hacer pasar a Jorge por otra cirugía nos hacía sentir como si no hubiéramos hecho ningún progreso. La operación para quitar el hueso infectado fue completada, pero eso no fue un verdadero consuelo. Laura estaba estresada. Yo estaba estresado. El sueño parecía que era el único escape que podríamos tener.

Sabiendo que Laura necesitaba el descanso incluso más que yo, fui directamente al hospital después del partido para pasar allí la noche. Jorge había desarrollado una infección después de la operación, algo que siempre temíamos. Además de todo lo que mi hijo tenía que soportar, una infección la sentíamos como si alguien estuviera añadiendo insulto a la herida. Yo batallaba para poder descansar decentemente a la vez que la ansiedad y la frustración me golpeaban durante toda la noche.

Así, la mañana del día 11 de septiembre me levanté temprano, despertado por una enfermera que entraba para comprobar los signos vitales de Jorge y su vía intravenosa. Me adormecí de nuevo, y todavía tenía cara de sueño cuando me desperté poco antes de las nueve. Ver a Jorge en la cama sonriendo ayudó. Le pregunté si quería ver uno de los vídeos de *Blue's Clues* que habíamos llevado al hospital. Él asintió y sus ojos se iluminaron. Cuando fui hacia el televisor y lo encendí, una imagen de cielos azules y un edificio alto salió en la pantalla precisamente cuando yo presionaba el botón de *Play* en el reproductor de vídeo.

Unos minutos después, escuché una conmoción en el pasillo, pero no le di demasiada importancia. Los hospitales nunca son los lugares más tranquilos. La cinta de vídeo casi había terminado, de modo que solo siguió durante unos minutos, y cuando terminó, volvió a encenderse el televisor. Esta vez vi un vídeo de un avión que chocaba contra una de las torres gemelas del World Trace Center. Me quedé allí mirando fijamente, y después oí a personas fuera de la habitación gritando.

Abrí la puerta y vi a enfermeras y otros empleados del hospital con trajes quirúrgicos de un sitio a otro, gritando instrucciones, llevando camillas y sillas de ruedas. Era como si una aspiradora gigante estuviera sacando a todas esas personas y todo aquel equipo del hospital. Mi mente corría a cien por hora. Regresé a la habitación y miré a Jorge, que estaba conectado a una vía intravenosa y varios monitores. Pensé que si todas aquellas personas se apresuraban a salir del hospital, yo también tenía que salir. Y quería que Jorge saliera de allí. Si ese lugar era tan caótico como lo era, si algunos tipos habían chocado un avión contra un edificio que estaba al sur de donde yo estaba en la calle 31, donde estaba mi hijo, teníamos que movernos.

Regresé al pasillo y encontré a una enfermera. «¿Puede por favor mostrarme cómo desconectar a mi hijo de todas esas cosas? Tengo que sacarlo de aquí».

Ella miró alrededor, con sus ojos bien abiertos y temerosa. Finalmente meneó la cabeza y dijo: «Usted está seguro aquí. Todo va bien. Él está en un lugar seguro. Quédese aquí».

Mientras ella hablaba, observé otro televisor que estaba más arriba de sus hombros y vi vídeos del ataque. Cuando regresé a la habitación, miré por la ventana y pude ver afuera en las calles a personal del hospital y camillas en fila. Todas ellas vacías.

Llamé a Laura y la alerté de lo que estaba sucediendo. Ella no sabía nada al respecto, y me dio un escalofrío al oír su grito ahogado.

«Otro avión acaba de chocar. Esta vez contra la torre sur».

«¿Qué está sucediendo?», pregunté.

«Esto no puede ser real. Oh, Dios mío. Oh, Dios mío, esa pobre gente». Sus palabras atravesaron mi neblina.

Laura dijo que tenía que llegar al hospital todo lo más rápido que pudiera. En cuanto colgamos, llamé a Derek. Sabía que aún estaría durmiendo, pero quería asegurarme de que fuera consciente de lo que estaba sucediendo y pudiera salir de la ciudad si tenía que hacerlo.

«Enciende el televisor, hablaremos después».

Él me llamó enseguida.

«¿Es esto de verdad?».

«Sí. Y no es solamente aquí. Ahora están diciendo que un avión chocó contra el Pentágono».

«¿Qué está sucediendo?», preguntó, con su voz más temblorosa de lo que jamás la había oído. «¿Qué se supone que debemos hacer?».

Creo que Derek estaba haciendo la pregunta que todos teníamos en la mente en Nueva York. Uno no quería quedarse sentado allí y mirar. Quería hacer algo. Yo tenía que hacer algo para proteger a mi familia.

La mamá de Laura fue la primera en aparecer. Ya estaba vestida y preparada para ir al hospital cuando yo llamé. Estaba asustada, pero no con pánico, y me hizo saber que si yo iba a ir al apartamento a recoger lo que necesitaba para nuestro próximo viaje por carretera, o tan solo iba a salir de la ciudad, era mejor que me fuera en ese momento. El transporte por la ciudad estaba detenido. Laura probablemente no iba a ser capaz de tomar un taxi, e incluso si podía, estaban cerrando las calles. Me dirigí al norte, corriendo por las calles llenas de gente. Cuanto más al norte llegaba, más normal parecía el día. Estaba tan claro, brillante y cálido que era difícil creer que hubiera tal caos en la calle 14. Entré en el edificio, sudando y respirando con dificultad, pero nadie me miró como si algo fuera mal. Todo iba mal, y no había tal cosa como un día normal ese día.

Metí algunas cosas en una bolsa y salí por la puerta. Cuando regresé al hospital, estaba claro que no íbamos a poder ir a ninguna parte, o ni siquiera que necesitáramos hacerlo. Puentes y túneles estaban cerrados al tráfico por carretera, ríos de personas caminaban por las calles, había gente en fila para donar sangre, y dondequiera que uno mirara veía a personas que tenían una expresión aturdida de supervivientes inseguros de lo que significaba ser uno de ellos. Como todos los demás en el país, nos sentamos y observamos la cobertura que daban las noticias. Solo que para nosotros en Nueva York, teníamos el elemento añadido de que las imágenes venían apenas de unas pocas millas de distancia y no desde algún lugar en Oriente Medio o en otro país.

En algún momento antes del mediodía —el tiempo en realidad se había vuelto irrelevante, todos esos momentos parecían extenderse como si fueran una larga escena en una película de terror— tuve noticias del club de quedarme pegado al teléfono. Finalmente supimos que el partido de esa noche había sido cancelado.

Como todos sabemos, aquella noche se extendió a muchas más noches en que los estadios estaban vacíos. Yo pensé que era bueno, tanto por respeto a las víctimas y sus familias como por la seguridad de mi familia y la de todos los demás. En los días siguientes a los ataques, seguía sin sentirme seguro, y quería asegurarme de proteger a todas las personas que conocía, y a todos los demás. Aquellas horribles imágenes seguían repitiéndose en mi mente. Jorge permanecía en el hospital, y aunque el alcalde Rudy Giuliani alentaba a los neoyorquinos a regresar a sus vidas normales, yo le dije a Laura que evitara cualquier lugar donde pudieran reunirse grandes grupos de personas. No quería que fuera al centro comercial, y tampoco quería que fuéramos juntos a restaurantes. Ese sentimiento de incomodidad se fue disipando poco a poco, pero fue necesario algún tiempo.

Ir al Estadio a practicar me ayudó a recuperar cierto sentido de normalidad, pero estar en un estadio casi vacío a principios de septiembre, cuando saber quién ganaría en la Serie Mundial debería haber estado en pleno apogeo y las multitudes deberían haber estado todas emocionadas, hacía que todo aquello se sintiera muy surrealista. El alcalde Giuliani era un gran seguidor de los Yankees. Sé que él quería que todos regresáramos a la actividad normal, y yo entendía todas las razones, pero estar lejos de mi familia iba a ser difícil. Llegamos a Chicago, para volver a jugar el día 18, y al no haber jugado desde el 9 de septiembre, no había nada que ninguno de nosotros pudiera haber hecho para prepararse de antemano. Un momento hermoso fue ver los carteles que los seguidores de Chicago mostraban y que decían que Chicago amaba a Nueva York.

Es aquí donde esa palabra «distracción» regresa de nuevo. Yo sentía que las personas querían que jugáramos, y cuando llegó el momento de que los representantes de los jugadores de cada equipo votaran si se cancelaba o no la temporada, Mike Mussina llegó para saber nuestras opiniones. A pesar de cualquier preocupación personal que yo tuviera, le dije que sí, que jugáramos. Necesitábamos hacerlo por la ciudad. Para el resto de los equipos, con la excepción de los Mets, los problemas que tenían que enfrentar eran diferentes. Este era nuestro hogar. Esto era profundamente, muy profundamente personal. Todos habíamos sufrido el terrorismo. No podíamos permitirles hacer que renunciáramos a lo que más nos importaba a nosotros y a nuestra ciudad herida y sufriente.

Y al igual que había sucedido con Jorge y sus cirugías, era bueno para todos nosotros, jugadores y seguidores, tener otra cosa en qué enfocarnos. En el cuadro general, había muchas cosas que importaban más que un partido de béisbol, pero nosotros también éramos una parte importante de las vidas de muchas otras personas. Aquello estaba en nuestras mentes cuando votamos para continuar con la temporada. No queríamos seguir haciendo nuestros trabajos tan solo porque es así como nos ganábamos la vida, sino también porque podríamos hacer algo para ayudar a la ciudad, quizá ayudar a las personas de alguna pequeña manera a seguir adelante y regresar a sus vidas normales, como nuestro alcalde nos había pedido que hiciéramos en los primeros días después de los ataques.

Sin embargo, nada pudo prepararme para cómo fue la primera noche de regreso en el Estadio, el 25 de septiembre. Miembros del departamento de policía y de bomberos, y equipos de servicios de emergencia, estaban en fila en el túnel desde la casa club hasta el banquillo, y más adelante se unieron a nosotros en el campo. Al ir caminando hacia el banquillo, estrechamos algunas manos y dimos las gracias a aquellos hombres y mujeres por lo que habían hecho por la ciudad. Ellos también nos dieron las gracias, y un policía me dijo: «Gracias por lo que ustedes hacen. Lo necesitamos. Son ustedes grandes. Han sido realmente valientes». Yo le miré. Sabiendo lo que él hacía y lo que yo hacía, no lo veía en absoluto de aquella manera. Esas personas eran las más valientes y las mejores, un título que se habían ganado una y otra vez. Y le dije a ese oficial: «Tan solo somos afortunados y estamos agradecidos». Siempre sentiré eso.

Rocket estaba en el montículo esa noche, y me dijo que cuando salimos juntos de la jaula de calentamiento, tuvo escalofríos. Yo sabía que él siempre quería ganar, pero podía oír en su voz que *realmente* quería ganar. Llevaba puesta una chaqueta que los muchachos de una estación de bomberos le habían regalado, y su rostro usual en el juego parecía un poco diferente esa noche. Escuchar «Taps» y a Ronan Tynan cantar «God Bless America», ver a esos representantes de los departamentos de policía y de bomberos y otras agencias en fila a lo largo de las líneas de *foul*, llegar a estrechar algunas de sus manos y después reunirnos en el montículo para saludar a los seguidores... todo aquello hacía que mi mente estuviera muy lejos de la alineación de Tampa y lo que necesitábamos hacer para dejarlos fuera. Cuando el alcalde Giuliani fue llamado al campo y los seguidores corearon su nombre, pude ver lo mucho que aquello significaba para él. Era bueno poder sonreír. Se sentía bien ser estadounidense y neoyorquino.

Antes de ese partido, pensé que creía saber lo mucho que los Yankees significaban para nuestros seguidores, pero aquellos días en septiembre demostraron más claramente de lo que yo hubiera visto nunca antes el lugar que ocupábamos en el corazón de la ciudad. Aborrecía lo que había sucedido, pero me gustó el modo en que respondimos como ciudad y como equipo.

Con todas esas cosas sucediendo, era difícil recordar exactamente dónde lo habíamos dejado. Cuando la temporada quedó interrumpida, acabábamos de barrer a los Red Sox en una serie de tres partidos para quedar a 13 juegos sobre ellos. Aquella primera noche de nuevo en el Estadio no teníamos mucho que celebrar, y en cierto modo eso se sentía a la vez extraño y apropiado. ¿Cómo íbamos a poder celebrar? Aunque nos estaban dejando fuera y Roger estaba en el lado perdedor de un juego por primera vez desde el 20 de mayo y vería su récord «caer» hasta un casi increíble 20-2, los seguidores nos mostraron el camino. Ellos habían estado observando los marcadores, y cuando mostraron la victoria de los Orioles sobre los Red Sox, irrumpieron en vítores porque eso significaba que habíamos agarrado la división. Estaba bien ser felices, pero no sabíamos si debíamos celebrarlo. Todos nos reunimos como equipo antes de que entraran los medios de comunicación. Joe se dirigió a todos nosotros, felicitándonos, pero diciendo que ese no era un momento para celebrar, no cuando había tantas personas que estaban sufriendo. Todos estuvimos de acuerdo.

Queríamos estar juntos, así que hicimos nuestra comida después del partido en la casa club. Teníamos champán en el vestuario, pero no lo abrimos. El Sr. Steinbrenner pasó por la casa club felicitándonos. No era como si hubiéramos regresado por completo a los *playoffs*, pero dadas las circunstancias, todos realmente habíamos querido darle a la ciudad una victoria aquella noche.

A veces eso era lo que significaba ser un Yankee. En una noche en que ganamos la división, se puede perder un partido e irse decepcionado. Para un equipo que regularmente mostraba corazón todo el tiempo, no ganar una noche en que corazones quebrantados estaban comenzando a curarse, parecía como si un momento hubiera quedado perdido.

Yo tenía veintinueve años e iba de camino a completar mi segunda temporada completa como receptor, realizando una segunda temporada en la cual fui votado como un Todos-Estrellas, y ganando un segundo premio Silver Slugger Award como el mejor jugador ofensivo en mi posición bateando .277 con 22 jonrones y 95 carreras impulsadas. Había bateado un jonrón el día de apertura e iba 3 para 4; entonces bateé mi primer *grand slam* seis días después. Ese fue el segundo jonrón de tres que bateé en tres juegos. Estaba pensando que mi comienzo lento usual no iba a aparecer, pero entonces realicé 87 turnos al bate en mayo antes de romper esa sequía de jonrones.

Había tenido antes lesiones menores, pero realmente tuve que batallar con un esguince de ligamento en mi pulgar que evitó que pudiera atrapar durante siete partidos seguidos. Mentalmente, creo que me ayudó haber salido fuera de temporada para hacer saber a la gente acerca de Jorge y su estado. Habíamos recibido muchas donaciones generosas, y la fundación prosperaba. Cuando Laura y yo fuimos honrados en la cena de los premios Thurman Munson Awards en febrero de 2001, eso significó tanto para mí como el reconocimiento que recibí ese año por lo que hice en el campo.

A lo largo de la temporada de 2001, pude ver cómo mis buenos amigos Bernie y Tino tuvieron años sobresalientes, bateando ambos por encima de .300 con más de 25 jonrones cada uno y 207 carreras impulsadas entre ellos. Derek continuó con su racha de temporadas siendo considerado como jugador más valioso y apariciones en el Todos-Estrellas, al igual que Mariano, quien bateó la marca de 50 salvadas. Andy se unió a nosotros en ese equipo de Todos-Estrellas, y también Roger, quien más adelante pasó a ganar el premio Cy Young. Alfonso Soriano emergió como Novato del Año y parecía destinado a ser una gran parte de nuestro futuro. Dado todo aquello, al igual que nuestro récord de éxito en la postemporada, y dado el amplio margen por el cual ganamos nuestra división y el modo en que habíamos jugado todo el año, estábamos bien posicionados para cuatro seguidos.

Sin embargo, no puedo decir que nosotros lo viéramos de ese modo todo el tiempo, porque nos tomamos muy en serio a los dos equipos a los que nos enfrentamos en los *playoffs* de la. El A de Oakland había ganado 102 juegos y fácilmente pudo haber ganado la Liga Central o la East, pero terminaron segundos en su división de ese año. Con 116 victorias, empatando un récord de la Liga Mayor, los Mariners se hicieron con la West. Íbamos a tener que estar absolutamente concentrados en nuestro juego para batir a los A, y no lo estábamos en el juego 1.

Noté que Roger no estaba tan suelto como normalmente estaba. El torso de su cuerpo realmente no seguía sus lanzamientos. Él no quería hablar sobre ello, pero cuando solo un bateador de la A abanicó y falló en la primera, supe que pasaba algo. Cuando Roger cambió su corva al ir tras una rebotada al lado derecho en la cuarta, estaba acabado. No nos aprovechamos de algunas oportunidades tempranas en ese juego, y cuando Tim Hudson nos dejó fuera la noche siguiente, teníamos que aprovechar ese largo vuelo a Oakland para pensar en las veces en el pasado en que habíamos ido por detrás.

Sencillamente no estábamos bateando, y eso continúo en el juego 3. Solamente habíamos tenido dos batazos buenos, pero uno de ellos fue un jonrón que yo bateé en la quinta a Barry Zito. Estábamos jugando un partido de día, y con los bateadores en la sombra y el lanzador bajo la luz del sol, el reflejo del cristal más allá de las vallas hacía difícil ver bien por ambas partes. Zito había quedado por detrás de mí en mi primer turno al bate. Cuando lanzó una bola rápida, yo bateé duro pero al suelo para una jugada doble. Cuando él quedó atrás de nuevo en mi siguiente turno al bate, yo estaba buscando una bola rápida y la conseguí. Salí corriendo y observé mientras la bola golpeaba la parte superior de las vallas a la izquierda y caía al otro lado. Estaba tan animado que seguí corriendo alrededor de las bases, sin siquiera detenerme hasta llegar al banquillo. Sin embargo, aquello fue todo para la anotación, y solamente tuvimos un batazo bueno el resto del camino.

Gracias a Derek, aquello fue todo lo que necesitábamos. Estoy más que conforme con el hecho de que la historia al día siguiente no se tratara de mi jonrón o del gran comienzo de Mike Mussina; se trató de una jugada defensiva que ha pasado a la historia como una de las más grandes en la carrera de Derek. No es que quiera restar nada a la condición física de Derek y su conocimiento del béisbol, pero creo que lo más notable acerca de lo que llegó a conocerse como The Flip es que en realidad lo habíamos practicado en el entrenamiento de primavera ese año. Eso muestra lo inteligente que es Joe, y también lo inteligente que es Derek. Hicimos esa jugada una vez en el entrenamiento de primavera, porque íbamos a abrir la temporada en la Costa Oeste, incluida una serie en Oakland. Su campo tiene acres de territorio de *foul*, de modo que esa jugada del tipo respaldo y relevo podría ser allí. Que lo hiciera en la séptima entrada de ese juego bajo esas condiciones, con nosotros aferrándonos a una delantera de una carrera y habiendo anotado solamente cuatro carreras en 25 entradas, fue muy importante.

La jugada comenzó cuando Shane Spencer (Joe le hizo abrir en lugar de Paul O'Neill) hizo un fuerte lanzamiento de una bola a la línea del campo derecho que era elevada y dejó atrás a Tino y a Alfonso Soriano. Derek estaba donde le habían dicho que estuviera: cerca del montículo para que pudiera leer si la jugada iba a ir a tercera o al plato. Cuando vio la bola que pasaba a los hombres que estaban delante de él, despegó. Yo tenía que quedarme en el plato, desde luego, pero estaba contando con que Derek lo lograra. Lo hizo, y entonces su increíble lanzamiento girándose hacia mí llegó apenas antes de que Jeremy Giambi llegara al plato. Derek no pudo sacar mucho del lanzamiento, y estaba *out* delante del plato, pero por fortuna llegó baja, de modo que yo pude agacharme mientras llegaba y girarme hacia el corredor. Fui capaz de alcanzar la pierna más alejada de Giambi, apenas, antes de que su pie tocara el suelo. No he participado nunca en una jugada tan cerca del plato. Todo tenía que salir correctamente para conseguir ese *out*, y así fue.

Saben que Derek y yo somos amigos, de modo que es fácil decir que no soy imparcial, pero a lo largo de los años otros muchachos que jugaron con él solamente poco tiempo, muchachos como David Justice, me han dicho que Derek era especial. Esa fue una de las jugadas defensivas más apuradas que he visto jamás. La practicamos una vez en el entrenamiento de primavera, y entonces en el juego 164 él se situó exactamente donde necesitaba estar y realizó una increíble jugada con su cuerpo para completar lo que había hecho con su cerebro. Esa jugada no solo salvó una carrera, sino que también los A habrían obtenido un hombre al menos en segunda y probablemente también en tercera base y podrían fácilmente haberse puesto por delante.

Temporada salvada.

Esta vez no fui yo quien tenía lágrimas. Joe dijo que había estado batallando para retenerlas durante las dos últimas entradas del juego 5, que estaba muy orgulloso de lo que habíamos hecho, logrando lo que ningún otro equipo de béisbol había hecho antes al regresar de ese modo. Nosotros éramos los veteranos, si cree lo que fue escrito, y los A los jóvenes. Sé que yo no me sentía viejo, especialmente no cuando corrí hasta Mariano y los dos estuvimos bailando y saltando como si fuéramos niños. Quizá el champán con el que nos rociamos cuando ganamos es la verdadera fuente de la juventud.

Aunque la serie en Seattle no fue tan dramática, simplemente llegar a una cuarta Serie Mundial consecutiva fue muy importante debido a lo que había sucedido en septiembre. Seattle era un club que había ganado más partidos que cualquier otro en la historia de la LA, pero teníamos la esperanza de una ciudad que se recuperaba con nosotros. Ninguno de nosotros se tomaba eso a la ligera. Ganar ese año especialmente significaba mucho para mí y para los otros muchachos, incluso si no hubiéramos buscado la cuarta consecutiva. La ciudad se lo merecía, y queríamos dársela a ellos y ganarla para nosotros mismos. Batir a Seattle en los dos primeros partidos de la serie fue muy importante, pero después que ellos dieran un salto en el juego 3 ganando 14-3, el ímpetu pudo haber cambiado hacia su camino. Cualquier esperanza que ellos tuvieran se quedó en Rocket. Al regresar después de ese tendón de la corva alterado, Rocket batalló con su control, dio caminada a cuatro, pero ponchó siete y solo concedió un golpe bueno. Siguió con su determinación en cinco entradas antes de que Ramiro Mendoza y Mo no le permitieran un golpe bueno el resto del juego. Ganamos con un jonrón de Alfonso Soriano que puso fin al partido. Eso le quitó el espíritu de lucha a los Mariners, y obtuvimos una victoria 14-3 para terminar la serie.

A pesar de que Arizona tuvo un devastador golpe en lo más alto de su rotación, yo pensaba que podíamos ganar aquellos dos primeros partidos. Nuestra plantilla era estupenda, y teníamos al mejor cerrador en el negocio. Randy Johnson y Curt Shilling eran particularmente difíciles para mí porque tenía que cambiar a ambos lados del plato contra ellos, pero ellos eran duros con cualquiera.

Lo que hacía que Shilling fuera tan difícil era que podía detectar la bola en cualquier lugar en el plato. En raras ocasiones lanzaba la curva o la deslizada, de modo que podías estar ahí buscando una bola rápida o una rápida de rotación lenta. Se ganaba la vida trabajando abajo y lejos, pero como dije, podía mover sus lanzamientos, particularmente la bola rápida, por toda la zona. Si ibas buscando una fuera, él podía lanzarte duro a las manos. No sé qué decir acerca de Randy aparte de que era realmente difícil recoger la bola que salía de su mano. Él era muy alto, su movimiento era como desarticulado, lanzaba muy duro, y tenía una deslizada a 91 millas por hora que llegaba tan tarde y tan dura, que incluso si el ángulo de su brazo hubiera sido más convencional, más cerca de estar por arriba, aun así habría seguido siendo difícil golpear. Anotamos una carrera en 18 entradas al perder contra cada uno de ellos en su estadio, pero habíamos estado por debajo antes, y Joe seguía siendo tan positivo y calmado como siempre.

En el juego 3, yo nos conseguí una ventaja por primera vez en la Serie cuando salí de la parte baja de la segunda con un jonrón ante un cambio de velocidad 3-2 de Brian Anderson. Roger fue estupendo en ese juego, cediendo solamente una carrera y tres batazos buenos en siete entradas. Scott Brosius impulsó la carrera de ventaja, y cuando entró Mariano, dominó durante dos entradas, ponchando a cuatro de los seis bateadores a los que se enfrentó.

La noche siguiente y hasta la mañana siguiente, Derek nos introdujo a todos a la magia del béisbol en noviembre por primera vez. El

juego 4 tuvo mucho dramatismo, incluso antes de que se extendiera a
entradas extra. El Duque no me necesitaba para conseguir avivarse. Él
no llegaba a entender cómo funcionaban las rotaciones de comienzo
para los *playoffs*, y estaba muy enojado cuando no consiguió abrir en
los primeros tres juegos. Demostró por qué tenía el mejor porcentaje
ganador de cualquier lanzador en la historia de la postemporada hasta
ese momento. No consiguió la victoria, pero dejó todo en aquel campo.
Salía de una temporada que había sido acortada a causa de una cirugía
en un dedo del pie, y creo que quería golpearlo con fuerza en el trasero
del árbitro del plato Ed Rapuano, en la tercera. Cedió un gran jonrón
a Mark Grace en la siguiente entrada. Yo tenía el sentimiento de que
iba a tomarse eso como algo personal, y lo hizo. El Duque siendo El
Duque, cuando Joe lo retiró en la séptima, hizo un rodeo antes de ir
al banquillo. Le dijo unas cuantas cosas al Sr. Rapuano, sonriendo
antes de entrar en el banquillo y con los seguidores de los Yankees
animándolo. Creo que también se llevó con él al banquillo un poco de
la expectativa de vida de todo el mundo después de trabajar en cuatro
caminatas y cuatro batazos buenos.

Seguíamos por detrás por dos con dos *outs* en la parte baja de la novena, pero tuvimos la oportunidad de que Paul O'Neill tuviera uno de esos
turnos al bate estupendos, trabajando el conteo hasta 3-2, estropeando
un lanzamiento, y después un sencillo. Eso fue importante, porque el
cerrador de Arizona, Byung-hyun Kim, acababa de entrar en el juego y
llegamos a ver todos sus lanzamientos. Bernie ponchó, pero después de
ver cómo Kim había ido tras Paulie y Bernie, Tino ya se hizo una buena
idea, me dijo después del partido, de lo que esperar. Además, Paulie le
había dicho que Kim fue tras él con una bola rápida para comenzar, y
que la buscara. Con dos *outs*, Tino saltó sobre el primer lanzamiento
para empatar con un jonrón. Yo estaba en el círculo de espera y estaba
ahí para felicitarle en el plato, saltando arriba y abajo por la emoción.
Tino estaba tan emocionado como cualquiera, y sus ojos, que tenían el
tipo de los de los personajes de dibujo animado, se salían de sus órbitas.

La multitud estaba tan metida en ello, que incluso aunque Tino y yo nos estábamos gritando el uno al otro, no podíamos oír lo que decíamos.

Con el juego empatado, yo sabía que mi trabajo era estar en base de algún modo. Tuve que hacer dos respiraciones profundas solamente para calmarme. Me mantuve disciplinado y trabajé una caminata, llegué a segunda un con sencillo, pero quedé allí. El juego pasó a entradas extra. En la siguiente, entra Derek, lanza fuera la bola, y la Serie estaba empatada a dos juegos cada uno.

Derek salió con dos *outs* en la parte baja de la décima. Batalló y batalló a Kim en un turno al bate de nueve lanzamientos antes de batear un jonrón al jardín derecho para su primera caminata de jonrón con un uniforme de los Yankees. Como eran usual, se ubicó en un punto bastante bueno. Yo tenía una ubicación bastante buena desde la cual poder mirar: estaba de pie en el banquillo, y cuando él golpeó, yo no estaba seguro de que tuviera suficiente fuerza para conseguir el *out*. Corrí al campo, casi hasta la caja del entrenador de primera base, y cuando salió, di saltos arriba y abajo, gritando con todas mis fuerzas y corriendo hacia el plato. Todo el mundo estaba fuera del banquillo, y quiero decir *todo el mundo*, y le rodeamos en el plato. Derek tenía esa expresión en su cara como si todo el que le estaba empujando le estuviera haciendo daño realmente. Él saltó y bajó de modo extraño sobre su tobillo y se lo torció. No dijo nada, pero al día siguiente llegó temprano para recibir tratamiento y vendaje.

Hay que imaginarse que la ventaja estaba a nuestro favor para el partido 5. La vieja frase que habla sobre que el ímpetu es tu lanzador abridor para el día siguiente habría dicho eso. Al entrar en esa temporada, Miguel Bautista, de los Diamondbacks, tenía un récord en su carrera de 15-31. Mike Mussina había ganado 15 juegos en una *temporada* siete veces hasta ese momento en su carrera. No era que Bautista fuera un novato sin experiencia. Fue duro con nosotros, manteniéndonos sin anotar hasta que se fue con dos *outs* en la octava. Greg Swindell salió para conseguir el último *out*.

No sé si yo podría ser alguna vez mánager. Soy quizá un poco demasiado impulsivo, y no sé si podría haber sacado al mismo cerrador que había fastidiado la victoria la noche antes para intentar cerrar otro *out*. Me refiero a que si fuera Mariano, no habría tenido ninguna duda, incluso si él hubiera lanzado 61 lanzamientos como había hecho Kim. A pesar de eso, estábamos bastante contentos de ver salir a Kim para abrir la novena.

Lo que ocurre con los submarinistas como Kim es que pueden darle movimiento a la bola, especialmente abajo en la zona. Muchos lanzadores de *sinkers* (movimientos que se hunden) dirán que cuando están demasiado descansados, sintiéndose demasiado fuertes, no consiguen que sus lanzamientos se hundan todo lo que les gustaría. Otra cosa sobre esos lanzadores a estilo submarino es que la primera vez en la alineación, su lanzamiento puede ser engañoso. Pero todos estábamos viendo la bola bastante bien al salir de él. Era más fácil enfrentarse a él como zurdo, ya que la bola no parecía llegar desde detrás de ti, como sucedía con los diestros. Además, con corredores en base, él no podía utilizar la vacilación en su lanzamiento que pudiera desequilibrarnos. Aquellos 61 lanzamientos habían llegado contra 13 bateadores, de modo que todos nosotros, incluso los muchachos en el banquillo, habíamos tenido la oportunidad de observar de cerca y ajustarnos a ese ángulo del brazo y punto de lanzamiento. Yo estaba sentado en mi lugar usual cerca de Joe y pregunté: «¿Vamos a tomar un lanzamiento?».

«No. Si está, vamos a saltar sobre él».

Después de una bola en el primer lanzamiento, recibí una que iba plana y escorada a la izquierda. De pie en segunda, aporreaba mis manos y animaba a los muchachos a seguir adelante. Yo estaba en pie animando cuando, dos *outs* después, Scott Brosius llegó el plato. Hasta ese momento, íbamos solamente 1 para 24 con corredores en posición de anotar. Pero yo tenía un buen presentimiento. En el juego 4, Kim había retirado a Brosius dos veces, una al estar ponchado y después con una elevada en un lanzamiento 0-1. Ese primer *strike* había sido una bola de *foul* bien golpeada y profunda. Scott estaba en ese lanzamiento, pero en realidad estaba en el primer *strike* que Kim le hizo. Su jonrón fue hasta unas pocas filas en los asientos de la parte izquierda de la jaula de calentamiento.

Recibimos compilaciones en vídeo de la Serie Mundial, y esa es una que puedo ver una y otra vez. Aun así, no hay nada como estar en el campo cuando eso sucede. Vas por detrás en tu último *out*, y entonces recibes esa ráfaga de adrenalina que le da electricidad a tu cuerpo. Yo crucé el plato con mis brazos y piernas temblando. Incluso cuando fui a ponerme mi equipamiento después que toda la conmoción se hubiera calmado un poco, me sentía ligero, hueco, casi como si la gravedad no tuviera ningún empuje sobre mi cuerpo.

Mariano concedió un par de batazos buenos en la undécima, ellos golpearon sin abanicar por encima de los corredores, e intencionalmente dimos caminada a Steve Finley para llenar las bases. Reggie Sander salía, y los informes de los ojeadores nos habían dicho que era un bateador de bola baja y que tenía problemas con los lanzamientos arriba de la zona. Jugamos para la doble jugada en la parte alta del medio, y Joe hizo el movimiento correcto. Sanders lanzó a la línea hacia la almohadilla de segunda base, y Alfonso Soriano hizo una gran atrapada. Si no hubiéramos situado a los jugadores de cuadro, puede que no hubiéramos conseguido esa bola. Un *out* después, yo estaba en el banquillo teniendo otra vez ese presentimiento. Y me vi abrumado por la misma sensación en la parte baja de la duodécima cuando Soriano impulsó la carrera ganadora y Frank Sinatra comenzó a cantar, y habíamos regresado de nuevo tras ir detrás en la novena, la primera vez que eso había sucedido en una Serie Mundial. New York. New York.

No pudimos terminar entonces. No sé qué decir sobre el juego 15-2 excepto que la segunda, tercera y cuarta entradas fueron como esas películas de terror que yo siempre intento evitar ver. Estaba claro que ellos habían descubierto algo, ya fuera nuestras señales o algo que nosotros no podíamos ver y que Andy estaba haciendo para descubrir involuntariamente sus lanzamientos. No podíamos conseguir nada para pasarlos, y eso no solo sucedía con Andy.

Cualquiera que fuese el sentimiento que habíamos tenido en Nueva York se había ido ese día. Al menos teníamos el partido 7 que esperar, pero entonces lo que ninguno de nosotros esperaba que sucediera, sí sucedió. Mariano había sido muy bueno en la Serie, en toda su carrera, pero cuando perdió la oportunidad de salvar, tuvimos una probada de lo que se habían tenido que tragar muchos otros equipos en toda la temporada. A mí no me gustó nada su sabor. Añadiendo la decepción que sentí por haber decepcionado a los seguidores y a la ciudad, fue incluso más difícil poder aceptar no haber ganado el último partido del año.

Lo que más recuerdo es lo tranquilo que estaba ese vestuario y ver a Mo delante de su taquilla mirando fijamente hacia delante. Me acerqué a él y extendí mi mano. Él le dio un apretón y yo dije: «No tienes que hacer esto».

Él asintió. «Lo sé. Pero necesito hacerlo. Cuanto antes mejor», dijo esto respecto a tener que enfrentarse a los medios. «Cometí un par de errores. Ellos los golpearon bien. No hay nada que yo pueda hacer ahora. Cuanto antes hable con todo el mundo y responda sus preguntas, antes podré poner todo esto a mis espaldas. Seré mejor la próxima vez. Tan solo me gustaría que pudiéramos haberlo hecho por los seguidores».

Muchos jugadores dicen palabras como esas, pero yo sabía que Mariano realmente las decía de veras, y que haría lo que había dicho. Él tenía esa mentalidad de cerrador. Quería estar ahí con el partido en juego, y estaba dispuesto a aceptar las consecuencias cuando las cosas no resultaban a su manera. Todos habíamos contribuido a la derrota, pero Mariano estaba ahí para aceptar la culpabilidad, hacerse responsable él mismo, y después hacer todo lo que fuera necesario para asegurarse de que no volviera a suceder.

Nos dimos un abrazo y yo me alejé, sabiendo que él quería estar solo para poner en orden sus pensamientos antes de que llegaran los medios.

Se reunió una multitud para saludarnos cuando llegamos a Nueva York, y más adelante había personas que nos seguían dando las gracias por nuestro esfuerzo y por lo que habíamos hecho por la ciudad en su momento de necesidad. Yo no sabía cómo explicarles que la ciudad me había apoyado a mí y a nosotros, a mi familia y a mi familia de los Yankees, de maneras que ellos no conocían.

Todos habíamos pasado algunos momentos difíciles, individual y colectivamente, y fui más capaz de poner esa derrota y el juego en perspectiva de lo que habría podido hacerlo sin los acontecimientos del 11 de septiembre de 2001. Al volver la vista atrás, entendí lo que significaba jugar con los Yankees, para Nueva York. Esas son palabras breves, «para» y «con», y pueden parecer en cierto modo intercambiables, pero si los seguidores nos apoyaron y animaron para nosotros y con nosotros, después de ese año se sentía más lo segundo. Yo quería que terminara el sentimiento de decepción y frustración por no haber logrado nuestra meta, pero quería que ese sentimiento de «con», los seguidores animando *con* nosotros, se quedara conmigo y con mis compañeros de equipo, con mi familia y con mis amigos. Yo no estaba tan solo trabajando duro *para* ellos, lo estaba haciendo *con* ellos.

Finalmente aprendí que lo que sucedió en ese Estadio le importaba a la gente en un sentido que no creo que yo hubiera apreciado por completo o entendido antes. Sabía lo mucho que ganar nos importaba a mí y a mis compañeros de equipo, y aunque ahora entendí que otras cosas importaban más, eso no significaba que debiera importarme menos ganar.

Puedo señalar a los acontecimientos desde el 11 de septiembre de 2001 hasta el final de esa temporada como la marca de un punto de inflexión, un momento en que mi afecto por la franquicia de los Yankees y mi compromiso con ellos, con sus seguidores y con la ciudad solamente se hizo más profundo. Sin embargo, no puedo encontrar un indicador parecido para indicar cuándo o dónde comenzó el largo trecho de no llevar a casa un campeonato. Cuando comienza una sequía, nadie realmente nota esos primeros días o incluso semanas de sequedad. Toma tiempo para que esos días se amontonen antes de que uno note el modo en que el paisaje ha sido transformado. Sin embargo, en muchos aspectos esa analogía no llega a funcionar del todo. No era que el equipo se hubiera hecho pedazos y batalláramos para llegar a .500 o incluso a los *playoffs*.

Anteriormente señalé lo regulares que éramos con nuestro récord y los porcentajes ganadores durante la gran parte de mi carrera. Sin embargo, no creo que pueda decir lo mismo sobre las derrotas, porque no parecía que hubiera razones coherentes para ello o conexiones regulares entre ellas. Todo el mundo, incluido yo mismo, quiere una bonita y clara explicación sobre el por qué suceden las cosas, pero no siempre obtenemos las consoladoras respuestas que queremos escuchar.

En muchos aspectos, esas derrotas con los Diamondback señalan a eso. Por difícil que es perder contra un equipo 15-2, al menos se puede decir que has perdido claramente. Pero todos esos juegos tan reñidos podrían haber caído de un lado o de otro, y eso es mucho más difícil de asimilar. Sí creo que es posible hacer tu trabajo, ejecutar bien, querer ganar tanto como lo desea el contrario, y aun así perder. La suerte sí desempeña un papel en los juegos. Por lo general nos referimos a ello como «rachas», que aunque no estoy seguro de por qué. Lo que sí sé es que en 2002, después de esa primera derrota en primera ronda tan decepcionante contra los Angels, yo salí y dije que ellos lo querían más que nosotros. Con toda la intención hice la afirmación en el fragor del momento porque quería molestar a la gente. No porque ellos realmente no quisieran ganar, sino porque yo sabía que lo que me impulsaba hacia delante era estar enojado. Quería sacar parte de ese enojo y llevarlo a la siguiente temporada, para motivarnos a hacer el trabajo fuera de temporada que teníamos que hacer.

A veces, cuando un equipo no gana, se puede señalar a una disminución de habilidades o de productividad, pero ese no fue el caso en absoluto en el año 2002. Teníamos un club estupendo. Jason Giambi añadió un estupendo bate a nuestra alineación. Como equipo, terminamos en primer lugar en la Liga Americana en carreras, caminadas, porcentaje en base y porcentaje de *slugging*, y segundos en jonrones. Estábamos cerca del final en triples y ponchados. Esto último era siempre una preocupación para mí, pero la naturaleza del juego había cambiado. Poner la bola en juego, hacer las cosas a las que la gente se refiere como «bola pequeña» (juego en el que predomina la ejecución de las pequeñas estrategias ofensivas), eso sencillamente no formaba parte de la cultura del juego en aquella época. Los seguidores llegaban para ver a muchachos dar grandes golpes, y los salarios recompensaban ese enfoque. Sin embargo, no hay manera alguna en que yo estoy diciendo que ese énfasis en los grandes golpes fue el responsable de nuestra derrota ante los Angels. Ponchamos 25 veces en esa serie de cuatro partidos, ante los 18 de los Angels. No son grandes números o una inmensa diferencia, pero ¿quizá el resultado tuviera algo que ver con el momento en que se produjeron esos ponches? Sé que decíamos una y otra vez que había que tener un enfoque bueno y paciente en el plato. No creo que abandonásemos ese enfoque en la serie, pero ¿nos estábamos alejando de él?

En los dos años anteriores, nos situamos octavos y sextos en esa categoría, con 36 y después 64 ponchados menos. Pero también terminamos con muchas menos carreras anotadas. Por lo tanto, ¿qué dice eso? Se pueden mirar los números y ajustar un poco las cosas sencillamente para establecer cualquier punto que uno quiera, pero eso sigue sin explicar la derrota ante los Angels. Yo estaba molesto porque teníamos algunos muchachos, incluido yo mismo, que habían tenido años realmente productivos y que terminaron sin significar mucho. Yo bateé .268 con 20 jonrones y 99 carreras impulsadas. Tanto como le gustaban a Wade Boggs los sietes, yo aborrecía los nueves. ¿Batear .299? Terrible. ¿Batear 19, 29, 39 jonrones? Malo. ¿Y 79, 89, 99? Muy mal.

Recuerdo llegar al plato con las bases llenas en un partido a principios de septiembre de ese año y ponchar. Regresé al banquillo, miré a Derek y dije: «Observa. Voy a terminar con 99 al final del año. Lo único que tenía que hacer era poner la pelota en juego, y no pude hacerlo». A veces desearía no ser tan inteligente. Otra aparición en el Todos-Estrellas y mi tercer premio Silver Slugger Award consecutivo eran hermosos honores, pero ¿quién se acuerda de eso? Yo estaba agradecido por el reconocimiento, y no tengo intención de disminuir lo que logré, pero en esa temporada así es como me sentía conmigo mismo y respecto al resto de los muchachos.

Siento mucho orgullo en organizar un cuerpo de lanzadores, y estábamos entre los cinco primeros en todas las categorías estadísticas importantes excepto las derrotas, lo cual es bueno, y batazos permitidos, donde terminamos sextos. Estábamos bien por debajo del promedio de carreras permitidas de la liga de .446, en .387. Conseguimos grandes aportaciones del banquillo, con Ramiro Mendoza ganando ocho y Mike Stanton ganando siete. Esa parte del juego no había cambiado en mi época en las Grandes Ligas. Todo el mundo mezclaba, emparejaba y supervisaba los conteos de lanzamientos. Nosotros no teníamos un ganador de 20 juegos, David Wells volvió a estar con nosotros y ganó 19 aquel año, pero solamente tres muchachos en toda la liga llegaban a esa marca. Como equipo, teníamos un promedio de carreras permitidas de .821 contra los Angels, e hicimos una media de poco más de seis carreras por juego. Yo me hago responsable de eso. Siempre lo veía de ese modo. Si el conjunto no estaba siendo exitoso, se debía a mí. Yo no tuve una gran serie en el plato o detrás de él. Sé que responsabilizarse de la culpa puede parecer arrogante, como si yo pensara que tal como le va a Jorge, así les va a los Yankees, pero mi mentalidad fue siempre de que si yo no hacía mi trabajo, si yo no ayudaba al equipo a ganar y al grupo a ir bien, entonces la culpa era mía.

Lo mejor que me sucedió en 2002 fue el nacimiento de nuestra hija, Paulina, en julio. Creo que ella llegó al mundo con alegría, diversión y sin temor, y ha seguido siendo de ese modo.

Laura y yo sentimos alivio de que Paulina no fuera a tener que soportar lo que estaba pasando Jorge. Él lo aguantaba bien, pero tener que hacerle pasar por una tercera cirugía importante en tres años era agonizante para todos nosotros. Por fortuna, hubo muchos más puntos brillantes, incluida su primera aparición en el Todos-Estrellas en Milwaukee. Había muchos niños en torno a las celebraciones, y Jorge se estaba recuperando tan bien, que pudo asistir al partido. Yo estaba abajo en el campo cuando le vi a él y a Laura. Le hice una indicación a Laura para que bajara, y sostuve a Jorge. Él llevaba un pequeño uniforme de los Yankees, con su gorra y todo. Estuvo cerca de mí durante la práctica de bateo, y yo me sentía estupendamente porque él estuviera allí conmigo. Entonces tuve una idea, pero no la comenté con nadie. Le dije al oído: «Cuando oigas al hombre decir: "Jorge Posada", quiero que corras hasta aquí». Señalé al campo, y se le iluminaron los ojos.

Desde luego, probablemente debería haber sido un poco más concreto. Él salió corriendo justamente cuando yo le dije, pero no le indiqué que se detuviera cuando llegara a los otros muchachos que estaban en la línea de *foul*. Le grité a Manny Ramírez que lo agarrase, y él lo hizo. Jorge obtuvo una inmensa ovación. No sé cuántas personas allí conocían toda la historia, pero ¿poder estar allí con mi hijo de esa manera? Ni siquiera puedo expresarlo.

Él es un muchacho fuerte, y tener que soportar lo que ha pasado me hace sentir que yo lo he tenido muy fácil en comparación, y es cierto. Laura y yo seguimos estando muy agradecidos al Dr. McCarthy y después al Dr. Ernesto Ruas y el Dr. David Staffenberg, quienes llegaron a operar a Jorge. No es fácil poner la vida y el futuro de un hijo en manos de otra persona, pero aquellos cirujanos siempre nos hicieron sentir que habíamos tomado la mejor decisión posible al confiar en ellos y en su dirección. Yo tenía mucho por lo que estar agradecido en 2002, y con esa gratitud para equilibrar mi enojo y mi decepción, estaba listo para 2003.

Sé que no hay modo alguno de hablar sobre 2003 y los *playoffs* sin mencionar lo que sucedió contra los Red Sox en el partido 3. Fue un lamentable incidente que en mi mente tuvo solamente una causa: Pedro Martínez. Hay muchas reglas no escritas en el juego del béisbol sobre cómo nos conducimos nosotros mismos como profesionales. En las mentes de todos, las que tienen que ver con no lesionar a propósito a otro jugador destacan sobre todo el resto. Uno no juega con la carrera de un hombre. Uno no le lanza por detrás de la cabeza de un hombre. Cualquiera que haga eso no es un hombre, según mi opinión. Tampoco se tira al suelo a un hombre de 72 años de edad. Admitiré que yo la emprendí con Pedro verbalmente por lo que él hizo ese día. Permití que mis emociones se apoderaran de mí. Si alguien cree que crucé una línea por hacer eso de alguna manera o forma que se compare con lo que Pedro hizo al correr el riesgo de golpear a Karim García en la cabeza y lesionarlo seriamente, o al empujar a un lado a Don Zimmer, entonces no existimos en el mismo mundo.

Lo que es necesario saber sobre Pedro Martínez como persona quedó revelado poco después de que fuera votado para entrar en el Salón de la Fama en enero de 2015. En un momento en que estaba siendo reconocido por sus logros como lanzador, decidió presentarse como un ejemplo de una de esas personas que mencioné anteriormente: el estupendo atleta que es un mal ser humano. La razón de que Pedro, que ya estaba recibiendo muchísima atención, escogiera ese momento para salir y hablar deliberadamente de golpear a bateadores no es un misterio para mí. A él le encanta la atención y la necesita. El foco de luz que había sobre él no era lo bastante brillante, así que decidió darle más intensidad. Lo único que hizo, de manera estúpida, fue situar la luz sobre el lado más oscuro de su persona.

En el juego 3 le estaban tratando con dureza y él tomó el camino de los cobardes. En enero de 2015, cuando estaba siendo tratado con gran amabilidad y respeto, lo que decidió hacer a continuación era propio de su carácter. Pedro demostró que el mejor lado de él no es digno de respeto, admiración o amabilidad. Aquellos de nosotros que hemos jugado el juego en el más alto nivel, sabemos que el que Pedro fuera detrás de bateadores del equipo contrario ponía a sus propios compañeros de equipo en peligro. Uno puede hacer algo que ponga a su equipo en riesgo de perder al hacer algo para ser expulsado, como darle un puñetazo a un dispensador de agua fría, a una puerta o a otra cosa, y eso es estúpido y egoísta. Pero cuando uno hace algo que pone a otro hombre en peligro de una grave lesión, eso es el colmo de la estupidez y el egoísmo, y demuestra que uno no tiene respeto alguno por los muchachos que están a su lado. Como compañero de equipo, se supone que uno debe guardar las espaldas de los suyos, y no poner una diana sobre ellos. Eso es cobardía. Eso es estupidez. No es así como se juega. Cuando uno pierde el respeto de sus iguales y sus compañeros de equipo, ha sufrido el peor tipo de derrota que existe.

Todd Walker, segunda base de los Red Sox, y quien fue una desafortunada víctima de la estupidez de Pedro, lo expresa mejor. Cuando le preguntaron acerca de que Karin García jugó para romper el doble juego como lo hizo, dijo: «La intención no era sacarme a mí sino hacer daño, y estuve muy molesto por eso. Pero si yo fuera él, haría lo mismo en esa situación». Todd Walker entendió lo que Pedro había hecho, al igual que nosotros lo entendimos. Él entendió que no podíamos permitir que Pedro se fuera de rositas después de haber lanzado a las espaldas de un bateador. Alguien iba a tener que pagar por lo que Pedro había hecho, y Pedro no iba a batear. Yo respeto a Walker por decir lo que dijo, al igual que respeto a su mánager, Grady Little, y al resto de los Red Sox que reconocieron que el lanzamiento que desencadenó las cosas, una bola rápida al interior hacia Manny Ramírez, ni siquiera se acercaba a poder golpearle. ¿Por qué actúo Manny como si un lanzador hubiera lanzado tan pegado a él? Porque al parecer siempre creyó que íbamos a vengarnos, de modo que ante un lanzamiento que ni siquiera estaba cerca de él, reaccionó como lo hizo, esperando que eso pusiera fin a toda la historia. No fue así, gracias de nuevo a Pedro Martínez.

Estuvo muy mal que la pelea apartara la atención de lo que fue una gran serie y un estupendo juego 7. Ese partido ha sido descrito como un caso de «la maldición del Bambino» para los Red Sox, pero se trató más de la paciencia y la determinación de los Yankees cuando nos recuperamos de un déficit de 4-0 para empatarlos en la novena. Jason Giambi fue estupendo para nosotros, haciendo jonrón dos veces a Martínez en la quinta y la séptima entradas para acercarnos. El sencillo de Bernie en la octava nos hizo regresar y estar juntos después que David Ortiz hizo jonrón. Nuestra carrera en la octava entrada comenzó con un doble de Derek con un lanzamiento 0-2. Bernie hizo sencillo, Matsui doble, y salí yo. Podía oír a Derek gritándome, instándome a permanecer atrás. Todos podíamos ver que Pedro estaba perdiendo parte de su bola rápida, y con un conteo de 2-2, obtuve lo suficiente para hacer doble al campo central para anotar ambos corredores y empatar el juego.

Sin importar quién estuviera en el montículo, ese fue un momento increíblemente satisfactorio en una de las situaciones más tensas que puedo recordar. Después de lo que habíamos permitido que sucediera en 2002, teníamos que reclamar nuestro título de campeones de la Liga Americana, y teníamos que llegar a la Serie Mundial. Y si eso significaba que siguiéramos el estilo de Muhammad Ali contra un oponente, así debía ser.

Con todo lo que había sucedido antes, tener el juego ganador que llegara de Aaron Boone, quien no había comenzado el partido y estaba batallando un poco con el bate, fue bonito. Sucedió tan rápidamente que sentí como si en un segundo estuviera entrando al banquillo y al siguiente estuviera corriendo de regreso al campo. Yo sabía lo que acababa de suceder, pero ese sentimiento de desconexión y de no estar realmente en mi propio cuerpo volvió a suceder, y me encantaba.

Toda esa intensidad de la ALCS hizo que fuera mucho más difícil lo que sucedió en la Serie Mundial. Nunca puedo aceptar perder, y la derrota en esa Serie especialmente fue una que yo me negaba a aceptar en casi todos los niveles. No tuve una buena Serie en el plato, y no hice mi trabajo con el cuerpo de lanzadores. Felicitaciones a los Marlins, y mal por mí. Mal por todos nosotros. Momento de pasar la página.

CAPÍTULO 14

Cambios dolorosos

A nivel personal, el final de la temporada de 2003 y la derrota ante los Marlins fue una inmensa decepción porque creo que había tenido la mejor temporada regular de mi carrera hasta ese momento: Todos-Estrellas, Silver Slugger, 30 jonrones, 101 carreras bateadas, un promedio de .286, y una cifra máxima de siete carreras impulsadas por juego. Esas mejores cifras de potencia (un porcentaje de *slugging* de .516) no llegaron a expensas de mi porcentaje en base (.407). Yo pensaba que no solamente fue esa la mejor temporada regular de mi carrera, sino que me merecía algunos votos para el premio al Jugador más Valioso (terminé en tercer lugar). Ni siquiera estaba pensando en el premio hasta que Bill Madden, uno de los escritores deportivos para el *New York Daily News*, se sentó cerca de mí en el banquillo durante un juego de los *playoffs* y me dijo: «Voté por ti como Jugador más Valioso». Yo le miré y sentí un escalofrío.

Una de las otras razones por las que estaba molesto por cómo terminó 2003, y en particular por cómo terminé yo, bateado solamente .222 con siete carreras impulsadas durante 17 juegos de postemporada, fue que había expresado lo que pensaba después de la postemporada de 2002 y dije que los Angels lo querían más que nosotros. Derek era el capitán, y se merecía serlo, pero no era propio de él salir y decir algo públicamente. Yo dije lo que dije en el fragor del momento, pero también porque quería dar al resto de los muchachos y también a mí mismo algo en lo que pensar para la siguiente temporada.

No respaldé mis propias palabras en los *playoffs* de 2003, sin duda alguna. Por lo que cuando intenté diagnosticar lo que había ido mal en el plato, batallé para encontrar una respuesta convincente. Aunque la preparación para los emparejamientos de lanzamiento en los *playoffs* era una prioridad, no pensé que había vuelto a hacer lo que hice al principio mi carrera, cuando me enfocaba tanto en mi defensa que mi contribución ofensiva sufría. Sin duda, la presión es más intensa en la postemporada, los informes de los ojeadores son más detallados, y hay más en juego cada lanzamiento que se canta, pero yo encaraba los juegos de la temporada regular con la misma intensidad, y había estado haciendo eso durante años. Lo único que podía suponer era que quizá estaba agotado; quizá había permitido que mi intensidad y mi pasión se llevaran la mejor parte de mí.

Pensé de mí mismo en 2003, e incluso después, como joven en el béisbol para mi edad. Debido a que había hecho la transición a ser receptor más adelante mi carrera, no sentía que tuviera tanto desgaste en mi cuerpo como alguien de mi edad que hubiera sido receptor durante toda su carrera. Joe fue estupendo respecto a darme descansos estratégicos y permitirme decidir cuándo tomarlos. Se acercaba a mí y repasábamos el calendario, y comprobábamos cuándo tenía sentido que yo tomara descanso de ser receptor teniendo un día completo libre, trabajando como bateador designado o jugando en primera base.

A lo largo de los años, había escuchado tanto a Joe como a Derek decirme varias versiones de lo mismo: necesitaba relajarme. Necesitaba dejar de poner tanta presión sobre mí mismo. Sin embargo, yo era así, y me preguntaba si alguna vez sería capaz de hacerlo, y si incluso debería intentar ser alguien que no soy.

No escuché nada sobre tomármelo con más calma o relajarme de parte de mi papá. Principalmente, hablábamos sobre mi golpe de bateo. Si él notaba algo, lo señalaba, pero no iba a darme un tipo de consejo de cuadro general. Quizá la presión que yo ponía sobre mí mismo había dado como resultado algún fallo en el *swing* o ser demasiado agresivo o demasiado defensivo, pero mi papá, siempre el ojeador, normalmente se enfocaba en la mecánica de mi *swing* y no en mi enfoque mental. Él había inculcado en mí el hábito de trabajar duro y el enfoque perfeccionista. Ese enfoque me había llevado hasta un buen lugar en mi carrera, de modo que en su mente, había dado resultado y no había razón alguna para detenerse ahora.

Ya fuera un problema con mi *swing* o con mi nivel de intensidad, en realidad yo no pensaba que el agotamiento fuera mi problema. A pesar de lo difícil que fue esa temporada, no pensaba que yo era muy diferente a cualquier otro jugador de la Liga Mayor que llegara hasta el final de la temporada y después pasara los primeros días principalmente derrumbado sobre la cama.

Sé que esas palabras escogidas son interesantes considerando lo que sucedió en 2004 en los *playoffs* contra los Red Sox. Si yo pensaba que teníamos una alineación fuerte en 2003, conseguir a Alex Rodríguez a cambio de Alfonso Soriano nos hizo ser incluso mejores. Al igual que Rocket antes que él, Alex llegó con un largo historial de éxitos. Todos sabíamos lo que él podía hacer, e hizo precisamente eso en 2004. En los cuatro primeros años que estuvo con nosotros, ganó dos veces el galardón de Jugador más Valioso. Eso no era sorprendente si sabía que desde 1996 hasta 2010 recibió al menos algunos votos para ese galardón cada año.

A pesar de toda la charla sobre la rivalidad entre Alex y Derek que precedió a su llegada, Alex encajó bien. Es un muchacho amigable, y aunque no teníamos una relación muy cercana, me caía bien, y realmente me gustaba cómo jugaba el juego y encaraba su trabajo.

Además, estábamos acostumbrados a tener a muchas personalidades diferentes en el equipo. Aunque había varios de nosotros que parecíamos permanecer constantes, cada año la constitución del equipo cambiaba un poco, al igual que cambiaba la alineación de cualquier otro equipo. Todos en aquellos equipos de los Yankees sabían que, debido al modo en que los Yankees operaban y algunas de las reglas que teníamos, tenían que caer en línea. Nadie tenía que llevar a nadie de la mano o decirle: «Así es como hacemos las cosas aquí»; los muchachos lo entendían de inmediato. No era que fuéramos robots y no tuviéramos personalidades y las expresáramos, pero nos conducíamos de cierta manera en el campo. Mientras hicieras las cosas y rindieras al máximo, nadie tenía ningún tipo de problema contigo. Si eso es cierto en todos los equipos, no lo sé. Las cosas funcionaban bien para nosotros, y no creo que ninguno de los cambios o las rotaciones contribuyeran a nuestra batalla para ganar otro título de la Serie Mundial.

Aun así, si se debía a nuestro personal o nuestro juego, esas batallas permanecieron. Al mirar atrás a la serie con los Red Sox en 2004, sé que yo no tenía ninguna duda en mi mente de que íbamos a batirlos. Ya fuera en cuatro, cinco, seis o siete partidos, la respuesta sería la misma. Nosotros íbamos a ganar esa serie. Obviamente no lo hicimos, y sigo sin tener ninguna respuesta real en cuanto a por qué.

Si yo difería de Alex en algo ese año, era respecto a sus afirmaciones al entrar en el juego 6 y después cuando perdimos en el juego 7. Él utilizó la palabra «avergonzado» en ambas ocasiones. No estoy diciendo que estuviera equivocado, solamente que yo tenía una manera diferente de verlo. Yo no estaba avergonzado. Estaba enojado y frustrado, pero avergonzado no estaba en la mezcla. Siento demasiado orgullo en lo que hago y el esfuerzo que realicé, y creo que la mayoría de los muchachos sentían lo mismo. No quiero darle demasiada importancia a las afirmaciones que hizo Alex porque sé que él es un hombre orgulloso y jugó bien, y todos perdimos. Tan solo quiero establecer un punto respecto a que todos diferimos en nuestras percepciones de las cosas.

Creo que Derek lo dijo mejor después del juego cuando le preguntaron por qué no habíamos sido capaces de derrotar a los Red Sox. «No es el mismo equipo. Hemos tenido equipos que han sido buenos en eso, pero este equipo no es el mismo equipo».

Derek no estaba tan solo comentando sobre la constitución de la alineación, sino también sobre el modo en que rendimos. Este no era el mismo grupo de muchachos que eran implacables a la hora de perseguir equipos y vencerlos. No es completamente lo mismo que un lanzador que intenta vencer a un bateador, pero tiene algunas similitudes. Nosotros teníamos «las cosas» para hacer eso, para perseguir a un equipo y vencerlo tan rápida y eficientemente como fuera posible, pero no siempre son «las cosas» lo que te permiten hacer eso. Hay que tener esa mentalidad, esa experiencia, y nosotros no habíamos demostrado completamente esa capacidad como la teníamos en nuestra carrera desde 1998 hasta 2000. Podemos regresar y ver todas esas cifras de nuevo, pero volveré a recordarlas aquí rápidamente: fuimos 16-1 en aquellas tres series en que ganamos el título. Quizá ese equipo de 2004 necesitaba aprender no solo cómo ganar, sino también cómo tener un sentido de urgencia. Creo que lo más probable es que, a pesar de lo talentosos que fuimos en años posteriores, había algo en aquellos primeros equipos que era más extraño de lo que pensábamos.

La buena química en un equipo con frecuencia proviene de ganar, pero también proviene de otras fuentes que no son siempre identificables. Joe Torre era mejor que ningún otro cuando se trataba de proporcionar un ambiente para que fuéramos exitosos. Él nos ayudaba a encontrar los otros ingredientes de esa fórmula mágica. Eso es lo único que puede hacer un mánager: crear para los jugadores las oportunidades y el ambiente que les den la mejor oportunidad de tener éxito.

Antes de que comenzara cada serie de los *playoffs*, Joe se sentaba con nosotros y teníamos una reunión. Al final, me preguntaba: «Georgie, ¿cuántos juegos más necesitamos para ganarlo?». Yo le decía el número, y entonces él preguntaba: «¿Cómo vamos a hacerlo, Georgie?».

«Lo molemos», respondía yo.

Y así era como enfrentábamos aquellos partidos. «Molerlo» significaba prestar atención a cada detalle, poner todo tu esfuerzo y hacer cualquier cosa y todo lo necesario para ganar. No tenía que ser bonito. No tenía que ser espectacular. Uno tan solo tenía que competir todo lo duro que pudiera que en todos los juegos cada partido. Incluso cuando perdíamos, yo seguía sintiendo que lo molíamos, pero quizá estaba esperando algo más que ver. Lo único que sé es que en 1998 teníamos el término «molerlo» grabado en el interior de nuestros anillos de la Serie Mundial, no visible para cualquiera que lo hubiera visto puesto en nuestra mano, pero estaba ahí como un recordatorio para mí.

El que no tuviéramos éxito en la mayor extensión posible, tanto en 2004 y en años posteriores, se debe a nosotros, a mí, y no a Joe o a ninguna otra persona en la organización. No estuvimos a la altura de la ocasión; en 2004 los Red Sox lo estuvieron. Mal por nosotros. Felicidades a los Red Sox por su título.

De modo similar, no hay ninguna explicación fácil para nuestras tempranas salidas de los *playoffs* en 2005 y 2006. A lo largo de los años añadimos algunos muchachos realmente talentosos a la mezcla, Robinson Cano y Hideki Matsui en particular, pero no conseguimos hacerlo. Era estupendo volver a tener a Tino en el club, pero él no tuvo el tipo de año que era normal para él cuando estaba en su punto máximo. Seguía siendo combativo, seguía queriendo ganar, pero yo tenía la sensación de que si no podía rendir del modo en que queríamos que lo hiciera, entonces dejaría el juego, y lo hizo.

Con 41 años de edad, Randy Johnson se unió a nosotros, y lo que tenía seguía siendo terrible. Creo que, al igual que yo, Randy necesitaba estar enojado para rendir bien, y parecía encontrar mucho por lo que molestarse en Nueva York, incluyéndome a mí. Él me lo demostraba levantando sus brazos con frustración cuando estaba buscando una señal y no le gustaba la que yo estaba marcando. Eso no sucedía todo el tiempo, tan solo principalmente cuando él batallaba. Yo estaba dispuesto a responsabilizarme del conjunto y del modo en que rendían y arrimar el hombro para aceptar la carga o la culpabilidad, pero no me gustaba, y no iba a tolerar, tener a otra persona presionándome de ese modo. En un partido en Detroit, realmente me molesté, y me encaré con él. Casi nos peleamos, pero Joe me retiró. Randy se disculpó al día siguiente. John Flaherty tomó el relevo para ser su receptor. No me gustaba la idea de abandonar, pero necesitaba días de descanso, de modo que ese enfoque pareció funcionar para todo el mundo.

Ese tipo de cosas sucederán, y es gracioso mirar atrás y darme cuenta de que antes era intimidado por algunos de los muchachos veteranos del grupo, pero más adelante llegué a un punto en que no iba a tolerar la mierda de otro veterano. Supongo que eso significaba que yo mismo era un veterano.

Ciertamente tuve que manejar un gran conjunto de diversas personalidades en nuestro grupo. Como receptor, yo tenía que ser psicólogo a tiempo parcial para tratar con los lanzadores, y diplomático a tiempo parcial para tratar con los árbitros. Siempre los traté con respeto, a excepción de la rara ocasión en que fui expulsado por discutir bolas y ponches. Uno pasa mucho tiempo ahí atrás con esos muchachos, y creo que debido a que tenemos que batallar con algunas de las mismas cosas, como bolas mordidas por el bate y lanzamientos descontrolados, uno tiene un poco de soldado en las trincheras en su interior.

Sí obtuve algunos éxitos personales a lo largo del camino. En 2005, el jonrón número 175 de mi carrera me empató con Bobby Murcer para el puesto 16 en la lista de los Yankees de todos los tiempos, bateé un jonrón desde cada lado del plato en un juego por sexta vez en mi carrera, y estaba en tercer lugar en esa lista de todos los tiempos por detrás de Bernie y Mickey Mantle. Cuando terminó 2006, había ascendido hasta el puesto 11 en jonrones en la historia de los Yankees y el tercero detrás de Yogi Berra y Bill Dickey para el máximo para un receptor de los Yankees. Ver mi nombre mencionado junto con algunos de los jugadores mejores y más populares de la franquicia fue estupendo.

También me iba bien en comparación con mis contemporáneos. Desde 2000 hasta 2006 tuve más carreras impulsadas que ningún otro receptor en las Grandes Ligas durante ese periodo, y Mike Piazza y yo estábamos empatados para el primer puesto en totales de jonrones. Yo estaba en el punto máximo de mi carrera, seguía siendo productivo, pero esas malditas derrotas en los *playoffs* me perseguían.

Dirigiéndonos a 2007, no puedo decir que hice algo diferente en términos de la cantidad de trabajo que realizaba, pero la calidad sí mejoró. Eso fue especialmente cierto de mi modo de alimentarme. Siempre había sido bastante bueno a la hora de no comer mucha comida chatarra y aperitivos. La única excepción era beber un vaso grande de leche o de chocolate antes de irme a la cama como bebida de recuperación. Por fortuna, Laura estaba al tanto de las últimas investigaciones sobre alimentación y puesta en forma, era mi compañera de estiramientos, y se aseguraba de que los niños y yo tuviéramos dietas bien equilibradas. No era suficiente para ella con leer un libro sobre estos conceptos o que alguien en el gimnasio planeara sus rutinas, o tampoco pedir a un nutricionista que nos hiciera planes de alimentación. En aquel entonces, ella tomaba clases para llegar a ser una profesional certificada de idoneidad física, para así poder tener el control.

Cuando estaba de viaje, llevé a cabo esos principios que practicaba en casa de manera más concentrada en 2007. Cuando se está de viaje la mitad de la temporada, es fácil caer en hábitos de restaurante: raciones grandes, postres, y todo eso. Yo sabía que no podía comer como lo hacía cuando era un jugador más joven, y que tampoco podía hacer ejercicio de la misma manera. Realizar ajustes era importante.

No puedo atribuir todo mi éxito en 2007 tan solo a esos hábitos fuera del campo. Creo que batear 60 puntos más alto de lo que lo había hecho el año anterior —bateé .338 durante el año, estableciendo un récord personal en promedio de bateo, dobles y porcentaje de *slugging*— fue el resultado de muchas otras cosas que se unieron. Por una parte, Jorge iba mucho, mucho mejor. Tuvo operaciones cada año desde 2000 hasta 2002, saltándose el año 2003, y de nuevo fuera de temporada en 2004 y 2006. Ahora estaba teniendo un descanso de las operaciones hasta 2010.

Más importante que poder tomar un descanso de la ansiedad debido a esas operaciones fue que yo había aprendido al ver lo que Jorge estaba experimentando. Seguía siendo intenso, y seguía poniendo mucha presión sobre mí mismo, pero también era más paciente. Por primera vez en mi vida, fui más capaz de poner las cosas en perspectiva y realmente escuchar lo que Joe y Derek me habían estado diciendo todos esos años acerca de relajarme. Jorge era un niño feliz y activo, y yo me sentía más seguro en mi posición como veterano que conocía a los lanzadores, y todo eso se unió de una manera que me hizo estar más ansioso por ir al estadio cada día.

Al mismo tiempo, me enfrentaba a otro desafío que estaba reforzando mi mentalidad de «te lo demostraré». Estaba en el último año de mi contrato, los Yankees no habían negociado uno nuevo, y parecía que me dirigía hacia ser un agente libre por primera vez en mi carrera. Entendía las realidades económicas del juego, pero soy humano: yo quería quedarme con los Yankees, y pensé que había demostrado mi valor para el equipo.

En aquella temporada de 2007 mi promedio nunca bajó de .311, y nunca pasé más de tres juegos sin conseguir un batazo bueno. Terminar entre los cinco primeros en bateo es algo a lo que puedo mirar con gran satisfacción. Cuando uno hace eso, cuando batea para un alto promedio y sigue teniendo cifras decentes de potencia como yo tenía (20 jonrones y 90 carreras impulsadas) mientras termina tercero en la liga en porcentaje de hombres en base (sin ponchar mucho), eso significa que uno es regularmente bueno, regularmente disciplinado, y regularmente está bien preparado.

Y, muy bien, también es muchísima diversión. Yo salía al estadio y Derek preguntaba: «Entonces, ¿cuántos batazos buenos vas a conseguir hoy, Ted?». Se refería, desde luego, a Ted Williams. Yo iba tan bien que cada bola bien golpeada, y otras no tan bien golpeadas, encontraban hueco. Los muchachos se acercaban a mí y me frotaban la espalda para conseguir suerte; encontraba sus bates en mi taquilla cuando llegaba a la mañana siguiente. Sabía que esperaban que parte de mi suerte pudiera ser transferida a ellos.

Al principio, mi papá, que quería mucho, muchísimo, que golpeara a más de .300, era muy serio en sus recordatorios. Pero hacia el final de la temporada, cuando seguía estando entre los cinco primeros en la liga, se puso al teléfono y comenzó a reír. «Increíble», dijo, alargando la palabra con gran satisfacción.

Eso fue lo más cerca que mi papá llegó para afirmar claramente que estaba orgulloso de mí. Incluso después de todos esos años, no habíamos cambiado en el modo en que nos comunicábamos el uno con el otro, y eso me parecía bien. Yo sabía que él estaba orgulloso; el modo en que decía esas palabras y cómo se reía comunicaban mucho más y significaban mucho más para mí que si me hubiera estado diciendo constantemente: «Buen trabajo», o «Estoy orgulloso de ti». Yo no necesitaba oír eso de él porque habría parecido poco sincero y sin estar en consonancia con su carácter. En cierto sentido, habría sido como si él me estuviera hablando en un idioma extranjero, enviando un mensaje torpe y confuso. Hablábamos un idioma entre nosotros que tenía sus propias reglas y significados, y eso funcionaba para los dos en aquel momento de nuestras vidas. Yo no necesitaba su aprobación o que reconociera lo que estaba haciendo. Era suficiente con saber que mi rendimiento en el campo y como padre le causaba agrado.

Solamente cuando terminó y vi nuestra guía de prensa oficial para la temporada de 2008, fue cuando realmente pude poner mi rendimiento en perspectiva. Ofensivamente, según los números, yo había tenido una de las mejores temporadas en el plato de cualquier receptor en el juego cuando se consideraban mi promedio de jonrones, mis carreras impulsadas y dobles. Eso fue muy bueno. Al golpear más de 20 jonrones por séptima vez en mi carrera, estaba en muy buena compañía. En la lista de «todos los tiempos» estaba en octavo lugar por detrás de Piazza, Bench, Berra, Carter, Fisk, Parrish y Campanella. También estaba orgulloso de mi récord de durabilidad: hasta ese momento, a pesar de numerosos conflictos y torceduras, nunca había estado en la lista de lesionados ni una sola vez con los Yankees.

Sin embargo, una vez más, a pesar de la fortaleza de la temporada regular tanto para el equipo como para mí mismo, básicamente nos dejaron a un lado en los *playoffs* contra Cleveland. Como equipo, bateamos .228 en esa ALDS, después de batear .290 durante la temporada regular y terminar en lo más alto de la liga en esa y en todas las demás categorías estadísticas ofensivas importantes. Puedo entender que los seguidores y los medios estuvieran decepcionados e hicieran todo tipo de locas suposiciones acerca de lo que salió mal. Créame que yo me hacía esa misma pregunta, y creo que todos en la alineación también se la hacían. Bateamos duro muchas bolas, pero a la gente. Sé que algunos escritores comparaban la invasión de insectos en el juego 2 en Jacobs Field con las plagas de los tiempos bíblicos. Sin duda teníamos el sentimiento de que nuestra provisión de suerte, en especial la mía, había sido reducida esa temporada regular.

No descubrí esto hasta más adelante, pero había mucho más en juego que solamente una oportunidad para jugar por el trofeo de la Liga Americana en esa Serie Divisional. La gerencia sentía que era necesario hacer cambios: si no ganábamos esa serie, Joe iba a dejar de ser nuestro mánager. Más adelante cambiaron de opinión, pero pusieron condiciones en su oferta del contrato, junto con un recorte en el salario, con el que Joe no podía estar de acuerdo. Dejó de ser el mánager, y ahí terminó todo.

Yo quedé asombrado. No sabía si permitir que Joe se fuera tenía la intención de ser una llamada de atención para el resto de nosotros, pero como dice el viejo dicho, no se puede despedir a todo el equipo. Como he dicho antes, aquellas derrotas fueron culpa nuestra, no del mánager. Cualquier otra cosa que estuviera sucediendo entre bambalinas no era asunto mío. Mi trabajo era el de ocuparme de las cosas en el campo, y no hice eso.

Aunque intenté mantenerme lejos de los asuntos de la gerencia, eso no significa que no sufriera por Joe personalmente. Sé que a él le encantaba el tiempo que estuvo con los Yankees. Poco después de escuchar que no iba a regresar, hablé con él. Le di las gracias por el modo en que me había tratado, lo que me había enseñado, y por ser «mi padre en el campo».

«Georgie, gracias por decir eso. Gracias por todo lo que hiciste por nosotros. Fuiste especial para mí. No quiero que te preocupes por mí. Voy a estar bien. Los dos estaremos bien, y nos mantendremos en contacto».

La conversación fue breve y al grano. Los dos sabíamos cómo nos sentíamos, pero aun así teníamos que decirlo. También pude oír el dolor en su voz. Yo sabía que nos mantendríamos en contacto, y lo hemos hecho hasta la fecha. Puede que tu papá en el campo no siga ocupando su asiento usual en el banquillo, pero eso no significa que haya perdido su lugar en tu corazón.

Como muchas personas, yo estaba preocupado acerca de a quién traerían los Yankees para ser el mánager del equipo, y cuando oí que estaban entrevistando a Don Mattingly, me sentí muy, muy contento. Yo tenía mucho respeto por él, y sabía que había sido una parte importante de la franquicia durante mucho tiempo. Sentía que era importante tener a alguien que tuviera sangre Yankee, que conociera cómo operaba la organización. Yo había crecido como Yankee, al igual que Derek, Andy, Mariano y Bernie. Contratar a Don fue como mantenerlo todo en la familia; debido a que él había estado en el personal de Joe, todos nos conocíamos unos a otros, y sabíamos cómo deberían hacerse las cosas. Por lo tanto, aunque iba a haber un cambio, no iba a ser un cambio drástico.

Cuando no resultó con Don, y los Yankees contrataron a Joe Girardi, yo seguía estando muy emocionado. Aunque no estaba tan atrincherado en la familia de los Yankees como Don, Joe obviamente había estado con el club como jugador, y yo le conocía. Después de conseguir el trabajo, se acercó a mí para charlar un rato, pero principalmente para decirme lo emocionado que estaba por poder trabajar conmigo. Yo también deseaba trabajar con él. Tener un mánager que, al igual que Joe, había jugado en la misma posición iba a hacer que las cosas fueran más fáciles. Me emocionaba regresar al juego y esperaba que la continuidad fuese útil.

Lo mismo es cierto respecto al modo en que me sentía respecto a los Yankees. El que no probara seriamente las posibilidades de ser agente libre y acordara un contrato poco antes de llegar a ser un agente libre dice todo lo necesario que hay que saber sobre mis sentimientos respecto a la organización que había sido tan buena conmigo. Más adelante descubrí que otro equipo estaba realmente interesado en tenerme con ellos, y estaba preparado para sobrepasar cualquier oferta que hicieran los Yankees, pero yo no iba a firmar con nadie. Ese quizá no fuera el movimiento de negocios más inteligente, pero fue el movimiento correcto para mí y para mi familia: para mis dos familias.

Sin embargo, volver a firmar con los Yankees no cambió el hecho de que mi familia del béisbol estuviera disminuyendo. Cuando se hizo obvio que no iban a ofrecerle a Bernie un contrato, me dolió. No era asunto mío, y sin duda no me pagaban para consultar con la gerencia acerca de movimientos en el personal, pero cuando un amigo sufre, uno sufre. Es posible que yo haya entendido más el lado personal de las cosas que el lado de los negocios, pero tengo que decir que sentía que Bernie todavía podía ayudar al equipo y había demostrado que sería un valioso contribuidor a tiempo parcial.

Muchachos de los que yo había estado cerca se habían ido del equipo antes, de modo que este no era un caso de los primeros dolores que son los peores. Quedé destrozado al perder a Andy tras la temporada

de 2003. Sabía que Andy extrañaba a su familia; con frecuencia iba a
su casa uno de esos extraños días libres que teníamos para estar con
ellos. Su contrato terminó después de 2003, y durante los quince días
que tenían los Yankees para firmar con él antes de que se convirtiera
en agente libre, no le persiguieron con bastante insistencia, queriendo
honrar su deseo de probar el mercado como agente libre.

Las comunicaciones con frecuencia se mezclan de esta manera.
Andy es un hombre honesto, de modo que cuando le preguntaron
cómo sucedió todo, contó la verdad. En realidad él no creía que iba
a ir a ninguna otra parte que no fueran los Yankees. Pero cuando se
convirtió en agente libre y los Astros le ofrecieron un buen trato que
le permitiría estar más cerca de su casa, comenzó a pensarlo mejor.
Cuando los Yankees le hicieron una oferta, más baja de lo que había
ofrecido Houston, él ya se había comprometido con los Astros, y no
iba a cambiar de idea. Yo me sentí bien y a la vez mal por él: no pudo
conseguir las dos cosas que quería. También me sentí mal por nosotros
y por nuestro cuerpo de lanzadores, ya que Andy era un ejemplo muy
bueno que tener cerca. Por fortuna, firmó para regresar otra vez a los
Yankees para la temporada de 2007, y fue estupendo tenerlo otra vez.
Yo le había extrañado. Andy tuvo un año muy regular en 2007, y estaba preparado para echar el ancla en el personal en 2008.

En el invierno de 2008 surgió un asunto de la familia del béisbol justo antes de presentarnos para el entrenamiento de primavera. Recibí
una llamada telefónica y escuché la voz familiar de Andy. Me dijo
que necesitaba hablarme sobre algo. Pude oír algo distinto en su voz.
Andy me dijo que el Informe Mitchell estaba a punto de salir, y quería que oyese eso de parte de él mismo. Andy fue incluido como uno
de los muchachos que había dado positivo en medicamentos para la
mejora del rendimiento. Conocía bien a Andy, y sabía que tenía que
haber habido cierto tipo de circunstancias atenuantes, y las había.

Me habló de las veces en que había consumido la hormona del crecimiento humano.

«Georgie», me dijo, «lo hice porque estaba lesionado».

Había oído que esas cosas podrían acelerar el proceso de curación. Los Astros le habían pagado todo ese dinero, y él quería ponerse bien y regresar allí para ganárselo. También dijo lo avergonzado que estaba, y esperaba que yo le entendiera.

«Andy, lo agradezco, pero no me debes a mí ni a nadie ninguna disculpa. Yo sé el tipo de hombre que eres. No tienes que preocuparte porque yo piense menos de ti. Hemos pasado por mucho. Tú siempre has sido sincero conmigo. Vas a manejar todo esto, y todos vamos a seguir adelante».

Él me hizo saber que iba a hablar con los medios de comunicación, y esperaba que eso ayudara a ponerle fin a todo aquello. El asunto en los medios se estaba descontrolando, y era mejor aclararlo cuanto antes. Teníamos una temporada de la que preocuparnos.

Sin embargo, en ese momento yo estaba más preocupado por mi compañero que por la temporada.

Aparecí el día de la conferencia de prensa y me senté al lado de Derek. Mo estaba sentado al otro lado de Derek. No habíamos hablado de la conferencia de prensa de Andy, y no habíamos hecho ningún plan de reunirnos allí. Tan solo nos presentamos, sabiendo que si Andy tenía que manejar una cosa difícil como esa, íbamos a apoyarlo. Eso es lo que hace la familia, y no hay que tenerlo todo planeado; tan solo se hace.

Me sentí muy mal porque Andy tuviera que responder preguntas casi durante una hora, y todo el asunto me hizo estar triste porque aquello estaba ocupando todo nuestro tiempo y quitando el enfoque de lo que debíamos estar haciendo. Y no estaba triste tan solo en ese momento, sino en general. No me refiero a que quisiera que todo se hubiera escondido bajo la alfombra, pero los muchachos habían estado delante del Congreso, el Informe Mitchell ya se había publicado, y yo quería que se terminaran los problemas de mi amigo. Oír hablar a

Andy de lo destrozado que estaba cuando habló con el Sr. Steinbrenner
y se disculpó (y el Sr. Steinbrenner dijo lo que yo había dicho: que no
eran necesarias disculpas), fue duro de escuchar. Andy lo tomó como
un hombre, diciendo que habría sido una cobardía retirarse después
que saliera a la luz la revelación. Él es un hombre profundamente espi-
ritual, y yo esperaba que las personas no le juzgaran cuando supieran
lo sincero que fue respecto a sentir que tenía que responder ante Dios.
Cometió un error, se hizo responsable de él, y yo estaba orgulloso del
modo en que manejó la situación.

Es en cierto modo una extraña coincidencia que durante esa temporada de 2008 yo llegara a entender mejor la presión que sintió Andy
de regresar al campo rápidamente para ganar su dinero. Poco después
yo iba a preocuparme porque los Yankees fueran a lamentar su decisión
de firmar conmigo cuando, durante un juego avanzado en el entrenamiento de primavera, *fildeé* un toque de sacrificio por la línea de
tercera base, lo agarré, giré y lo lancé a primera, todo ello en un solo
movimiento. Sentí que me ardía el hombro, como nada parecido a lo
que había sentido anteriormente. Intenté ignorarlo y no le dije nada a
nadie, pero cuando me seguía molestando al día siguiente, acudí a ver a
Gene Monahan, nuestro fisioterapeuta por mucho tiempo, y se lo dije.
Una radiografía reveló que tenía una fisura de labrum, un músculo que
es parte de la complicada articulación del hombro. Tenía dos opciones
en ese momento: descansar y hacer rehabilitación, o pasar por cirugía
enseguida. Ya que la cirugía habría significado estar fuera durante el
resto del año, yo quería esperar para ver cómo me sentía.

Estaba haciendo algunos ejercicios para fortalecer la articulación,
y cada día antes del partido veía cómo me sentía cuando lanzaba. Si
lo sentía con fuerza, atrapaba. Si no era así, jugaba en primera o era el
bateador designado. Le decía a Joe Girardi cómo me iba sintiendo, y él
ajustaba la alineación en consonancia. Durante un tiempo eso pareció
funcionar, pero finalmente, cuando se volvió tan doloroso tan solo el
levantar el bate a su posición para batear de izquierda, supe que era

momento de pasar por la cirugía. Jugué en 52 juegos, dividiendo mi tiempo entre ser receptor, jugar en primera y ser bateador designado. Aborrecía tener que abandonar la temporada, pero no tenía muchas opciones.

Pasé por cirugía el 21 de julio en el Hospital para Cirugías Especiales en Manhattan, y el Dr. David Altchek hizo el trabajo. Él me dijo que cuando entró allí, usando un artroscopio, vio que el hombro estaba en peor estado de lo que había revelado la radiografía. Tenía una cápsula suelta al igual que el labrum desgarrado. Reparó ambas cosas, pero parecía que ser capaz de comenzar la temporada de 2009 estaba en dudas. Tendría que llevar el brazo en cabestrillo durante cuatro semanas, pero yo no podía aguantar eso. Después de dos semanas, tenía una cita para hacerme un chequeo, y el Dr. Altchek pronto entendió que yo no iba a ser su paciente más colaborador. Por lo tanto, me dijo que estaba bien que llevara el cabestrillo otras dos semanas solamente cuando durmiera y cuando estuviera caminando por aceras con mucha gente. Si el hombro era empujado hacia atrás, eso sería peor. Digamos que escuché lo que dijo el Dr. Alrchek.

El mayor lamento que tengo es no haber podido llegar a jugar en el partido final en el viejo Estadio de los Yankees. Me encantaba ese lugar. El campo en sí era sobresaliente, y era un lugar estupendo donde batear debido a la sección visual negra del bateador en el centro del campo. Las luces también eran perfectas. Cada estadio es ligeramente diferente a este respecto.

Como jugadores, estábamos 50-50 respecto al nuevo estadio. Habíamos oído que iba a haber un restaurante cerca del campo central, y tener luces y cristales allí no iba a hacernos felices. Todas las amenidades (una casa club de vanguardia, jaulas de bateo, una sala de vídeo, una sala de pesas, y el resto) serían estupendas. Pero ¿seríamos capaces de ver la bola como antes? ¿Seríamos capaces de contar con el mismo tipo de salto de la bola que antes? El cambio es inevitable, pero uno sigue queriendo tener algunas cosas con las que puede contar.

Yo entendí toda esta realidad durante aquel partido final en el viejo Estadio cuando todo el equipo y muchos viejos amigos, incluido Bernie, se reunieron para decirle adiós a «la Casa que construyó Ruth». No creo que yo pudiera haberlo expresado tan bien como lo hizo Derek, pero cuando él dio ese increíble discurso, sentí lo que él sentía y esperé lo que él esperaba. Habló acerca del honor que había sido ponerse ese uniforme, de nuestro orgullo y nuestra tradición, dijo que las cosas no cambiarían aunque nos estuviéramos trasladando al otro lado de la carretera. También les dijo a los seguidores: «Confiamos en que ustedes tomen los recuerdos de este estadio, los añadan a los recuerdos del nuevo estadio, y sigan transmitiéndolos de generación en generación». Al mirar alrededor a mis viejos amigos, me sorprendió lo mucho que habíamos estado juntos Derek, Mariano, Andy, Bernie y yo. A pesar de eso, no fue hasta que Bernie nos dejó que realmente comencé a pensar en lo especial que fue ser parte de un grupo de muchachos que habían estado juntos durante tanto tiempo. Yo pensaba que Bernie aún seguía teniendo mucho que ofrecerle al equipo, y era valioso para nosotros incluso aunque fuera a tiempo parcial. Era parecido a como me sentí respecto a la sequía del campeonato mundial: cuando uno está al comienzo o en la mitad, en realidad no lo ve, pero cuando es obligado a dar un paso atrás, se hace obvio.

La partida de Bernie del béisbol hizo que se enfocara lo que había sido una parte tan grande de nuestras vidas. En cuanto a Bernie, su silencio fue lo que captó nuestra atención. Por mucho que le extrañaba, sabía que Bernie, al igual que Joe, iba a estar bien. Ese hombre tenía demasiados talentos e intereses para sencillamente desvanecerse. Nos mantuvimos contacto, y lo seguimos haciendo. Solamente porque él se había ido, bueno, ya conocen el resto de lo que se dice.

Toda la atención que finalmente obtuvimos, acuñar el término «el Núcleo de los Cuatro», fue realmente halagador para mí, pero había otro grupo de muchachos a los que ya habían denominado «los Cinco Fantásticos». Yo no soy muy bueno con las rimas, pero sé que una de las principales razones por las que tuvimos el tipo de éxito que tuvimos como el Núcleo de los Cuatro fue el hombre que cubría el terreno más cerca al Monument Park en el viejo Estadio.

Una de las cosas estupendas sobre ser receptor es que tus compañeros de equipo están delante de ti y puedes verlos hacer todas sus cosas sin tener que girarte. Yo sabía que estar agachado detrás del plato y mirar a Andy y a Derek y no ver a Bernie allí no iba a sentirse bien. También me tomó algún tiempo acostumbrarme a mirar a mi lado y no ver a «mi padre en el campo». Ahora, al ver que el Estadio sería derribado, tenía el sentimiento de que las cosas realmente estaban cambiando. Algunas cosas estaban terminando, y otras estaban comenzando. Yo tenía esperanzas respecto al futuro, pero no podía evitar desear que las cosas tan solo pudieran seguir igual.

Sentía dolor. No era necesario hacer una radiografía para que supiera cuál era la fuente de ese dolor. Ahora que lo pienso, con todos esos cambios produciéndose, quizá me hice daño en el hombro simplemente por batallar para pasar tantas páginas.

CAPÍTULO 15

Ese sentimiento de victoria

Si yo pensaba que las cosas estaban cambiando para nosotros en 2008, saber que en noviembre de ese año el hijo del Sr. Steinbrenner, Hal, iba a tener el control en lugar de su padre fue otra de las señales de que más cosas iban a llegar.

El Sr. Steinbrenner no había estado por el Estadio con tanta frecuencia como lo hacía anteriormente, de modo que esa no iba a ser una diferencia muy notable, pero no iba a ser así en la casa club en 2009. Mike Mussina se había retirado. Jason Giambi no renovó su contrato, ni tampoco Carl Pavano. Habíamos negociado por Nick Swisher y habíamos firmado con C. C. Sabathia, A. J. Burnett, y después con Mark Teixeira. Y Andy había regresado. Yo no necesitaba mucha motivación para seguir con mi rehabilitación y mi deseo de compartir las predicciones de los médicos y estar en la alineación el día de apertura. En verdad quería ser parte de este club de béisbol.

Desde luego, ser parte de este club de béisbol —y de la mayoría ese año— también significaba tratar con los efectos que aún quedaban del escándalo sobre los medicamentos para mejorar el rendimiento

(PED). Al igual que había sucedido en el entrenamiento de primavera ese año con Andy, Alex saltó a la palestra, cuando se vio confrontado con algunas revelaciones acerca de su consumo de PED, y admitió que tomó esteroides durante la temporada 2001-2003. Yo le admiraba por su sinceridad, pero como muchas personas, estaba cansado de escuchar sobre medicamentos para la mejora del rendimiento, y cansado de que me preguntaran al respecto. Andy y Alex querían evitar que eso sucediera —la presión sobre el resto de nosotros para responder preguntas—, pero era inevitable. Yo sabía que esos medicamentos estaban ahí, pero nunca sentí la tentación de tomarlos. Creía firmemente que el trabajo duro, y solamente el trabajo duro, iba a mantenerme donde estaba, porque eso era lo que me había llevado hasta allí. Además del hecho de que tomarlos no era justo, había escuchado sobre algunos de los efectos secundarios, los vínculos con el cáncer, y no iba a arriesgar mi salud en el futuro.

Y mi salud estaba mucho tiempo en mi mente desde que había pasado por la cirugía de hombro. Mi rehabilitación progresaba bien, pero realmente avanzó más en febrero. Me reuní con Gene Monahan en Nueva York el 1 de febrero para repasar nuestro plan, y después fui a Tampa. Él había creado un programa de lanzamiento para mí que gradualmente aumentaba la longitud y la duración de mis sesiones de lanzamiento. Comencé con 30 pies para 30 lanzamientos y avanzamos desde ahí. Llegaba a las instalaciones en Tampa a las 7:00 de la mañana cada día para trabajar con bandas de resistencia, pesas ligeras, y algo llamado una máquina UBE: básicamente un aparato con pedales parecidos a los de la bicicleta que hacían girar mis brazos en lugar de mis pies. Proporcionaba un ejercicio de resistencia fuerte y también aumentaba mi rango de movimiento.

También estaba ocupado fuera del campo. Con C. C. y A. J. uniéndose al grupo, tenía tarea que hacer. Llamé a nuestro coordinador de vídeos poco después que ellos firmaran, y había comenzado a ver vídeos de ellos. Estudiar a los lanzadores es algo que uno hace como bateador, pero como receptor ves los vídeos con un conjunto de intereses distintos en mente. Me había enfrentado a ambos hombres como bateador, pero saber cómo iban a lanzarme no iba a ser suficiente para ayudarme a pensar en cómo trabajaban y cuáles eran sus tendencias. Yo sabía que A. J. tenía algunas cosas estupendas además de una bola rápida, un buen cambio de velocidad y una estupenda bola curva. C. C. lanzaba duro, pero no tenía un estupendo dominio de la zona de *strike* hasta ese momento en su carrera, aunque no estaba descontrolada. Con frecuencia desviado fuera del plato, él utilizaba eso para su ventaja, consiguiendo frecuentemente que los bateadores persiguieran su lanzamiento de poca velocidad. Yo llamaba a muchachos como esos lanzadores de «engañar y perseguir». Consiguen que te engañes a ti mismo y no tengas un buen turno al bate persiguiendo bolas que están fuera de la zona. Yo tenía muchas ganas de utilizar las habilidades de C. C. contra los contrarios.

Vi todos aquellos vídeos como preparación antes de hablar con ellos cuando llegaron para el entrenamiento de primavera. Ese era el momento en que llegabas a conocer realmente las fortalezas y las debilidades de tus lanzadores. No me limité tan solo a ver esos seis o siete comienzos de calidad que había en el vídeo. Me senté con los muchachos y les pregunté lo que utilizaban como su lanzamiento de *out*, su lanzamiento de rodada, y su lanzamiento de «debes conseguir un *strike*», junto con otras cosas. Por mucho que yo creyera que era importante seguir las fortalezas del lanzador, también tenía que tomar en consideración las fortalezas del bateador. Albert Pujols es un ejemplo: él es un bateador de bola rápida. C. C. era un lanzador de bola rápida. Por lo tanto, la pregunta entonces se convierte en cómo maximizar la fortaleza de C. C. a la vez que se reduce la fortaleza de Pujols. El hueco en el *swing* de Pujols o en la zona era el lanzamiento en curva abajo y sobre su pie trasero. Al ser zurdo, C. C. tenía ese tipo de bola curva. No era su mejor lanzamiento, pero era exactamente lo que necesitábamos para sacar a Albert.

Cuando comenzamos a trabajar juntos, me agradó ver que C. C. tenía un mejor dominio de lo que yo había calculado originalmente. Por eso hizo que fuera un placer ser su receptor. Otra cosa que me sorprendió fue lo ágil que era para ser un hombre tan grande. *Fildeando* toques de sacrificio y cubriendo la almohadilla en primera, nos impresionó a muchos con su condición física. Tanto él como A. J. eran estupendos competidores, aunque A. J. parecía adoptar un temperamento más feo hacia el montículo. C. C. era de ese tipo de muchachos que dan la impresión de decir: «Dame la bola y deja que haga mi trabajo».

Yo me sentía realmente optimista respecto a nuestras posibilidades, y en especial sobre mis posibilidades de estar con el equipo de Grandes Ligas para el día de apertura. Mi hombro lo sentía fuerte, y me di cuenta de que debí haber tenido alguna debilidad en esa zona mucho antes de aquella importante fisura, porque me sentía mejor que nunca cuando estaba bateando. Los lanzamientos eran otra historia. Seguía teniendo días buenos y días no tan buenos.

Cuando se acercaba el final del entrenamiento de primavera, se hizo obvio que yo iba a estar preparado. Tan solo necesitaba todos los turnos de bateo que pudiera obtener. La última semana antes de dirigirnos al norte, fui al campamento de la Liga Menor para batear en juegos allí. Yo iniciaba cada entrada para conseguir todos los turnos de bateo que pudiera contra lanzamientos en vivo. Uno de aquellos días, me enfrenté a Roy Halladay, que seguía estando con Toronto y estaba realizando cierto trabajo final. Me miró con expresión cómica cuando yo pasé al plato para comenzar el juego, y de nuevo en la segunda entrada: «¿Otra vez tú?».

Yo asentí con la cabeza y sonreí. No le dije esto, pero sí, realmente volvía a sentirme otra vez yo.

Lograr un jonrón el día de apertura en Baltimore fue muy importante para mi confianza. Me sentía muy bien por volver a estar ahí en un juego de la temporada regular. Entonces, con toda la fanfarria que había el día de apertura del 16 abril, bateé otro, el primero realizado en el nuevo Estadio, contra el duro zurdo Cliff Lee. Estaba emocionado por haber bateado un jonrón, y no pensé en eso hasta que llegué al banquillo y comencé a ajustarme mi equipo. «Oh, Dios mío», dije. Un par de muchachos me miraron con expresión de perplejidad. Yo fui hasta la batera y saqué ese bate y se lo entregué a uno de los muchachos del equipamiento.

«Voy a guardar este», le dije. Ese bate sigue estando en mi oficina, junto con otros premios y recuerdos. Realmente quería poder llevarme algo del viejo Estadio, como mi taquilla, pero todo iba a ser subastado. Al menos tenía ese bate como recordatorio del buen comienzo en unas instalaciones nuevas y estupendas.

Me agradó lo lejos que viajó aquella bola. Salió directamente al centro del campo en un día frío. Quizá ese periodo de inactividad me había hecho algún bien, y sé que la rehabilitación y el fortalecimiento lo hicieron. Estaba en mi temporada número 13 en las Grandes Ligas, tenía 37 años de edad, y me seguía sintiendo malditamente fuerte, lo suficientemente fuerte para atrapar en 14 entradas de un partido contra Oakland, también en abril.

El Estadio de los Yankees III estaba en su primer año, y desde el comienzo parecía que iba bien. Me encantaban las nuevas instalaciones, y el ojo de bateo parecía estar funcionando. Con nuestros comentarios, las paredes más allá de la valla del jardín central se habían pintado de color azul profundo, muy profundo, y eso parecía funcionar. Aún tendríamos que seguir esperando hasta que el clima fuese más cálido para ver cómo se comportaba la bola allí. Finalmente nos dimos cuenta de que el pasillo del centroderecha era un punto dulce en un campo cuyas dimensiones eran más pequeñas que el antiguo. Todo el mundo seguía diciendo que eso iba a ser bueno, y demostró serlo, pero se debió únicamente a que nuestro grupo de lanzadores estuvo a la altura de ese desafío.

Incluso cuando, a finales de abril, íbamos solamente 12-10 y en tercer lugar, yo tenía la sensación de que íbamos a estar bien. Más que bien, en realidad. No estoy intentando presentarme como con un sexto sentido en cuanto estas cosas, pero sí tenía la sensación y creía que este club era diferente a los anteriores, especialmente en años recientes. Algo respecto al modo en que nos comportábamos, la atmósfera en el vestuario, me recordaba a aquellos equipos al principio de mi carrera.

Parte de eso puede que tuviera que ver con que Andy estaba de nuevo con nosotros. Él hacía lo que había hecho la mayor parte de su carrera. Los días en que yo era bateador designado, me sentaba con él mientras él miraba con detenimiento cada turno al bate. Entre entradas, acudía a quien fuera el receptor y le pedía lanzamientos y ubicaciones de *out*. Andy tenía el hábito de observar tres entradas en vivo en el banquillo, tres entradas dentro observando a los lanzadores en la casa club, y después salía para observar las últimas tres en vivo. Eso era algo que le contagió Jimmy Key cuando estaba con nosotros. El enfoque estudioso de Andy fue algo que otros muchachos también agarraron.

No fue solamente en 2009 cuando Andy sirvió como líder del grupo; desde el comienzo de esa temporada, su «manera Yankee» parecía estar teniendo más de un efecto en los muchachos más nuevos en la organización y sus carreras. Esto no un golpe a los lanzadores veteranos que habíamos tenido antes de eso. Aquellos muchachos eran estupendos, pero como veteranos, todos tenían establecidas sus maneras y no necesitaban aprender de Andy. Él era más un alumno que maestro en aquel entonces. Incluso a principios de 2009, yo tenía un poco más de ese sentimiento colectivo de propósito que fue una parte tan importante de quiénes éramos cuatro tuvimos tanto éxito. Eso no era cierto solamente del grupo de lanzadores. Todos en el equipo parecían estar más dispuestos a pedir perspectivas y a ayudarse unos a otros de lo que lo habían hecho en el pasado. Esa fue otra parte importante de aprender a ganar.

Eso no es lo mismo que decir que Andy fue completamente transformado en el profesor Pettite. Es bueno que no enseñara al resto de los lanzadores acerca de su otra habilidad: agitar las cosas. Andy era el mejor a la hora de instigar pequeñas disputas en la casa club. Si yo llevaba un traje que me quedaba un poco ajustado o un par de pantalones que eran un poco cortos, Andy estaba ahí con sus críticas, pero de las maneras más astutas. Nunca daba su opinión directamente, pero siempre escuchaba de fulano o mengano que uno llevaba puesta una ropa horrible. A la larga me di cuenta de aquello, y cada vez que alguien hacía algún comentario sobre mí, siempre pensaba que de algún modo podría remontarme y llegar hasta aquel zurdo grande. También sabía que él lo negaría todo, pero el deleite en su mirada por lo general le delataba. Él era como cierto tipo de francotirador, que se ocultaba entre los arbustos con su ropa Tommy Bahama funcionando de camuflaje.

Ser uno de los veteranos también cambió mi perspectiva. No sé si mi edad, o en qué medida, contribuyó a los problemas que tuve con mi corva. Iba corriendo por la línea de primera base y noté una presión en la parte de atrás de mi pierna. Fue un esguince de grado 2 de la corva; no el más suave y tampoco el más grave, pero suficiente para situarme en la lista de lesionados y evitar que estuviera en la alineación desde el 5 mayo hasta el 29. Fui enviado a Tampa para recibir tratamiento, pero seguí jugando y trabajando en el fortalecimiento del hombro. Sabía que iba a estar allí como mínimo quince días. Pude trabajar algo en atrapar, pero principalmente era bateador designado.

Me sentía bastante bien al principio, y al pasar los días me fui sintiendo cada vez mejor. Cuando transcurrieron los quince días, sentía que estaba cerca de estar al ciento por ciento. Después *estaba* ya al ciento por ciento, y me estaba impacientando. Cuando no recibí la llamada después del 19, aumentó mi impaciencia. Seguía diciéndole a Pat Russell, uno de nuestros hombres de desarrollo de jugadores en Tampa, que les hiciera saber a todos que yo estaba preparado. Aun así, la llamada no llegó. Finalmente, el día 26 ya estaba harto. Compré un billete de avión y me presenté en el estadio en Arlington a tiempo para el partido el día 27.

Entré en el estadio y de inmediato fui a la sala de entrenamiento. Me gustaría que pudiera haber visto la cara de Gene Monahan.

«¿Qué estás haciendo aquí?».

«Estoy preparado».

«Nadie me dijo que ibas a regresar ya».

«Es porque nadie me dijo que regresara».

Unos minutos después, pasó por allí Joe Girardi. Miró dos veces y entonces se rio.

«Entonces, ¿te has llamado tú mismo?».

«Sí, señor. Estoy listo».

Brian Cashman se puso al teléfono unos minutos después y dijo prácticamente lo mismo. Todos estuvieron de acuerdo en que tenían que verme correr antes de poder jugar. El día siguiente era un día libre. Yo llegué y trabajé, y obtuve la aprobación para jugar. Brian llenó todos los documentos que tenía que completar, y comencé aquella noche en Cleveland y fui receptor para Andy en una victoria por 3-1, logrando 2 para 3 para elevar mi promedio a .325. Me había perdido 22 juegos y no estaba contento por eso, pero me alegraba no seguir estando asustado por no hacer otra cosa sino seguir órdenes al dedillo, como el muchacho joven que una vez había sido.

Yo no fui el único que apareció sin ser anunciado a principios de ese año. Uno escucha acerca de «el bajón de junio» en el béisbol. La emoción de la nueva temporada agota un poco, y el largo trabajo que afrontas se convierte en una realidad. Yo no creo eso, pero en 2009 la gente estaba mirando nuestras luchas a mediados de ese mes durante el juego interligas como una señal de ese problema. Habíamos perdido cuatro de seis juegos y nos dirigíamos a Atlanta. Brian Cashman habló en una reunión de equipo. Nunca antes habíamos hecho eso, y su mensaje fue bastante claro. Él pateó un poco nuestros traseros. No estábamos obteniendo resultados. Yo podía entender su frustración. El club había dado un paso y había hecho todos esos grandes cambios, y querían mejores resultados. Él también nos dijo que no íbamos a recibir ninguna ayuda adicional. Esa era la alineación, y teníamos que producir mejor. Íbamos 38-31 en ese momento y cuatro partidos por detrás de los Red Sox.

Las cosas no se veían bien al día siguiente. No llevábamos ningún batazo bueno en seis. Brett Gardner hizo caminada y después salió de primera con una jugada reñida. Joe corrió a protestar y fue expulsado. Pero volvimos a ganar, 8-4.

Es fácil mirar atrás a una temporada y hablar sobre puntos de inflexión. Muchas de las personas de los medios decían que ese partido fue uno de los grandes en 2009. Quizá lo fuera. Quizá no lo fuera. Teníamos un equipo realmente talentoso, pero hasta ese momento no todos estaban jugando bien. Nosotros lo sabíamos, pero el recordatorio de Brian sí tuvo algún efecto sobre nosotros, principalmente porque él nunca había hablado así antes. En cuanto a que Joe fuera expulsado, en ese momento yo no estaba seguro de si él estaba realmente tan molesto o si fue un movimiento calculado por su parte para intentar avivarnos.

Como veterano, sentía que lo había visto todo en mi carrera, de modo que algunas de tácticas de ese tipo no parecían necesarias. Sin embargo, también sé que había habido un cambio en mi relación con Joe. En 2008, a causa de mi hombro, acudí a él casi todos los días para hacerle saber cómo me sentía. Hablábamos cara a cara, y él decidía dónde yo iba a jugar, o si iba a hacerlo. En 2009 esos encuentros individuales se convirtieron en mensajes de texto. Yo iba de camino al campo y recibía un mensaje de texto que decía: «Juegas en primera», «Receptor», o alguna otra nota rápida sobre mi posición. Eso me parecía extraño. Sé que la naturaleza de los mensajes de texto es diferente a hablar con alguien, de modo que no se trataba tanto de lo breves que eran esos mensajes. Se trataba de la falta de contacto cara a cara que tenía con él. Y no era solamente sobre mi posición para el día y el modo en que me lo comunicaba.

Yo me hago responsable en parte de lo que ahora considero una mala comunicación entre nosotros. Joe quizá estaba pensando que un texto era una manera buena y eficaz de hacerme saber con antelación lo que iba a suceder, pero yo lo consideraba como impersonal y distante. No me habría sentido de ese modo si no fuera por el hecho de que él era muy distinto a Joe Torre. No sentía que pudiera acudir a él y hablarle de cualquier cosa que quisiera o necesitara. Antes hablé sobre la empatía de Joe Torre, y que él estableció una norma elevada para mí. Él había estado a mi lado cuando tuve que tratar algunos graves problemas personales con mi hijo. Había pensado en Joe Torre como mi «padre en el campo». Joe Girardi era mi mánager.

Como he destacado anteriormente, la gerencia en las Grandes Ligas se trata de dirigir a personas y reconocer sus diferencias, y saber cómo necesitan ser tratadas. Con la excepción de un par de muchachos, Joe no parecía tener ese mismo tipo de comunicación de puertas abiertas que empleaba Joe Torre. Todo el mundo tiene un estilo diferente, y obviamente eso no tuvo un efecto sobre cómo resultaron las cosas en 2009, pero para mí fue un difícil ajuste que realizar.

Sé que todo esto parece contradecir lo que dije sobre cómo me sentía acerca de la química en el club, pero eso era entre los jugadores, no necesariamente con Joe. La mejor manera en que puedo pensar de ello es que fue como mi lesión de hombro: finalmente sucedió algo traumático para hacer que fuera de verdad notable, pero años de desgaste contribuyeron a ello. En 2009 no sucedió nada que fuera realmente obvio, pero se estaba causando daño a esa relación.

Quizá fue coincidencia, quizá el que Joe fuera despedido tuvo su efecto, pero sí comenzamos a ganar. Yo estaba agradecido por eso, y esperaba que nadie pensara que tenía que ver con que invitados de Joe llegaran para hablarnos del lado mental del juego. No tengo nada contra aquellas personas, pero sencillamente yo no era la audiencia adecuada para ese tipo de enfoques en esa etapa de mi carrera. No estoy diciendo que lo supiera todo, pero con todo lo demás que tenía encima y de lo que necesitaba preocuparme para estar listo para la temporada, y después jugar durante la temporada, en realidad no necesitaba que se añadiera ninguna otra cosa. A veces sentía que estaba otra vez en la escuela, cuando me preguntaba: ¿Cómo va a ayudarme esto? No es una gran actitud que adoptar, lo sé, pero así es como me sentía.

Principalmente creía que el talento y el trabajo duro darían sus resultados. Veía a muchachos hacer las cosas correctas y sentía que era simplemente cuestión de tiempo el que las cosas se pusieran en consonancia y todos comenzaríamos a jugar mejor colectivamente. Con eso me refiero a que, durante un tiempo, un par de muchachos iban bien y algunos otros apenas iban adelante. Cuando todos nos pusiéramos en consonancia ofensivamente, íbamos a ser difíciles de batir. También había estado en el deporte el tiempo suficiente para saber eso, para saber que un club solamente va a llegar tan lejos como puedan llevarlo su cuerpo de lanzadores.

A lo largo de los años he llegado a entender lo importante que es salir a un partido creyendo que uno tiene la posibilidad de ganar con el hombre que abre. Éramos afortunados de tener al cerrador más estupendo en el juego, pero Mariano iba a conseguir salvadas solamente si teníamos la ventaja. Es obvio, lo sé, pero eso significaba que él dependía de los muchachos que iban delante de él. Así que no eran solamente los abridores, sino también los relevistas de centro, los lanzadores relevistas, quienes iban a desempeñar un importante papel en cómo fuera la temporada. Resultó que batallamos como muchos clubes hacen para encontrar un quinto abridor regular, pero teníamos hombres como Alfredo Aceves y Brian Bruney, que aportaron 15 victorias entre ellos, y Phil Hughes, quien aportó ocho victorias en un papel de abridor. Lo que más me gustaba de la temporada regular era ese sentimiento de que todo tipo de muchachos estaban ahí y daban un paso cuando era necesario.

Eso era cierto en el montículo y en el plato. Yo no estaba ahí cuando esto sucedió, pero los muchachos ganaron tres juegos seguidos con caminadas contra los Twins del 15 al 17 de mayo. En el primero de esos juegos, íbamos por detrás 4-2 entrando en la octava cuando Mark Teixeira hizo jonrón para empatar, y entonces Melky Cabrera consiguió un gran batazo para ganarlo. La noche siguiente concedimos una ventaja en la octava, empatamos en esa misma entrada con un batazo bueno de Teixeira, y después lo ganamos en la undécima cuando Alex bateó un jonrón. La noche siguiente, abajo por 2-0 en la séptima, lo empatamos con el jonrón de Alex y una elevada de sacrificio de Melky, y entonces Johnny Damon lo terminó en la décima con un jonrón.

Esos son tan solo algunos ejemplos de cómo diferentes hombres contribuyeron, pero fue así todo el año. Johnny Damon me sorprendía. Podía verse terrible en un lanzamiento y después en el siguiente mostrar el mejor *swing* y sacar la bola del estadio. Llegó en su carrera a 24 jonrones e impulsó 82 bateando segundo por detrás de Derek. Caveman no estaba robando tantas bases como antes hacía, pero seguía siendo uno de los corredores de bases más inteligentes que yo haya visto, y tenía una comprensión realmente buena del juego en general.

Una de las partes del juego que se pasa por alto es la defensa. Aunque batallamos un poco al principio del año, a primeros de junio establecimos un récord de la Liga Mayor de Béisbol de 18 partidos seguidos sin errores. En los deportes, el rendimiento de un muchacho puede elevar el de otro. Vemos eso a veces en el cuerpo de lanzadores cuando los abridores compiten unos contra otros. O cuando los bateadores aprovechan que un hombre esté recibiendo lanzamientos para hacer al contrario pagar el precio. Ese tipo de ímpetu puede suceder también con los guantes.

Por lo tanto, quizá yo no fuera un adivino tanto como simplemente un hombre que había estado ahí el tiempo suficiente para ver todo tipo de señales positivas en los tres aspectos principales del juego y reconocer que cuando comenzáramos a disparar con todos los cilindros, íbamos a ser realmente buenos. Incluso cuando fuimos a Boston para una serie del 9 al 11 de junio y perdimos los tres, me sentía de ese modo. Sin embargo, la última de esas derrotas hizo sonar varias alarmas en los medios de comunicación y entre algunos seguidores. Habíamos perdido los siete juegos contra los Red Sox en ese momento. Chien-Ming Wang, que no había recuperado plenamente la forma que le había hecho ser nuestro as durante casi dos temporadas completas antes de esta, perdió el juego, y los Red Sox tomaron el primer lugar.

Si uno creía todo lo que leía, afuera las aguas estaban subiendo, pero en la casa club seguíamos esperando ser nombrados «Estrella del Juego» de Johnny Damon y ganar el codiciado cinturón del campeonato que eso conllevaba. Derek y Mo también se implicaron en juzgar quién debería ser el ganador. El galardón en sí había comenzado como un juguete que uno de los hijos de A. J. Burnett le dio, pero entonces Johnny recibió uno del ex luchador Jerry Lawler, y eso lo hizo todavía más deseable. Eso era también mucho mejor que ver a Jason Giambi pavonearse con su calzoncillo dorado, el cual, afirmaba él, tenía poderes mágicos para ayudar a cualquiera a salir de una mala racha. Ese calzoncillo dio un nuevo significado al término «mala tensión». No sé si alguien usaba ese calzoncillo en 2009 o si Jason lo llevó consigo, pero hay algunas cosas que uno no pregunta. Bueno, a medida que transcurrió el año, Johnny dejó de poner el cinturón en la taquilla del ganador y comenzó a hacer una presentación en la casa club, gritando el nombre del ganador como si fuera un presentador de un concurso. Todos nosotros nos partíamos de risa.

Los equipos necesitan tener ese tipo de cosas en la casa club porque si se deja que entren demasiadas influencias exteriores, especialmente en Nueva York, uno se vuelve loco. Nos tomó algún tiempo, pero nos volvimos locos en el campo. En julio, agosto y septiembre, ganamos 58 y perdimos 25, para obtener un porcentaje de victoria de .698. Era difícil decir qué nos hacía jugar tan bien: la reunión con Brian, que Joe fuera expulsado de ese partido al principio, o quizá que Nick Swisher pusiera la canción «Say, Say, Say» de Michael Jackson y Paul McCartney en la casa club antes de cada partido. Esa canción era una de las favoritas de Derek, y aunque no siempre recordábamos ponerla a todo volumen, se convirtió en uno de nuestros amuletos de la buena suerte. Vaya, cuando agarramos impulso, no íbamos a cuestionarlo.

Yo solamente jugué en 111 de los juegos debido a un par de lesiones (un dedo, un dedo del pie, rigidez en el cuello), y la necesidad de tener cuidado de no forzar demasiado el hombro. Tuve un par de emociones al batear dos jonrones con un batazo como sustituto, que se parece a ganar la lotería en lugar de llevar a casa un salario muy elevado todo el tiempo. No estás en el juego, sales ahí, das un batazo, y entonces tienes a los muchachos felicitándote y a los seguidores gritando. Eso es muy divertido.

Y divertida es la impresión más duradera que tengo de ese año. Sí, nos divertimos incluso en los años bajos, pero ganar y divertirse es la mejor combinación que hay. Lideramos hasta diez juegos y medio, y a pesar de los altibajos que son parte de cualquier temporada, terminamos delante por ochos juegos al final de la temporada regular, cuando mis increíbles capacidades de dirección nos ayudaron a lograr una victoria por 10-2.

Joe Girardi me dio las riendas para ese juego. Esa era una tradición remanente de los tiempos de Joe Torre: un veterano dirigía el club el último día del año si ya lo teníamos asegurado y el resultado del juego no iba a afectar los *playoffs*. Llegó la victoria número 103 de la temporada a pesar de la reacción de Derek Jeter cuando descubrió quién iba a estar dirigiendo ese día. Antes del partido, él pasó por mi lado varias veces diciendo: «*No* voy a jugar. No *voy* a jugar. No voy a *jugar*». El club era mi barco aquel día, pero él seguía siendo el capitán.

En realidad, una de las mayores emociones para nosotros como club y para Derek ese año llegó, irónicamente, el 11 de septiembre. No bromeo respecto a esto: durante un tiempo antes de esa fecha, Derek me había estado diciendo: «Quiero terminar con esto». A lo que se refería con «esto» era el intenso enfoque en que él sobrepasara a Lou Gehrig en más batazos buenos en una carrera. A Derek nunca le gustó tener el enfoque sobre él. Lo soportaba, era amable al respecto, manejaba a los medios con elegancia, pero lo hacía porque tenía que hacerlo, no porque quisiera.

En cierto sentido, fue desafortunado para él que el 9 de septiembre fuera 3 para 4 para empatar el récord. Eso significaba que con el día libre que llegaba, hablarían mucho más en las noticias sobre ello. No puedo decir que la presión le estuviera afectando, pero sé que a él no le gustaba el modo en que la búsqueda del récord estaba alejando atención de lo que estábamos haciendo en el campo. Como Derek me había estado diciendo, parecía como si a todos los lugares donde iba, en un taxi, en la calle, todo el mundo le estuviera preguntando: «¿Cuándo vas a conseguir el batazo bueno?».

Consiguió el récord el 11 de septiembre con un sencillo comenzando un juego en la tercera. Ir hacia el otro lado, no intentar hacer demasiado con un lanzamiento, era típico de él. Llegó a primera base, y vaciamos el banquillo para felicitarle. Era una noche lluviosa en el Bronx, así que no era exactamente como todos queríamos que discurriera la historia. No obstante, eso no tuvo efecto en el entusiasmo de los seguidores. La ovación pareció durar tanto como los retrasos por la lluvia. Durante uno de ellos, Derek recibió una llamada del Sr. Steinbrenner, y eso significó mucho para él. Perdimos ese partido, pero estuvo bien. Todos sabíamos que llegaría el momento en que él obtuviera la delantera en batazos buenos, y estábamos preparados para ello.

Honramos a Derek formalmente el 29 de septiembre. En una ceremonia previa al partido, Andy y yo dimos a Mo y a Derek regalos para los cuales los muchachos habían puesto dinero para comprarlos. Habíamos querido algo especial y único, y Andy tuvo la idea de una obra de Opie Otterstad. Era un retrato de Derek y de ese batazo del empate, de modo que el artista tuvo que trabajar duro para tenerlo listo a tiempo, y fue increíble. Él incorporó otras cosas a la obra: un uniforme de los Yankees, un bate modelo Lou Gehrig, y tierra de los dos Estadios de los Yankees entre ellos. Derek también recibió el plato, primera base, y un cartel del viejo Estadio que significaba mucho para Derek, y decía: QUIERO DAR LAS GRACIAS AL BUEN SEÑOR POR HACERME UN YANKEE. Todos nos sentíamos así aquella noche, y cuando yo pasé al podio para hablarles a ellos y a la multitud en el Estadio, dije lo que tenía en el corazón: «Estoy realmente orgulloso de haber tenido la oportunidad de jugar con ustedes. Creo que ustedes, muchachos, representan todo lo que son los Yankees». Derek recibió otro regalo que representaba lo que él era: dos de los asientos con los que él chocó mientras hacía una atrapada contra los Red Sox en 2004.

También honramos a Mo, que había alcanzado las 500 salvadas en junio. Por ese logro, obtuvo el banquillo de la jaula de calentamiento y la almohadilla de Citi Field de la noche en que alcanzó ese hito allí. Fue una noche divertida que compartir con sus familias y amigos. Todo ello fue un bonito descanso y una oportunidad de reflexionar en lo que habíamos logrado durante la temporada regular antes de que comenzara la locura de los *playoffs*.

Si yo tenía un pensamiento que me molestaba, pude rastrear sus raíces hasta nuestra serie de agosto en Boston. El día 22 de agosto, los Red Sox nos habían machacado, 14-1, en Fenway. A. J. estaba en el montículo. Había estado en una buena racha de no permitir carreras al principio en el juego, pero esta vez no era ese el caso. Tres carreras de los Red Sox en la primera y cuatro en la segunda nos hicieron estar por detrás desde temprano. Él terminó concediendo tres jonrones, y después de uno de ellos dijo: «¿Cómo se puede cantar ese lanzamiento?». Yo me mordí la lengua. Me había estado sacudiendo mucho desde temprano en el partido, y parecíamos estar un poco fuera de sincronía. Pensé: ¿Por qué no quitarme de en medio entonces? Y después pensé: ¿Cómo puedes hacer *ese lanzamiento*?

Después del partido, él y yo estábamos en la casa club, casi los últimos en ese estrecho y pequeño espacio. Podía verle echándome miradas. Yo no estaba contento con el partido, con el modo en que todo el grupo lanzó, y me hice responsable de que nos patearan el trasero. Esos juegos no son divertidos. Yo quería aclarar el aire, de modo que A. J. y yo hablamos de ello. Los dos éramos muchachos apasionados, y la conversación no fue la más educada que podría haber sido, pero creo

que ambos establecimos nuestra postura. Más adelante hablé con Joe y
A. J., de nuevo para solucionar cosas. Después de ese juego en Boston,
José Molina había comenzado a ser receptor para A. J. regularmente, y yo
no quería que eso fuera demasiado lejos. Quería estar en la alineación sin
importar quién estuviera en el montículo. Joe me dijo que fue decisión
de A. J., y lo dejó en eso. Bien, eso solamente podía significar una cosa:
Joe quería que José atrapara para A. J. desde ese momento en adelante.

Sin importar quién estuviera tomando la decisión, no me gustó.
Cuando intenté hablar de nuevo al respecto, Joe pareció oírme pero no
escucharme. Con los *playoffs* a punto de comenzar, yo no quería estar
entrando y saliendo de la alineación, pero eso parecía ser lo que iba a
suceder. Era momento de ser el mejor jugador de equipo que pudiera
ser y dejarlo así.

Los Twins entraron fuertes en la ALDS, ganando 18 de sus últimos
25; aunque habían ganado solamente 87 juegos en toda la temporada,
oímos lo que Joe nos estaba diciendo sobre no dar por hechos esos juegos. Con Joe Mauer, Justin Morneau y Michael Cuddyer en la alineación, planteaban un desafío. Cada uno terminó bateando más de .400
en la serie, al igual que hicieron Nick Punto y Denard Span. Aun así,
nos las arreglamos para batirlos en tres juegos seguidos. Ellos tuvieron
más batazos buenos que nosotros en la serie, pero solamente anota-
ron seis carreras. En cada partido, ellos tenían la delantera pero nosotros terminamos ganando. Eso dice algo sobre lanzadores que rinden
muy bien cuando es necesario, y eso es igualmente cierto para nuestros
bateadores. El más grande esa serie fue Alex. Tuvo un par de batazos
buenos y también impulsó en dos. Dado nuestro mal historial de postemporada desde que él se había unido al equipo, uno no podía estar
ajeno a historias sobre sus fracasos en la postemporada con corredores
en posición de anotar. Durante el juego 1, rompió una racha de 0 para
29 que se remontaba hasta 2004, y creo que su fuerte comienzo fue la
clave para toda nuestra carrera en los *playoffs*. Él reunió confianza, y
también se quitó eso de las espaldas.

Cuando el cuarto bateador hace su trabajo de ese modo, todo el equipo se alimenta de su éxito. Por eso ese muchacho está en el hueco número cuatro: para impulsar corredores. Del modo en que se dispone la alineación, uno puede casi apostar a que en las dos últimas entradas él va a salir en una situación clave con hombres en base. Esa es una carga grande, pero también se obtiene el mucho dinero y la mucha atención que eso conlleva. Así son las cosas, y Alex dio el paso para nosotros. Su jonrón en el juego 2 en la novena entrada nos llevó a entradas extra. El batazo de Teixeira en la undécima lo ganó, y ese iba a ser difícil de vencer para los Twins. No lo hicieron.

Yo no fui receptor en el juego 2 con A. J. Burnett en el montículo. Por descontento que yo estuviera por eso, tuve que cerrar la boca y hacer lo que era mejor para el equipo. Estuve contento de poder contribuir en el juego 3 con un jonrón para darnos la ventaja en la séptima y añadir otra carrera impulsada con una carrera del seguro en la octava con un batazo de *hit* sencillo. Cuando Mariano lo cerró para nosotros, todos esos números que parecían decir que los Twins estaban rindiendo al máximo no nos importaron. Hicimos nuestra celebración fuera del campo por respeto a los Twins y a sus seguidores, y era un sentimiento estupendo recuperar parte de esa magia. Parecía como si algunas de las veces que abrimos fueron a nuestro favor y, contrariamente a muchas veces en el pasado en que no las habíamos aprovechado, esta vez lo hicimos. Eso iba a ser lo que necesitábamos.

Habíamos liderado la liga en todas las categorías ofensivas principales de la liga en la temporada regular, pero en los *playoffs* todo eso comenzaba de cero. Esta era la nueva temporada, esa en la que siempre habíamos jugado muy bien y habíamos estado muy cerca de ganar cinco de siete años. Íbamos a enfrentarnos a los Angels, y ellos llegaban tras una barrida de los Red Sox. Por motivos de calendario, tendríamos cuatro días libres. Eso era algo bueno y también malo. Se puede perder un poco el empuje con tanto tiempo libre, pero también se puede establecer la rotación y pasar más tiempo en preparación para el siguiente grupo. Habíamos dividido la temporada regular de diez juegos con los Angels, pero teníamos un historial de no jugar bien en Anaheim, donde habíamos ganado solamente un partido ese año. La otra cara de la moneda era que ellos solamente habían ganado uno en nuestra casa.

No sé cuánta ventaja teníamos al enfrentarnos a un equipo de clima cálido en mitad de octubre, pero sí sé que había 45 grados y lloviznaba al comienzo del primer juego. Yo lo sentí un poco cuando salí para la práctica de bateo, pero no iba a llevar puesta una gorra Elmer Fudd. Nuestro mánager de equipamiento, Rob Cucuzza, había mantenido guardadas las gorras con orejeras toda la temporada, pero yo no podía ponerme una. Robbie Cano decidió llevar un pasamontañas, y recibió muchas burlas por eso. Afortunadamente para nosotros, los Angels parecían estar teniendo problemas con *fildear* la bola, y anotamos dos carreras no merecidas por sus tres errores. Si fue el frío, el periodo de inactividad o la bola resbaladiza, no lo sé, pero aprovechamos nuestras oportunidades, y me encantaba. Yo aborrecía el frío, pero ser receptor y moverme todo el tiempo hacía que no fuera un factor importante para mí. C. C. estuvo sobresaliente. Llegó con una reputación de bajo rendimiento en los *playoffs*, pero en sus dos primeras entradas con nosotros no hubo evidencia alguna de eso.

Andy tuvo algo que ver con eso. Durante la temporada, hablaba mucho con C. C. sobre lanzar en los grandes juegos. Cuando tienes a un muchacho hablando contigo de lanzar en los *playoffs* que ha ganado tantos juegos en la postemporada como Andy, escuchas. Y C. C. quería ser el muchacho para nosotros. Por eso lo incorporamos, y él lo sabía. Iba a ser el caballo importante que todos íbamos a montar, y le gustaba ese papel. Siempre es estupendo ver a un muchacho que quiere tomar la bola en toda situación y entonces sale al campo y lo hace. Era aún el principio de la postemporada, pero estaba claro que C. C. tenía una misión. Atacó la zona, lanzando *strikes* de primer lanzamiento en 17 de 29, un buen número para él. Estableció el tono desde temprano, lanzando 12 de sus primeros 15 lanzamientos en la zona.

Para el juego 2, el clima era más de lo mismo: frío y húmedo. En ese tipo de noches, uno siempre espera que sea un juego rápido, un duelo 2-1 de lanzadores en dos horas y media como mucho. Estuvimos allí durante cinco horas y diez minutos en un juego de 13 entradas sin retrasos por la lluvia. Fue un juego tenso. A. J. Burnett abrió para nosotros, y fue fuerte en las más de seis entradas, concediendo solo dos carreras en tres batazos buenos. Anotamos nuestras dos carreras con tres batazos buenos, un triple de Cano y un jonrón de Jeter. Batear en esas condiciones es siempre difícil, y la bola no estaba avanzando, pero Derek se las arregló para conseguir un *out*. En la quinta, los Angels empataron, y siguió de ese modo hasta la undécima. Yo logré un batazo como sustituto y después salí como receptor para Mo en la novena. Él había entrado para salir de un momento reñido en la octava. Derek había errado en una rodada rutinaria, uno de tres errores que tuvimos, pero ninguno de ellos nos hizo daño con una carrera. Los muchachos se perseguían, y esa es la señal de un equipo de campeonato. Darles una oportunidad, pero no permitir que le saquen partido.

El siguiente sería un día libre, de modo que Joe iba a estirar a Mariano un poco más. Mariano nos mantuvo empatados hasta la undécima. Joe siguió comprobando con Mo para asegurarse de que estuviera bien, y Mo le aseguró que lo estaba. Joe también comprobó conmigo, y yo le dije que Mo estaba bien, combinando derechas e izquierdas.

Joe y yo teníamos algunos problemas de comunicación entre nosotros, pero ese no era el caso cuando se trataba de manejar lanzadores. Él y nuestro entrenador de lanzamiento, Larry Rothschild, eran excelentes en esa área. No se trataba solo de cambios de lanzamiento. Ellos sabían cómo mantener fresco y listo a un grupo. Joe era, y es, un mánager excepcional, al igual que preparado e informado como cualquiera para quien yo haya jugado. Demostró eso a lo largo del tiempo que estuve con él, como jugador y como mánager. Teníamos nuestras diferencias, pero eso no resta nada al trabajo que él hizo. El modo en que manejó ese club en 2009 es prueba de ello. No me gustaba todo lo que hacía, pero los resultados estaban ahí.

En la undécima, Joe no tuvo otra opción sino la de sacar a Mo del juego. Había ido dos y un tercio, y estábamos solamente en el juego 2 de la serie. Joe dio entrada a Alfredo Aceves, que era esencialmente un novato, aunque había tenido esas diez victorias en la temporada regular. Desgraciadamente, él cometió uno de los pecados capitales del béisbol: dio caminada al primer bateador, quien entonces anotó. Parecía que quizá los Angels iban a hacernos lo que nosotros mismos habíamos hecho muchas veces (51 veces en realidad, para liderar las Grandes Ligas) y regresar desde atrás para ganar. Sin embargo, tener 51 regresos en el bolsillo hace que sea mucho más fácil creer que puedes hacerlo. Alex salió primero contra Brian Fuentes, que era el líder de la liga en salvadas, pero que también había fallado siete. Se puso por delante de Alex y entonces cometió otro pecado capital: dejó una bola rápida por encima de la mitad del plato y Alex la bateó al jardín derecho.

David Robertson hizo un buen trabajo al darle la vuelta a un error de inicio, y fuimos a la parte baja de la decimotercera. Jerry Hairston Jr. salió para batear de emergente. Había jugado su primer partido en las Grandes Ligas en 1998, pero nunca había jugado en la postemporada. Consiguió un batazo bueno. Brett Gardner golpeó sin abanicar por encima de él. Dieron caminada a Robbie, y Melky salió y bateó una bola por el suelo a segunda. Maicer Izturis la *fildeó,* pero lanzó amplio de la almohadilla, y Jerry Hairston anotó. Nosotros le rodeamos, Nick Swisher lo derribó, y entonces, cuando Jerry estaba siendo entrevistado en televisión, A. J. le pilló con el tradicional pastel de espuma de afeitar para darle la bienvenida al béisbol de postemporada en el Bronx. Me encantan esos momentos, y eso era lo que me encantaba del equipo. Con contribuciones de cada uno, la camaradería había hecho que valiera la pena cada segundo de las más de cinco horas de ese partido.

Llegábamos tarde para el autobús de las dos hacia el aeropuerto, y aunque las cosas finalmente se calmaron, la energía de sacar adelante un partido así, llevando dos a casa, hizo que el largo vuelo a Rally Monkey Town fuera más tranquilo. Para ser sincero, me gustaba Rally Monkey. A pesar de lo mal que jugamos en Anaheim, me gustaba observar esa cosa. Con todo aquello de Hollywood/Disney, disfrutar de Jurassic Sock Monkey y las otras variaciones era una manera de manejar esos largos *swings* en la West Coast. En visitas al montículo, Derek llegaba algunas veces diciendo: «No mires al mono. No mires al mono». Una estrategia de béisbol verdaderamente profunda aquí.

Quizá nos gustaba tanto el béisbol de postemporada que queríamos que durase todo lo posible, pero las cuatro horas y veintiún minutos que pasamos en el juego 3, perdiendo finalmente 5-4, no fue un modo estupendo de pasar nuestro tiempo. Los Angels tomaron la ventaja en la parte baja de la séptima. Hideki Matsui caminó, y Brett Gardner corrió en sustitución de otro jugador en base. Fue sacado robando, conmigo en el plato ante Kevin Jepsen. Jepsen tenía una buena bola rápida y una buena cortada. Por alguna razón, en un conteo de 2-1, decidió usar la cortada, esperando que la bola me llegara por el interior, pero yo lo hice bien para empatar el juego. Desgraciadamente, lo perdimos en la undécima. Es un juego de pulgadas. Si Gardner está a salvo, eso es un jonrón de dos carreras. Quién sabe cómo se hubiera jugado desde ahí, pero con Mo descansado y capaz de realizar más de una entrada, me gustaban nuestras posibilidades. Queríamos llevar a ese jugador a posición de anotación, y era necesaria una buena jugada para eso.

C. C. lo hizo muy bien para nosotros en el juego 4. Había acudido a Joe y le dijo que era bueno que tomara tres días de descanso. En cualquier serie de *playoffs*, si hay un lanzador en tres días de descanso, se oirá que todos los números dicen que no funciona la mayoría de las veces. C. C. lo había hecho con Milwaukee en la temporada regular el año anterior: en un tramo, comenzó cuatro veces en 12 días, yendo 2-2 en esos juegos. Ahora quería hacerlo otra vez, y a uno le gusta ver a un muchacho poniéndose en riesgo de ese modo. Él fue increíble, concediendo solo una carrera en cinco batazos buenos. Habíamos hecho lo que necesitábamos hacer: ganar uno en Anaheim. Eso nos aseguraba regresar al Bronx, donde necesitábamos ganar solamente un partido más.

Eso no significa que nos pareciera bien perder el juego 5, porque no era así. También lo perdimos del modo más difícil. Los Angels pasaron a una ventaja de 4-0 en la primera. A. J. es un muchacho muy emocional, y puede que estuviera demasiado exagerado al principio del juego. Quedó por detrás temprano y dio caminada al primer bateador. Quería ponerse por delante, pero con un lanzamiento 0-1, Bobby Abreu hizo sencillo. Aún intentando ir por delante, A. J. concedió batazos de primer lanzamiento a los dos siguientes bateadores, y de repente vas tres abajo y solamente has hecho nueve lanzamientos. Quieres tener más cuidado, así que haces dos lanzamientos ligeramente fuera de la zona. Tienes que conseguir un *strike*, el bateador lo sabe, y hay otro batazo bueno. Doce lanzamientos y cuatro carreras. Eso es duro. No estoy criticando a A. J. o a José Molina, que era el receptor. No sé lo que yo habría hecho de modo distinto si hubiera estado ahí. Lo que quiero decir es que así de rápido pueden resultar las cosas, especialmente con un club tan bueno como eran los Angels.

Volvimos a batallar en la séptima, pero entonces perdimos la ventaja, un problema que nos había inquietado un poco en el pasado. Arriba 6-4 con nueve *outs* por delante, Dámaso Marte, que fue estupendo para nosotros todo el año, casi nos hizo salir de una situación con dos en base y sin *out*. Joe sacó a Phil Hughes para sustituirlo, el movimiento correcto, pero él lo dejó escapar, y llegaron tres carreras.

Una fuerte lluvia pospuso un día el juego 6, de modo que Andy, trabajando con cinco días de descanso, pudo pasar a John Smoltz para convertirse en el líder de victorias de todos los tiempos en el juego de postemporada. De algún modo eso parecía adecuado, uno de la vieja guardia saliendo ahí y volviendo a situarnos donde habíamos estado seis años antes. El marcador 5-2 en el juego 6 fue un poco engañoso. Íbamos por detrás en uno temprano, regresamos a la ventaja 3-1, y entonces los Angels añadieron uno en la octava con Mo. Sin embargo, él fue su Morfeo en la novena, dejándolos por detrás a fin de ir a 3-2 antes de sacar a Gary Matthews Jr. con un *strike* abanicando. Yo me aferré a esa bola y corrí a Mariano para entregársela, esperando no dejarla caer con toda la conmoción. No quería pensar demasiado por delante, pero esa era la segunda vez en esa postemporada que había sido capaz de estar ahí con Mariano celebrando una victoria en la serie. Quería más que nada ese último baile con mi amigo.

Había estado en contacto con mi papá a lo largo de la serie, haciendo lo que normalmente hacía: llamar a casa cada día. Él seguía siendo muy protector con mi mamá, y no quería dejarla sola o exponerla al clima frío. Estaba contento por nosotros y dijo que aún teníamos recorrido. Quería que me mantuviera agresivo. Me dijo que había hecho bien mi trabajo, que siguiera así y veríamos lo que sucedía.

Yo tuve una serie decente ofensivamente. Me hubiera gustado contribuir más, pero ganamos, y yo me sentí muy orgulloso del modo en que C. C. y yo trabajamos juntos. Ver su aportación como lo hizo, consiguiendo el ganador en tres de nuestras siete victorias, fue otra cosa. También pensaba que Melky Cabrera se merecía mucho mérito. Él, junto con Nick Swisher y Robbie Cano, aportaron mucha energía joven al club. Sin quitar nada a lo que Alex había hecho, los números de Melky fueron comparables. Bateó .391 contra .429 de Alex, cada uno obtuvo nueve batazos buenos, y Melky impulsó cuatro carreras y Alex impulsó seis.

Sigo creyendo que tener una alineación balanceada y contribuciones de todos es importante. Esos jonrones fueron estupendos, pero seguíamos haciendo las cosas del modo correcto. No lo entendí hasta que estábamos listos para los Phillies, pero un escritor me señaló que el cuerpo de los Angels nos había dado caminada 38 veces en esa serie. Eso supone más de seis por juego. Todas esas lecciones que escuchamos en las Ligas Menores sobre turnos de bateo de calidad, trabajando el conteo, nos seguían dando resultados. Cometimos nuestra parte de errores, pero no permitimos carreras ganadas, mientras que los Angels permitieron cinco. Hicimos el trabajo con grandes bateos buenos, turnos de bateo disciplinados, lanzadores que estuvieron a la altura de la ocasión, y una sólida defensa.

Seis años es mucho tiempo para esperar, pero valió la pena. Me encantaba la intensidad de regresar a la Serie Mundial. Me encantaba que estuviéramos jugando contra los Phillies. Yo veía su pavoneo como defensores del campeonato, sabía que estaban en una racha 17-4 en los *playoffs*, y oí a Jimmy Rollins predecir que iban a ganarlo en cinco. Yo pensé: *Bien. Veamos*. Con la excepción de esa predicción pública, ellos me recordaban a los equipos de los Yankees con los que yo había jugado al principio.

Sabíamos que no iba a ser fácil enfrentarnos a Cliff Lee. Sabíamos todo sobre él porque los Yankees le habían querido fuera de temporada. Tenía una estupenda reputación de ser un lanzador muy bueno, un muchacho con suprema confianza, y alguien que podía respaldar esa confianza con un gran rendimiento. Cole Hamels era joven, pero había tenido dos temporadas muy buenas en 2007 y 2008 y había ganado el título de Jugador más Valioso en la Serie Mundial en 2008. Estuvo batallando un poco en 2009 y en los *playoffs*, pero era capaz de cerrarle la boca a cualquiera con su estupendo talento.

En cierto sentido, esta serie para ambos clubes se trataba de zurdos. Charlie Manuel quería darnos un aspecto diferente, así que en lugar de comenzar con dos de ellos uno detrás de otro (Lee y Hamels), decidió insertar a Pedro Martínez en medio para abrir el juego 2. Nos sentimos bien con nuestras posibilidades. Pedro no era el mismo Pedro después de todos esos años, e incluso si lo hubiera sido, tenía un récord de derrotas contra nosotros. La otra parte de la ecuación de los zurdos era que nuestro grupo tenía que tratar con los zurdos Chase Utley, Ryan Howard y Raúl Ibáñez. Teníamos dos zurdos en nuestra rotación de comienzo, que contaba a favor nuestro, pero Utley era la clave. Él podía batear bien contra zurdos y era un bateador más paciente que Howard. Yo sentía que podíamos conseguir que Howard sacara al lanzador a batazos, pero Howard no lo hizo. Los otros muchachos que tampoco lo hicieron fueron Jayson Werth y Carlos Ruiz. Yo pensaba que necesitábamos prestar una atención especial a Ruiz, un muchacho clave que yo sabía que no permitiría que el gran escenario le afectara.

Hablando de escenarios, ver el nuevo Estadio todo engalanado fue toda una imagen. A veces es difícil manejar todas las actividades previas al partido, porque uno quiere tan solo salir ahí y jugar. Pero ese primer partido fue diferente, en especial con Tony Odierno haciendo nuestro primer lanzamiento. Tony trabajaba para los Yankees, era graduado de West Point, y veterano de la Guerra de Irak donde perdió su brazo izquierdo en combate. Le habíamos honrado antes, pero aquello fue una inmensa emoción para él, y creo que también estaba emocionado por el partido.

El juego presentó a dos grandes zurdos que eran excompañeros en Cleveland, y a los dos les iba bien hasta entonces en la postemporada. A veces, eso grandes enfrentamientos entre rivales no están a la altura de lo que se espera, pero en este caso los informes de los ojeadores y las expectativas demostraron ser ciertos. Lee fue realmente duro con nosotros. Usó su lanzamiento de dos costuras estilo Greg Maddux, y ese tiro suyo le hacía ser engañosamente rápido. Cuando intentamos sacar a Utley con deslizadas, bateó dos de ellas fuera del estadio, en la tercera y la sexta. Aquellos fueron realmente los únicos errores que cometimos. C. C. se fue después de siete entradas y 113 lanzamientos, quedando 2-0. El resultado final fue 6-1, pero eso no reflejó lo bien que había lanzado C. C. Él estaba molesto consigo mismo por ir demasiado tras los bateadores y no establecer el tono para la serie del modo en que quería hacerlo. Lanzó lo suficientemente bien para ganar, pero sin carrera de apoyo, eso no iba a suceder. Yo tuve un batazo bueno, pero ponché para terminar el juego, y eso nunca sienta bien.

Lo que hizo Cliff Lee fue histórico. La única carrera que concedió fue no ganada, de modo que fue el primer lanzador en ir nueve contra nosotros en el nuevo Estadio y no permitir ninguna carrera ganada. También estaba en la rotación de postemporada. En su primera postemporada, había lanzado 33 entradas hasta ese momento y había permitido solamente dos carreras. Este fue uno de los juegos de «toca tu gorra y sigue adelante».

En el juego 2, A. J. no llegó a lo que Cliff Lee había hecho, pero sí hizo lo que los Phillies nos habían hecho a nosotros en el juego 1. Matsui y Teixeira batearon cada uno jonrones solitarios, yo impulsé una carrera de seguros con un batazo como emergente, y A. J. y Mo los cerraron en nuestra victoria 3-1. Hubo cierta controversia sobre si Ryan Howard había o no atrapado una bola que bateó Johnny Damon. El árbitro dictó que lo había hecho. Yo no lo vi de ese modo, el resto de nosotros no lo vio de ese modo, pero fui yo el único que corrió a segunda y fui *out* por ser tocado. Por fortuna, eso no afectó al resultado del juego y evitamos otra potencial controversia.

No lo sabíamos en ese momento, pero Matsui llegó tarde al partido debido al tráfico. Los reporteros japoneses que le seguían le dijeron a Derek que en Japón, siempre que Godzilla llegaba tarde a un partido, bateaba un jonrón. Derek dijo: «Entonces puede llegar tarde todos los días». Yo estaba de acuerdo. El verdadero problema era que al pasar a una ciudad de una Liga Nacional, no habría bateador designado.

Me alegré de ver a A. J. hacerlo tan bien. Él habló sobre oír a Cliff Lee hablar de tener confianza en su talento, y salió ahí en el juego 2 con eso en mente. Usó uno de sus puntos fuertes, una bola que rápidamente era curva, y todos los bateadores de los Phillies comentaron eso. Una bola curva puede realmente desequilibrar tu sincronización, y yo guardé esa información como preparación para el comienzo de Andy en el juego 3.

Íbamos a jugar en Halloween en Citizens Bank Park: un lugar que da miedo para los lanzadores. No habíamos jugado allí desde la temporada de 2006, así que verlo de nuevo después de tanto tiempo fue revelador. Era comparable al Estadio, aunque más largo en las líneas y más corto en los huecos y hacia el centro. Era también un lugar donde se tenía la sensación de que los seguidores estaban encima de uno, y tenían algunas cosas interesantes que decir.

Esas dimensiones tuvieron su papel. Entre los dos equipos, cinco bolas salieron del campo de juego. Jayson Werth bateó una doble a Andy. La primera comenzó lo que llegó a ser una entrada de tres carreras. Alex bateó un tiro de dos carreras que estuvo fuera de la cámara y, gracias a la repetición instantánea, fue un jonrón. Alex participó en muchas cosas que se batearon aquella noche. Los Phillies batearon bueno contra él dos veces, y él respondió de la mejor manera posible con ese jonrón.

Andy impulsó una carrera. Como muchos lanzadores, Andy pensaba que era bastante bueno con el bate, y ese batazo bueno *fue* bastante clave. Llegó a anotar más adelante en la entrada, junto con Derek, y entonces íbamos arriba por dos entrando en la parte baja de la quinta. Intercambiamos jonrones, yo impulsé una carrera de seguros, y conseguimos la victoria que queríamos: 8-5.

No podíamos sentirnos demasiado mal por aquellos jonrones de Werth. Fueron su sexto y séptimo de la postemporada. El muchacho era bueno, como Utley lo había sido en el juego 1, pero nosotros hicimos un estupendo trabajo al ejecutar nuestro plan de juego contra sus cuatro primeros bateadores (Rollins, Shane Victorino, Utley y Howard) en el juego 3: ellos se combinaron para un batazo bueno en 15 turnos de bateo. Con esa alineación en ese campo, los Phillies eran un equipo al que no íbamos a poder cerrar completamente, así que limitar su producción arriba fue una verdadera victoria. Andy mejoró hasta 3-0 en la postemporada con esa victoria.

En el juego 4, los Phillies mostraron un poco de su naturaleza guerrera cuando Joe Blanton bateó contra Alex con un lanzamiento en la parte de arriba de la primera. Aquella fue la tercera vez en diez entradas.

Los árbitros hicieron advertencias, y toda la injusticia de las reglas entró en juego. Ellos lanzan al interior y golpean a nuestro muchacho tres veces. Si nosotros lanzamos al interior y/o golpeamos a un muchacho, queda a discreción del árbitro decidir la intención y podríamos perder un lanzador y un mánager. Alex se molestó y se quedó en el plato mirando a nuestro banquillo mientras los seguidores de los Phillies coreaban: «Usaron esteroides». A mí me molestó eso, me molestó la advertencia, y realmente tuve que recuperar la compostura. Yo quería batear una y hacerla llegar por la Interestatal 95 hasta el Bronx. En mi mente oía a mi papá decirme que fuera agresivo, pero también oía a mi tío Leo decirme que mantuviera atrás el peso. Él pensaba que los Phillies iban a atacarme suave por el interior y después duro por el exterior. Yo recibí un *strike*, miré a otro lado, recibí un lanzamiento alejado e intenté no hacer demasiado con él, y después bateé una elevada de sacrificio a la derecha para impulsar una carrera.

En realidad quería que los cerráramos en la parte baja de la primera para acallar a la multitud, pero ese condenado Chase Utley hizo doble para impulsar a Victorino. Nos estaba matando a C. C. y a mí. Conseguimos que lanzara una bombita fuera en la tercera para el último *out*. El hombre grande y yo estábamos contentos por eso, y estábamos decididos a seguir persiguiéndole de esa manera. Hicimos que de nuevo golpeara fuera en la quinta. Pero esa alineación era como el juego de golpear topos. Utley iba abajo, pero Howard consiguió un batazo bueno y anotó una carrera. Entonces, en la parte baja de la séptima, cuando íbamos con una ventaja de 4-2, Utley bateó otro jonrón. Eso fue todo para C. C., pero no para los Phillies. Ellos empataron en la parte baja de la octava con un jonrón de Ibáñez ante Joba Chamberlain.

Pasamos a la parte alta de la novena contra Brad Lidge, su cerrador. Él iba 2-0 con 1.95 de carreras impulsadas, apareciendo en 72 juegos y convirtiendo 41 de 41 oportunidades de salvar. Terminó cuarto en la votación Cy Young y octavo en la carrera por Jugador más Valioso. Eso sí que es una temporada. También hacía una temporada de eso, y 2009 no fue tan bueno para él. Estaba claro que no era el mismo muchacho. Estaba batallando tanto que perdió su trabajo de cerrador, pero había aparecido en los *playoffs*, salvando cuatro y ganando uno. El juego 4 fue su primera aparición de la Serie.

Incluso si hubiera sido la versión 2008 de Lidge en el montículo, aún creo que le habríamos atrapado. Como individuo, uno a veces ve mejor llegar la bola de ciertos lanzadores. Yo me sentía de ese modo respecto a Lidge, y lo mismo les pasaba a otros muchachos. Por el vídeo que vimos, no había tanto diferencial de velocidad entre su bola rápida y su deslizada ese año. La deslizada era su lanzamiento de *out*, pero uno podía esperarla, o buscar la bola rápida, y aun así ajustarse porque la velocidad era prácticamente la misma. Muy mal para él. Bueno para nosotros. Al menos, eso es lo que parecía. Consiguió los dos primeros *outs*, y entonces Johnny Damon, que necesitaba pasar a la posición de anotación para Teixeira, hizo sencillo. Fue entonces cuando los instintos y la inteligencia del béisbol de Caveman intervinieron. Los Phillies hicieron un cambio radical que situó a su tercera base, Pedro Feliz, en el campo corto. Cuando Johnny despegó, Feliz cubrió segunda en la robada y rebotó. Johnny saltó y fue a tercera, robando dos bases en un lanzamiento.

Derek había hecho algo similar en la temporada regular, y la mayoría de nosotros pensábamos que aquello fue algo que se ve una vez en la vida. No sé si Lidge estaba intentando pensar si había visto eso antes y perdió su concentración, pero golpeó a Teixeira con un lanzamiento. No sé si Charlie Manuel, el mánager de los Phillies, pensaba en dar caminada a Alex, eso habría cargado las bases con dos *outs*, pero le lanzaron, y Alex les hizo pagar, doblando para hacer entrar a Damon. Teixeira estaba en tercera. Lanzaron para mí. Con un conteo de 2-2, yo esperaba la deslizada, recibí la deslizada, y bateé fuerte a lo profundo del centro izquierda. No esperaba que Ibáñez fuera capaz de cortarla, pero lo hizo y me lanzó a segunda. No importó; dos carreras anotadas, y nos quedaba una victoria.

A. J. intentó trabajar bien para nosotros en el juego 5, saliendo allí con tres días de descanso, pero sencillamente no funcionó para él. En la parte de arriba de la octava, íbamos por detrás 8-2. Planteamos batalla, con tres en la octava y uno en la novena, pero no pudimos conseguir la victoria. Aun así, tener una oportunidad en la novena fue una buena manera de terminar ese juego. Estábamos aún a una victoria, pero solamente a 93 millas de casa.

Yo estaba disfrutando mucho de esa Serie debido a muchas razones, y una de las principales era que Jorge, Paulina y Laura estuvieron en cada partido. Mis hijos eran ya lo bastante mayores para poder realmente apreciar y entender todo lo que estaba sucediendo y lo mucho que significaba. Yo estaba muy emocionado por volver a estar en Nueva York, y esperaba con ilusión tenerlos a ellos como parte de una celebración de victoria en Nueva York. Sabiendo que necesitábamos ganar uno de dos, pero conscientes aún de que una vez habíamos perdido cuatro seguidos, yo no daba nada por hecho. Ninguno de nosotros lo hacíamos. «The Girl Is Mine» seguía sonando en la casa club, y el cinturón de Estrella del Juego aún se iba pasando, pero consideré una cosa como mala suerte.

Me parecía bien que Jay-Z y Alicia Keys actuaran antes del comienzo del partido 2, pero algo acerca de «Empire State of Mind» y la letra de «New York, New York» me inquietaba. Eso se estaba acercando demasiado al territorio de Sinatra, y poníamos esa canción solamente después de una victoria. Yo estaba esperando que en el juego 6 no tuviéramos una repetición de «Empire State of Mind». Me encantaba la canción, pero hay un momento y un lugar para todo. Yo pensaba que no debíamos adelantarnos. Aun así, Derek había estado usando toda su música de vez en cuando, de modo que yo no quería tener ningún tipo de conflicto con eso. Puede que esto suene como algo que no debería haberme preocupado previamente a una potencial victoria, pero estaba intentando relajarme tal como me habían dicho. Intentaba apartar mi mente del juego durante un rato. Seguía estando preocupado, desde luego, pero al menos no estaba completamente enfocado en la alineación o enfrentándome otra vez a Pedro Martínez.

¿Qué puedo decir del juego? Godzilla era un monstruo con seis carreras impulsadas. Andy, Joba, Dámaso y Mo los limitaron a seis batazos buenos y una carrera. Andy consiguió la ganadora, que le dio la victoria en el juego decisivo de la ALDS, ALCS y la Serie Mundial. Mo consiguió el último *out* de cada una de esas series. Yo atrape el último *out* de cada juego decisivo, y Derek estaba en el campo corto. Si parecía que volvíamos atrás en el tiempo, fue solamente durante un instante, y solamente al verlo más adelante en perspectiva. En el momento, cuando la bola por el suelo de Shane Victorino se dirigió hacia el lado derecho, yo hice lo que había hecho miles de veces. Agaché la cabeza por un instante y comencé a ir por la línea de primera base para respaldar el lanzamiento. Esa es mi tarea.

Pero esta vez, desafiando todas las reglas acerca de hacer lo correcto de la manera correcta todo el tiempo, cuando vi que Robinson Cano estaba por delante, confié en que la agarraría con el guante y la haría llegar a primera. Yo tenía mucha fe en él, y en ese grupo de muchachos, y no quería perderme un momento de la celebración. Desde luego, no sería yo si no fuera a tener cuidado y evitar hacer algo estúpido que podría causarme una lesión, así que rodeé el exterior del montón. Fue allí donde encontré a Mike Harkey, nuestro entrenador en la jaula de bateo. Yo le había dado muchos quebraderos de cabeza a lo largo de los años. Si uno está el tiempo suficiente en una jaula de bateo antes de los juegos y durante los juegos, se endurecerá, así es como sucede. Pero a veces cuando uno dice cosas de broma, incluso si el otro muchacho sabe que es una broma, aun así debes hacerle saber lo mucho que te interesas por él, lo contento que estás porque llegue a compartir el momento. Yo estaba muy contento por Mike Harkey, y por todos los otros muchachos que estaban experimentando su primera victoria en la Serie Mundial, incluido Alex.

Después, intenté encontrar a Laura y a los niños. Jorge estaba en el campo intentando grabarlo todo en vídeo, y cuando llegué hasta ellos,

Paulina, Laura y yo nos abrazamos y nos besamos. No me importa que no haya dicho estas palabras primero: me sentí el hombre más afortunado sobre la faz de la tierra.

Cuando llegué al vestuario para revisar mi teléfono y ver si tenía mensajes, ya era demasiado tarde para llamar a mi papá. Eso podía esperar hasta la mañana. Ellos necesitaban su descanso. Lo primero que hice después de levantarme fue llamarlos, como había hecho cada día durante años, y aún sigo haciendo.

Mi mamá estaba llorando, y me dijo todas las cosas que dice una mamá. Estaba orgullosa de mí. Tenía muchas ganas de verme. ¿Cuándo íbamos a ir a visitarlos? Esperaba que no hubiera mantenido a los niños despiertos hasta muy tarde.

«Te amo, mamá».

«Te amo, mi hijo. Hable con su padre».

«Hola, Papí. ¿Cómo está?».

«Bien, bien. Felicidades, Jorge».

Yo le di las gracias y esperé. Estaba casi demasiado cansado para decir nada más.

Entonces él dijo: «Todos ustedes lo hicieron. Hicieron su trabajo».

Yo sonreí y me miré en el espejo.

«Sí, Papí. Sé a lo que te refieres. Lo hicimos. Todos lo hicimos».

«Me alegrará verte».

«Pronto iré a casa».

«Sé que lo harás. Sé que tienes cosas que hacer antes de eso». Hizo una pausa de nuevo, y dijo: «Habría sido bonito estar allí».

«Lo sé. Pero estabas. Esta vez y todas las demás. Simplemente de diferentes maneras».

Decía de verdad esas palabras, y yo sabía que él entendía lo que estaba intentando decir por su silencio. Jorge asomó su cabeza en la habitación. Yo le indiqué que entrara. Él se tumbó sobre la cama y me mostró su teléfono. Puso el vídeo que había grabado, y mientras mi papá y yo charlábamos brevemente de un amigo de él de Cuba con quien recientemente había estado en contacto, yo vi los últimos *outs* del partido desde el punto de vista de mi hijo. Él había hecho zoom de mí, no cuando corría o celebraba, sino cuando estaba agachado, tocando con mis dedos la tierra antes de hacer otra señal.

Le dije a mi papá que me tenía que colgar. Había algo que tenía que hacer.

«Rebobina eso, por favor. Quiero verlo otra vez».

«¿Es bueno?».

Dándole un abrazo, le dije: «Lo mejor. Tendrás que enseñarme a hacer eso».

También pensé: *Jimmy Rollins debió haber olvidado que estaba jugando contra los Yankees.*

Capítulo 16

De nuevo en casa

Cuando llegué a la intersección de Grand Concourse y la calle 161 East en el Bronx el 24 de enero de 2012, supe que había tomado la decisión correcta. Primero, estaba en un auto con Laura, Jorge y Paulina, las personas más importantes en mi vida. No estaba solo, como lo había estado cuando llegué por primera vez al Estadio de los Yankees para jugar. Obviamente, ellos no podían haber estado conmigo ese mes de septiembre de 1995. En ese momento en mi vida, el matrimonio y los hijos no eran algo en lo que pensaba. Lo único en que pensaba entonces, lo único en que había pensado durante años, era en llegar a ser un jugador de béisbol de las Grandes Ligas, y ese sueño estaba a punto de hacerse realidad.

Ahora, Laura y los niños estaban mucho más en mi mente. Ellos habían sido razones importantes para que yo estuviera sentado ante ese semáforo, esperando ese giro.

Sin embargo, principalmente sabía que había tomado la decisión correcta, dejar de ser un jugador de béisbol de las Grandes Ligas, porque no estaba sintiendo esa misma emoción y anticipación que sentía cuando llegué al viejo Estadio después de haber sido llamado por primera vez, y cada vez que llegaba a un estadio para jugar. No debería haber estado sintiendo lo que sentía. Estaba nervioso, y eso nunca había sido parte de la mezcla de emociones que acompañaban mis visitas a ese lugar en el Bronx. De cierto modo, ese día de enero, no quería estar ahí y tenía muchas ganas de que todo terminara. Temía hacer lo que estaba a punto de hacer. También estaba contento y aliviado, triste y enojado, gozoso y todas las otras emociones que daban vueltas en mi interior. Había tenido todos esos sentimientos en diversas ocasiones anteriormente, a veces todos ellos en un momento, cuando llegaba a un estadio o pasaba tiempo en uno de ellos. Pero no estaba nervioso. Esa parte no era correcta.

Un campo de béisbol era mi hogar, el lugar al que iba y donde me sentía más tranquilo y podía hacerles saber a las personas: esto es lo que soy. Hice eso cuando era niño y también cuando fui hombre. Por lo tanto, era muy extraño para mí tener que ir a mi hogar lejos de mi hogar en el Bronx para anunciar que me iba de casa, que estaba poniendo fin a mi sueño de juventud para enfocarme en mi papel como esposo y padre. Sentía que era a la vez correcto y equivocado hacer eso en el Estadio. Los campos y los estadios de béisbol se supone que son lugares para divertirse. Eso no iba a ser divertido. Nunca me gustó ser el foco de atención, pero ese iba a ser mi acontecimiento, mi oportunidad de decir algo que desde mis primeros tiempos mi padre me había dicho que no dijera acerca de nada que tuviera que ver con el béisbol: «Esto es todo. Ya no voy a seguir haciendo esto».

Puede que haya pensado o dicho eso en otros momentos en mi vida: cuando acarreaba aquel montón de tierra, por ejemplo, o después de otro frustrante ponchado mientras aprendía a batear de izquierda, o mientras estaba tumbado en una casa club con una pierna rota. Pero esto era diferente. Esto era definitivo.

Eso hace que suene como si el fin llegó de repente, pero al igual que miramos atrás a una temporada para intentar averiguar el motivo por el cual las cosas salieron mal o salieron bien, lo mismo es cierto de una carrera y la decisión de ponerle fin. En 2010, yo seguía estando muy, muy emocionado acerca de jugar. Sin embargo, algo era diferente respecto a ese club de béisbol y el enfoque que adoptamos. Era casi como si esperáramos repetir, en lugar de saber que teníamos que trabajar hacia esa meta con todas nuestras fuerzas. No sé si ese grupo entendía lo difícil que es repetir como campeones.

Para su mérito, Joe Girardi sentía que las cosas no iban bien. Nos llamó e intentó obtener más de ese grupo, pero era un caso de ser oído sin ser escuchado. Derek y yo intentamos los dos hablar con los muchachos, pero eso es difícil de hacer cuando llevan puestos los auriculares en sus oídos y sus caras están mirando sus teléfonos. A riesgo de poder sonar como un viejo que se queja de esos muchachos y sus malditas nuevas costumbres, fue difícil para mí aceptar cuando se instituyó una norma que no permitía a nadie ir a la casa club entre entradas para revisar sus mensajes de texto en el teléfono. Aquello parecía ser sustancialmente diferente al modo en que mi papá, Trey Hillman, y algunos de mis primeros mánagers trabajaban conmigo en cuanto a mantener el enfoque.

Tampoco se trataba solamente de que la nueva tecnología se interpusiera en el camino. La ética de trabajo había cambiado con algunos muchachos; muy pocos, pero los suficientes para marcar la diferencia entre ganar y perder. Es una lástima que un muchacho como Robinson Cano, que jugaba el juego de la manera correcta, no llegara a disfrutar la carrera de éxito que disfrutamos el Núcleo de los Cuatro. Él debería haber ganado más de un galardón como Jugador más Valioso con los Yankees, considerando que fue el mejor bateador en el béisbol durante al menos mis dos últimos años en la liga.

En 2010 y de nuevo en 2011, también noté cada vez con más frecuencia que cuando el partido terminaba, la casa club estaba vacía tan solo unos minutos después del tiempo en que se nos requería que nos quedáramos para estar disponibles para los medios de comunicación. Yo me quedaba allí sentado. Derek estaba allí. Un par de otros muchachos se quedaban por allí durante un tiempo; pero nadie más. Eso era muy diferente a como había sido antes, cuando todos queríamos sentarnos juntos como equipo, tomar una cerveza, compartir una comida, y hablar de béisbol o de cualquier otra cosa que estuviéramos pensando. Eso no estaba sucediendo, y me entristecía. Sé que las familias se van apartando con el tiempo, pero yo no quería que eso fuera así.

La victoria es una cosa muy frágil. Si uno quita cualquier elemento que la apoya, se cae al piso y se hace pedazos. Eso podría sonar demasiado dramático considerando que tuvimos cierto éxito en mis dos últimos años, pero no tuvimos éxito en el sentido en que lo definíamos, la única manera que importaba. No creo que haya estado tan enojado en toda mi vida como lo estuve cuando perdimos en la Serie Mundial de 2001. Después, un muchacho al que no nombraré, alguien que estuvo con nosotros brevemente, dijo: «Al menos finalmente llegué a jugar en un partido de la Serie Mundial». Él ya no estaba al año siguiente. No sé hasta qué punto esa afirmación influyó en su partida, pero me alegraba de no tener que volver a ver esa cara. Una década después, me entristeció ver incluso una pequeña fracción de esa misma actitud en aquellas dos últimas temporadas.

El hecho de que siga recordando aquel incidente en 2001, y aún me siga molestando al pensar en ello, dice mucho. Yo amaba tanto el juego, amaba tanto ser un Yankee, que nunca iba a ser fácil irme. Nunca nada me resultó fácil en este juego, y me fui de la misma manera que había llegado: con mi corazón y mi orgullo no solamente a flor de piel, sino sangrando para que todo el mundo lo viera: lo bueno y lo malo. Eso significaba que iba a ser complicado, y a veces lo fue. Así es como sucede a veces con la familia. Uno piensa que las personas que mejor le conocen le entenderán mejor. Piensa que ha dicho las cosas claramente. Se producen malentendidos, y ambas partes intentan enmendarlo.

Yo cometí algunos errores en 2011. En agosto de ese año, permití que mis emociones se llevaran lo mejor de mí. Sentía que no me estaban tratando correctamente, que las personas no siempre eran tan claras conmigo como yo quería que lo fuesen o que me tratasen como me merecía ser tratado, y exploté. Me saqué a mí mismo de la alineación. Hablé con todas las personas que más me importaban y cuyas opiniones respetaba: mi esposa, mi padre, mis agentes. Todos ellos me hablaron con condescendencia. No querían que yo hiciera nada que manchara mi reputación. Sin embargo, yo sentía que ya lo había hecho, y aborrecía ese sentimiento.

Expresé mi pesar, pero esos sentimientos nunca fueron correspondidos. Cualquiera que haya estado cerca de mí durante mucho tiempo sabía que yo era un hombre emocional, un hombre orgulloso, y del modo en que se desarrollaron los acontecimientos en mi último año con el club, no creo que eso se tomara en consideración. No había una cosa concreta que hubiera incitado mi decisión de no jugar ese día. Yo soy emocional, pero no hasta el punto de ser imprudente. Sencillamente había aguantado lo suficiente.

Sabía que mi papel en el club estaba cambiando, pero no creo que cualquiera que tomara esas decisiones supiera lo que me habían dolido las cosas que se habían hecho. Gran parte de lo que yo era como jugador estaba unido a ser receptor. Yo sabía que ya no podía seguir jugando cada día, que no me había ganado ese papel. Pero que me dijeran que ni siquiera se me permitía ser receptor para alguien en la jaula de bateo, haberme quitado incluso eso sin darme una explicación adecuada, me hizo daño y me confundió. Mi orgullo fue herido, pero no mi cuerpo. Yo sentía que aún podía ser receptor, estaba dispuesto a aceptar un menor papel, y dije que en caso de emergencia estaría dispuesto y deseoso de ayudar. Pero me dijeron: No, no queremos eso de ti. Si ni siquiera me estaban considerando una alternativa, entonces ¿qué era yo? ¿Cómo encajaba?

Admitiré que batallaba con ser un bateador designado. No sabía qué hacer conmigo mismo entre los turnos de bateo. Yo había sido muy importante para cada lanzamiento en un juego, y entonces no lo era. Tenía mucha experiencia y perspectiva en el béisbol. No estaba sentado en las reuniones de receptores, incluso cuando pregunté si podía estar. Sentía como si todos esos años de experiencia, otro modo en que yo podía contribuir, estuvieran siendo pasados por alto.

Lo diré tan claramente como pueda: cuando me quitan de detrás del plato, están quitando mi corazón y mi pasión.

Continúe jugando, pero no era lo mismo. En diversos momentos durante el año, comenzando temprano en el año, le decía a Derek: «Creo que esto es todo». Derek no decía mucho, y yo respetaba eso. Él sabía que yo tenía que hacer lo que fuera correcto para mí.

Laura y yo hablamos mucho de ello. Habíamos comprado una casa en Miami en 2010, y ella estaba allí con los niños hasta el descanso de primavera y después en el verano, y yo extrañaba tenerlos cerca todo el tiempo. Laura quería estar segura de que yo estaba seguro. Casi cada día me preguntaba al respecto. No puedo dar un porcentaje de días en que decía «sí, me quedo» y días en que decía «no, he terminado», pero a medida que transcurrió la temporada esas cifras variaron, con el promedio ascendiendo y tendiendo hacia el «he terminado».

Sí llegué a ser receptor una vez más en una situación de emergencia en Anaheim y saqué a un corredor de base. Derek lo expresó mejor después del partido cuando dijo que tenerme detrás del plato fue como regresar a casa después de mucho tiempo fuera y ver todos tus muebles en el mismo lugar que los dejaste cuando te fuiste. Sabías que habías regresado a casa, que las cosas iban a ser igual.

Yo entendía, desde luego, que las cosas no podían ser iguales, y excepto ese breve lapso de juicio en que me saqué a mí mismo de la alineación para un juego, creo que lo manejé bien. Incluso después de haber estado en el banquillo durante una semana después de ese incidente, respondí del modo en que quería hacerlo. El 13 de agosto de 2011, yo iba 3 para 5 con un *grand slam*. Quizá esos muchachos me conocían lo bastante bien para saber que tenían que molestarme para hacer que jugara mejor. La ovación que obtuve por ese jonrón hizo mucho para suavizarme y curar mi orgullo herido. Los seguidores me entendían, entendían lo que estaba sucediendo en mi carrera y en mi corazón, y ni siquiera puedo darles las gracias lo suficiente por eso. Saber que uno tiene a casi cincuenta mil personas en ese edificio de su lado, y quién sabe cuántas otras viendo o escuchando, es algo que me gustaría que todo el mundo pudiera experimentar una vez en su vida. Yo llegué a experimentar algo parecido a eso una vez más el 21 de septiembre, cuando salí como bateador designado en la parte baja de la octava entrada. Cuando terminé mi rutina de calentamiento en el círculo de espera, oí las primeras notas de trompeta de Willie Colón y Héctor Lavoe tocando «El Día de mi Suerte» por los altavoces. Esa era la música que yo había estado escuchando durante los últimos años, y la letra «seguramente mi suerte cambiará» corría por mi mente, en especial cuando oí a los seguidores responder a lo que se había convertido en mi canción personal. Yo sabía que en muchos aspectos no necesitaba que mi suerte cambiara en absoluto. Había tenido la increíble fortuna de jugar delante de unos seguidores tan estupendos todos esos años, y realmente quería recompensarles por el modo en que ellos me habían recompensado. Ese sencillo que nos puso por delante en un juego que selló la División Este para nosotros, para ellos, fue solamente una pequeña manera de hacerles saber lo mucho que significaban para mí.

A esas alturas yo estaba bastante seguro de que había terminado. Mi papá me dijo que debería jugar otro año, independientemente de la situación de mi contrato con los Yankees. Creo que él era incluso más consciente que yo del modo en que destacaba en términos de números en la carrera. Yo tenía algunas metas, y las había logrado. En 2010 llegué a las mil carreras bateadas al igual que 1.500 batazos buenos. Anteriormente mi papá me había dicho que estaba al alcance de 300 jonrones, y me dije a mí mismo que cuando terminara mi contrato con los Yankees en 2011, si estaba a diez de ese número, firmaría otra vez e intentaría llegar a esa marca al igual que a los 400 dobles.

Sin embargo, finalmente ninguno de esos números que tenía como marca me importaba. Extrañaba a mi familia, parecía tener mal situada la pasión que sentía por el juego, y sabía que no era probable que volviera a vestir otra vez un uniforme de los Yankees. Una vez más acudí a mi papá, la voz en la que había confiado todos esos años cuando fui seleccionado por primera vez. Él destacó que quizá si estuviera en una mejor situación, una que me hiciera más feliz, cambiaría de idea. Pero cuando lo pensé, supe que lo que me había hecho más feliz era ser un Yankee y estar detrás del plato. Podría haberme conformado con menos, pero yo no soy así.

Durante el partido final de la Serie Divisional contra Detroit, abrí la octava entrada con nosotros por detrás 3-2. Bateé la bola por el suelo, y cuando crucé la almohadilla de primera base y giré hacia el banquillo, tuve un sentimiento desalentador en la boca del estómago. Esto podría ser lo último. Esta podría ser la última vez. Cuando perdimos y todos los muchachos se dirigieron a la casa club, yo necesitaba estar a solas. Entré en la sala de pesas, que estaba vacía. No tenía idea de lo pesado que puede ser el sentimiento de haber terminado.

Pensé que lo entendía. Perder partidos para terminar una serie lo había sentido como algo terminado, pero uno siempre tenía pensamientos del siguiente año para apoyarle.

Ahora yo no los tenía.

Me puse de rodillas como si algo increíblemente pesado me estuviera aplastando. Puse mi cabeza sobre el piso y lloré, unos sollozos que me desgarraban. No sé cuánto tiempo estuve en esa posición, como un receptor que se recupera de una bola mordida por el bate que le ha golpeado, cuando sentí una mano sobre mi espalda como si fuera un árbitro comprobando para estar seguro de que estaba bien. Con su mano sobre mi hombro, Kevin Long, nuestro instructor de bateo, dijo: «Hiciste una gran serie. Fuiste un verdadero guerrero». Yo asentí con la cabeza y le di las gracias.

Más adelante, cuando me enfrenté a los medios de comunicación, dije que tendría que ver lo que sucedía. No quería ser uno de esos muchachos, entonces o ni siquiera meses más adelante, que decían que habían terminado y no cumplían su palabra. Uno tenía que mantener su palabra. Pasé algunas semanas fuera de temporada recuperándome, considerando algunas ofertas, y todavía escuchando lo que mi papá tenía que decir acerca de seguir jugando y no abandonar cuando estaba claro que aún podía seguir haciéndolo. Había bateado .429 contra Detroit, mi mejor promedio de todos en la postemporada, pero no había impulsado una carrera y habíamos perdido. Si yo no podía ser productivo, si no podía ayudarnos a ganar, entonces seguir allí tan solo para elevar números sin importancia por un interés personal no era lo que yo quería hacer, o lo que quería ser, o lo que mi padre me había enseñado.

Me sentaba pensando en lo mucho que habían cambiado las cosas, lo rápido que había pasado el tiempo. En un instante eres un muchacho con muchas ganas de llegar al club y viendo a todos esos muchachos mayores, ocupando puestos en la alineación. ¿Acaso no saben que es momento de avanzar? Al instante siguiente te preguntas si tú mismo eres uno de esos muchachos mayores. Yo no quería ser ese muchacho, el último en darme cuenta. Entonces, a medida que progresaba ese periodo fuera de temporada, me llegó otra señal. Normalmente, yo habría comenzado a ejercitarme como preparación para la siguiente temporada, y no lo había hecho.

En noviembre asistí a una cena de la Fundación Joe Torre en Nueva York. Don Mattingly estaba allí también, y hablamos brevemente. Yo siempre le consideré un mentor y un hombre en quien confiaba.

«¿Quieres seguir jugando?».

«No lo sé».

«Si tienes alguna duda, entonces no lo hagas. Sigue siendo un Yankee».

Poco después de aquello, decidí que había llegado el momento de anunciar mi retirada. No tenía idea de cómo hacerlo. Tenía cierta experiencia con muchachos que hablaban de retirarse, pero no con la logística de todo ello. Bernie no había hecho un anuncio formal.

Derek, Andy, Mo y yo nunca habíamos mantenido ningún tipo de conversación sobre el tema de la retirada, y mucho menos el modo en que planeábamos salir. No me gustaba el sentimiento de no estar preparado para algo, pero la organización de los Yankees me ayudó. Me puse en contacto con Jason Zillo, nuestro jefe de relaciones públicas, y él preparó las cosas para mí. Como resultado, allí estaba yo el 24 de enero, sentado en un auto esperando hacer ese giro. Cuando lo hice, no había vuelta atrás.

En la conferencia de prensa, después de haber dado mis llorosos agradecimientos, estuve contento de que varias personas me dijeran que, basados en el modo en que terminó el año, estaba claro que yo seguía teniendo gasolina en el tanque. Eso significó mucho para mí. Eso significó que yo seguía teniendo el control, que la decisión era mía, que no la estaba tomando mi cuerpo, o mis capacidades que fallaban, o cualquier otra persona en una oficina en alguna parte. Yo podría salir según mis propios términos y como un Yankee.

Los Yankees siguieron siendo buenos conmigo durante mi retiro, y recientemente supe que van a retirar mi número el 22 de agosto de este año. Eso será un increíble honor, y no estoy seguro de que la realidad de ello haya calado aún, o si alguna vez lo hará.

Tal como había anticipado mientras respondía preguntas después de mi anuncio, sí me sentí extraño cuando comenzaron los campamentos y yo seguía estando en casa. Estaba nervioso y ajustándome a un nuevo horario y una nueva rutina. Laura era quien más sufría, diciéndome siempre que estaba en medio, como un niño pequeño: «Vete a ver a uno de tus amigos. Sal y juega». Mi trabajo por tanto tiempo había sido jugar, y ahora esto se añadía a mi ligera confusión. No obstante, cuanto más tiempo pasaba, menos confundido me sentía.

Como he dicho, tomar la decisión de retirarme nunca iba a ser fácil, mis emociones, una vez más, podían interponerse en el camino tanto como podían contribuir a mi éxito, pero al igual que siempre ha sido, la organización fue estupenda conmigo. Me emocionó que los Yankees me invitaran a hacer el primer lanzamiento para abrir la temporada de 2012. Ser uno de solamente once Yankees que han sido invitados a regresar para hacer el primer lanzamiento el día de apertura me situó en una compañía bastante exclusiva, y doy las gracias a todos los implicados por eso. Mi familia y yo asistimos a la cena Welcome Home, y me sentí enormemente agradecido de que los Yankees me dieran el galardón Pride of the Yankees. Orgullo. Yankees. Esas no eran simplemente palabras para mí. La familia lo entendía.

El plan era que yo hiciera ese lanzamiento a Mariano. Llegar al estadio con mi familia y tener conmigo a mi mamá y mi papá me hizo entender que podía hacer las cosas de modo un poco diferente, hacer que un momento significativo fuera incluso más especial. No quería avergonzarme a mí mismo con un mal lanzamiento, de modo que calenté un poco antes del partido debajo de las gradas. Mi papá estaba de pie allí, observándome, y yo pensé en todas las veces en que los dos habíamos jugado a atrapar cuando yo estaba en casa en Puerto Rico.

Respiré hondo y le dije a Mo: «¿Te importa si le lanzo a mi papá en lugar de lanzarte a ti?».

Mo sonrió. Si alguien entendía sobre familia, era él.

«Eso es perfecto».

Se lo dije a mi papá, y le conseguimos un guante. Yo no había agarrado una bola desde aquel último partido en Detroit, y no sabía cuánto tiempo había pasado desde que él había atrapado una bola. Le lancé una a él. Él la atrapó, pero se me quedó mirando y me dijo: «No dispares una así. Lánzala. Lánzala».

Yo sabía que él no quería salir ahí delante de todos aquellos seguidores y no atraparla. Él es un hombre orgulloso.

Yo soy su hijo, de modo que hice lo que él me dijo.

Rodeado por mi familia y miembros de los Yankees que representaban a todos los muchachos con los que yo había jugado durante aquellas diecisiete temporadas, me puse de pie sobre el montículo. Miré, y las cosas parecían muy diferentes desde esa perspectiva, pero me gustó.

Incluso con cincuenta mil personas allí, algo me resultaba familiar. Necesitaba enfocarme. En ese momento, las cosas regresaron a como habían sido: tan solo mi papá y yo, lanzándonos la bola, los dos compartiendo un sueño.

Reconocimientos

Aunque jugué solamente para un equipo en toda mi carrera, tengo algunos equipos a los que dar las gracias por hacer que este libro sea posible.

En primer lugar, tengo que dar las gracias a mis padres, Jorge y Tamara, por todo su apoyo y por todo lo que hicieron para hacer de mí el hombre que soy en la actualidad. Mi hermana, Michelle, siempre me ha dado apoyo y amor incondicional. Mi adorable esposa, Laura, siempre me ha empujado a llegar a ser un mejor jugador y una mejor persona. Y doy las gracias a mis hermosos hijos, Jorge Luis y Paulina, por enseñarme lo que es realmente el amor verdadero. Los amo.

También me gustaría dar las gracias a mis agentes, Sam y Seth Levinson, por hacer mi vida más fácil. A Michele Tronolone por responder siempre al teléfono cuando yo más la necesitaba. A mi abogado, Luis Espinel, por ser mi amigo por encima de todo.

También me gustaría dar las gracias a Gary Brozek por su ayuda en el relato de mi historia. Tras bambalinas en HarperCollins, mi editor Matt Harper fue apasionado respecto al libro desde el principio, al igual que lo fue Lisa Sharkey. Es estupendo tener personas a tu lado apoyándote, y sé que todos nos beneficiamos de los esfuerzos de la asistente de Matt, Daniella Valladares, para conseguir que el libro se completara. Gracias también a mi publicista, Danielle Barlett, por su duro trabajo.

Por último, me gustaría dar las gracias a la familia Steinbrenner y a la organización de los Yankees por apoyarme y animarme a través de cada etapa de mi carrera. Y a todos mis compañeros de los Yankees y a todos los seguidores, gracias por todo lo que me han dado. Su ayuda y apoyo a través de los años hizo este viaje posible.